内蒙古乡村建设工匠培训教材

内蒙古自治区住房和城乡建设厅
内蒙古自治区建筑业协会 编

中国建材工业出版社

图书在版编目（CIP）数据

内蒙古乡村建设工匠培训教材/内蒙古自治区住房和城乡建设厅，内蒙古自治区建筑业协会编．--北京：中国建材工业出版社，2023.4
ISBN 978-7-5160-3661-7

Ⅰ.①内… Ⅱ.①内… ②内… Ⅲ.①农村建设—人才培养—内蒙古—教材 Ⅳ.①F323.6

中国版本图书馆 CIP 数据核字（2022）第 254562 号

内蒙古乡村建设工匠培训教材
NEIMENGGU XIANGCUN JIANSHE GONGJIANG PEIXUN JIAOCAI
内蒙古自治区住房和城乡建设厅
内蒙古自治区建筑业协会　编

出版发行：中国建材工业出版社
地　　址：北京市海淀区三里河路 11 号
邮　　编：100831
经　　销：全国各地新华书店
印　　刷：北京雁林吉兆印刷有限公司
开　　本：787mm×1092mm　1/16
印　　张：21.25
字　　数：500 千字
版　　次：2023 年 4 月第 1 版
印　　次：2023 年 4 月第 1 次
定　　价：63.00 元

本社网址：www.jccbs.com，微信公众号：zgjcgycbs
请选用正版图书，采购、销售盗版图书属违法行为
版权专有，盗版必究。本社法律顾问：北京天驰君泰律师事务所，张杰律师
举报信箱：zhangjie@tiantailaw.com　举报电话：(010) 57811389
本书如有印装质量问题，由我社市场营销部负责调换，联系电话：(010) 57811387

《内蒙古乡村建设工匠培训教材》
编委会及编审人员

主　　　任：韩　平
副　主　任：杨晓刚　李艳玲
委　　　员：司　慧　王凌泽　张　瑞　孟　娜
　　　　　　李　勇　王　硕　吴亚轩　李名远
　　　　　　郭　维　赵　英
主　　　编：杨占才　徐　蓉　商正华
副　主　编：刘　帅　王　臻　李　婕　刘艳丽
参 编 人 员：王栓巧　杨晓平　张　炜　王丽清
主　　　审：齐玉清
审核（参审）：王书琦　程译葳　高鹏程　岑元元
　　　　　　梁嘉仪　刘天娇　吴少博　叶海燕
　　　　　　郭伟霞　张利娜　樊　艳

前 言

2022年11月，国家乡村振兴局、教育部、住房城乡建设部等八部门联合印发了《关于推进乡村工匠培育工作的指导意见》，着力推进乡村工匠技能培训工作。内蒙古自治区住房和城乡建设厅、内蒙古自治区建筑业协会组织相关专家成立编委会，组织编写了《内蒙古乡村建设工匠培训教材》。

本教材共九章内容，其中，概论、乡村房屋建造基本知识、乡村房屋建筑构造与识图、施工安全基本要求与安全技术要点、施工测量基本技术（第八章第一节）、测量实操案例（第九章第一节）及架子工实操案例（第九章第七节）由杨占才、王臻编写；村庄规划与乡村房屋设计、抹灰与装饰施工技术（第八章第三节）及镶贴实操案例（第九章第三节）由刘帅、张炜编写；砌筑施工技术（第八章第二节）、混凝土施工技术（第八章第五节）及砌筑实操案例（第九章第二节）由徐蓉编写；乡村房屋建筑材料及要求由商正华编写；乡村房屋结构与抗震由李婕编写；钢筋施工技术（第八章第四节）、钢筋实操案例（第九章第四节）、防水施工技术（第八章第六节）及防水实操案例（第九章第五节）由杨晓平编写；水暖工技术（第八章第七节）由王丽清编写；电工技术（第八章第八节）、电工实操案例（第九章第六节）由王栓巧编写。

本教材以案例教学为主，图文并茂，收录了内蒙古乡村建设典型工程风貌图片，既可作为全区乡村建设工匠培训用书，又可作为相关院校师生及相关专业技术人员参考用书。

由于水平所限，书中若有不妥之处，恳请广大读者批评指正。

本书编委会
2023年2月

目 录

第一章 概论 ·· 1

    第一节 乡村建设工匠培训的重要性 ··· 1

    第二节 乡村建设工匠基本要求 ·· 2

    第三节 乡村建设工匠培训方法 ·· 3

    第四节 内蒙古乡村建筑风貌图片展示 ·· 6

第二章 乡村房屋建造基本知识 ·· 9

    第一节 乡村房屋建设程序与建造原则 ·· 9

    第二节 乡村房屋建设应遵守的法律法规 ·· 9

    第三节 乡村房屋的基本功能 ·· 10

    第四节 乡村建筑绿色施工技术 ··· 11

第三章 村庄规划与乡村房屋设计 ·· 14

    第一节 村庄规划 ·· 14

    第二节 乡村房屋设计 ··· 17

第四章 乡村房屋建筑材料及要求 ·· 21

    第一节 建筑材料的基本要求 ·· 21

    第二节 农房常用建材基本知识 ··· 22

第五章 乡村房屋建筑构造与识图 ·· 54

    第一节 乡村房屋建筑构造基本知识 ·· 54

    第二节 乡村房屋建筑施工图的识读 ·· 76

第六章 乡村房屋结构与抗震 ··· 90

    第一节 乡村房屋建筑结构基本知识 ·· 90

    第二节 地震基本知识 ··· 92

    第三节 乡村房屋抗震设防 ·· 97

第七章 施工安全基本要求与安全技术要点 ·· 123

    第一节 施工安全基本要求 ·· 123

    第二节 安全技术要点 ··· 128

第八章　建筑施工技术 ··· 133
　第一节　施工测量基本技术 ··· 133
　第二节　砌筑施工技术 ··· 142
　第三节　抹灰与装饰施工技术 ·· 157
　第四节　钢筋施工技术 ··· 164
　第五节　混凝土施工技术 ·· 208
　第六节　防水施工技术 ··· 214
　第七节　水暖工技术 ·· 270
　第八节　电工技术 ··· 277

第九章　主要工种实操实训案例 ·· 298
　第一节　测量实操案例 ··· 298
　第二节　砌筑实操案例 ··· 301
　第三节　镶贴实操案例 ··· 309
　第四节　钢筋实操案例 ··· 313
　第五节　防水实操案例 ··· 321
　第六节　电工实操实例 ··· 323
　第七节　架子工实操案例 ·· 325

参考文献 ··· 329

第一章 概论

第一节 乡村建设工匠培训的重要性

乡村建设工匠作为乡村建设的生力军,在乡村建房过程中扮演着举足轻重的角色。多年来,由于我国之前的法律法规未将乡村建房纳入有效监管范围,农牧民自建住房的施工过程与政府没有多大关系,建房时户型布局建议、材料选择、结构形式、施工技术与质量把关基本来源于乡村工匠,工匠的技艺水平与敬业程度是影响房屋质量的最大因素,因此乡村建设要严把工匠关。目前国内各地乡村工匠人员素质参差不齐,水平较高的大多远足他乡或在城市谋生,活跃在乡村建筑市场的还是那些"放下镰刀,拿起瓦刀"的"游击队",加之培训机制尚不健全,工匠整体水平低下,数量严重不足,与当前乡村建设不相适应。

鉴于乡村建设对建筑工匠的迫切需求以及改善乡村就业环境的要求,近年来国家出台了一系列政策大力倡导对乡村建设工匠的培训工作。2009年2月,《国务院关于做好当前经济形势下就业工作的通知》(国发〔2009〕4号)指出,要"结合社会主义新农村建设,加大农村基础设施建设、农房建设和危房改造力度,拓展农村劳动力就地就近就业空间。最大限度拓展农村劳动力就业渠道",要"加强农村职业教育和农村劳动力就业能力培训,培育一批掌握一定技能的村镇建筑工匠"。2010年中央一号文件《中共中央 国务院关于加大统筹城乡发展力度进一步夯实农业农村发展基础的若干意见》明确指出,应加快改善农村民生,缩小城乡发展差距,把支持农民建房作为扩大内需的重大举措,鼓励农民依法依规建设自用住房;积极开展农民务工技能培训,整合培训资源,规范培训工作,完善创业带动就业的政策措施,将农民工返乡创业和农民就地就近创业纳入政策扶持范围。2010年9月,《国务院关于进一步加强防震减灾工作的意见》(国发〔2010〕18号)中再次强调,应"加强乡村建设工匠的培训,建立技术服务网络,普及建筑抗震知识"。

党的十九大提出实施乡村振兴战略,是党中央顺应亿万农民对美好生活的向往,对新时代"三农"工作作出的重大决策部署。乡村振兴战略提出的"产业兴旺、生态宜居、乡风文明、治理有效、生活富裕"总要求,为新时代农业农村改革发展明确了重点、指明了方向。其中,"生态宜居"就是要牢固树立绿水青山就是金山银山的理念,坚持尊重自然、顺应自然、保护自然,统筹山水林田湖草系统治理,加快转变生产生活方式,推动乡村生态振兴,建设生活环境整洁优美、生态系统稳定健康、人与自然和谐共生的生态宜居美丽乡村。2022年中央一号文件《中共中央 国务院关于做好2022年全面推进乡村振兴重点工作的意见》指出:"扎实、有序做好乡村发展、乡村建设、乡村治理重点工作,推进乡村振兴取得新进展,农业农村现代化迈出新步伐""加强乡村振兴人才队伍建设，培养乡村规划、设计、建设、管理专业人才和乡土人才"。因此，乡村振兴为乡村建设工匠提供了广阔空间，工匠师傅们在乡村这片天地里大有可为。

总之，乡村建设工匠培训工作的重要性可归纳以下几个方面：

一是乡村振兴的需要。随着"生态宜居"作为乡村建设目标的提出，各地乡村建设逐渐步入法治化、标准化、规范化轨道。乡村振兴不但要求建筑工匠掌握常规建筑技能、建筑基本知识，还要求学习、了解和掌握新型生态建材、生态建造技术、防震减灾技术、建筑节能技术、村镇规划和环境整治等多方面的内容。

二是确保乡村房屋建设质量安全的需要。当前，我国乡村正处于快速发展时期，富裕起来的农民朋友建房热情不断高涨，但乡村人才技术相对薄弱，不仅影响了乡村房屋的建设质量，还制约了新农村建设的发展进程。因此，只有通过有组织、有计划的培训工作，提高乡村个体工匠的建筑基础理论知识、操作技能、安全文明施工等综合素质，既而提高整个乡村建设队伍的施工管理能力和水平，才能缓解乡村建设工匠严重不足的矛盾，确保乡村房屋建设质量。

三是乡村房屋建设发展的需要。一方面，大量乡村青壮年渴望学习建筑知识，掌握一技之长，为今后从业创造条件；另一方面，具有一定技能水平的乡村建筑从业人员需要接受继续教育，进行知识更新，学习掌握更多的乡村房屋建设新理论、新材料、新技术、新标准、新方法和新工艺，丰富和提高建筑工匠自身综合素质；最后，部分乡村建房者也需要了解一些乡村房屋建设基础知识，以便在乡村房屋建设中参与成本核算和质量管理。

四是规范乡村建设程序的需要。通过有组织、有计划地实施乡村建设工匠培训，积极引导和培育乡村建筑市场，逐步建立健全持证上岗和市场准入制度，为规范村镇建设程序打好基础，为逐步培育和规范乡村建筑市场提供制度、技术与人才保障。

乡村建设工匠是指以经营为目的，具备一定文化水平与从业经验，独立或者合伙承包规定范围内的乡村建设工程的个人。

第二节　乡村建设工匠基本要求

一、职责与作用

（一）给乡村建房提供咨询服务

如建房选址、建筑布局、结构形式、成本预算等。

（二）承揽乡村房屋建设工程

按合同约定内容组织施工，确保乡村房屋建设质量。

（三）乡村建房示范引领与带头作用

带头采用规范方法及科学合理的施工工艺，带头执行安全质量技术标准，带头采用抗震构造措施与绿色施工技术等，为当地群众建房起到示范引领作用。

（四）言传身教作用

在实践中向身边的徒弟和群众传授所学技能与建筑知识，形成学习钻研建筑技能的良好氛围。

二、四个意识

（一）遵纪守法意识

乡村建筑从业人员，必须自觉遵守国家的法律法规，自觉执行建筑行业的规范和标准，自觉抵制建筑行业的违法违规行为，做遵纪守法的模范。

（二）诚实守信意识

乡村建筑从业人员要加强职业道德修养，自觉信守合同，讲求信誉，凡纳入合同条款由工匠负责的内容，必须自觉履行合同，主动地承担相应责任，让户主满意。

（三）以人为本的意识

乡村建筑从业人员应确立为广大农民朋友服务的思想，与户主主动沟通，和谐相处，多为户主的利益着想，主动为户主提出合理化建议，进行成本核算，避免浪费，及时化解矛盾纠纷。

（四）质量安全意识

乡村工匠从业人员必须牢固树立"安全第一，质量第一"的思想，采取有效质量安全措施，确保施工质量，确保不出安全事故。

三、三大能力

（一）具备基本的乡村房屋建筑知识与熟练的建筑施工技能

常言道，"没有金刚钻，不揽瓷器活""工欲善其事，必先利其器"，过硬的技术技能是乡村工匠的立身之本，是确保工程质量与赢得户主信任的首要条件。

（二）具备较强的组织、管理和协调能力

承揽乡村房屋工程的工匠实际上就是该工程的项目经理，要对现场人员分工、施工组织、施工安全等进行合理的安排和管理，及时发现问题，妥善进行处理，确保工程施工的顺利进行。

（三）承担风险能力

乡村兴房建屋是农牧民朋友一生中的大事之一，有的家庭几乎是倾其所有，加之参加建房的工友大多都是家庭中的顶梁柱，一旦施工出了安全质量问题或发生人身伤亡事故，犹如受到灭顶之灾。因此，承揽建筑工程的工匠除应加强施工质量安全管理、健全人身财产保险等抗御各种风险的措施外，还应具备承担一定风险的经济实力，一旦遇有不测，尽可能及时化解矛盾并将损失降到最低程度。

第三节　乡村建设工匠培训方法

一、学时安排

乡村建设工匠培训总学时安排为 120 学时，其中理论教学 80 学时，实操实训 40 学时。

理论教学
- 概论   2 学时
- 乡村房屋建造基本知识   4 学时
- 乡村规划与乡村房屋设计   4 学时
- 乡村房屋建筑材料及要求   6 学时
- 乡村房屋建造构造与识图   8 学时
- 乡村房屋结构与抗震   6 学时
- 施工安全基本要求与安全技术要点   8 学时
- 建筑施工技术   42 学时
  - 施工测量基本技术   4 学时
  - 砌筑施工技术   6 学时
  - 抹灰与装饰施工技术   8 学时
  - 钢筋施工技术   8 学时
  - 混凝土施工技术   4 学时
  - 防水施工技术   4 学时
  - 水暖工技术   4 学时
  - 电工技术   4 学时
- 主要工种实操实训案例   40 学时
  - 测量实操案例   6 学时
  - 砌筑实操案例   6 学时
  - 镶贴实操案例   6 学时
  - 钢筋实操案例   6 学时
  - 防水实操案例   6 学时
  - 电工实操案例   6 学时
  - 架子工实操案例   4 学时

二、培训方式

培训方式是开展乡村建设工匠培训工作的重要手段，采取灵活多样、生动简约、接地气的培训方式，不仅能够有效地提升培训层次，而且能够增强培训的实际效果。

三、培训形式

按照国家和地方防疫要求，从自治区各地实际出发，宜采取"线上线下两手准备，宜集则集，宜散则散，以统一组织为导向"的方式实施。

（一）统一组织，集中实施

即由盟、市（旗、县、区）建设行政主管部门统一组织辖区内的乡村房屋建设管理人员和符合培训条件的乡村建设工匠，由培训机构集中组织授课，统一组织考察学习、参观见习，统一组织培训考试和颁证。

（二）统一组织，分散实施

即培训工作由盟、市（旗、县、区）建设行政主管部门统一组织，拟订培训计划，按统一培训内容、时间和方法，统一调配师资队伍，再根据本级行政区域内的实际情况和区域位置，分片区设点，巡回实施培训。

（三）分类指导，分级培训

即根据培训对象的工作性质、专业基础、文化程度的不同差异，将培训对象分为初、中、高三个层次，统一拟订培训计划，统一确定培训内容、时间、方法，再分别由镇（乡）、县、市分级组织实施。

（四）服务基层，送教下乡

为解决乡村工匠集中难的问题，可预先拟订好培训计划，以大的镇（乡）为中心设置培训教学点，联合临近镇（乡）的乡村建设工匠参加。盟、市（旗、县、区）主办单位和培训机构将培训教材、资料、授课老师送到基层教学点，开展上门培训服务。

四、培训方法

为了增强培训的针对性和实效性，提高培训质量，乡村建设工匠培训可采取以下五种方法：

（一）集中办班培训

由各镇（乡）推荐有一定文化程度和专业基础的乡村工匠，统一参加由盟、市（旗、县、区）两级举办的"乡村建设工匠培训班"，集中培训时间、集中专业人员、集中师资骨干、集中培训内容、集中组织授课，对乡村建设工匠进行专业系统培训，全面提高乡村建设工匠的专业理论基础和实际操作技能。

（二）以专业会议（视频）代训

各市（旗、县、区）和镇（乡）利用召开专业会议的有利时机，邀请省市建筑行业的专家和院校资深学者，为参加会议的各级乡村房屋建设管理人员作报告、办讲座、讲法规，向与会者传授乡村房屋建设的新知识、新材料、新工艺、新标准和新理念，提升乡村房屋建设管理者科学管理、依法管理的能力。

（三）参观见学

组织乡村管理人员和培训学员走出课堂，深入到具有特色的新集镇、新村庄、新安置点参观学习，把课堂设到乡村房屋建设施工现场，让学员现场学习施工管理和施工操作技能；请技术工匠现场演示，例如："楼梯配筋""构造柱竖向钢筋在地圈梁内的锚固""过梁、挑梁的安装""柱子混凝土浇筑""卷材防水施工"等关键技术，让参训学员实地学习正确的施工方法和施工工艺，借鉴他人在乡村房屋建设中好的做法和成功经验。

（四）现场（视频）操作

有条件的培训机构应建立学员实习基地，在老师和技师的指导下，组织学员进行实际施工操作练习，掌握基本技能；条件不具备的可选择在建中的乡村房屋工程作为实习场地，组织学员现场实习。

（五）分组座谈讨论

在理论讲解的基础上，把乡村房屋建设中发现的问题进行梳理，组织培训学员结合乡村的特点、乡村房屋建设的实际、抗震设防技术的要求等重点内容展开座谈讨论，提出解决这些问题的办法和措施，集思广益，归纳总结，形成培训成果，让学员在今后的建设实践中更好运用。

五、考核颁证

培训考核是对培训成果的检验，每期培训结束后，应对学员统一组织考试，考试分为理论与实操两项内容，理论考试以建筑基础知识、建筑法规和安全文明施工等内容为主，操作考核应以墙体砌筑、构造做法、主要施工机具的使用等施工技术为主。考试（核）成绩应建档登记，并作为今后继续教育和提高教育的依据。

经考试（核）合格的学员，给予颁发由内蒙古自治区住房和城乡建设厅统一印制的"乡村建设工匠培训合格证书"，获证的学员可凭此证上岗，从事乡村建设工作，承接乡村建设项目。

第四节　内蒙古乡村建筑风貌图片展示

本节内容详见下图 1-4-1～1-4-15。

温馨提示：在教师（技师）指导下，学员认真查看下列图片，结合各自体会可以组织开展"看图说话"等教学活动。

图 1-4-1　乌海海勃湾新区

图 1-4-2　乌海海南区

图 1-4-3　乌海乌达新区

图 1-4-4　内蒙古传统民居　　　　图 1-4-5　伊金霍洛旗乡村住宅

图 1-4-6　呼伦贝尔布库尔猎民村　　　　图 1-4-7　巴彦淖尔临河富强村 1

图 1-4-8　包头达茂旗新村

图 1-4-9　鄂尔多斯嘎查　　　　图 1-4-10　巴彦淖尔临河富强村 2

图 1-4-11 现代蒙古包

图 1-4-12 传统蒙古包

图 1-4-13 呼和浩特脑包村

图 1-4-14 锡林郭勒美丽乡村

图 1-4-15 巴彦淖尔临河富强村 3

第二章 乡村房屋建造基本知识

第一节 乡村房屋建设程序与建造原则

一、建设程序

(一) 提出申请

建房户按国家和当地规定的用地标准，填写农村宅基地申请表，向当地村民委员会提出用地申请。

(二) 审查报批

经过村民小组或村民委员会根据年度用地控制指标和申请条件审查通过的，按村镇规划要求办理报批手续。建房占用非耕地的，由乡镇人民政府批准，使用耕地的，由乡镇人民政府审查，报县级人民政府批准。

(三) 用地放线

政府批准后，发给建房户《建设用地批准书》，由乡镇土地管理人员机构配合有关人员划拨土地，现场放线。

(四) 发证确权

房屋建设完工之后，应申报由乡镇土地管理部门验收。符合批准用地要求的，由县人民政府办理土地登记，发给《集体土地建设用地使用证》，从法律上取得这块宅基地的使用权。

二、乡村房屋建造原则

(1) 遵纪守法，不违法违章建设；
(2) 科学选址，符合村庄规划；
(3) 功能适用，面积合宜，不贪高图大，不相互攀比；
(4) 精打细算，节约资金；
(5) 就地取材，废物利用；
(6) 精心组织，规范施工，安全第一，质量为本。

第二节 乡村房屋建设应遵守的法律法规

一、相关法律法规

《中华人民共和国安全生产法》；

《中华人民共和国土地管理法》；
《中华人民共和国土地管理法实施条例》；
《中华人民共和国城乡规划法》；
《中华人民共和国乡村振兴促进法》；
《村庄和集镇规划建设管理条例》；
《村庄整治技术标准》（GB/T 50445—2019）；
各省、自治区、直辖市颁布的农村宅基地管理办法等。

二、主要相关条文

- 应当坚持以人为本、人民至上、生命至上，把保护人民生命安全摆在首位，树立安全发展理念，坚持安全第一、预防为主、综合治理的方针。
- 珍惜土地和切实保护耕地是我国的基本国策。
- 农村宅基地、自留地、自留山、承包地均归农村集体所有，农民具有依法使用权。
- 任何组织或者个人不得侵占、买卖、出租或者以其他形式非法转让土地；农村村民出卖、出租住房后，再申请宅基地的，不予批准。
- 农民擅自在自留地、自留山、承包地上建房、挖沙、采石、取土，属违法行为。确实需要使用农用地的，应依照法律规定和程序办理审批手续，未经批准或者采取欺骗手段骗取批准、非法占用土地建房的，均属违法行为。
- 农户依法使用宅基地应遵守以下义务：保护和合理利用宅基地，不得擅自改变宅基地的用途，不得妨害相邻权，不得妨害公共利益。
- 农民建房，应尽量使用原有的宅基地和村内空闲地。可以利用荒地的，不得占用耕地，可以利用劣地的，不得占用好地。
- 农村村民一户只能拥有一处宅基地，面积不得超过省（区、市）规定的标准。
- 规划明确撤并的村庄，不得新建、重建和改扩建农宅。
- 不得在公路沿线、城乡结合部非法占用（租用）农民集体所有土地进行非农建设。

第三节　乡村房屋的基本功能

乡村房屋的基本功能如下：

（一）满足人们居住生活的功能

简单讲，房子就是为了遮风避雨，有了房子才有了家。

（二）满足部分农副产品生产、农机具存放等功能

我国有 5~6 亿人口居住在农村，广大农民群众承担着全部的农业生产以及各种副业、家庭手工业的生产。因此，农村住宅不仅要保证农民生活居住的功能空间，还必须考虑这些功能空间都应兼具生活和生产的双重要求，另外还应该配置农机具、谷物等的储藏空间及室外的晾晒场地和活动场所。

（三）保护居住者人身财产安全的功能

房屋除了遮风避雨之外，还应具备正常使用期间保护居住者人身生命财产不受伤害的要

求，并且在遭遇地震、台风等自然灾害时，房屋是一个安全避难的场所而不能成为灾害的帮凶。

（四）体现民族及地方传统文化特色的功能

即各地农房应充分考虑当地自然条件、民情风俗。使其不但具有时代风貌，而且富有乡土气息和地方特色。

第四节　乡村建筑绿色施工技术

一、绿色施工概念

根据住房城乡建设部发布的《绿色施工导则》，绿色施工定义为：工程建设中，在保证质量、安全等基本要求的前提下，通过科学管理和技术进步，最大限度地节约资源与减少对环境负面影响的施工活动，实现四节一环保（节能、节地、节水、节材和环境保护）。绿色建筑施工是贯彻落实可持续发展战略的重要举措，也是保障我国国民经济健康发展必要手段。要在当前建筑领域实现社会经济的可持续发展，促进资源节约发展，就要加紧进行绿色施工的推进。

二、绿色施工技术概念

绿色施工技术是对于先进科学技术手段的有效利用，以环保为核心，采用环保的方式和理念对整体施工过程进行成本和能耗的有效降低，同时提高施工效益和总体效率，以达到对于建筑噪声和建筑垃圾污染的有效减少。在此过程中将技术、资源、能源、材料、管理等各主要环节进行有效控制，使水、电、油的成本消耗显著降低，确保建筑工程安全性的前提下，对环境进行最小化的破坏和污染，更好地促进建筑工程的顺利完成。

三、绿色施工技术原则

（一）优化原则

绿色施工要对各个环节做到最大优化，包括经济环节、技术环节、环保环节等，对其中的设计规划和技术方案等工作需要严格执行优化措施，在综合层面到达绿色施工的总目标。

（二）细化原则

建筑施工过程中要运用科学技术进行精细化运作，针对建筑施工中的各个环节和步骤进行科学规划，严格划分，切实实现绿色建筑施工的精细化管理。

四、绿色施工技术在工程中的应用

绿色施工是一个系统工程，包括施工组织设计、施工准备、施工运行和竣工后施工场地的生态恢复等。

（一）施工准备中的绿色施工技术

施工准备主要包括材料准备和技术准备，在材料准备中也有许多绿色施工技术值得推广。

1. 混凝土重复利用技术

施工现场存在大量的废弃混凝土块，混凝土重复利用技术是将施工场地内废弃的混凝土破碎、清洗、分级后，按一定的比例与级配混合形成再生混凝土骨料，部分或全部替代砂石等天然骨料配置而成的新混凝土。这种技术可使废物利用，达到保护环境、节约资源的目的。

2. 高强度钢筋施工技术

2010年颁布的《混凝土结构设计规范》（GB 50010—2010）规定：在工程设计中，优先使用400MPa级钢筋，积极推广500MPa级钢筋，取消235MPa级钢筋，逐步限制、淘汰335MPa级钢筋。目前在我国的建筑工程实践中，335MPa级钢筋仍然为主要用量钢材，占到总用量的60%左右。数据表明，国内高强度钢材的总体发展与发达国家相比还有较大的差距。若能将我国混凝土结构的主导受力钢筋强度提高到HRB400、HRB500级，结构用钢量可节约20%~30%。近年来，HRB400级钢筋得到广泛应用，HRB500级高强度钢筋已经开始应用。

3. 高强高性能混凝土技术

我国2010年颁布的《建筑业10项新技术》，将强度等级超过C80的高性能混凝土定义为高强高性能混凝土。高强高性能混凝土具有高强度、高弹模、高耐久性和高耐磨性的综合优势。工程中采用高强高性能混凝土可以减小结构件的尺寸，增大房屋的内部空间，减轻结构自重，降低施工劳动强度。

4. 绿色墙体材料施工技术

目前我国的墙体材料已经严禁采用黏土实心砖，取而代之的是黏土空心砖、混凝土空心砌块、粉煤灰混凝土空心砌块，节约了大量的土地资源，同时也降低了环境污染。但由于材料性能单一，并没有改变原有的施工工艺，降低工人的劳动强度。因此，在积极利用各种工业废物生产建筑材料的时候，要大力发展集承重、保温、防水、装饰功能于一体的复合砌块，做到一材多能，取得综合的经济效益。

（二）施工过程中的绿色施工技术

1. 生产、生活用水回收利用技术

严禁将施工中产生的废水、生活中产生的污水直接排入城市雨水管网，必须经过处理，方可排放。而经过沉淀、过滤处理的污水虽然不能直接用到施工中，但我们可以把其用于生活区的卫生间冲洗厕所，绿化用水；喷洒施工区临时道路，控制扬尘。这样，不但可以节约工程用水费用，还能保证施工现场一个良好的工作环境。

2. 附着式升降脚手架施工技术

目前在国内广泛采用的附着式升降脚手架是对竹木脚手架、钢管扣件脚手架的一次重大革命。它只需搭设4~5层的脚手架，即可满足项目的施工需要，这样可以节约大量的建筑材料，降低工程建设成本。附着式升降脚手架主要由架体系统、附墙系统、爬升系统三部分组成。

3. 自流密实混凝土施工技术

自流密实混凝土施工技术具有流动性好，免振捣，结构强度高的优点。自流密实混凝土对模板工程的质量要求极高，施工中严禁出现漏浆现象。

4. 钢模板施工技术

模板工程一般约占钢筋混凝土结构总造价的25%，工期占到50%~60%，其对于加快施工进度、保证施工质量和降低施工成本有较大的影响。在传统的房屋建筑施工中，结构件的施工主要采用竹木模板，竹木模板的生产需要消耗大量的森林资源，不利于环境保护，而且竹木模板的使用周转次数少，这不可避免地增大了工程建设成本。钢模板采用工厂化生产制作，具有加工尺寸精度高、不易变形、施工安拆快捷、混凝土成型效果好、使用周转次数多的优点。在降低工程建设成本的同时，还可以减少建筑垃圾对环境的污染。

5. 压型钢板＋混凝土组合楼板施工技术

压型钢板＋混凝土组合楼板是将压型钢板作为混凝土楼板的永久支撑模板，与混凝土组合，共同承担荷载。压型钢板作为一种永久性模板，可以完全免除拆模作业，简化施工，其具有施工进度快、人工劳动强度低、严密性好、不漏浆的优点。此外，压型钢板可作为主体结构安装施工的操作平台和下层施工人员的安全防护板，有利于立体交叉作业。

（三）绿色施工中的节能管理

合理选择施工机械设备的型号、数量；合理安排施工顺序、工作面，统一调配施工机具，做到区域之间共享施工机具，避免机具闲置、空转。

使用高效、节能的施工机具，合理安排机具保养时间。当机具出现问题时，不得让其带病工作，应及时修复，使机具时刻保持低耗、高效的工作状态。

生活设施布置时，应选择南北朝向，保持适当间距，有利于自然通风、日照及采光。安装空调的办公用房，应规定空调开启时的天气温度、空调工作时的设置温度，空调开启时，应关闭门窗。工作人员离开时，应关闭空调。

乡村建筑绿色施工可参阅《内蒙古自治区建筑施工安全标准化图集绿色施工分册》（图 2-4-1）。

图 2-4-1 《内蒙古自治区建筑施工安全标准化图集绿色施工分册》

第三章 村庄规划与乡村房屋设计

第一节 村庄规划

一、总体要求

全面贯彻党的十九大和十九届二中全会精神,以习近平新时代中国特色社会主义思想为指导,深入贯彻习近平总书记考察内蒙古重要讲话精神,坚持"三农三牧"重中之重的战略地位,坚持农牧业农村牧区优先发展,按照"产业兴旺、生态宜居、乡风文明、治理有效、生活富裕"的总体要求,让美丽乡村成为亮丽内蒙古的鲜明底色。

二、规划原则

(一)以人为本,尊重民意

深入乡村实地调查,充分征求农牧民意见,尊重农牧民意愿,保障农牧民规划知情权、参与权和监督权。村庄规划成果应经过村牧民会议或村民代表三分之二以上成员同意,成果依法批准后,应依法公开公告。

(二)因地制宜,统筹兼顾

结合乡村自然环境、资源条件和社会经济条件,因地制宜编制村庄规划。正确处理近期建设和长远发展的关系,统筹兼顾,统一规划,分步实施。推进农村现代化建设,使乡村建设的规模、速度同当地经济发展、人口增减相适应。

(三)合理布局,节约用地

乡村规划应符合土地利用总体规划,做好与镇域规划、经济社会发展规划和各项专业规划的协调衔接,功能布局合理、安全、宜居、美观、和谐、配套完善。村庄规划应科学、合理,统筹配置土地。

(四)保护风貌,传承文化

加强对乡村自然生态和历史文化资源的保护和利用,对具有完整体现历史风貌和建筑特色、有一定保护价值的村庄,应当保护原有建筑、历史遗迹和自然景观,新建建筑应当与原有建筑风格和自然环境相协调。规划应突出地域特色和民俗特色,保护传承乡村传统文化。

(五)生态宜居,防灾减灾

良好的生态环境是乡村的最大优势和宝贵财富。实施乡村人居环境整治提升行动,打造一批生态美、环境美、人文美、管护水平高的生态宜居美丽乡村。根据当地灾情情况，有针对性地建立防火、防震、防洪、防风、防涝、防疫等综合公共安全体系。

三、规划编制要素

1. 编制规划应以需求和问题为导向，综合评价村庄的发展条件，提出村庄建设与治理、产业发展和村庄管理的总体要求。
2. 统筹村民建房、村庄整治改造，并进行规划设计，包含建筑的平面改造和立面整饰。
3. 确定村民活动、文体教育、医疗卫生、社会福利等公共服务和管理设施的用地布局和建设要求。
4. 确定村域道路、供水、排水、供电、通信等各项基础设施配置和建设要求，包括布局、管线走向、敷设方式等。
5. 确定农业及其他生产经营设施用地。
6. 确定生态环境保护目标、要求和措施，确定垃圾、污水收集处理设施和公厕等环境卫生设施的配置和建设要求。
7. 确定村庄防灾减灾的要求，做好村级避火场所建设规划；对处于山体滑坡、崩塌、地陷、地裂、泥石流、山洪冲沟等地质隐患地段的农村居民点，应经相关程序确定搬迁方案。
8. 确定村庄传统民居、历史建筑物与构筑物、古树名木等人文景观的保护与利用措施。
9. 规划图文表达应简明扼要、平实直观。

四、乡村建设用地适宜性分类

乡村用地根据是否适宜建设，通常划分为三类。

（一）适宜性修建用地

这类用地一般具有地形平坦、规整，坡度适宜，地质条件良好，没有被洪水淹没、泥石流侵害的危险，自然环境条件较为优越，能够适应乡村各项设施建设要求的用地。具体有：

1. 土质能够满足乡村房屋地基承载力要求。
2. 地下水位低于房屋的基础埋置深度的地段。
3. 不会被30～50年一遇的洪水淹没的地段。
4. 平原地区地形坡度，一般不超过5%～10%的地段，在山区或丘陵地区地形坡度，一般不超过10%～20%的地段。
5. 地势相对较高的地方，或有可靠的防洪措施的地段，或采用简单措施即可迅速排除积水的地段。
6. 没有冲沟、滑坡、崩塌、岩溶、地陷、地裂、泥石流、沼泽及地震断裂带、地下采空区等潜在不良地质灾害的地段。

（二）不利地段——基本上可以修建房屋的用地

在这类用地上建房时，必须采取一定工程加固处理措施。具体有：

1. 地基承载力较差，或属于一般软弱土、膨胀土、湿陷性黄土等不良土质地段，修建房屋时地基需要采取措施进行地基处理，增强地基承载力和不均匀性。

2. 地形坡度或起伏较大，修建时需要较大挖、填土方工程的地段，对于填方要进行地基处理。

3. 河岸和边坡的边缘，古河道，疏松的断层破碎带与回填场地等，也需要进行地基处理。

4. 非岩质的陡坡附近建房，确定不能避开时，应做护壁以保证房屋安全，包括房屋周边陡坡和房屋场地所处陡坡。

（三）危险地段——不适宜修建房屋的用地

1. 地震时可能发生滑坡、崩塌、地陷、地裂、泥石流等及地震断裂带上可能发生地表位错位的地段。

2. 有严重的活动性冲沟、滑坡、泥石流和岩溶的地段。

3. 经常受洪水淹没的地段。

4. 地基承载力极低的地段，如厚度在 2m 以上的泥炭层、流沙层等，需要采取很复杂的人工加固措施的地段，会大幅增加建房成本。

5. 其他限制建设的地段：如具有开采价值的矿区，自然保护区，给水水源防护地带，现有铁路、机场用地、军事用地及高压输电线路和地下管线所穿越的地段。

乡村房屋应首选在适宜修建房屋的用地上建房，避免在不适宜修建房屋的用地上建房，不应在危险场地建房。

五、乡村房屋建设基本要求

（一）选址方面

有利地段优先选，场地开阔又平坦。基岩稳定土密实，均匀分布为最佳。不利地段要处理，陡坡建房做护壁，河岸边坡软弱土，换填夯实方可建。危险地段须避让，滑坡崩塌要防范，地陷地裂采空区，洪水易发高压线。

（二）规划设计方面

1. 村庄建设应符合建筑卫生、安全要求，注重与环境协调；宜选择具有乡村特色和地域风格的建筑图样；倡导建设绿色农房。

2. 保持和延续传统格局和历史风貌，维护历史文化遗产的完整性、真实性、延续性和原始性。

3. 整治影响景观的棚舍、残破或倒塌的墙体，清除临时搭盖，美化影响村庄空间外观视觉的外墙、屋顶、窗户、栏杆等，规范太阳能热水器、屋顶空调等设施的安装。

4. 逐步实施危旧房的改造、整治。

（三）道路规划方面

1. 村主干道建设应进出畅通，路面硬化率达 100%。

2. 村内道路应以现有道路为基础，顺应现有村庄格局，保留原始形态走向，就地取材。

3. 村主干道应按照要求设置道路交通标志，村口应设村名标识。

4. 历史文化名村、传统村落、特色景观旅游景点应设置指示牌。利用道路周边、空余场地，适当规划公共停车场。

5. 乡村房屋建设边缘与公路边沟外缘的间距为：国道不少于 20m，省道不小于 15m，县道不小于 10m，乡道不小于 5m。禁止在高速路两侧边沟外缘 30m 和立交桥通道边缘 50m 内修建永久性用房。

（四）供电方面

1. 供电应能满足村民基本生产生活需要。
2. 电线杆应排列整齐，安全美观，无私拉乱接电线、电缆现象。
3. 合理配置照明路灯，宜使用节能灯具。

（五）通信方面

广播、电视、电话、网络、邮政等公共通信设施齐全、信号通畅，线路架设规范、安全有序；有条件的村庄可采用管道下地敷设。

第二节　乡村房屋设计

宅基地是农村村民用于建造住宅及其附属设施的集体建设用地，包括住房、附属用房和庭院等用地。农村村民应严格按照批准面积和建房标准建设住宅，禁止未批先建、超面积占用宅基地。农业生产者居住的农村住宅，在组成上除一般生活起居部分外，还包括农业生产用房，如农机具存放、家禽家畜饲养场所和其他副业生产设施等。

一、农房建设要求

1. 农村新建、扩建或改建房，每户宅基地的标准面积为 $80\sim120m^2$，各村委会应根据村庄规划和本村的实际用地情况统一确定本村的宅基地面积标准。

2. 农村独立住宅不得超过三层，每户建筑总面积不得超过 $360m^2$。

联排住宅不得超过四层，每户建筑总面积不得超过 $450m^2$。各村应根据本村的风俗、民情研究确定固定的一种住宅建筑方案，形成统一风格，采用坡屋顶建筑形式。

3. 农村建房应满足如下的退缩要求：

（1）退缩水库边不小于 50m；退缩河涌、池塘边不小于 20m。

（2）退缩村道边线不小于 30m，退缩乡（街）道边线不小于 50m；退缩县道边线不小于 100m；退缩高速公路、国道、省道边线不小于 200m。

（3）同时应满足其他城乡规划的要求。

（4）房屋之间的前后距离不小于 10m，房屋之间的左右横向间距不小于 4.5m，房屋只允许在屋前外挑，阳台挑出不超过 1.5m。

4. 农村村民有如下情形之一的，不得翻建、扩建原旧住宅。

（1）已取得新的住宅建设用地的；

（2）原旧住宅不符合村庄规划、土地利用总体规划或相关退缩规定的；

（3）原旧住宅属文物保护单位或省级以上历史文化名村保护规划确定的保留风貌建筑的。

二、农村房屋设计的基本原则

(一) 安全规划的原则

农村房屋设计应统一规划、合理布局、功能齐全的规划和建筑设计方案对于村容村貌整治具有重要的先导作用,对改善现在新农村建设过程中随意建设、模仿严重的状况,对改变农村面貌、改善农民居住条件起到积极作用。

土地作为一种不可再生的资源,具有短缺性;新农村规划应该以土地的集约使用为宗旨,以节约尽可能多的土地,为农村长远的发展留有足够的空间。农民在选择宅基地修建房屋的时候,必须严格按照政府的具体要求来选择。尽量将房屋修建在土壤坚硬的开阔地段,避开自然灾害易发地。

在房屋修建的过程中很重视整体的安全质量,都是采用钢筋混凝土修建而成的。并且由专门的建筑团队进行前期的设计测绘,达到国家建筑要求后再由专业的施工单位进行承建,修建完成后由质检部门验收合格之后才能交付使用。

(二) 环境适宜的原则

由于农村生活农作的特殊性,基于建房面积相对比较大,农村自建房一般都会修建院落,以方便晾晒衣物、饲养禽畜、存放农具等,甚至还可以搭瓜棚、种植蔬菜。常见的院落形式包括前院、后院、天井院、前庭后院和前院带侧院式,而采用什么样的形式则要参考自然条件、当地习俗、面积大小以及经济情况。

设计农村住宅应从当地的风俗习惯出发,不论是房屋平面设计还是屋内设施摆放都有必要考虑当地风俗,避免因门窗方向不对、家具摆放不当等与当地禁忌冲突导致居民对住宅感到不满。在采光、通风、保温隔热和卫生等设施布置上要满足生活、生产的需要。

(三) 美观大方的原则

建设社会主义特色的新农村,最关键的就是要坚持农村当地的特色和乡村特有的风貌。如果农村的房屋不能保持和当地风貌一致,那么就违背了新农村建设的初衷。在农村新建的房屋,必须要和之前保留的传统民宅风格相似。并且要把传统民宅保护起来,建立起属于自己的特色。农村新的房屋建设一定是在符合当地农村的特色风貌的条件下,再满足每个家庭自己的需求。这样做不仅让农村的整体显得更加统一美观,也尽可能保留了当地特有的民俗。

农村房屋设计应延续传统、美观大方的风格。在传统文化与现代文明充斥的今天,我们应该保持传统文化精髓,在继承中创新,在创新中保持特色。传统的民居具有许多鲜明的地方特色,村庄聚落与自然环境的和谐协调,形成秀丽的田园风光,极其诱人,为开发田园风光旅游资源提供了发展空间。我国传统民居无论是平面布局、结构构造,还是造型艺术,都凝聚着历代先人顺应自然、改造自然的聪明才智,形成了风格特异的文化特征。它们以其独有的建筑语言形成了当地的景观特色。

(四) 经济实用的原则

农村房屋设计应简单易行、经济实用、就地取材、因地制宜,是体现地域性的一种直接有效的途径。地方材料大多质朴、典雅,结合传统做法能体现农村住宅浓郁的乡土气息和生活气息。在综合考虑土地利用率和建设成本的基础上,设计农村住宅时可以适当地采用两户联排组合或多户联排组合，以此有效地增加生活生产面积。

设计农村住宅可专门规划出一个庭院，以庭院作为农民日常生活的核心空间。农村住宅的庭院近似于城市住宅中的大厅，不仅可以用来会客休闲，还能用来种植小规模粮作物或蔬菜，养殖适量的禽畜。

三、农村房屋的平面布置设计

农村房屋的平面形式多样，分区明确，实现寝居分离、食寝分离和净污分离；应保证不少于两间卧室朝南；厨房及卫生间应有直接采光、自然通风。

（一）农村房屋的布局要求

房屋体型应简单、规整，平面不宜局部凸出或凹进，立面不宜高度不等。村镇房屋一般体量不大，形状也相对简单，比较容易满足规则性的要求。震害经验充分表明，简单、规整的房屋在遭遇地震时破坏相对较轻。平、立面局部突出或转折的房屋，在地震作用下某些部位会产生应力集中现象，这些部位首先产生破坏乃至失效，会引起"连锁反应"，加重震害。

如果因为使用功能或其他方面的要求，出现平、立面严重不规则的情况，可以考虑设缝将结构分隔成相对规则的几个结构单元，这样对抗震比较有利。承重的纵横墙在平面内宜对齐，沿竖向应上下连续。在同一轴线上，窗间墙的宽度宜均匀。墙体布置合理时，地震作用能够均匀对称地分配到房屋的各个墙段，避免过早出现应力集中或扭转破坏。

（二）农村房屋的抗震要求

在农村房屋建设中，由于受宅基地红线限制，为了多出一些面积，房屋上部墙体外挑不落地，因为竖向不连续，在地震中易于破坏，震害会明显重于平立面简单规整的房屋。房屋高宽比指房屋高度与宽度（平面中较小的一边）的比值，一般不应大于3。高宽比过大的房屋，稳定性较差，大震时易产生倾覆破坏。如果基础埋深不能满足相应要求，高宽比过大的房屋正常使用也存在安全隐患，易受到周边房屋基础开挖，地基不均匀沉降影响。

对于低层砌体结构的农房，承重窗间墙最小宽度及承重外墙尽端至门窗洞边的最小距离不应小于900mm，门窗开洞过大时，过窄的门窗间小墙垛易首先破坏，这在历次地震中都有表现。还应注意的是洞口（墙段）布置的均匀对称，同一片墙体上窗洞大小应尽可能一致，窗间墙宽度尽可能相等或相近，并均匀布置。砌体结构中，构造柱与圈梁形成房屋空间骨架，约束墙体并显著提高墙体的抗震承载能力，提高房屋的整体性，使房屋不过早开裂。

现浇钢筋混凝土楼盖与墙体有可靠连接的房屋，可以不另设圈梁，但楼盖沿墙体周边应加强配筋并应与相连的构造柱和墙可靠连接。

（三）住宅整体风貌设计

吸取优秀传统做法，并进行创新和优化，创造简洁、大方的建筑形象；住宅应以坡屋顶为主，充分运用地方材料，结合辅助用房及院墙形成错落有致的建筑整体。农村房屋外围的庭院设计时应灵活选择庭院形式，丰富院墙设计，创造自然、适宜的院落空间。

根据村民的生产方式不同，配置相应的附属用房（如农机具和农作物储藏间、加工间、家禽饲养、店面等）。辅房应与主房适当分离，可结合庭院灵活布置，在满足健康生活的前提下，方便生产。

四、农村房屋立面布局设计

工程的快速发展，结构方案的复杂性，迫使建筑师们去农村房屋的"外衣"，设计者在寻求农村房屋的立面时，要考虑该地区的气候、民族、生活习惯等特点，地方资源和生产基地的特点，通过采用不同的屋顶、阳台及其围护结构，可以使屋面外观多样化。农村居住建筑与城市相比，在很大程度上保留了自己的传统，在城市住房中砖、木早已让位给砖砌块，现浇混凝土。而农村建筑，特别是个体建筑，主要是偏用传统建材——木、砖、石，用这些材料建成的房屋不仅可以按非标准设计，也可以按标准设计。

农村砖砌住房也有一些变化，工程结构的快速发展对房屋立面和整体风格有影响。同时保留农村房屋在美观、构造、功能等方面的本质。竖向结构的变化发展有时会破坏传统的屋面形式和出现新形式，为非传统农村住房外观创造了条件。现在农村建筑师在农村住宅中有选择砖、木、板材、砌块等材料的可能，但评价未来的住房时给人的第一印象是外观，因此富有美感是很重要的，但同时也不要忘记居住方便和结构形式的完善。

第四章 乡村房屋建筑材料及要求

建筑材料是建筑业的重要物质基础，是用于建造建筑物和构筑物的所有材料和制品的总称。材料质量决定着建筑物质量、安全和舒适等，乡村建筑材料具有种类较多、随意性较大、不规范、就地取材等特点，因此，作为乡村建筑工匠，首先应对建筑材料进行系统了解，通过学习掌握乡村常见材料的性质与应用，其次要分清各类建筑材料具有的自身特性，从而更好地把握材料的使用功能，实现在保证质量的前提下达到"物尽其用"的良好效果。

第一节 建筑材料的基本要求

一、建筑材料的分类

建筑材料按化学成分分类见表 4-1-1。

表 4-1-1 建筑材料按化学成分分类

无机材料	金属材料	黑色金属：铁、碳素钢、合金钢 有色金属：铝、锌、铜及其合金
	非金属材料	天然材料（砂、黏土、石子、大理石、花岗岩等）、烧土制品（普通烧结砖、烧结多孔砖、烧结空心砖、瓦、陶瓷等） 熔融制品（玻璃、玻璃制品） 保温材料（石棉、矿物棉、膨胀蛭石等） 胶凝材料（石灰、石膏、水玻璃、水泥等） 混凝土及硅酸盐制品（混凝土、砂浆、砌块、蒸压养护砖、硅酸盐制品等）
有机材料	天然材料	木材、竹材、植物纤维等
	胶凝材料	沥青、合成树脂等
	高分子材料	塑料、涂料、有机涂料、合成橡胶等
	保温材料	软木板、毛毡等
复合材料	金属、非金属复合材料	钢筋混凝土、钢纤维增强混凝土等
	无机、有机复合材料	沥青混凝土、聚合物混凝土等
	金属、有机复合材料	轻质金属夹芯板、铝塑板等

二、建筑材料的基本要求

(一)安全性

1. 满足必要的强度与承载能力,良好的变形性能的要求。
2. 满足正常使用或偶遇其他作用时(如火灾、爆炸、碰撞等)仍能维持结构或构件基本安全的性能。
3. 室内装饰材料有害物质含量的安全性控制。

(二)耐久性

是指材料在各种外界因素的作用下,能长期正常工作,不破坏,不失去原来性能的性质。它包括材料的抗冻性、抗渗性、抗化学侵蚀性、抗碳化性、大气稳定性和耐磨性等,是决定房屋使用年限的重要指标之一。

(三)适用性

不同建筑材料有着不同的适用范围,根据材料特性,合理使用材料,满足使用美观等要求。

(四)经济性

在以上条件均满足的情况下,力求经济实用,降低农村建房成本。

第二节 农房常用建材基本知识

一、建筑石灰与石膏

(一)石灰

石灰的原料多用石灰岩。其主要成分是碳酸钙,石灰岩经过煅烧分解,就得到了生石灰(图 4-2-1)。施工现场配制砂浆用的石灰膏是由生石灰加水熟化一段时间制得的。

图 4-2-1 生石灰块与生石灰粉

1. 淋灰

石灰在使用前,要用水加以熟化,这个过程称为淋灰。根据现行行业标准《抹灰砂浆技术规程》(JGJ/T 220)中,抹灰用石灰膏熟化期不应少于 15d;罩面用磨细石灰粉的熟化期不应少于3d。另外，在陈伏过程中，石灰浆表面应保持有一层水分，以使其与空气隔绝，以免碳化、冻结、风化和干硬。

2. 熟石灰的硬化

熟石灰的硬化是氢氧化钙的碳化与结晶作用。碳化，是熟石灰与空气中的二氧化碳反应生成碳酸钙，析出的水分被蒸发。结晶，是氢氧化钙因水分蒸发，逐渐析出晶体并与碳酸钙结晶互相交织，使硬化的石灰浆具有强度。由于空气中二氧化碳稀薄，石灰浆已碳化的表层，妨碍二氧化碳透入内部和水分的向外析出，因此碳化过程缓慢。而氢氧化钙的结晶过程比碳化过程快得多。因此，在拌制灰浆时，加入少量水泥、石膏，可使其快硬。硬化后的石灰浆体会产生较大的收缩，为此，浆料中须接入骨料、纤维料，以防止硬化后收缩干裂。

3. 石灰的应用范围

（1）粉刷墙体和配制砂浆

用熟化并陈伏好的石灰膏稀释成石灰乳，可以用于室内的粉刷；以石灰膏为胶凝材料，掺入砂和水，拌合成砂浆，称为石灰砂浆，用于墙面、顶棚等暴露在空气中的抹灰层；在水泥砂浆中掺入石灰膏后，制成水泥混合砂浆，提高水泥砂浆的保水性和砌筑、抹灰质量，节省水泥。

（2）配制灰土和三合土

熟石灰还可用来配制灰土（熟石灰＋黏土）和三合土（熟石灰＋黏土＋砂、石渣或炉渣等填料），用来进行地基的置换或加固。

4. 石灰的验收、储存

（1）建筑生石灰粉、建筑消石灰粉一般采用符合标准规定的牛皮纸袋、复合纸袋或塑料编织袋包装，袋上应标明厂名、产品名称、商标、净重、批量编号等。

（2）在石灰的储存和运输中必须注意，生石灰要在干燥的环境中储存和保管。运输中要有防雨措施。防止石灰受潮或遇水后水化。磨细生石灰粉在干燥条件下储存期一般不超过一个月，最好是随生产随用。由于生石灰遇水发生反应放出大量的热，所以生石灰不宜与易燃易爆物品共存，以免酿成火灾或爆炸。

（二）石膏

石膏的原料是天然二水石膏（即石膏矿），经加热，可得到半水石膏。

1. 石膏的种类

按结晶水的多少，石膏分为二水石膏（生石膏）、半水石膏（熟石膏）和无水石膏（硬石膏）。建筑石膏的主要成分就是半水石膏。

2. 石膏的性能特点

建筑石膏加水成为可塑浆体，但很快失去可塑性，且强度迅速提高，硬化后还原为二水石膏。国家标准规定，其初凝时间不小于6min，终凝时间不超过30min。

石膏硬化时，体积略有膨胀，其膨胀率约为1%，硬化后不产生裂缝，表面光滑，可塑成精致的花饰。

石膏具有良好的隔热性能，石膏硬化时由于体积有微膨胀，内部形成大量孔隙，使其具有良好的隔热性能。

石膏还具有抗火性，遇火灾时，二水石膏中的结晶水蒸发，吸收热量，表面的无水物为良好的热绝缘体。

石膏硬化后，具有较强的吸湿性，吸水后会因冬季温度低使水分冻结；造成孔隙崩裂。因此，石膏制品不宜用于室外。

建筑石膏的凝结硬化速度很快，为便于操作，一般可掺入石灰浆、水胶、硼砂等。

3. 建筑石膏的保管

建筑石膏多采用袋装，在运输及贮存中应注意防潮，不同等级的石膏应分别贮运，不得混杂。建筑石膏自生产之日起，最好在一个月内用完，其贮存期为三个月，三个月后应重新检验，重新检验后确定其等级。

二、水泥

（一）水泥的种类与组成

水泥属于水硬性无机胶凝材料。水泥加水形成水泥浆，能胶结砂、石等散粒状材料，待水泥浆凝结硬化后成为整体，具有一定强度，主要用于配置混凝土、砌筑砂浆和抹灰砂浆。水泥作为主要的建筑材料之一，广泛应用于房屋、道路、水利和国防等工程建设。

水泥品种繁多，按其主要水硬性物质的不同，可分为硅酸盐水泥、铝酸盐水泥、硫铝酸盐水泥、铁铝酸盐水泥等系列，其中以硅酸盐系水泥生产量最大，在农村建房中也广泛使用。

硅酸盐水泥是以硅酸钙为主要成分的水泥熟料，加入一定量的混合材料和适量石膏共同磨细制成，有P·Ⅰ和P·Ⅱ两种，P·Ⅰ也可称为纯熟料硅酸盐水泥。

通用硅酸盐水泥的组分见表 4-2-1。

硅酸盐水泥的生产工艺简称为"两磨一烧"，即生料制备磨细、煅烧成熟料、水泥磨细。

表 4-2-1 硅酸盐水泥的组成

品种	代号	字色	组分（质量分数）（%）				
			熟料+石膏	高炉矿渣	火山灰质材料	粉煤灰	石灰石
硅酸盐水泥	P·Ⅰ	红色	100	—	—	—	—
	P·Ⅱ		≥95	≤5	—	—	—
			≥95	—	—	—	≤5
普通硅酸盐水泥	P·O		≥80 且 <95	>5 且 ≤20			—
矿渣硅酸盐水泥	P·S·A	绿色	≥50 且 <80	>20 且 ≤50	—	—	—
	P·S·B		≥30 且 <50	>50 且 ≤70	—	—	—
火山灰质硅酸盐水泥	P·P		≥60 且 <80	—	>20 且 ≤40	—	—
粉煤灰硅酸盐水泥	P·F	黑色或蓝色	≥60 且 <85	—	—	>20 且 ≤40	—
复合硅酸盐水泥	P·C		≥50 且 <80		>20 且 ≤50		

（二）常用水泥特性及适用范围

常用水泥特性及适用范围如表 4-2-2a、4-2-2b 所示。

表 4-2-2a　常用水泥的特性

特性	硅酸盐水泥	普通硅酸盐水泥	矿渣硅酸盐水泥	火山灰硅酸盐水泥	粉煤灰硅酸盐水泥
硬化	快	较快	慢	慢	慢
早期强度	高	较高	低	低	低
水化热	高	高	低	低	低
抗冻性	好	较好	差	差	差
耐热性	差	较差	好	较差	较差
干缩性	较小	较小	较大	较大	较小
抗渗性	较好	较好	差	较好	较好
抗化学腐蚀性	差	较差	好	好	好

表 4-2-2b　常用水泥的适用范围

	硅酸盐水泥	普通硅酸盐水泥	矿渣硅酸盐水泥	火山灰硅酸盐水泥	粉煤灰硅酸盐水泥
适用范围	①地上、地下及水中的混凝土、受冻融循环的结构及早期强度要求较高的工程；②配制建筑砂浆	硅酸盐水泥基本相同	①大体积工程；②蒸汽养护的构件；③一般地上、地下和水中的钢筋混凝土结构；④有抗硫酸盐侵蚀的工程；⑤配制建筑砂浆	①地下、水中大体积混凝土结构；②有抗渗性要求的工程；③蒸汽养护的构件；④一般混凝土及钢筋混凝土工程；⑤配制建筑砂浆	①地上、地下、水中和大体积混凝土工程；②蒸汽养护构件；③抗裂要求较高的构件；④抗硫酸盐侵蚀的工程；⑤一般混凝土工程；⑥配制建筑砂浆
不适用范围	①大体积混凝土工程；②受化学及海水侵蚀的工程；③耐热要求较高的工程；④有流动水及压力水作用的工程	同硅酸盐水泥	①早期强度要求较高的混凝土工程；②有抗冻要求的混凝土工程	①早期强度要求较高的混凝土工程；②有抗冻要求的混凝土工程；③干燥环境的混凝土工程；④有耐磨性要求的混凝土工程	①早期强度要求较高的混凝土工程；②有抗冻要求的混凝土工程；③有抗碳化要求的混凝土工程

（三）水泥的鉴别和保管

1. 水泥的鉴别

（1）首先观察水泥包装袋的完好性、标志是否齐全。包装袋上应清楚注明：执行标准、水泥品种、代号、强度等级、生产厂家名称、生产许可证编号、出厂编号、包装日期、净含量等内容。

其次观察水泥颜色，合格硅酸盐水泥为灰褐色或深灰色，如果水泥色泽发黄、发白（发黄说明熟料是生烧料、发白说明矿渣掺量过多），可以确定强度较低。

（2）检查水泥的生产日期，超过有效期30天的水泥性能有所下降。储存三个月后的水泥其强度下降10%～20%，六个月后降低15%～30%，一年后降低25%～40%。国家标准规定，六大常用水泥的初凝时间均不得早于45min，硅酸盐水泥的终凝时间不得迟于6.5h，其他五类常用水泥的终凝时间不得迟于10h。

2. 水泥的保管

水泥在运输和保管期间，不得受潮和混入杂质，不同品质和等级的水泥应分别贮运，不得混杂。散装水泥应有专用运输车，直接卸入现场特别的贮仓，分别存放。袋装水泥堆放高度一般不应超过10袋。存放期一般不应超过3个月，超过3个月的水泥必须经复检才能使用。

三、钢筋

钢筋主要与混凝土结合构成钢筋混凝土，在钢筋混凝土构件中钢筋主要承受拉力。有时墙体灰缝中也放入水平拉结钢筋，以增强墙体的整体刚度，提高房屋的抗震性能。目前用得较多的是热轧钢筋。

（一）钢筋种类与力学性能

按照不同的划分标准，钢筋有不同的种类。按钢筋外形划分为光圆钢筋和变形钢筋。

按钢筋强度不同，可划分为Ⅰ级钢（用HPB300表示）、Ⅱ级钢（用HRB335表示）、Ⅲ级钢（用HRB400、HRBF400、RRB400表示）、Ⅳ级钢（用HRB500、HRBF500表示）四种级别，其中Ⅰ级即圆钢，Ⅱ级、Ⅲ级、Ⅳ级均为螺纹钢。如图4-2-2所示。

图4-2-2 光圆钢筋与带肋钢筋

1. 热轧光圆钢筋按照《钢筋混凝土用钢 第1部分：热轧光圆钢筋》（GB/T 1499.1—2017）标准规定，实际质量与理论质量的允许偏差应符合表4-2-3的规定；钢筋牌号和化学成分、力学工艺性能指标应符合表4-2-4的规定。

第四章 乡村房屋建筑材料及要求

表 4-2-3　光圆直条钢筋实际质量与理论质量的允许偏差规定

公称直径（mm）	实际质量与理论质量的允许偏差（%）
6～12	±6
14～22	±5

注：单位长度钢筋理论质量（kg/m）=0.006126×直径×直径，其中直径单位为mm。

表 4-2-4　钢筋牌号和化学成分规定

牌号	化学成分质量分数（%）				
	碳 C	硅 Si	锰 Mn	磷 P	硫 S
HPB300	不大于0.25	不大于0.55	不大于1.50	不大于0.045	不大于0.045

牌号	下屈服强度 R_{eL}（MPa）	抗拉强度 R_m（MPa）	断后伸长率 A（%）	最大总延伸率 A_{gt}（%）	冷弯试验 180°
HPB300	不小于300	不小于420	不小于25	不小于10.0	$d=a$

注：d 为钢筋公称直径；a 为弯心直径。按表4-2-4规定的弯芯直径弯曲180°后，钢筋受弯曲部位表面不得产生裂纹。

2. 热轧带肋钢筋按照《钢筋混凝土用钢 第2部分：热轧带肋钢筋》（GB/T 1499.2—2018）标准规定，相应指标应符合表4-2-5、4-2-6、4-2-7的要求。

表 4-2-5　钢筋实际质量与理论质量的允许偏差规定

公称直径（mm）	实际质量与理论质量的允许偏差（%）
6～12	±6
14～20	±5
22～50	±4

表 4-2-6　钢筋牌号和化学成分规定

牌号	化学成分（质量分数）（%）					不大于
	C	Si	Mn	P	S	C_{eq}
HRB400 HRBF400 HRB400E HRBF400E	0.25	0.8	1.60	0.045	0.045	0.54
HRB500 HRBF500 HRB500E HRBF500E						0.55

表 4-2-7a　力学性能指标规定

牌号	下屈服强度 R_{eL}（MPa）	抗拉强度 R_M（MPa）	断后伸长率 A（%）	最大总延伸率 A_{gt}（%）	实测抗拉强度/实测屈服强度 R_m^o/R_{eL}^o	实测屈服强度/下屈服强度 R_{eL}^o/R_{eL}
	不小于					不大于
HRB400 HRBF400	400	540	16	7.5	—	—
HRB400E HRBF400E			—	9.0	1.25	1.30
HRB500 HRBF500	500	630	15	7.5	—	—
HRB500E HRBF500E			—	9.0	1.25	1.30
HRB600	600	730	14	7.5	—	—

注：①公称直径 28～40mm 各种牌号钢筋的断后伸长率 A 可降低 1%；公称直径大于 40mm 各牌号钢筋的断后伸长率 A 可降低 3%。

②对于没有明显屈服强度的钢筋，下屈服强度特征值 R_{eL} 应采用规定塑性延伸强度 $R_p0.2$。

表 4-2-7b　工艺性能指标规定

牌号	公称直径 d	弯曲压头直径
HRB400 HRBF400 HRB400E HRBF400E	6～25	$4d$
	28～40	$5d$
	>40～50	$6d$
HRB500 HRBF500 HRB500E HRBF500E	6～25	$6d$
	28～40	$7d$
	>40～50	$8d$
HRB600	6～25	$6d$
	28～40	$7d$
	>40～50	$8d$

注：钢筋应进行弯曲试验。按表 4-2-7b 规定的弯曲压头直径弯曲 180°后，钢筋受弯曲部位表面不得产生裂纹。

（二）钢筋加工

钢筋加工包括钢筋调直与除锈、钢筋切断、钢筋弯曲成型和钢筋冷加工，以及成品保护等。

1. 钢筋除锈与调直

钢筋的除锈工作应在调直后弯曲前进行，并应尽量利用冷拉和调直工序进行除锈。除锈方法有多种，常用的有人工除锈、钢筋除锈机除锈和酸洗除锈。

2. 钢筋切断

调直后的钢筋，即可按下料长度进行切断。钢筋切断前，应根据工地的材料情况确定下料方案，按规定的钢筋品种、规格、尺寸、外形符合设计要求的切断，力求减少钢筋的损耗。

3. 钢筋弯曲成型

钢筋弯曲成型的顺序是：准备工作—划线—样件—弯曲成型。钢筋弯曲分人工弯曲和机械弯曲两种。

4. 钢筋冷加工

钢筋冷加工包括钢筋冷拉、冷拔、冷轧、冷轧扭。钢筋冷加工可以提高钢筋强度设计值，达到节约钢筋的目的。

（三）钢筋质量鉴别与保管

1. 钢筋质量的鉴别

（1）首先查看产品合格证、出厂检验报告和进场复验报告，其次查验钢筋质量证明书与钢筋标牌（每捆钢材2个）是否齐全，内容是否吻合。钢筋质量证明书包括产品名称、产品标准、规格型号、批号、厂名厂址、检验结果等。

（2）查看钢筋表面。钢筋表面应该有牌号标识，如热轧带肋钢筋表面轧有牌号标志"3HG12"，表示由邯钢（用字母 HG 表示）生产的直径为 12mm 的 HRB335 的热轧带肋钢筋。钢筋表面标识数字 3、4、5、6 分别代表 HRB335、HRB400、HRB500、HRB600 级别钢筋。

另外要求钢筋表面不得有裂纹、结疤和折叠。通常情况下，钢筋直径越大，缺陷越容易暴露，为此，有些伪劣钢筋规格通常小于 16mm。

（3）检查钢筋的直径或内径。正规企业生产的钢筋截面在公称尺寸范围内，且圆钢不圆度小、无耳子（又称裤线）。伪劣钢筋截面尺寸小于公称尺寸下限，耳子严重，不圆度大多超标准。

另外还要查验钢筋端部。伪劣钢筋端部往往带有未切掉的轧制端头，并夹带有缺陷存在，在整捆中长度比其他钢筋短，还有个别企业在钢筋端部涂有红色——主要是为了掩盖端部缺陷。

2. 钢筋的堆放和保管

（1）钢筋进场时应对钢筋的规格、等级、牌号进行认真检查，并严格按批次分等级、牌号、直径、长度，挂牌架空堆放，不得混合堆放。

（2）钢筋应尽量堆放在仓库或加工棚内，堆放时钢筋下面必须用砖或垫木等材料架空，离地高度不宜小于 200mm，以防止钢筋锈蚀和污染。而且还需要尽量缩短存放期，当前根据施工进度以厂家加工配送分批次进场为最佳。

（3）钢筋严禁与酸、盐、油类等物品堆放在一起，以免腐蚀和污染钢筋。

（4）钢筋成品应按工程名称和构件名称挂牌堆放，牌上应注明构件名称、部位、钢筋形式、尺寸、钢号、直径和根数，杜绝将几个工程的钢筋混在一起存放。

四、混凝土

（一）混凝土组成材料

1. 定义

混凝土是以胶凝材料、粗骨料、细骨料、水，必要时加入外加剂或矿物质混合材料，按适当比例配合，经搅拌、成型硬化而成的人造石材。

2. 组成材料

1）水泥

混凝土中用水泥品种目前以硅酸盐类系列为主，六大品种水泥是常用水泥品种，见本章第二节水泥。

水泥强度等级选择。一般情况水泥强度等级约为混凝土强度等级的1.5倍。

2）砂

（1）砂的分类

按照产地不同，可分为山砂、海砂与河砂。山砂含有较多粉状黏土和有机质；河砂中所含杂质较少，使用最多。

按直径不同，分为粗砂、中砂和细砂三种，粗砂的平均直径不小于0.5mm，中砂的平均直径不小于0.35mm，细砂的平均直径不小于0.25mm。

（2）砂的选用

混凝土宜选用中砂。一般来说，细砂可使混凝土中水泥用量增大，不经济。粗砂易使混凝土拌合物产生离析、泌水等现象，影响混凝土的和易性。确定砂子的粗细采用"颗粒级配与粗细程度"指标实现，另外购买砂子应控制其含泥量，一般砂子含泥量不得超过1%。

3）石子

（1）石子的分类

混凝土中的石子分为卵石和碎石。卵石表面光滑，少棱角，便于混凝土的泵送和浇筑，但与水泥的胶结较差，且含泥量较高，适合于拌制低强度混凝土；碎石表面粗糙，多棱角，与水泥胶结牢固，在相同条件下比卵石拌制的混凝土强度高。石子按粒径分为5～10mm、5～16mm、5～20mm、5～25mm、5～31.5mm几种级别。

（2）石子的选用

根据规定，混凝土用粗骨料（即石子）最大粒径一般不得超过构件截面最小尺寸的1/4，且不得超过钢筋间最小净距的3/4。对混凝土实心板，可允许采用最大粒径达1/3板厚的骨料，但最大粒径不得超过40mm。石子含泥量不得超过1%，且应为洗净石子。

（3）拌制混凝土用水

拌制混凝土用水应该是无杂质的洁净水，未经处理的海水严禁使用。

（4）外加剂

外加剂种类：混凝土外加剂是用来改善混凝土性能的物质化学制剂，其品种及掺量要准确。外加剂包括减水剂、早强剂、引气剂、缓凝剂、防冻剂、膨胀剂、泵送剂等。

外加剂选用：配制混凝土可根据需要选择外加剂，掺量一般不大于水泥用量的5%。常用的混凝土外加剂有减水剂、早强剂等。

（二）混凝土的分类及性质

1. 混凝土分类

混凝土按结构可分为普通混凝土、细粒混凝土、大孔混凝土和多孔混凝土。按施工方法可分为现浇混凝土、预制混凝土、泵送混凝土和喷射混凝土。农村建房常用的混凝土为中低强度普通混凝土。

2. 混凝土的和易性

(1) 混凝土和易性是指混凝土在硬化前拌合物具有一定的弹性、塑性和黏性。这些性质综合起来通常称为和易性。和易性是混凝土拌合物的综合技术性质，它包括黏聚性、流动性与保水性三方面的含义。

黏聚性是指混凝土拌合物所表现的黏聚力，这种黏聚力使混凝土在浇注时不致出现离析现象。

流动性是指混凝土拌合物在自重或机械振捣的作用下，产生流动并均匀密实地填充模板各个角落的能力。

保水性是指混凝土拌合物保持水分不易析出的能力。保持水分的能力一般以稀浆析出的程度来测定。

(2) 和易性的大小是以测定混凝土流动性，辅助观察黏聚性和保水性来确定，而混凝土流动性指标用"坍落度"表示。混凝土浇筑时的坍落度可按表4-2-8选用。现场施工如因气温过高造成混凝土流动性减小，或人工捣实需要加大混凝土流动性时，最简单的方法是增加同配比水泥浆，绝对不能采用简单加水的方法。

表 4-2-8 现场拌制混凝土的坍落度要求

结构种类	坍落度（mm）
基础或地面等的垫层、无配筋的大体积结构（挡土墙、基础等）或配筋稀	10～30
板、梁和大型及中型截面的柱子等	30～50
配筋密列的结构（薄壁、斗仓、筒仓、细柱等）	50～70
配筋特密的结构	70～90

注：以上仅供参考，不同的施工部位、不同的施工工艺，其坍落度是不一样的。采用泵送混凝土，其坍落度在150～180mm左右。

3. 混凝土的强度

(1) 混凝土的立方体抗压强度：混凝土的强度有抗压强度、抗拉强度、抗剪强度及与钢筋的黏结强度等。混凝土的抗压强度按立方体抗压强度标准值来划分，可分为C15、C20、C25、C30、C35、C40、C45、C50、C55、C60、C65、C70、C75、C80十四个等级。其中"C"表示混凝土，后面的数字则表示其抗压强度指标，如C20表示该混凝土的立方体抗压强度标准值为20MPa。农村中常用的混凝土强度等级有C15、C20、C25三种，其他在农房建造中较少使用。

(2) 影响混凝土抗压强度的因素主要有：水泥强度、水灰比、骨料种类及性质、养护湿度和温度、养护龄期、外加剂等。另外，施工方法不当也会影响混凝土的强度，比如：混凝土振捣不够会显著影响浇筑构件的均匀性、密实性，降低混凝土硬化后的强度。

(3) 混凝土的耐久性

混凝土的耐久性包括混凝土的抗渗性、抗冻性、抗侵蚀性和抗碳化性。一般情况下，混凝土拌合物中的有害成分越少，振捣越密实，混凝土的强度越高，耐久性越好。

(三) 混凝土的配合比设计

混凝土的配合比是指混凝土中各组成材料之间的比例关系。混凝土的配合比通常用每立方米混凝土中各种材料的用量表示。在确定混凝土配合比前,需对混凝土进行配合比设计,需要指出的是,混凝土配合比设计由水灰比、用水量、砂率(指砂子占砂石总量的百分数)三个基本参数控制,从而得到混凝土的施工配合比。

1. 混凝土配合比的表示方法

混凝土配合比有两种表示方法:质量法和体积法,下面以质量法为例加以说明。

【例】现场拌制 1m³ 普通混凝土需用水泥 280kg,砂子 655kg,石子 1250kg,水 160kg,则该混凝土的配合比表示为

第一种:水泥:砂子:石子:水 = 280:655:1250:160;

第二种:配置 1m³ 混凝土配合比是以水泥为 1,其他材料与水泥的比表示,即:混凝土配合比 = 水泥:砂子:石子 = 1:2.34:4.46,水灰比 = 0.57。

2. 混凝土配合比选用

对乡村建房用的混凝土配合比可参考表 4-2-9a、4-2-9b。表中给出的配合比相对应的混凝土坍落度为 35~50mm。

表 4-2-9a 混凝土配合比参考表(卵石)

混凝土强度等级	卵石粒径(mm)	水泥强度等级	每立方米混凝土材料用量(kg)(坍落度 35~50mm)			
			水	水泥	石子	砂
C15	20	32.5	180	310	651	1209
		42.5	180	250	749	1171
	40	32.5	160	276	651	1263
		42.5	160	222	748	1220
C20	20	32.5	180	367	593	1260
		42.5	180	295	693	1232
	40	32.5	160	327	593	1320
		42.5	160	262	692	1286
C25	20	32.5	180	439	570	1211
		42.5	180	353	616	1251
	40	32.5	160	390	555	1295
		42.5	160	314	655	1271
C30	20	32.5	180	400	582	1238
		52.5	180	333	623	1264
	40	32.5	160	356	584	1300

表 4-2-9b 混凝土配合比参考表（卵石）

混凝土强度等级	碎石粒径（mm）	水泥强度等级	每立方米混凝土材料用量（kg）（坍落度 35~50mm）			
			水	水泥	石子	砂
C15	20	32.5	195	295	725	1135
		42.5	195	229	770	1156
	40	32.5	175	265	688	1222
		42.5	175	206	788	1181
C20	20	32.5	195	361	645	1199
		42.5	195	279	751	1175
	40	32.5	175	324	627	1274
		42.5	175	250	750	1225
C25	20	32.5	195	443	564	1198
		42.5	195	342	652	1202
	40	32.5	175	398	555	1261
		42.5	175	307	566	1247
C30	20	32.5	195	398	671	1211
		52.5	195	320	697	1188
	40	32.5	175	357	598	1270

五、建筑砂浆

建筑砂浆是由无机胶凝材料、细骨料和水，有时也掺入某些掺合料组成。建筑砂浆常用于砌筑墙体或建筑物内外表面（如墙面、地面、顶棚）的抹灰，大型墙板、砖石墙的勾缝，以及装饰材料的粘结等。

砂浆的种类很多，根据用途不同分为砌筑砂浆、抹面砂浆。根据胶凝材料不同分为水泥砂浆、石灰砂浆、混合砂浆等。

（一）砌筑砂浆

将砖、石、砌块等粘结成砌体的砂浆称为砌筑砂浆。它起着粘结和传递荷载的作用，是砌体的重要组成材料。其主要品种有水泥砂浆和水泥混合砂浆。水泥砂浆是由水泥、细骨料和水配制而成，多指水泥石灰砂浆，用于基础、长期受水浸泡的部位和承受较大外力的砌体。水泥混合砂浆是由水泥、细骨料、掺加料及水配制成的砂浆，一般用于地面以上的砌体施工。

1. 砌筑砂浆的组成材料

（1）水泥：水泥是砂浆的主要胶凝材料，一般选择中低强度的水泥即可满足设计要求。

（2）其他胶凝材料及掺加料：为改善砂浆的和易性，减少水泥用量，通常石灰膏、黏土膏、粉煤灰等制成混合砂浆。

（3）细骨料：砂浆常用的细骨料为普通砂，对特种砂浆也可选用白色或彩色砂、轻砂等。砌筑砂浆用砂宜选用中砂，其中毛石砌体宜选用粗砂，其含泥量不应超过5%。

（4）水：洁净的自来水。

2. 砌筑砂浆性质

砂浆性质有：砂浆拌合物的和易性、硬化后的强度及粘结力。

（1）新拌砂浆应具有良好的和易性

和易性良好的砂浆容易在粗糙的砖石底面上铺设成均匀的薄层，而且能够和底面紧密粘结，便于施工操作，保证工程质量。砂浆和易性包括流动性和保水性。

①砂浆的流动性（又称稠度）是指砂浆在自重或外力作用下产生流动的性能。砂浆流动性的选择与砌体材料及施工气候情况有关，一般根据施工操作经验来确定。砌筑砂浆的稠度可参考表4-2-10。

表4-2-10 砌筑砂浆的稠度

砌体种类	砂浆稠度（mm）
烧结普通砖砌体	70～90
轻骨料混凝土小型空心砌块砌体	60～90
烧结多孔砖、空心砖砌体	60～80
烧结普通砖平拱式过梁 空斗墙、筒拱 普通混凝土小型空心砌块砌体 加气混凝土砌块砌体	50～70
石砌体	30～50

②新拌砂浆能够保持水分的能力称为保水性，保水性也指砂浆中各项组成材料不易分离的性质。新拌砂浆在存放、运输和使用的过程中，必须保持其中的水分不致很快流失，才能形成均匀密实的砂浆缝，保证砌体质量。

（2）砂浆的强度

砂浆在砌体中起着传递荷载的作用，因此应具备一定的粘结强度、抗压强度和耐久性。砌筑砂浆强度等级有M20、M15、M10、M7.5、M5。农村主要使用的砌筑砂浆强度等级为M10、M7.5、M5。

（3）砂浆粘结力

砖石砌体靠砂浆把许多块状材料粘结形成坚固整体，因此要求砂浆对于砖石必须有一定的粘结力。砂浆粘结力随其强度的增大而提高，而且与砖石的表面状态、洁净程度、湿润情况及养护条件有关。因此，砌筑前砖要浇水湿润，其含水率控制在10%～15%，表面不沾泥土，以提高砂浆和砖之间的粘结力，保证砌筑质量。

3. 砌筑砂浆配合比

《砌筑砂浆配合比设计规程》（JGJ/T 98—2011）规定，砂浆的配合比以质量比表示。常用砌筑砂浆的配合比，可参考表4-2-11a、4-2-11b选用。

表 4-2-11a 常用水泥石灰混合砂浆参考配合比　　　　（单位：kg）

砂浆强度等级	水泥强度等级	每立方米材料用量							
		粗砂			中砂			细砂		
		水泥	石灰	砂	水泥	石灰	砂	水泥	石灰	砂
M2.5	32.5	183	147	1510	190	155	1450	197	163	1390
	42.5	140	190	1510	145	200	1450	151	209	1390
M5.0	32.5	212	118	1510	221	124	1450	229	131	1390
	42.5	162	168	1510	169	176	1450	175	185	1390
M7.5	32.5	242	88	1510	251	94	1450	261	99	1390
	42.5	185	145	1510	192	153	1450	200	160	1390
M10	32.5	271	59	1510	282	63	1450	293	67	1390
	42.5	207	123	1510	216	129	1450	224	136	1390

表 4-2-11b 常用水泥砂浆参考配合比　　　　（单位：kg）

水泥砂浆						
砂浆强度等级	水泥强度等级	每立方米材料用量					
		粗砂		中砂		细砂	
		水泥	砂	水泥	砂	水泥	砂
M2.5	32.5	253	1585	260	1522	268	1459
	42.5	206	1585	212	1522	218	1459
M5.0	32.5	276	1585	284	1522	292	1459
	42.5	227	1585	234	1522	240	1459
M7.5	32.5	299	1585	308	1522	317	1459

注：①本表中给出的配合比仅供参考用，施工配合比应由工地试验后提供。
②本表中给出的砌筑砂浆配合比按施工水平一般等级考虑；石灰膏稠度为120mm；砂子的含水率为5%。

（二）抹面砂浆

普通抹面砂浆是以薄层抹在建筑物内外表面，保持建筑物不受风、雨、雪、大气等有害介质侵蚀，提高建筑物的耐久性，并使其表面平整美观。按所用材料不同，可分为石灰砂浆、水泥混合砂浆、水泥砂浆、麻刀石灰砂浆和纸筋石灰砂浆。按功能不同，可分为底层抹面砂浆、中层抹面砂浆和面层抹面砂浆。

抹面砂浆的选用：用于砖墙的底层抹灰，多选石灰砂浆；有防水、防潮要求时选水泥砂浆；混凝土基层的底层抹灰，多选水泥混合砂浆；中层抹灰多选石灰砂浆或水泥混合砂浆；面层抹灰多用水泥混合砂浆、麻刀灰、纸筋灰。水泥砂浆不得涂在石灰砂浆层上。在易碰撞或潮湿部位应采用水泥砂浆。

常用抹面砂浆的配合比可参考表 4-2-12。

表 4-2-12　各种抹面砂浆配合比参考

材料	配合比（体积比）	应用范围
石灰∶砂	1∶2～1∶4	用于砖石墙表面（檐口、勒脚、女儿墙以及潮湿房间的墙除外）
石灰∶黏土∶砂	1∶1∶4～1∶1∶8	干燥环境的墙表面
石灰∶石膏∶砂	1∶0.4∶2～1∶1∶3	用于不潮湿房间木质表面
石灰∶石膏∶砂	1∶0.6∶2～1∶1∶3	用于不潮湿房间的墙及顶棚
石灰∶石膏∶砂	1∶2∶2～1∶2∶4	用于不潮湿房间的线脚及其他修饰工程
石灰∶水泥∶砂	1∶0.5∶4.5～1∶1∶5	用于檐口、勒脚、女儿墙外脚以及比较潮湿的部位
水泥∶砂	1∶3～1∶2.5	用于浴室、潮湿车间等墙裙、勒脚等或地面基层
水泥∶砂	1∶2～1∶1.5	用于地面、顶棚或墙面面层
水泥∶砂	1∶0.5～1∶1	用于混凝土地面随时压光
水泥∶石膏∶砂∶锯末	1∶1∶3∶5	用于吸声粉刷
水泥∶白石子	1∶2～1∶1	用于水磨石（打底用1∶2.5水泥砂浆）

六、砖、混凝土砌块及石材

（一）砖

1. 烧结普通砖（图 4-2-3）的主要技术性质

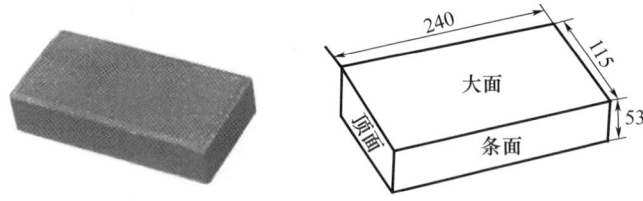

图 4-2-3　烧结普通砖（单位：mm）

1）外观质量和尺寸偏差

烧结普通砖的优等品必须颜色基本一致，外观质量和尺寸偏差应符合表 4-2-13 的要求。

表 4-2-13　烧结普通砖外观质量和尺寸偏差　　（单位：mm）

项目	优等品		一等品		合格品	
	样本平均偏差	样本极差	样本平均偏差	样本极差	样本平均偏差	样本极差
尺寸偏差 长度 240 宽度 115 高度 53	±2.0 ±1.5 ±1.5	≤8 ≤6 ≤4	±2.5 ±2.0 ±1.6	≤8 ≤6 ≤5	±3.0 ±2.5 ±2.0	≤8 ≤6 ≤5
两条面高度差，不大于	2		3		5	
弯曲，不大于	2		3		5	
杂质凸出高度，不大于	2		3		5	
缺棱掉角的三个破坏尺寸，不得同时大于	15		20		30	

续表

项目	优等品		一等品		合格品	
	样本平均偏差	样本极差	样本平均偏差	样本极差	样本平均偏差	样本极差
裂纹长度，不大于 ①大面上宽度方向及其延伸至条面的长度	70		70		110	
②大面上长度方向及其延伸至顶面的长度或条、顶面水平裂纹长度	100		100		150	
完整面	一条面和一顶面		一条面和一顶面		—	
颜色	基本一致		—		—	

2）强度等级

烧结普通砖按抗压强度分为：MU30、MU25、MU20、MU15、MU10、MU7.5六个强度等级。各强度等级应符合表4-2-14所列数值。

表4-2-14 烧结普通砖强度等级　　　　　（单位：MPa）

强度等级	抗压强度平均值 f	变异系数 $\delta \leqslant 0.21$	变异系数 $\delta > 0.21$
		抗压强度标准值 f_k	单块最小抗压强度值 f_{min}
MU25	≥25.0	≥18.0	≥22.0
MU20	≥20.0	≥14.0	≥16.0
MU15	≥15.0	≥10.0	≥12.0
MU10	≥10.0	≥6.5	≥7.5

3）耐久性指标

烧结普通砖的耐久性指标应符合表4-2-15的要求。

表4-2-15 烧结普通砖的耐久性指标

项目	鉴别指标	项目	鉴别指标
抗冻性	经15次冻融循环后，每块砖样均须符合下列要求： （1）干重损失率不大于2%； （2）被冻裂砖样裂纹长度不大于合格品的规定。	石灰爆裂	（1）优等品：①具有最大直径为2～5mm的爆裂点不超过2处的砖样不得多于2块，且爆裂不得在同一条面或顶面上出现。②具有最大直径为5～10mm的爆裂点1处砖样不得多于1块。③在各面上不允许有最大直径大于10mm的爆裂点。 （2）一等品：①具有最大直径为5～10mm的爆裂点不超过2处的砖样不得多于2块，且爆裂点不得在同一条面或顶面上出现。②在各面上不允许有最大直径大于10mm的爆裂点。 （3）合格品：在条面和顶面上不得出现最大直径大于10mm的爆裂点。
泛霜	（1）优等品：每块砖样不允许出现轻微泛霜。 （2）一等品：每块砖样不允许出现中等泛霜。 （3）合格品：每块砖样不允许出现严重泛霜。		
吸水率	每组砖样的平均吸水率： （1）优等品：不大于22%； （2）一等品：不大于25%； （3）合格品：无要求。		

注：砖内部的可溶盐随水分向外析出而沉积在砖的表面，水分蒸发后留下白色粉末或絮片状的盐，这种现象称为"泛霜"。泛霜严重影响砖墙的强度与耐久性能。

2. 烧结多孔砖主要技术性质

1）外观质量和尺寸偏差

烧结多孔砖尺寸偏差、外观质量应符合表4-2-16、表4-2-17的要求。

表 4-2-16　烧结烧结多孔砖的尺寸偏差　　　（单位：mm）

尺寸	优等品		一等品		合格品	
	样本平均偏差	样本极差	样本平均偏差	样本极差	样本平均偏差	样本极差
290、240	±2.0	≤6	±2.5	≤7	±3.0	≤8
190、180、175、115	±1.5	≤5	6	≤±2.0	±2.5	≤7
90	±1.5	≤4	±1.7	≤5	±2.0	≤6

表 4-2-17　烧结多孔砖的外观质量　　　（单位：mm）

项目	优等品	一等品	合格品
颜色（一条面和一顶面）	一致	基本一致	—
完整面不得少于	一条面和一顶面	一条面和一顶面	—
缺棱掉角的三个破坏尺寸不得同时大于	15	20	30
裂纹长度不大于 ①大面上深入孔壁15mm以上，宽度方向及其延伸到条面的长度 ②大面上深入孔壁15mm以上，长度方向及其延伸到顶面的长度 ③条、顶面上的水平裂纹	60 60 80	80 100 100	100 120 120
杂质在砖面上造成的凸出高度不大于	3	4	5

2）强度等级

烧结多孔砖按抗压强度分为：MU30、MU25、MU20、MU15、MU10、MU7.5六个强度等级。各强度等级应符合表4-2-18所列数值。

表 4-2-18　烧结多孔砖的强度标准

产品等级	强度等级	抗压强度（MPa）		抗折荷重（kN）	
		平均值不小于	单块最小不小于	平均值不小于	单块最小值不小于
优等品	MU30	30.0	22.0	13.5	9.0
	MU25	25.0	18.0	11.5	7.5
	MU20	20.0	14.0	9.5	6.0
一等品	MU15	15.0	10.0	7.5	4.5
	MU10	10.0	6.0	5.5	3.0
合格品	MU7.5	7.5	4.5	4.5	2.5

3）耐久性指标

烧结多孔砖的耐久性要求同烧结普通砖，见表4-2-19。

表 4-2-19　烧结多孔砖与烧结空心砖比较

品种	多孔砖	空心砖
孔洞方向	竖向	横向
孔洞个数	多	少
单个孔洞的大小	小	大
应用	承重墙	非承重墙
强度等级	MU7.5、MU10、MU15、MU20	MU3.0、MU5.0、MU7.5

烧结空心砖和烧结多孔砖的比较，见图 4-2-4，图 4-2-5。

烧结空心砖和烧结多孔砖名称相近，但实物相去甚远，性能也差异较大，使用中不能混淆。烧结普通砖和烧结多孔砖可用于承重墙砌筑，烧结空心砖一般仅用于砌筑非承重墙。注意认清烧结多孔砖与烧结空心砖，以便正确选用。在农村中砌墙所用烧结普通砖强度等级不应低于 MU7.5。

 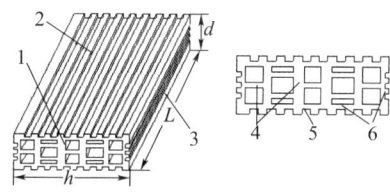

图 4-2-4　烧结空心砖
1—顶面；2—大面；3—条面；4—肋；5—凹线槽；6—外壁；
L—长度；d—宽度；h—高度

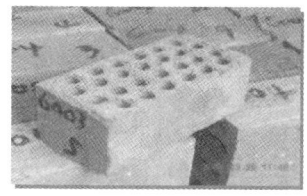 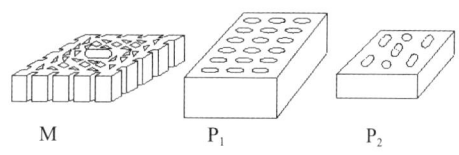

图 4-2-5　烧结多孔砖

（二）混凝土砌块

1. 混凝土小型空心砌块

图 4-2-6　混凝土小型空心砌块

混凝土小型空心砌块（图 4-2-6）以水泥、砂、石子为原料，加水搅拌、成型、养护而成。目前常用的有承重与非承重两种。承重砌块的主要规格有 390mm×190mm×190mm；非承重砌块的规格为 390mm×90mm×190mm 及 190mm×190mm×190mm 两种。按《普通混凝土小型砌块》（GB/T 8239—2014）的规定，砌块抗压强度划分为 5.0、7.5、10.0、15.0、20.0、25.0、30.0、35.0 和 40.0 九个标号。

小型空心砌块使用灵活，砌筑方便，适用于农房建筑。目前在缺土山区、高原植被脆弱地区使用较多。

2. 混凝土中型空心砌块

混凝土中型空心砌块的制作工艺与小型空心砌块基本相同，但生产设备不同。中型砌块的规格为：长度 500、600、800、1000mm；高度 400、450、800、900mm；宽度 200、240mm。由于尺寸较大，搬运、砌筑不方便，中型空心砌块在农房建设中很少使用。

3. 加气混凝土砌块

蒸压加气混凝土砌块是以粉煤灰、石灰、水泥、石膏、矿渣等为主要原料，加入适量发气剂、调节剂、气泡稳定剂，经配料搅拌、浇注、静停、切割和高压蒸养等工艺过程而制成的一种轻质多孔混凝土制品。加气混凝土砌块一般质量为 500~800kg/m³，只相当于黏土砖和灰砂砖的 1/4~1/3，普通混凝土的 1/5，常做非承重墙使用，或做为墙体、屋面保温材料使用。规格尺寸为：长度 600mm；宽度 100、120、125、150、180、200、240、250、300mm；高度 200、240、250、300mm。

（三）石材

1. 岩石的种类（图 4-2-7）

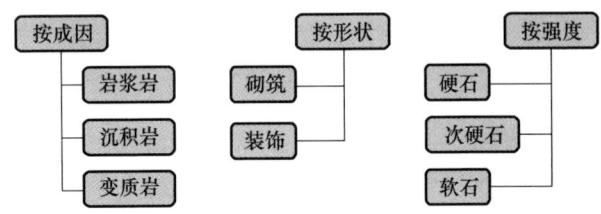

图 4-2-7　岩石的种类

2. 岩石的性质（图 4-2-8）

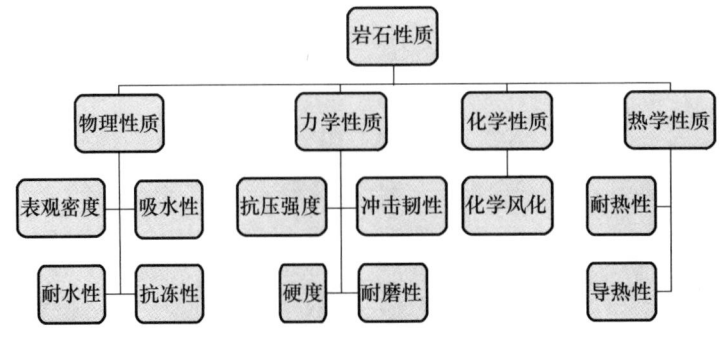

图 4-2-8　岩石的性质

3. 建筑石材

工程上使用的天然石材常加工成块状和板状。块状石材包括毛石与料石。

1）毛石

即形状不规则的块石，根据其外形又分为乱毛石（各个面的形状均不规则，见图4-2-9）和平毛石（对乱毛石略经加工，形状较整齐，但表面粗糙，见图4-2-10）两种。毛石主要用于砌筑基础、勒脚、墙身、挡土墙、堤坝等。

（1）乱毛石：不能用来砌墙，可以用来填方或砌筑尺寸较大的基础，也可用作毛石混凝土。

（2）平毛石：是乱毛石略经加工而成，其形状基本上有六个面，但表面粗糙。常用于砌筑基础、墙身、勒角、桥墩、涵洞等。

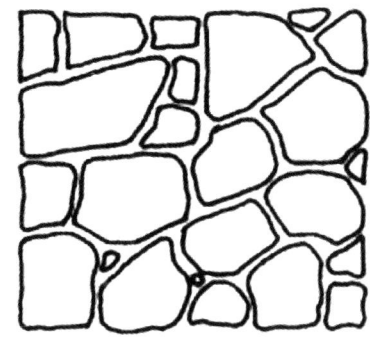

图4-2-9 乱毛石

图4-2-10 平毛石

2）料石

料石（又称条石）是由人工或机械开采出的较规则的六面体石块，略加凿琢而成。按其加工后的外形规则程度分为毛料石、粗料石、半细料石和细料石四种，主要用于砌筑墙身、踏步、地坪、拱券等。

（1）毛料石：外形大致方正，一般不加工或仅稍加修整，高度不应小于200mm，叠砌面凹入深度不大于25mm。

（2）粗料石：其截面的高度、宽度应不小于200mm，且不小于长度的1/4，叠砌面凹入深度不大于20mm。

（3）半细料石：规格尺寸同上，叠砌面凹入深度不应大于15mm。

（4）细料石：通过细加工，外形规则，规格尺寸同上，叠砌面凹入深度不大于10mm。

3）石材的技术性能

常用石材的性能见表4-2-20。

表4-2-20 石材的性能

石材名称	密度（kg/m³）	抗压强度（MPa）
花岗石	2500～2700	120～250
石灰岩	1800～2600	22～140
砂岩	2400～2600	47～140

4）石材的选用

石结构农房使用的石材应质地坚实，无风化、剥落和裂纹，其形状不能过于细长、扁薄、尖锥或接近圆形；尽量选用料石或平毛石，乱毛石、卵石不应用来砌筑墙体。

七、防水材料

防水材料指能够防止雨水、地下水与其他水分渗透的重要组成材料，防水是建筑物的一项重要功能，防水材料是实现这一功能的物质基础。防水材料的主要作用是防潮、防漏、防渗，避免水和盐分对建筑物的侵蚀，保护建筑构件，是工程建设中不可缺少的建筑材料。农房建造常用的屋面防水材料为防水卷材和防水涂料（图4-2-11）。

图 4-2-11 防水卷材

（一）防水卷材

防水卷材是由工厂生产的具有一定厚度的片状柔性防水材料，可以卷曲并按一定长度成卷出厂。防水卷材包括：沥青防水卷材、高聚物改性沥青防水卷材、合成高分子防水卷材等。沥青防水卷材由于价格便宜、施工方便，在农房屋面防水中较多采用。

1. 沥青防水卷材

沥青防水卷材是指以各种石油沥青或煤沥青为防水基材，以原纸、织物、毡等为胎基，用不同矿物粉料、粒料或合成高分子薄膜、金属膜作为隔离材料所制成的可卷曲片装防水材料。

沥青防水卷材具有原材料广、价格低、施工技术成熟等特点，可以满足建筑物的一般防水要求，是目前用量最大的防水卷材品种。

1）沥青防水卷材的常用品种

沥青防水卷材的常见品种见表4-2-21。

表 4-2-21 沥青防水卷材的常见品种

产品品种	标准编号
石油沥青纸胎油毡、油纸	GB 326—2007
石油沥青玻璃纤维胎油毡	GB/T 14686—2008
石油沥青玻璃布胎油毡	JC/T 84—1996
油毡瓦	JC 503—1992
铝箔油毡	JC 504—1992
煤沥青纸胎油毡	JC 505—1992

2) 石油沥青纸胎油毡（简称油毡）

油毡是采用低软化点石油沥青浸渍原纸，然后用高软化点石油沥青涂盖油纸两面，再涂撒隔离材料所制成的一种纸胎沥青防水卷材，有粉毡和片毡两种。油毡是传统的防水材料，普通农房一般最常使用。缺点是低温柔韧性差，使用寿命短，当防水等级为Ⅰ、Ⅱ级的建筑屋面或各类地下防水工程不宜使用。

油毡按浸涂材料总量和物理性能分为合格品、一等品、优等品。按原纸纸胎每 $1m^2$ 质量克数分为 200 号、350 号和 500 号三个标号。200 号油毡适用于简易防水、临时性建筑防水、建筑防潮及包装等；350 号和 500 号粉毡适用于屋面、地下工程的多层防水；片毡用于单层防水。

油毡外观质量应符合表 4-2-22 中的要求。

表 4-2-22 油毡外观质量要求

项目	质量要求
露胎、涂盖不均、孔洞、硌伤	不允许
折纹、皱折	距卷芯 1000mm 以外，长度不大于 100mm
裂纹	距卷芯 1000mm 以外，长度不大于 10mm
裂口、缺口	边缘裂口小于 20mm，缺边长度小于 50mm，深度小于 20mm
每卷卷材的接头	不超过 1 处，较短的一段不应小于 2500mm，接头处应加长 150mm

油毡的规格应符合表 4-2-23 中的要求。

表 4-2-23 油毡的规格

标号	宽度（mm）	每卷面积（m^2）	卷重（kg）	
350 号	915	20±0.3	粉毡	≥28.5
	1000		片毡	≥31.5
500 号	915	20±0.3	粉毡	≥39.5
	1000		片毡	≥42.5

油毡的物理性能应符合表 4-2-24 中的要求。

表 4-2-24 油毡的物理性能

项目		350 号			500 号		
		合格	一等	优等	合格	一等	优等
单位面积浸涂材料总量（g/m^2）		≥1000	≥1050	≥1110	≥1400	≥1450	≥1500
不透水	压力（MPa）	≥0.10			≥0.15		
	保持时间（min）	≥30	≥45		≥30		
吸水率	粉毡	≤1.0			≤1.5		
	片毡	≤3.0			≤3.0		
耐热度（℃）		85±2	90±2		85±2	90±2	
		受热 2h 涂盖层应无滑动和集中性气泡					
纵向拉力［(25±2)℃］(N)		≥340	≥370		≥440	≥470	
柔度（℃）		18±2	16±2 14±2		18±2	147±2	
		绕 A20mm 圆棒或弯板无裂纹			绕 A25mm 圆棒或弯板无裂纹		

2. 高聚物改性沥青防水卷材

在沥青中添加适当的高聚物改性剂，可改善传统沥青防水卷材温度稳定性差、延伸率低的不足，高聚物改性沥青防水卷材具有高温不流淌、低温不脆裂、拉伸强度高和延伸率较大等优点。主要改性沥青防水卷材有：SBS 改性沥青油毡、APP 改性沥青油毡、其他改性沥青油毡。

高聚物改性沥青防水卷材的常见品种见表 4-2-25。

表 4-2-25 高聚物改性沥青防水卷材的常见品种

常见品种	标准编号
弹性体（SBS）改性沥青防水卷材	GB 18242—2008
弹塑体（APP）改性沥青防水卷材	GB 18243—2008
改性沥青聚乙烯胎防水卷材	GB 18967—2009
沥青复合胎柔性防水卷材	JC/T 690—2008
自粘橡胶沥青防水卷材	JC 840—1999
自粘聚合物改性沥青聚酯胎防水卷材	JC 898—2002

1）弹性体（SBS）

SBS 改性沥青防水卷材是用聚酯毡或玻纤毡为胎基、苯乙烯-丁二烯-苯乙烯（SBS）热塑性弹性体作改性剂，两面覆以隔离材料所制成的建筑防水卷材（简称"SBS 卷材"）。SBS 改性沥青油毡除用于一般工业与民用建筑防水外，尤其适应于高级和高层建筑物的屋面、地下室、卫生间等的防水防潮，以及桥梁、停车场、屋顶花园、游泳池、蓄水池、隧道等建筑防水。又由于具有良好的低温柔韧性和极高的弹性延伸性，更适合于北方寒冷地区和结构易变形的建筑物的防水。

2）弹塑体（APP）

原理：石油沥青中加入 25%～35% 的 APP（无规聚丙烯）可以大幅提高沥青的软化点，明显改善低温柔韧性。

定义：APP 改性沥青油毡是以玻纤毡或聚酯毡为胎体、APP 改性沥青为预浸涂盖层，然后上层撒隔离材料，下层覆盖聚乙烯薄膜或撒布细砂而成的沥青防水卷材。

特点：良好的弹塑、耐热和耐紫外老化性能，软化点在 150℃以上，温度适应范围为 -15～130℃，耐腐蚀性好，自燃点较高（265℃）。

SBS 卷材和 APP 卷材按不同胎基、不同上表面材料分为六个品种，见表 4-2-26。

表 4-2-26 SBS 卷材和 APP 卷材品种

上表面材料	胎基	
	聚酯胎（PY）	玻纤胎（G）
聚乙烯膜（PE）	PY-PE	G-PE
细砂（S）	PY-S	G-S
矿物粒（片）料（M）	PY-M	G-M

SBS 卷材和 APP 卷材外观质量应符合表 4-2-27 中的要求。

表 4-2-27　SBS 卷材和 APP 卷材外观质量

项目	质量要求	项目	质量要求
孔洞、缺口、裂口	不允许	边缘不整齐	不超过 10mm
胎体露白、未浸透	不允许	撒布材料粒度、颜色	均匀
每卷卷材的接头	不超过 1 处，较短的一段不应小于 1000mm，接头处应加长 150mm。		

（二）防水涂料

防水涂料是将在高温下呈粘稠液状态的物质，涂布在基体表面，经溶剂或水分挥发，或各组分间的化学变化，形成具有一定弹性的连续薄膜，使基层表面与水隔绝，并能抵抗一定的水压力，从而起到防水和防潮作用。

防水涂料实质上是一种特殊涂料，特殊性在于当涂料涂布在防水结构表面后，能形成柔软、耐水、抗裂和富有弹性的防水涂膜，隔绝外部的水分子向基层渗透。

1. 防水涂料的组成

原材料的选择主要采用憎水性强、耐水性好的有机高分子材料，常用的主体材料采用聚氨酯、氯丁胶、再生胶、SBS 橡胶和沥青及它们的混合物。

2. 防水涂料的分类和特点（图 4-2-12）

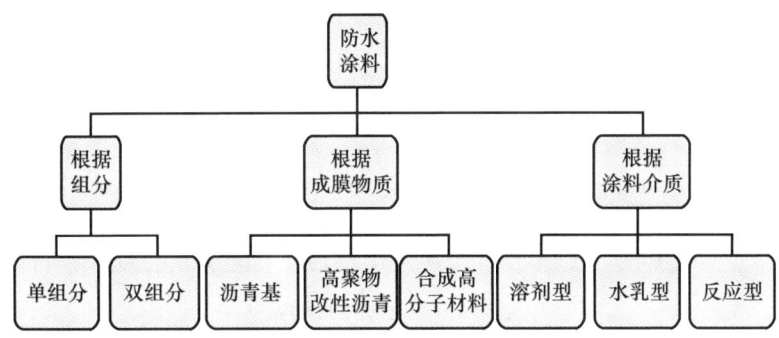

图 4-2-12　防水涂料的分类和特点

防水涂料的特点：
①节点等细部构造处进行防水施工，固化后能形成完整的防水膜。
②涂膜防水层自重轻，特别适宜于轻型薄壳屋面的防水。
③属于冷施工，可刷涂、喷涂，操作简便、速度快，环境污染小。
④温度适应性强，在 $-30℃\sim80℃$ 条件下均可使用。
⑤涂膜防水层可通过加贴增强材料来提高抗拉强度。
⑥容易修补，发生渗漏时可在原防水涂层的基础上修补。

防水涂料的主要优点是易于维修和施工，特别适用于管道较多的卫生间、特殊结构的屋面以及旧结构的堵漏防渗工程。

3. 常用的防水涂料

（1）沥青基防水涂料

沥青基防水涂料的成膜物质是石油沥青，一般分为溶剂型和水乳型两种。

溶剂型沥青涂料：将石油沥青直接溶解于汽油等有机溶剂后制得的溶液。沥青溶液施工后所形成的涂膜很薄，一般不单独作防水涂料使用，只作沥青类油毡施工时的基层处理剂。

水乳型沥青防水涂料：将石油沥青分散于水中所形成的水分散体。

（2）高聚物改性防水涂料

原理：沥青防水涂料通过适当的高聚物改性可以显著提高其柔韧性、弹性、流动性、气密性、耐化学腐蚀性和耐疲劳等性能。

定义：高聚物改性沥青防水涂料一般是用再生橡胶、合成橡胶或SBS等对沥青进行改性而制成的水乳型或溶剂型防水涂料。

（3）合成高分子防水涂料

定义：合成高分子防水涂料是以合成橡胶或合成树脂为主要成膜物质，加入其他辅料而配制成的单组分或多组分防水涂料。

常用品种：硅酮、氯丁橡胶、聚氯乙烯、聚氨酯、丙烯酸酯、丁基橡胶、氯磺化聚乙烯、偏二氯乙烯。

八、装饰品材料（含木材）

（一）木材及制品

1. 木材的基本知识

1）树木的分类（图4-2-13）

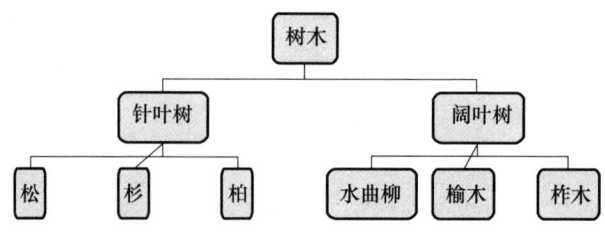

图4-2-13 树木的分类

2）树木的构造与组成

（1）树木的显微结构（图4-2-14）

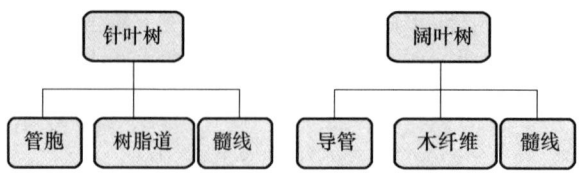

图4-2-14 树木的显微结构

导管和髓线是鉴别针叶树和阔叶树的主要标志。

（2）树木的组成

树木由树皮、木质部（边材：靠近树皮的木质部，颜色较浅；心材：靠近髓心的木质部，颜色较深）、髓心（质量差、易腐朽）组成。通常，心材的利用价值较边材大一些。

木材横切面内的同心圆环称为年轮，年轮越密木材的强度越高。同一年轮内春季生长的木质颜色较浅，称为春材或早材；夏季或秋季生长的颜色较深，称为夏材或晚材。

3）木材的含水量（图 4-2-15）

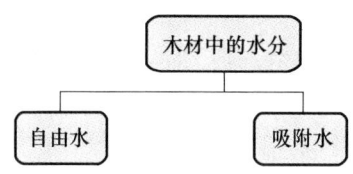

图 4-2-15　木材的含水量

当木材中的吸附水达到饱和，但是没有自由水时木材的含水率称为木材纤维饱和点。通常木材纤维饱和点在 23%～31% 之间波动，常以 30% 作为木材纤维饱和点。当木材中的含水率超过木材纤维饱和点时，木材的许多性质会发生变化。

4）木材的强度

强度较高
各向异性 } 每一种强度在不同纹理方向上均不相同（表 4-2-28）。

表 4-2-28　木材各项强度的关系

抗拉		抗压		抗剪		抗弯
顺纹	横纹	顺纹	横纹	顺纹	横纹	
2～3	1/20～1/3	1	1/10～1/3	1/7～1/3	1/2～1	1.5～2

2. 木材的腐朽与防治

1）木材腐朽

木材受到真菌侵害后，其细胞改变颜色，结构逐渐变松、变脆，强度和耐久性降低，这种现象称为木材的腐朽。

2）木材的防腐

（1）通风、防潮、表面涂刷涂料：将木材干燥至含水率在 20% 以下。

（2）化学防腐剂：使木材成为有毒物质。其方法有：喷涂法、浸渍法、压力渗透法。

3. 木材的综合利用

1）胶合板

胶合板是一组单板（经刨切、锯制、旋切等方法生产的薄片状木材），按照相邻的单板木纹方向互相垂直组坯胶合而成的板材。胶合板是用原木切成薄片，经干燥处理后，再用胶粘剂粘合热压而成的人造板材。一般为 3～13 层。建筑中常用的是三合板和五合板。

（1）胶合板的分类（表 4-2-29）

表 4-2-29　胶合板的分类

按照胶粘性能分类	特点及使用范围
Ⅰ类（耐气候胶合板）	耐久、耐沸煮或蒸汽处理；能在室外使用
Ⅱ类（耐水胶合板）	耐冷水浸泡或短时间热水浸泡，不耐沸煮；在室内使用
Ⅲ类（耐潮胶合板）	耐短时间冷水浸泡；在室内使用
Ⅳ类（不耐潮胶合板）	主要在室内使用

（2）胶合板的特点

胶合板的特点：材质均匀，强度高，吸湿性小，不起翘开裂，幅面大，使用方便，装饰性好,广泛用作建筑室内隔墙板、护壁板、顶棚、门面板以及各种家具和装修。

2）木地板

木地板包括条木地板和拼花地板。其中条木地板使用最为广泛。

（1）条木地板的特点（图4-2-16）：

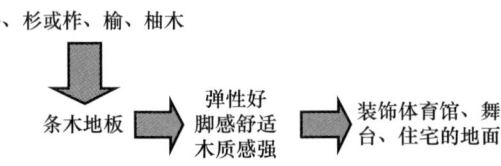

图 4-2-16　条木地板的特点

（2）拼花木地板的特点（图4-2-17）

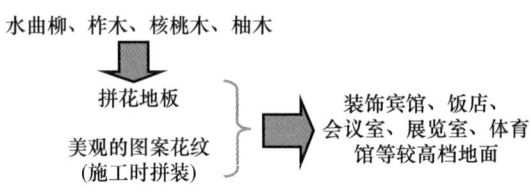

图 4-2-17　拼花木地板的特点

3）纤维板

纤维板采用植物纤维为主要原料,经过纤维分离、成型、干燥、热压等工艺制成的一种人造板材。主要原料包括树皮、刨花、树枝、稻草、秸秆、竹子等。

硬质纤维板：强度高、耐磨性好主要用于墙面、地面、家具等。

半硬质纤维板：主要用于隔断、隔墙和家具等。

软质纤维板：结构松软、强度低,保温隔热和吸声性好,主要用于吊顶和墙面吸声材料。

4）细木工板

细木工板是将小块木条拼接起来,两面胶粘薄板而制成的板材,具有质坚、吸声、绝热等特点,适用于家具和建筑物内装修等。

5）木装饰线条（表4-2-30）

表 4-2-30　木装饰线条

使用部位	平面接合处、分界面、层次面、衔接口等的收边封口材料
主要作用	平面构成和线形构成,且固定、连接和加强装饰饰面
选材要求	质硬、木质细、耐磨、粘结性好、可加工性好的木材
制作工序	干燥处理；机械加工或手工加工

6）刨花板、木丝板、木屑板

刨花板、木丝板、木屑板是利用木材加工中产生的大量刨花、木丝、木屑为原料,经干燥,与胶结料拌合,热压而成的板材。这类板材表观密度小,强度较低,主要用作绝热和吸声材料。经饰面处理后,还可用作吊顶板材、隔断板材等。

（二）建筑陶瓷

建筑陶瓷是以黏土为主要原料,经配料、制坯、干燥、焙烧而制成的工程材料。建筑陶瓷制品种类很多，最常用的有釉面砖、墙地砖、锦砖、卫生陶瓷、琉璃制品等。

1. 釉面砖

釉面砖又称瓷砖、内墙面砖。釉面砖正面有釉，背面有凹凸纹，主要为正方形或长方形砖。釉面砖主要用于厨房、浴室、卫生间等室内墙面、台面等。通常不宜用于室外，如果用于室外，经常受到大气温度、湿度影响及日晒雨淋作用，会导致釉层发生裂纹或脱落，严重影响装饰的效果。

2. 墙地砖

墙地砖包括建筑物外墙装饰贴面用砖和室内、外地面装饰铺贴用砖，因为此类砖常可墙、地两用，故称为墙地砖。墙地砖有多种形状的产品，其表面有光滑、粗糙或凹凸花纹之分，有光泽与无光泽质感之分。其背面为了便于和基层牢固粘贴也制有背纹，但造价偏高。

墙地砖主要用于装饰等级要求较高的建筑内外墙、柱面及室内外通道、走廊、门厅、展厅、浴室、厕所、厨房等。

3. 陶瓷锦砖

陶瓷锦砖是陶瓷什锦砖的简称，俗称"马赛克"，是指由边长不大于40mm、具有多种色彩和不同形状的小块砖，镶拼组成各种花色图案的陶瓷制品。它坚固耐用，且造价便宜，主要用于室内地面铺贴，如门厅、走廊、餐厅、厨房、浴室等的地面铺装，也可用作外墙饰面材料。

4. 琉璃制品

琉璃制品主要包括琉璃瓦、琉璃砖、琉璃兽，以及琉璃花窗、栏杆等各种装饰制件。琉璃制品的特点是坚硬、密实、不易沾污、坚实耐久、色彩绚丽、造型美观。

（三）建筑玻璃

1. 玻璃的基本知识

玻璃是用石英砂、纯碱、长石和石灰石为主要原料，并加入一些如助熔剂、着色剂、发泡剂、澄清剂等辅助原料，在1550～1660℃高温下熔融、急速冷却而得到的一种无定形硅酸盐制品。其主要化学成分是 SiO_2（70%左右）、Na_2O、CaO 和少量的 MgO、Al_2O_3、K_2O 等。

2. 玻璃的分类

1) 平板玻璃

（1）窗用平板玻璃

窗用平板玻璃也称平光玻璃或净片玻璃，简称玻璃，主要装配于门窗，起透光、挡风雨、保温、隔声等作用。

窗用平板玻璃的厚度一般有 2、3、4、5、6mm 五种，其中 2～3mm 厚的玻璃，常用于民用建筑；4～6mm 厚的玻璃，主要用于工业及高层建筑。

（2）磨砂玻璃

磨砂玻璃又称毛玻璃、暗玻璃。系用机械喷砂、手工研磨或氢氟酸溶蚀等方法将普通平板玻璃表面处理成均匀毛面。由于表面粗糙，使光线产生漫射，只有透光性而不能透视，并能使室内光线变得缓和而不刺目。除透明度外，其规格同窗用玻璃。常用于需要隐秘的浴室等处的窗玻璃。

(3) 有色玻璃

有色玻璃又称颜色玻璃、彩色玻璃。分透明和不透明两种。透明颜色玻璃是在原料中加入着色金属氧化物使玻璃带色。不透明颜色玻璃是在一定形状的玻璃表面，喷以色釉，经过烘烤而成。它具有耐腐蚀、抗冲刷、易清洗并可拼成图案、花纹等特点。适用于门窗及对光有特殊要求的采光部位和装饰内外墙面之用。

不透明颜色玻璃也叫饰面玻璃。经退火处理的饰面玻璃可以裁切；经钢化处理的饰面玻璃不能进行裁切等再加工。

(4) 花纹玻璃

花纹玻璃根据加工方法的不同，可分为压花玻璃和喷花玻璃两种。

压花玻璃又称滚花玻璃，是在玻璃硬化前，经过刻有花纹的滚筒，在玻璃单面或双面压有深浅不同的各种花纹图案。由于花纹凹凸不平使光线漫射而失去透视性。因而它透光不透视，可同时起到窗帘的作用。

压花玻璃兼具使用功能和装饰效果，因而广泛应用于宾馆、大厦、办公楼等现代建筑的装修工程中，使之更为富丽堂皇。压花玻璃的厚度常为 2~6mm，尚无统一标准。

喷花玻璃又称胶花玻璃，是在平板玻璃表面上贴以花纹图案，抹以护面层，经喷砂处理而成。适于门窗装饰、采光之用。

2) 安全玻璃

(1) 钢化玻璃

玻璃经过物理或化学钢化处理后，强度提高 3~5 倍，并具有较好的抗冲击、抗弯以及耐急冷急热的性能。当玻璃破碎时，裂成圆钝的小碎片，不致伤人。钢化玻璃工艺一般有物理平钢化和弯钢化两种。

化学钢化是一种较新的方法，这种方法主要是应用玻璃表面上的离子交换，将待处理的玻璃浸入钾盐溶液中，使玻璃进行离子交换。玻璃表面的钠离子扩散到溶液中，而溶液中的钾离子，则密实填充了玻璃表面钠离子的位置，这样就增加了玻璃的强度。这种方法的优点是强度大，钢化后不易自爆，并可钢化薄玻璃。缺点是处理时间长，成本较高。

(2) 夹丝玻璃

夹丝玻璃也称防碎玻璃和钢丝玻璃。它是将普通平板玻璃加热到红热软化状态，再将预处理的铁丝网或铁丝压入玻璃中间而制成。表面可以是压花的或磨光的，颜色可以是透明的或彩色的。不仅增加了强度，而且由于铁丝网的骨架，在玻璃遭受冲击或温度剧变时，仍能保持固定，起到隔绝火势的作用，故又称防火玻璃。常用于天窗、天棚顶盖，以及易受震动的门窗上。彩色夹丝玻璃可用于阳台、楼梯、电梯井。夹丝玻璃厚度常在 3~19mm 之间，规格标准尚无统一规定。

(3) 夹层玻璃

夹层玻璃是用透明的塑料层（衬片）将 2~8 层平板玻璃胶结而成的。具有较高的强度，受到破坏时产生辐射状或同心圆形裂纹，碎片不易脱落，且不影响透光度，不产生折光现象。

常用的有赛璐珞塑料夹层玻璃和聚乙烯醇缩丁醛树脂夹层玻璃两种。前者的塑料层易为潮湿所破坏，而且在日光的长期作用下逐渐发黄而降低透明度。这种玻璃多供一般使用。后者的树脂层有抗水抗日光的作用，常用于高层建筑门窗等，还可作为航空用的安全玻璃。

3）节能玻璃

（1）吸热玻璃

在普通玻璃中加入一定量的有吸热性能的着色剂，如氧化亚铁、氧化镍等或在玻璃表面喷涂吸热和着色的氧化物薄膜，如氧化锡、氧化锑等可制成吸热玻璃，它既能吸收大量红外线辐射，又能保持良好光线透过率。由于太阳光中红外光约占49%，可见光占48%，紫外线占3%，所以吸热玻璃可以使得光线的透射能降低约20%～35%，同时吸热玻璃还能吸收少量可见光和紫外光，所以有着良好的防眩作用，还可以减轻紫外线对人体和室内物品的损害。

（2）热反射玻璃

热反射玻璃具有良好的遮光性和隔热性能，可用于超高层大厦等各种建筑物。它不仅可节约室内空调的能源，而且还增加建筑物外表的美观程度。

热反射玻璃是在玻璃表面涂敷金属或金属氧化物薄膜，其薄膜的加工方法有热分解法（喷涂法、浸涂法）、金属离子迁移法、化学浸渍法和真空法（真空镀膜法、溅射法）。

这种玻璃的可见光透光率达60%～80%，辐射率0.1～0.2。考虑到其隔热性能和膜面强度，一般是以双层的形式使用的。这种双层玻璃与普通玻璃制成的三层玻璃的隔热性相同，且紫外线透射率低。在寒冷地区使用这种玻璃最节省能源，它与透明玻璃相比，约可节约50%的室内空调能源。而在炎热地区使用，可改善遮光性及隔热性能。

（3）中空玻璃

中空玻璃是由两层或两层以上平板玻璃构成，四周用高强气密性复合粘结剂将两片或多片玻璃与铝合金框或橡皮条、玻璃条粘结、密封，中间充入干燥气体，还可以涂上不同颜色不同性能的薄膜，原片可以用普通平板、钢化、压花、热反射、吸热和夹丝等玻璃。制造方法分焊接、胶结和熔结。整体构件是在工厂里制成的。中空玻璃可节能15%左右，噪声由80dB降到30dB。

（四）铝合金与塑钢

1. 铝合金

1）铝合金的特性

延伸性好，硬度低，易加工，耐腐蚀，较广泛地用于各类房屋。常用的铝合金制品有：铝合金门窗（图4-2-18和图4-2-19）、铝合金装饰板及吊顶、铝合金波纹板、压型板、冲孔平板、铝箔等，具有承重、耐用、装饰、保温、隔热等优良性能。

图4-2-18　铝合金窗

图 4-2-19　铝合金门

2）铝合金制品的选择与使用

查看产品出厂合格证，注意出厂日期、规格、技术条件、企业名称和生产许可证编号；仔细查看产品的表面状况，产品表面不能有明显的擦划伤、气泡等缺陷，产品色彩鲜亮，光泽好；一定要注意产品的壁厚，门窗料的产品厚度应不小于 1.2mm；注意产品表面涂层的厚度，阳极氧化产品的膜厚不低于 $10\mu m$，电泳涂漆产品的膜厚不低于 $17\mu m$，粉末喷涂的涂层厚度不超出 $40\sim120\mu m$ 范围，氟碳漆喷涂产品应在二者以上，不能低于 $30\mu m$。

日常维护时，不能用刷子等其他硬物作为清洗工具，应选择柔软的棉纱和棉布；清洗剂可以用水、洗涤灵和肥皂，但不能用其他有机物。

2. 塑钢

1）塑钢的特性

塑钢型材简称"塑钢"，主要化学成分是"PVC"，因此也叫"PVC 型材"，是被广泛应用的一种新型的建筑材料。该材料性能优良、加工方便，通常用作是铜、锌、铝等有色金属的替代品。并且由于塑钢采用多腔结构设计，密封性好，隔热保温性能卓越，在房屋建筑中主要用于门窗（图 4-2-20 和图 4-2-21）、护栏、管材和吊顶材料等方面的应用。

图 4-2-20　塑钢推拉窗

图 4-2-21 塑钢平开窗

2）塑钢门窗的选择与使用

塑钢门窗产品应在明显部位标注产品制造厂名或商标、产品名称、型号和标准编号；塑钢门窗表面应平滑，颜色应基本均匀一致，无裂纹，无气泡，焊缝平整，清角到位，不得有影响使用的伤痕、杂质等缺陷；门窗密封条平整无卷边，无脱槽，胶条无气味；门窗关闭时，扇与框之间无缝隙，门窗四扇均连为一体并无螺钉连接，推拉门窗应滑动自如，声音柔和，无粉尘脱落。

第五章　乡村房屋建筑构造与识图

第一节　乡村房屋建筑构造基本知识

一、民用建筑的基本构造组成

民用建筑主要由基础、墙体（柱）、屋顶、门与窗、地坪、楼板层、楼梯这七个主要构造部分组成（图 5-1-1），它们的使用功效既直接影响到建筑功能，也关系到建筑的安全。建筑除了上述的七个主要构造组成部分之外，往往还有其他的次要构造，如阳台、雨篷、台阶、散水、通风道等。它们的作用虽然没有主要构造重要，但是对建筑的正常使用特别是舒适性有相当的影响，也必须给予足够的重视。

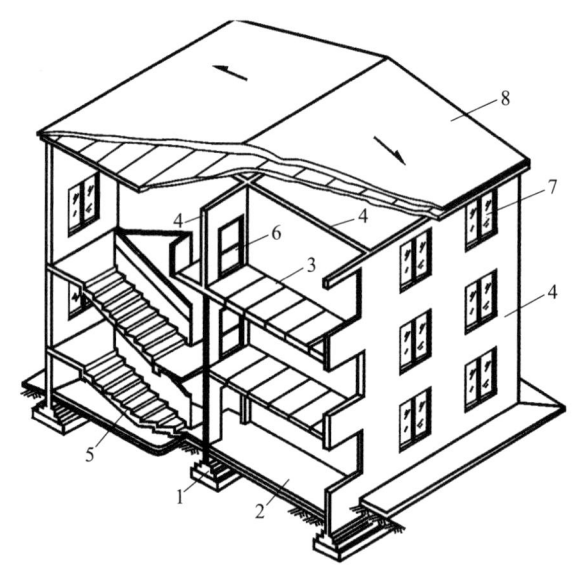

图 5-1-1　民用建筑的构造组成
1—基础；2—地坪；3—楼板；4—墙体；5—楼梯；6—门；7—窗；8—屋顶

（1）基础

基础位于建筑物的最下部，是建筑的重要构件，它承担建筑的全部荷载，并把这些荷载有效地传给地基，其工作状态直接关系到建筑的安全。因为基础埋置于地下，属于建筑的隐蔽部分，因此可靠性要求较高。

（2）墙体或柱

墙体是建筑物重要的组成部分，具有承重、围护和分隔的功能，作用非常重要。墙体应具有足够的强度、刚度、稳定性、良好的热工性能及防火、隔声、防水、耐久能力。

柱是建筑物的竖向承重构件，要求具有足够的强度、稳定性。在框架结构建筑中，柱子替代承重墙成为最重要的竖向结构构件。

（3）屋顶

屋顶一般由屋面、保温（隔热）层和承重结构三部分组成，其中承重结构的作用与楼板相似，而屋面和保温（隔热）层则应具有能够抵御自然界风、雨、雪、日晒等不良因素的能力。屋顶作为建筑外形的一部分，对建筑的体型和立面形象具有较大的影响。

（4）门与窗

门与窗是建筑主要构造部分中仅有的属于非承重结构的建筑构件，与建筑使用的舒适性和安全性关系密切，在设计和施工过程中也要给予足够的重视。

门要满足供人们内外交通及搬运家具设备的要求，同时还兼有分隔房间、围护的作用，有时还要有采光和通风的功能。

窗的作用主要是采光和通风，通常又是建筑围护结构的一部分，而且对建筑的立面形象也有重要的影响。

（5）地坪

地坪是建筑底层房间与下部土层相接触的部分，它承担着底层房间的地面荷载。由于首层房间地坪下面往往是夯实的土壤，所以地坪的强度要求比楼板低，有些地坪要具有防水、保温的能力。当地坪架空设置时，其构造与楼板相同。

（6）楼板

楼板是楼房建筑中的水平承重构件，同时还兼有在竖向划分建筑内部空间的功能。楼板承担建筑的楼面荷载，并把这些荷载传给建筑的竖向承重构件，同时对墙体起到水平支撑的作用。

（7）楼梯

楼梯是楼房建筑的垂直交通设施，在平时作为使用者的竖向交通通道，遇到紧急情况时还要能够供使用者安全疏散。当前，越来越多的建筑竖向交通主要依靠电梯、自动扶梯等设备解决，但这些设备需要动力驱动，还有检修等问题，因此楼梯作为疏散通道在建筑中仍是不可替代的。

二、常见基础的构造

1. 基本概念

地基与基础是一对关系密切的工作伙伴，相互之间不可分离（图5-1-2）。

地基是指基础底面以下一定深度范围内的土壤或岩体，他们承担基础传来的建筑全部荷载，是建筑得以立足的根基。基础是建筑物在地下的扩大部分，通常为承重墙或柱子的延伸。基础承担建筑上部结构的全部荷载，并把这些室内标高荷载有效地传给地基。

2. 地基与基础的传力关系

由于建筑的全部荷载都是通过基础传给地基的，因此基础要有足够的强度和整体性，同时还要有良好的耐久性以及抵抗地下各种不利因素的能力。地基的强度（俗称地基承载力）、变形性能直接关系到持力层建筑的使用安全和整体的稳定性。

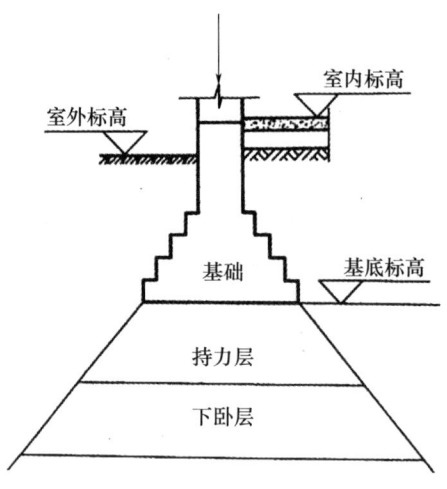

图 5-1-2 地基与基础

地基承载力与土的物理、化学特性关系密切。地基可以分成天然地基和人工地基两类。

3. 砖及毛石基础的构造

砖及毛石基础属于无筋扩展基础，由红砖、毛石砌筑而成，受材料自身力学性能的限制，抗压强度高而抗拉、抗剪强度低。由于地基的承载力一般要比基础材料的强度低，为满足地基允许承载力的要求，就需要加大基础底面积，以保证地基的承载要求。随着基础的尺寸放大，当基础底面的内力（拉应力）超过基础材料的抗拉和抗剪强度时，基础就会发生折裂破坏，导致基础失效（图 5-1-3）。

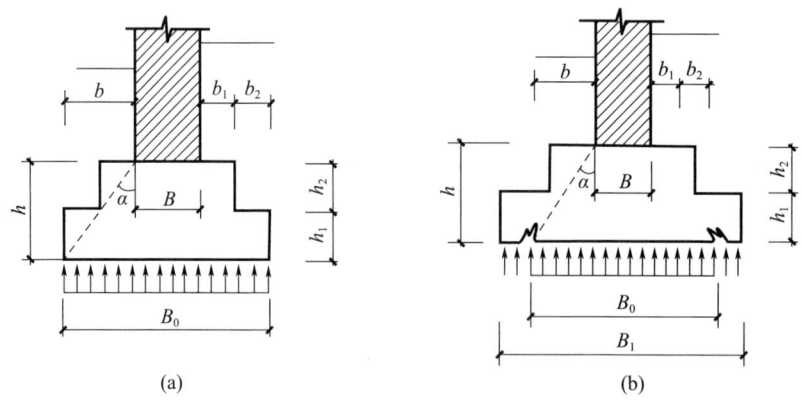

图 5-1-3 无筋扩展基础的受力分析

为了保证基础的安全，就要使基础的挑出宽度 b 与基础工作部分的高度 h 之间的比例控制在一定的范围之内，通常用刚性角 α 来控制，基础底面的放大角度不应超过刚性角。

4. 钢筋混凝土基础的构造

钢筋混凝土基础属于扩展基础，利用设置在基础底面的钢筋来抵抗基底的拉应力。由于内部配置了钢筋，使基础具有良好的抗弯和抗剪性能，可在上部结构荷载较大、地基承载力不高以及具有水平力和力矩等荷载的情况下使用,基础的高度不受台阶宽高比$B:H$的限制,故适宜在宽基浅埋的场合下采用(图5-1-4)。钢筋混凝土基础可以加工成条形、独立、井格、筏式及箱形。

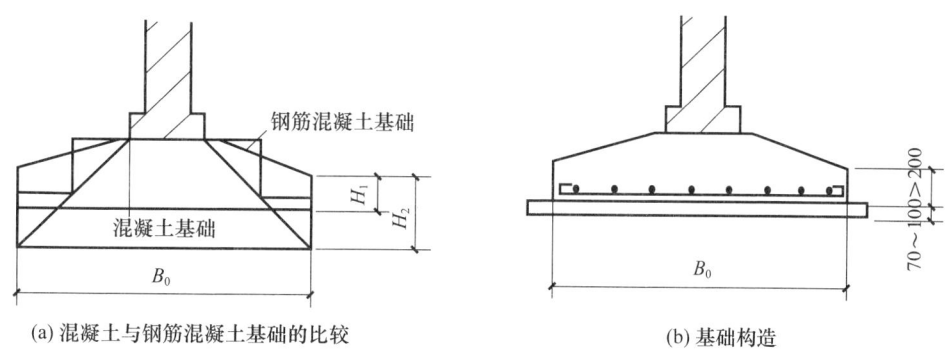

图 5-1-4　钢筋混凝土基础(单位:mm)

5.桩基础的构造

桩基础是当前城市建筑中普遍采用的一种基础形式,具有施工速度快、土方量小、适应性强等优点。桩基础由设置于土中的桩身和承接上部结构的承台组成,在施工时是按设计的点位将桩身置于土中,并在桩的上端设置钢筋混凝土承台梁,承台梁上设置柱子或墙体,以便使建筑荷载均匀地传递给桩基。根据桩的工作状态,可以分为端承桩和摩擦桩两种(图5-1-5)。

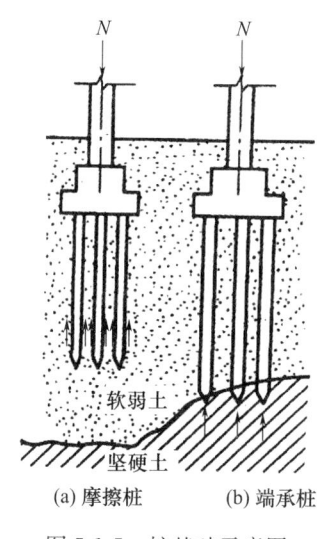

图 5-1-5　桩基础示意图

三、墙体和地下室的构造

墙体是建筑重要的组成部分,在建筑的施工量、工期、建筑造价、耗材等方面均占有核心的地位。墙体按照承重能力可以分为承重墙和非承重墙;按照砌墙材料可以分为砖墙、砌块墙、石墙、混凝土墙等;按照墙体在建筑中的位置和走向可以分为外墙和内墙，横墙和纵墙；按照墙体的施工方式和构造可以分为叠砌式、板筑式、装配式。

墙体一般需要满足四个方面的要求：一是要有足够的强度和稳定性；二是要符合热工方面的要求；三是要有足够的防火能力；四是要有良好的物理性能。"轻质高强、节能环保、经济合理、便于施工"是墙体期望的理想目标，也是我国建筑技术进步的核心任务。

目前，我国一般建筑仍然大量采用砌块为承重构件的墙承重体系，依照墙体与上部水平承重构件（包括楼板、屋面板、梁）的传力关系，有四种不同的承重方案。

①横墙承重：建筑的水平承重构件搁置在横墙上，由横墙承担楼面及屋面荷载。

②纵墙承重：将建筑的水平承重构件搁置在纵墙上，由纵墙承担楼面及屋面荷载。

③纵横墙混合承重：这种方案横墙和纵墙都是承重墙，往往与进深梁一起工作。

④墙与柱混合承重：这种方案是将建筑的水平承重构件的一端搁置在墙体上（通常是外墙），另一端搁置在建筑内部的柱子上，由墙体和柱子共同承担水平承重构件传来的荷载，又称内框架结构。

不同的承重方案各有利弊，应根据建筑的平面空间布局及使用要求，合理地进行选择。随着我国大力推进装配式建筑技术，新型墙板将会越来越多地应用到建筑当中，对墙体的承重体系，也会产生直接的影响。

传统的砌块墙是以普通黏土砖作为砌墙材料，通过砂浆砌筑结合成砌体。受自身存在的缺陷影响、材料生产和施工技术水平的提升，普通黏土砖不适应我国建筑节能的技术要求，已经逐步退出城市建筑市场，新型砌块、砖及多孔砖的应用日益普及。当墙板以装配式建筑部品的形式用于建筑时，墙体的构造也将随之发生变化。

砌块墙体的细部构造比较琐碎，各地区的做法也不尽相同，但基本的工作原理是相同的，在应用时应当参照当地的技术标准执行。

（1）散水

散水又称散水坡，是沿建筑物外墙底部四周设置的向外倾斜的斜坡，作用是控制基础周围土壤的含水率，改善基础的工作环境。散水的宽度一般为600～1000mm。为保证屋面雨水能够落在散水上，当屋面采用无组织排水方式时，散水的宽度应比屋檐的挑出宽度大200mm左右。散水表面坡度一般为3%～5%。

散水应当采用混凝土、砂浆等不透水的材料做面层，采用混凝土或碎砖混凝土做垫层，土壤冻深在600mm以上的地区，还要在散水垫层下面设置砂垫层，厚度通常控制在300mm左右。

明沟的作用和散水相同，一般在降雨量较大的地区采用。明沟通常采用混凝土浇筑，也可以用砖、石砌筑，并用水泥砂浆抹面。明沟的断面尺寸一般不少于宽180mm，深150mm，沟底应有不少于1%的纵向坡度，可以加设盖板。

（2）墙身防潮层

墙身防潮层的作用是为了防止地下土壤中的潮气进入建筑地下部分材料的孔隙内形成毛细水并沿墙体上升，逐渐使地上部分墙体潮湿，导致建筑的室内环境变差及墙体破坏。防潮层分为水平防潮层和垂直防潮层两种形式。

所有墙体的底部均应设置水平防潮层，位置在首层地坪结构层（如混凝土垫层）厚度范围之内的墙体之中，以便与地面垫层形成一个封闭的隔潮层。当首层地面为实铺时，防潮层的位置通常选择在－0.060m处，以保证隔潮的效果［图5-1-6（a）］。防潮层的位置关系到防潮的效果，位置不当，就不能完全地隔阻地下的潮气［图5-1-6（b）、图5-1-6（c）］。

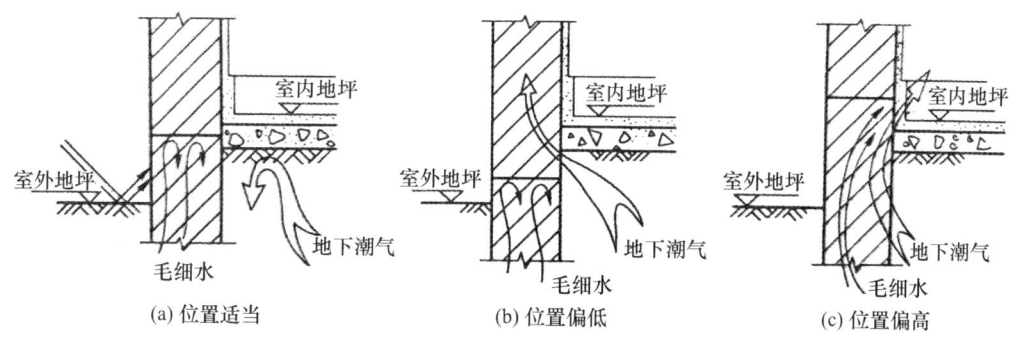

图 5-1-6　防潮层的位置

防潮层主要有以下三种常见的构造做法。

①卷材防潮层：这是一种传统的做法，具有防潮性能好、韧性大的优点。但由于卷材防潮层不能与砂浆有效地粘结，影响到建筑的整体性，对抗震不利。因此，目前卷材防潮层在建筑中使用较少。

②砂浆防潮层：是在防潮层部位抹25mm厚掺入防水剂的1:2水泥砂浆，防水剂的掺入量一般为水泥质量的5%，它解决了油毡防潮层的缺陷，目前在实际工程中应用较多。

③细石混凝土防潮层：是在防潮层部位设置60mm厚与墙体宽度相同的细石混凝土带，内配3ϕ6或3ϕ8钢筋。它不破坏建筑的整体性，抗裂性能好，防潮效果也好。

当室内地面出现高差或室内地面低于室外地面时，由于地面较低一侧房间墙体的另外一侧为潮湿土壤。在此处除了要分别按高差不同在墙内设置两道水平防潮层之外，还要对两道水平防潮之间的墙体做防潮处理，即垂直防潮层。

（3）勒脚

勒脚是在建筑外墙靠近室外地面部分所做的构造，其目的是防止雨水侵蚀这部分墙体，保护墙体不受外界因素的侵害，同时也有美化建筑立面的功效。现代建筑一般采用在墙体表面用防水性能好、耐久性好、观感好的材料做饰面的方式。也可以采用强度高、防水性能好、耐久性好的砌块来砌筑这部分墙体。勒脚的高度应在600mm以上。

（4）窗台

窗台有内外之分。外窗台的作用主要是排除上部雨水，保证窗下墙的干燥，同时也对建筑的立面具有装饰作用。外窗台有悬挑和不悬挑两种。悬挑窗台常用砖砌或采用预制钢筋混凝土，其挑出的尺寸应不小于60mm。外窗台上表面应向外形成一定坡度，并用不透水材料做面层。采暖地区建筑散热器一般设在窗下，当墙体厚度在370mm以上时，为了节省散热器的占地面积，一般将窗下墙体内凹120mm，形成暖气卧，此时就应设内窗台。内窗台的窗台板一般采用预制水磨石板或预制钢筋混凝土板制作，装修标准较高的房间也可以在木骨架上贴天然石材。

(5) 门窗过梁

设过梁的目的是承担墙体洞口（通常是门窗洞口）上传来的荷载，并把这些荷载传递给洞口两侧的墙体。过梁以钢筋混凝土过梁最为常见，砖拱过梁和钢筋砖过梁也有采用。

钢筋混凝土过梁分为现浇和预制两种，根据上部荷载及过梁的跨度来选定截面高度和强度，当过梁兼做圈梁时，应在洞口范围内加设受力钢筋。过梁在墙体上的搁置长度一般不小于240mm。为了便于过梁两端墙体的砌筑，钢筋混凝土过梁的高度应符合砌块的皮数尺寸的模数。钢筋混凝土过梁的截面形式有矩形和L形两种。矩形截面的过梁一般用于内墙或南方地区的抹灰外墙（俗称混水墙）。L形截面的过梁多在严寒或寒冷地区外墙中采用，主要是避免在过梁处产生热桥。按照热工原理，保温性能好的材料放置低温区，所以L形过梁的缺口应面向室外（图5-1-7）。

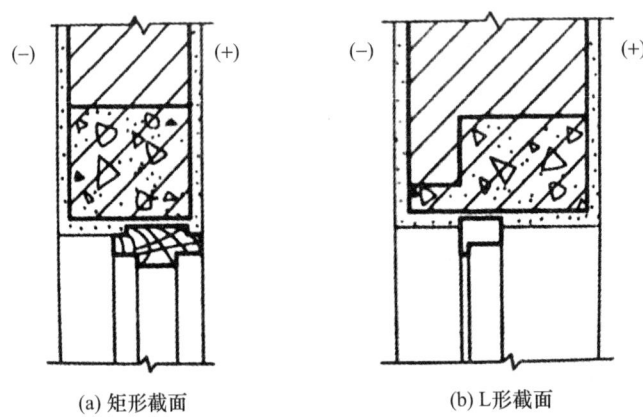

图 5-1-7 混凝土过梁

砖拱过梁是一种传统的过梁，有平拱、弧拱两种类型。由于砖拱过梁的整体性稍差，承载力也低，目前已较少采用。

钢筋砖过梁是在砖砌体中加设适量钢筋而形成的过梁，并要保证其上部一定范围内砌体的强度，最大跨度可以达到2m。由于施工比较繁琐，目前用得不多。

(6) 圈梁

圈梁是沿外墙及部分内墙设置的连续、水平、闭合的梁，具有增强建筑的整体刚度和整体性的作用。圈梁对于防止由于地基不均匀沉降、振动及地震引起的墙体开裂效果明显。

圈梁一般采用钢筋混凝土材料，其宽度宜与墙体厚度相同。当墙厚 d 大于240mm时，圈梁的宽度可以比墙体厚度小，但应大于等于 $2/3d$。圈梁的高度一般不小于120mm，通常与砌块的皮数尺寸相配合。圈梁在建筑中设置的数量应当根据建筑的高度、层数、地基情况和防震要求而定。圈梁通常设置在建筑的基础墙体处、檐口处和楼板处。当屋面板、楼板与窗洞口上皮间距较小，而且抗震设防等级较低时，也可以把圈梁设在窗洞口上皮，兼做过梁使用。

圈梁应当连续、封闭地设置在同一水平面上。当圈梁被门窗洞口（如楼梯间窗洞口）截断时，应在洞口上方或下方设置附加圈梁。附加圈梁与圈梁的搭接长度不应小于二者垂直净距的2倍，也不应小于1m。

（7）通风道

通风道是墙体中常见的竖向孔道，作用是为了排除卫生间、厨房的污浊空气和不良气味，可以保证冬季无法开窗换气地区建筑人流集中房间的换气次数。

通风道的组织方式可以分为每层独用、隔层共用和子母式三种，目前多采用子母式。子母式通风道由一大一小两个孔道组成，大孔道（母通风道）直通屋面，小孔道（子通风道）一端与大孔道相通，一端在墙上开口。具有截面简洁、通风效果好的优点。

（8）构造柱

设置构造柱是提高砌块墙体抗震能力和稳定性的有效手段，有数据表明，构造柱可以使墙体的抗剪强度提高10%～30%。我国《建筑抗震设计规范》（GB 50011—2010）对多层砌体房屋设置构造柱的构造要求作出了明确的规定：

①构造柱的最小截面尺寸应采用180mm×240mm（墙厚190mm时为180mm×190mm）。

②主筋采用4ϕ12为宜，箍筋间距不大于250mm，且在柱的上下端应适当加密。

③构造柱可不单独设基础，但应伸入室外地下500mm，或与埋深小于500mm的基础圈梁相连。

④构造柱与圈梁连接处，构造柱的纵筋应在圈梁纵筋内侧穿过，以保证构造柱纵筋上下贯通。

⑤构造柱与墙体连接处应砌成马牙槎，沿墙高每隔500mm设2ϕ6水平拉结筋和ϕ4分布短筋平面内点焊组成的拉结网片或ϕ4点焊钢筋网片，每边伸入墙内长度不小于1000mm（图5-1-8）。

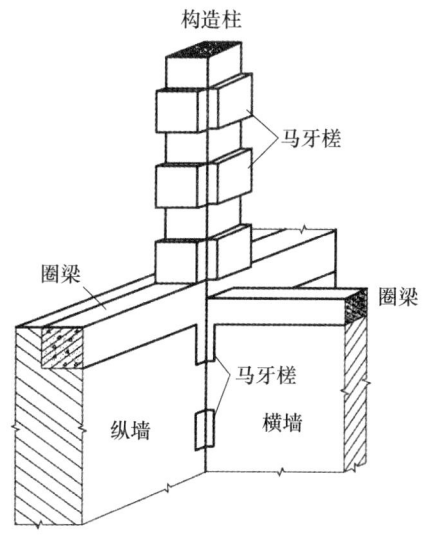

图5-1-8　构造柱设置

构造柱的设置应符合表5-1-1的要求。

表 5-1-1　多层砖砌体房屋构造柱设置要求

房屋层数				设置部位	
6度	7度	8度	9度		
4、5	3、4	2、3		楼、电梯间四角，楼梯斜梯段上、下端对应的墙体处； 外墙四角和对应转角； 错层部位横墙与外纵墙交接处； 大房间内外墙交接处； 较大洞口两侧	隔 12m 或单元横墙与外纵墙交接处； 楼梯间对应的另一侧内横墙与外纵墙交接处
6	5	4	2		隔开间横墙（轴线）与外墙交接处； 山墙与内纵墙交接处
7	≥6	≥5	≥3		内墙（轴线）与外墙交接处； 内墙的局部较小墙垛处； 内纵墙与横墙（轴线）交接处

注：较大洞口，内墙指不小于 2.1m 的洞口，外墙在内外墙交接处已设置构造柱时应允许适当放宽，但洞侧墙体应加强。

（9）复合墙体

为了适应我国建筑节能的技术政策要求，减少建筑全寿命周期内的碳排放量，目前在建筑中广泛采用复合外墙体，这是一条改善外墙体热工性能的可行途径。

复合外墙主要有中填保温材料复合墙体、内保温复合外墙和外保温复合外墙三种。

四、屋顶的基本构造

屋顶又称屋盖，是建筑最上层的围护和覆盖构件，具有承重、围护的功能，同时又是建筑体型和立面的重要组成部分。由于屋顶所处的位置特殊，而且属于架空构件，因此屋顶的结构与构造有其特殊的要求，这些要求通常包括：良好的围护功能；可靠的结构安全性；美观的艺术形象，施工和保养的便捷；保温（隔热）和防雨性能可靠，自重轻、耐久性好、经济合理。

为了保证屋面雨水的及时排除，所有的屋面均有大小不同的坡度。如果单纯从经济的角度考虑，屋面的坡度越小，屋顶的构造空间就越小，自重也轻，建筑造价也会低一些。但屋面的坡度不同，对屋面防水材料和构造的要求也不一样：当采用单块面积小、接缝多的屋面材料时，为了避免由于雨水集存而形成压力，导致屋面渗漏，应当使屋面的坡度大些；当采用单块面积大、接缝少、防水性能好的屋面材料时，由于这些材料具有良好的防渗能力，就可以使屋面的坡度小一些。

屋面坡度的形成一般有材料找坡和结构找坡两种方法。材料找坡又称垫置坡度，是在水平设置的屋盖结构层上采用轻质材料垫置出屋面排水坡度，上面再做防水层。材料找坡可使室内获得平整的顶棚，室内空间规整，符合人们习惯的审美观点，目前在民用建筑中采用比较普遍；结构找坡又称搁置找坡，是利用屋盖结构层顶部的自然形状来实现屋面的排水坡度，然后再做防水层。结构找坡不需在屋面上另加找坡材料，构造简单，可以通过设置阁楼的方式对空间进行充分利用。当不设阁楼时，顶层房间的空间感觉较差，往往需另设吊顶棚。

1. 屋顶的类型

1）按照屋顶的外形分类

屋顶按外形分类，一般为平屋顶、坡屋顶和曲面屋顶等三种类型（图 5-1-9）。

图 5-1-9 屋顶的外形

(a) 单坡顶；(b) 硬山顶；(c) 悬山顶；(d) 四坡顶；(e) 庑殿；(f) 歇山；
(g) 攒尖；(h)、(i)、(j) 平屋顶；(k) 拱顶；(l) 双曲拱顶；(m) 筒壳；
(n) 扁壳；(o) 扭壳；(p) 鞍形壳；(q) 抛物面壳；(r) 球壳；(s) 折板；
(t) 辐射折板；(u) 平板网架；(v) 曲面网架；(w) 轮辐式悬索；(x) 鞍形悬索

①平屋顶：平屋顶的屋面坡度比较平缓，通常不超过5%（常用坡度为2%～3%），通常分为单坡、双坡、四坡。屋面坡度主要是为了满足排水的基本需要而设置的，因此对屋面防水材料的要求较高。

②坡屋顶：坡屋顶的屋面坡度一般在10%以上。根据建筑跨度与造型需要的不同，坡屋顶可分为单坡、双坡、四坡等多种形式。坡屋顶是我国传统建筑重要的符号标志，造型十分丰富，如卷棚顶、庑殿顶、歇山顶等。

③曲面屋顶：曲面屋顶往往在大空间建筑中应用，传统的曲面屋顶有拱、穹顶等。随着现代建筑技术的发展，结构理论的进步，施工手段的更新和新材料的应用，曲面屋顶的形式也愈加丰富多彩。

2）按照屋面防水材料分类

在工程上通常把屋顶按照防水材料的材性分为不同的类型：

①柔性防水屋面：这种屋面是用沥青卷材、其他聚合物卷材或橡胶类制品等具有一

定柔性的材料作为防水层；

②刚性防水屋面：这种屋面是用砂浆或细石混凝土等刚性材料作为防水层；

③构件自防水屋面：这种屋面是用具有防水能力的屋面板或在板面涂刷防水涂料，并在板缝用防水的嵌缝材料填塞以达到防水目的；

④瓦屋面：这种屋面是通过在屋面上按照一定的规律铺挂黏土平瓦、小青瓦、筒瓦或波形瓦等块材作为防水层。

2. 屋顶的防水及排水构造

屋顶的排水方式分为无组织排水和有组织排水两种类型。

1) 无组织排水

无组织排水是指在屋盖的周边形成挑出的屋檐，并保证屋檐是屋面的最低点，雨水在自重的作用下顺着屋面排水的坡向由屋脊流向屋檐，然后脱离屋檐自由落地的排水方式。无组织排水具有排水速度快、檐口部位构造简单、造价低廉的优点；但排水时会在檐口处形成水帘，而且落地的雨水四溅，对建筑周边地面产生较严重的冲刷，反溅的雨水对勒脚部位影响较大，寒冷地区冬季檐口挂冰存在安全隐患；这种排水方式适用于周边比较开阔、低矮（一般建筑高度不超过10m）的次要建筑。

2) 有组织排水

是指屋面雨水在自重的作用下，顺着屋面排水的坡向由高向低流，并汇集到事先设计好的天沟中，经过雨水口、雨水管等排水装置被引至地面或地下排水管线的一种排水方式。有组织排水的排除过程是在事先规划好的途径中进行的，克服了无组织排水的缺点，目前在城市建筑中被广泛采用，但排水速度比无组织排水慢、构造比较复杂、造价也高。

按照雨水下落的途径，有组织排水分为外排水和内排水两种形式。

①有组织外排水：有组织外排水主要分为外檐沟排水、女儿墙排水两种方式，它把雨水通过室外雨水管排至地面，这种排水方式构造简单，雨水管设在室外，不妨碍室内空间使用和美观，而且对雨水管的材质要求不高，在一般民用建筑中被大量采用。

②有组织内排水：有组织内排水的排水组织方式与有组织外排水基本相同，只不过是把雨水管设置在建筑内部，雨水要排到建筑地下的排水管线当中。这种排水方式具有排水系统隐蔽、不受气候影响、建筑立面美观的优点，但排水管经过建筑内部，对室内空间有一定的影响，而且对雨水管的材质和可靠性要求较高，造价也高。

3) 平屋顶的防水构造

按照屋面防水层材性的不同，平屋顶的防水分为刚性防水屋面、柔性防水屋面两种类型。

(1) 刚性防水屋面构造

刚性防水屋面采用防水砂浆或掺入外加剂的细石混凝土（防水混凝土）作为防水层，其优点是施工方便、构造简单、造价低、维护容易，可以作为上人屋面使用；缺点是由于防水材料属于刚性，伸展性能较差，对变形反应敏感、处理不当容易产生裂缝、施工要求较高。尤其不易解决温差引起的变形，不宜在寒冷地区应用。

刚性防水屋面一般分为防水层、隔离层、找平层和结构层等四个构造层次。

①防水层：以防水砂浆和防水细石混凝土最为常见。防水砂浆是通过在水泥砂浆中掺入一定比例的高分子聚合物类的外加剂，以增加砂浆的密实程度和抗拉伸的能力，最

终达到防水的目的；防水细石混凝土则是通过在混凝土中加入减水剂、微膨胀剂等外加剂，降低混凝土的孔隙率或使混凝土在硬化时产生微膨胀效应，提高抗裂能力，达到防水的目的。

②隔离层：由于屋面结构层的刚度远大于防水层，当温度变化时，容易产生防水层与结构层之间的错位变形，这将对防水层产生牵动拉力，严重时会导致防水层开裂，进而使屋面防水失效。为了预防这种现象的发生，通常要在防水层与结构层之间加设浮筑的隔离层，以避免或减少温度变形对防水层的不利影响。隔离层可采用纸筋灰、低强度等级砂浆或在薄砂层上干铺一层油毡等做法。

③找平层：当屋面结构层为预制钢筋混凝土板时，应当在屋面板上抹 20mm 厚 1∶3 水泥砂浆找平层。若采用现浇混凝土整体结构，板的顶面比较平整时，也可不做找平层。

④结构层：为了减轻或避免结构变形对防水层的影响，最好采用刚度大、变形小的现浇或预制混凝土屋面板。

（2）柔性防水屋面构造

柔性防水屋面采用各种防水卷材作为防水层。其优点是柔韧性好、对变形的适应能力强、防水性能可靠、适于在不同气候地区使用，但构造比较复杂、施工精度要求较高、耐久性稍差。我国长期使用沥青防水卷材作为柔性屋面的防水层，但由于沥青卷材的延展性能、耐久性能和施工环境较差，目前已经趋于被淘汰，而大量采用改性沥青防水卷材、高分子化合物防水卷材作为屋面的防水材料。

柔性防水屋面一般分为保护层、防水层、找平层和结构层这四个构造层次。

①保护层：由于大多数防水卷材呈黑褐色，吸热多。在夏季阳光照射下，表面温度可达到 60～80℃，容易老化。为了能够尽量减少防水层的受热量，就需要在防水层的表面设置保护层，根据防水卷材的不同，保护层的做法也不一样。

采用高分子防水卷材时，保护层多为浅色的细砂或反光涂料；采用沥青类防水卷材时，可在最上层表面撒上一层加热至 85～100℃ 的粒径为 3～6mm 的粗砂（俗称绿豆砂），也可以采用铝银粉涂料作为卷材的保护层。

对于上人屋面，为了保证防水层不被破坏需要加设保护层。当采用沥青类防水卷材时，可以在防水层上浇筑 30～40mm 厚的细石混凝土面层作为保护层，保护层应每隔 2m 左右和在坡面转折处及与泛水的交界处设分仓缝，以防止温度变形造成面层损坏，并用油膏嵌缝。也可以用 20mm 厚水泥砂浆作为结合层，上面铺贴细石混凝土预制板或铺地方砖等块材；当采用高分子卷材时，一般要在防水层上用细砂或塑料薄膜作为隔离层，然后再铺设预制混凝土块材或其他硬质保护层。

②防水层：防水层是整个屋盖体系中最为重要的一个构造层次，其工作状态以及使用效果对建筑的使用影响极大。

当采用高分子防水卷材作为防水层时，一般采用以氯丁胶和丁基酚醛树脂为主要成分的胶粘剂，也可以选用以氯丁橡胶乳液制成的胶粘剂。胶粘剂和卷材通常均由生产厂家提供，有时施工也由生产厂家的人员来完成。

沥青卷材与高聚物改性沥青卷材的构造和施工有所不同：

当采用沥青类防水卷材时，防水层是由油毡和沥青胶交替粘结而成的整体防水覆盖层。沥青胶粘附在卷材上下表面形成薄层，同时也有一定的防水作用。一般防水等级的建筑平屋顶铺两层油毡，加上、中、下三层沥青胶，俗称二毡三油；在重要部位或严寒地区，通常做三毡四油。

当采用高聚物改性沥青卷材时。可以根据卷材的不同分别采用冷贴法、热熔法和自贴法进行施工。冷贴法是用毛刷将专用胶粘剂刷在基层或卷材上，然后直接铺贴卷材；热熔法是利用喷灯等加热器具在现场加热熔化热熔型卷材底层的热熔胶，边加热边铺贴；自贴法是采用带有自粘胶的卷材，不用涂刷胶粘材料，也不用热加工，而直接进行铺贴。

③找平层：平屋顶一般在屋面结构层或保温层上做 15～30mm 厚 1∶3 水泥砂浆找平层，由于用来找平的砂浆或轻质混凝土均属于刚性材料，在结构或温度引起的变形应力的作用下，找平材料将会产生开裂的现象，这种现象在变形的敏感部位（如屋面板支座处、板缝之间和檐口部位）尤其严重，甚至会使粘贴在找平层上面的防水卷材破裂，导致防水失效。为了避免这种不利现象的发生，要在找平层中预留分仓缝，缝宽一般为 20mm，缝的间距一般在 6m 左右，并在其上加铺 200～300mm 的干铺或单面粘结的油毡。

④结构层：卷材防水层应铺在具有足够的刚度、变形小的屋面结构层上，各种类型的钢筋混凝土楼板均适合做油毡防水屋面的结构层。

4）坡屋顶的防水构造

坡屋顶的防水做法较多，常见的坡屋顶屋面做法有以下几种。

（1）彩色压型钢板屋面：彩色压型钢板俗称彩钢板，是近年在一般工业及民用建筑中普遍采用的一种屋面板材。它既可以作为单一的屋面覆盖构件，也同时兼有保温功能。彩钢板具有自重轻、构造简单、色彩丰富、防水及保温性能好的优点。

彩钢板分为单一彩钢板与复合彩钢板（夹芯彩钢板）两种，后者是在两层压型钢板之间加设一层保温材料（如聚苯板），使板具有保温功能。这种板材一般用配套的型钢檩条支撑，其跨度可达 3～4m。彩钢板的接缝处理是保证屋面工作效果的关键，一般是用与板材配套的压盖条、封口条进行封堵，并用专用胶填缝嵌固。图 5-1-10 是复合材钢板接缝处构造的举例。

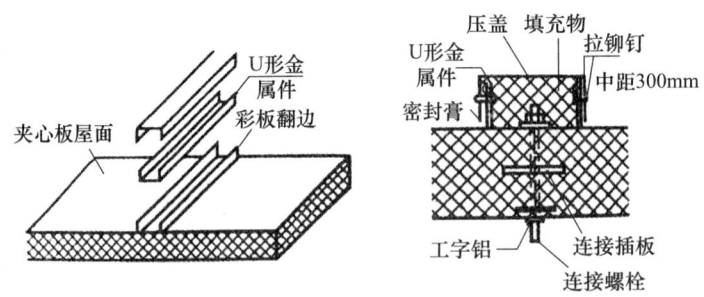

图 5-1-10 复合材钢板接缝构造

（2）沥青瓦屋面：沥青瓦又称为橡皮瓦，在欧美国家应用较多，是一种具有良好装饰效果的屋面防水材料。近年引入我国，目前在城市建筑和景区建筑中被广泛应用。

沥青瓦是用沥青类材料将多层胎纸粘结起来，然后再在其表面粘贴上彩色石屑，以灰色居多，质感较好。沥青瓦屋面适用于屋面坡度较大的情况，一般要事先在坡屋顶上做卷材防水层（以沥青类卷材为佳），然后把沥青瓦按照设计好的铺贴方案顺序铺设，并用钢钉（如屋面基层是木板，也可以用铁钉）直接铺钉在屋面上。由于沥青瓦所用的沥青类材料软化点较低，经过一段时间之后，在高温的作用下低层沥青就会与屋面卷材粘结在一起，最终形成一个整体。

（3）小青瓦（筒瓦）屋面：这种屋面多在中国传统风格的建筑中使用。瓦一般是由土坯烧制而成，断面呈弧形，尺寸规格较多。铺设时一般采用木望板、苇箔等作为基层，上铺灰泥，然后在灰泥上把瓦分行正、反铺盖。也可以采用把瓦冷摊在挂瓦条上的做法，铺设时，盖瓦搭在底瓦上 1/3 左右，上瓦与下瓦的搭接长度在少雨地区多为搭六露四，在多雨地区多为搭七露三。

现代的坡屋顶建筑一般是在钢筋混凝土斜板上再铺设筒瓦，瓦片的固定方式有粘结和挂设两种。当防水等级较高时，应当在钢筋混凝土坡屋面上加设卷材防水层，并用现浇配筋混凝土构造层覆盖。图 5-1-11 是在钢筋混凝土坡屋面上采用挂设筒瓦构造做法的举例。

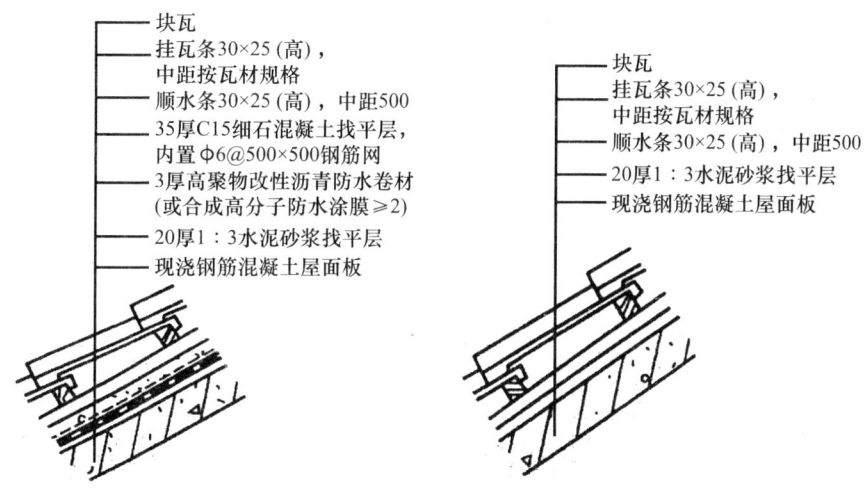

图 5-1-11　钢筋混凝土坡屋面上采用挂设筒瓦构造（单位：mm）

（4）平瓦屋面：平瓦又称机制平瓦，一般由黏土烧制而成，是我国北方传统民居采用较多的一种屋面形式。在制作瓦片时，为了使瓦片之间能够互相搭接，防止下滑，瓦背面制有挂钩，以便把瓦挂在挂瓦条上，瓦的端部留有小孔，在风速大的地区可以用铝丝（或铁钉）把瓦片固定在挂瓦条上。平瓦屋面有以下两种铺设方法。

①冷摊瓦屋面：是一种比较简易的铺设方法。其基层只有木椽条，上钉挂瓦条，然后直接挂瓦（图 5-1-12）。这种屋面构造简单、造价低，多用于冬季不采暖建筑。

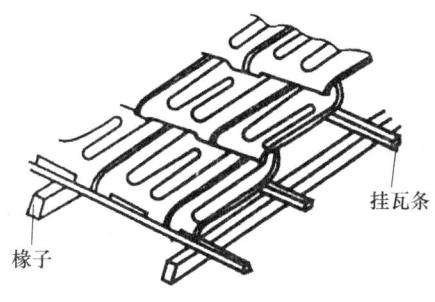

图 5-1-12　冷摊瓦屋面

②木望板平瓦屋面：是平瓦屋面典型的构造形式（图 5-1-13）。要在檩条或椽子上铺一层 20mm 厚的平口毛木板（俗称望板），板上平行于屋脊铺设一层油毡，在其上沿流水方向设置顺水条，并利用顺水条固定油毡。设置顺水条的目的是防止少量从瓦缝中渗下的雨水流入屋盖内部。在顺水条上再钉挂瓦条，用于挂瓦。

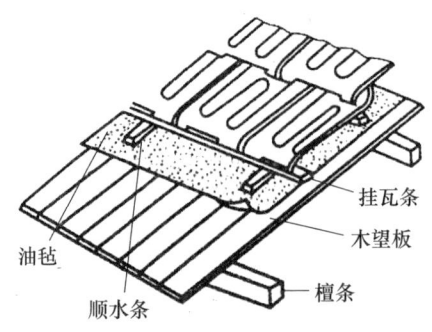

图 5-1-13 木望板平瓦屋面

（5）波形瓦屋面：波形瓦可用石棉水泥、塑料、玻璃钢或镀锌薄钢板等材料制成。它具有厚度薄、质量轻、施工简便等优点，但容易脆裂，保温、隔热性能差些，多用于对室内温度要求不高及临时性的建筑。在民用建筑中石棉水泥瓦应用相对多一些，共有大波、中波、小波三种。

3. 屋顶的保温与隔热构造

我国地域辽阔，各地区的温度差异较大。北方地区冬季寒冷，为使冬季房间内部的温度能够满足使用要求以及建筑节能的需要，应当在屋顶设置保温层。而我国的南方地区四季温差较小，夏季温度很高，屋顶接受的太阳辐射热会影响室内正常的使用，因而就需要对屋顶进行隔热处理。

（1）平屋顶的保温构造

平屋顶的保温主要应选择合适的保温材料，并要处理好保温层位置及临近构造。

①保温材料：应当优先选择质量轻、孔隙多、导热系数小的保温材料。根据保温材料的成品特点和施工工艺的不同，保温材料通常可分为散料、现场浇筑的拌合物和板块料三种散料式和现场浇筑式保温层具有良好的可塑性，还可以用来替代找坡层，但施工较繁琐。

散料式保温材料主要有膨胀珍珠岩、膨胀蛭石、炉渣等。由于散料在施工时容易受到刮风及其他因素的影响，就位成型困难，施工难度较大，在实际工程中采用的较少，现场浇筑式保温材料是用散料为骨料，与水泥或石灰等胶结材料加适量的水进行拌合，现场浇筑而成的保温层。这种保温层易于成型、施工较方便，但保温层施工完成之后仍处于潮湿的状态，影响保温的效果，往往需要在保温层中设置通气口来散发潮气及冷凝水。板块式保温材料主要有聚苯板、加气混凝土板、泡沫塑料板、膨胀珍珠岩板、膨胀蛭石板等。板式材料具有施工速度快、保温效果好、避免了湿作业的优点，在当前工程中应用最为普遍。在铺设时要注意处理好板块之间的接缝，避免产生热桥。

②保温层位置：保温层的位置主要有三种情况，第一种是保温层设在结构层与防水层之间，这种位置最为常见。由于保温层是设在屋盖系统的低温一侧（结构层上面），保温效果好并且符合热工原理。同时，由于保温层摊铺在结构层之上，施工方便，构造

也简单（图 5-1-14）为了防止室内空气中的水蒸气随热气流上升，透过结构层进入保温层，从而降低保温效果，应当在保温层下面设置隔气层。

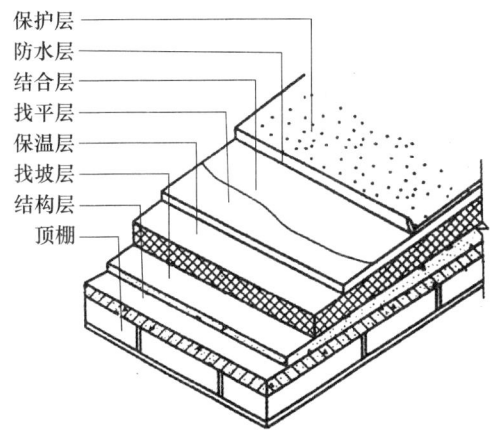

图 5-1-14　保温层在结构层与防水层之间的构造层次

隔气层一般是在找平层上铺一毡二油（涂热沥青一道）或采用与屋面防水材料相同的卷材（厚度可以薄些）进行处理。

第二种是保温层设置在防水层上面，这种做法又称为"倒置式保温屋面"。其构造层次自上而下分别为保温层、防水层、结构层。这种设置对保温材料有特殊的要求，应当使用具有吸湿性低、耐候性强的憎水材料作为保温层（如聚苯乙烯泡沫塑料板或聚氨酯泡沫塑料板），并在保温层上加设钢筋混凝土、卵石、砖等较重的覆盖层。

第三种是保温层与结构层结合，这种保温做法比较少见。主要有两种做法：一种是在钢筋混凝土槽形板内设置保温层，另一种是将保温材料与结构融为一体，如配筋加气混凝土板。这种做法使屋面板同时具备结构层和保温层的双重功能，工序简单。

（2）平屋顶的隔热构造

隔热构造要比保温构造简单一些，造价也低，主要有以下三种方法。

①设置架空隔热层：这是一种目前大量采用的隔热措施。通过在屋顶设置架空的隔热间层，并在屋顶四周留出通风面，利用架空层中空气的流动带走辐射热量，进而降低屋顶内表面的温度，隔热效果较好。架空隔热层既可以采用预制的隔热板，也可以采用预制钢筋混凝土平板，用砖垛架空。通常把隔热层设置在屋面防水层的上面，可以对防水层起到保护的作用（图 5-1-15）。

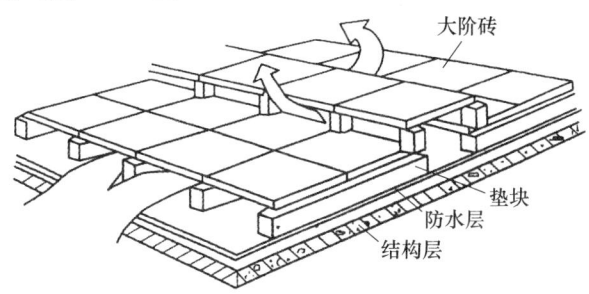

图 5-1-15　架空通风隔热层

②利用实体材料隔热：这种做法是利用表观密度大的材料的蓄热性、热稳定性和传导过程的时间延迟的特性来达到隔热目的。因为在太阳辐射下，材料的内表面比外表面温度升高的时间要拖后数个小时。白天气温高的时候，屋面隔热材料大量吸热，使室内温度不致明显升高。待晚间气温降低后，屋顶蓄有的热量再开始散发。常用的做法有：大阶砖或混凝土板实铺屋面、堆土种植屋面、砾石屋面和蓄水屋面等。这种屋顶适合于夜间使用频率较低的建筑（如幼儿园、中小学校、菜市场等）。

③利用材料反射降温隔热：这种做法是通过在屋顶用浅颜色的砾石、混凝土做面层或在屋面刷白色涂料或银粉等的办法，将大部分太阳辐射热反射出去，进而达到降低屋顶温度的目的。这种做法隔热效果一般，仅在一些简易建筑中使用。

（3）坡屋顶的保温构造

坡屋顶的保温材料的选择与平屋顶基本一致，构造要求也相同，主要是保温层放置的位置与平屋顶有所区别。根据保温材料的种类和位置可以分为上弦保温、下弦保温和构件自保温三种形式。

①上弦保温：就是把保温材料设置在屋架上弦，这种做法可以使整个坡屋顶都被包围在保温层之内，可以利用屋盖体系设置阁楼，有利于空间利用，但对保温材料要求较高，使用的保温材料较多，屋盖自重也大。民居一般是在檩条与瓦材间以一定厚度的黏土稻草泥、麦秸泥等作为保温层，这样做比较经济［图5-1-16（a）］。在平瓦屋面中，也可以将保温材料填充在檩条或挂瓦条之间［图5-1-16（b）］。

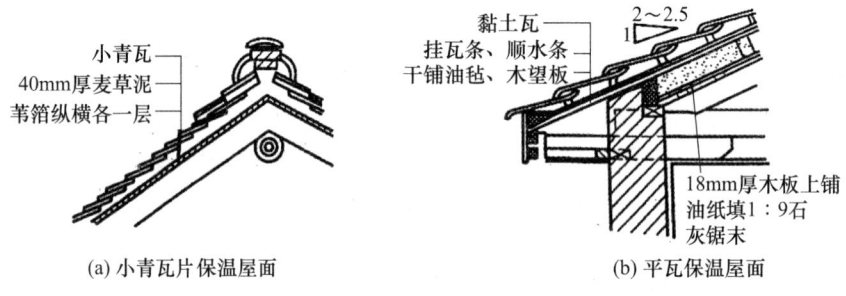

(a) 小青瓦片保温屋面　　(b) 平瓦保温屋面

图5-1-16 坡屋顶的保温构造

②下弦保温：在有吊顶的坡屋顶中常用。一般在吊顶的次搁栅上铺设木板，然后再摊铺保温层。保温材料可选用无机散状材料，如矿渣、膨胀珍珠岩、膨胀蛭石、锯末等下面最好用油毡或油纸做一道隔气层。这种做法可以选用的保温材料较多，用量也少些，但屋盖的顶棚系统与室内不在同一个温度区。

③构件自保温：目前多使用复合彩钢板作为屋面的防水和保温复合构件，一般不再另做吊顶。这种做法构造简单、施工速度快、日后的维修量也不大，但存在彩钢板老化和撞击噪声的问题，多用于室内装饰标准较低的建筑。

（4）坡屋顶的隔热构造

由于坡屋顶一般都有格构型的屋盖系统，自身的隔热能力远高于平屋顶。在炎热地区，为了使屋面具有隔热的功效，通常把坡屋顶做成双层屋面（设置"黑顶棚"或带架空层的双层坡屋面），并在檐口处或顶棚中（一般在山墙设窗或在屋面设置老虎窗）设置进风口，在屋脊处设排风口，利用屋顶内外的热压差和迎背风的压力差，组织空气对流，形成屋顶的自然通风，带走室内的辐射热，改善室内气候环境（图 5-1-17）。

图 5-1-17　坡屋顶的隔热构造

4. 屋顶的细部构造

1）平屋顶的细部构造

（1）刚性防水屋面的细部构造

①泛水构造：屋面防水层与垂直墙面交接处的防水构造称为泛水。凡是防水层与垂直墙面的交接处，如女儿墙、山墙、通风道、楼梯间及电梯室出屋面等部位均要做泛水处理。泛水的高度一般不小于 250mm，如条件允许时一般都做得稍高一些。泛水与屋面防水应一次做成，不留施工缝，转角处宜做成圆弧形，并与垂直墙之间设分仓缝，以免因两者变形不一致而使泛水开裂。在刚性防水材料之下先用无粘结或难粘结的材料加做一层浮筑构造层，使刚性防水层与基层水泥砂浆找平层能够相互错动。图 5-1-18 是刚性防水屋面外檐沟泛水构造的举例。图 5-1-19 是刚性防水屋面女儿墙泛水构造的举例。

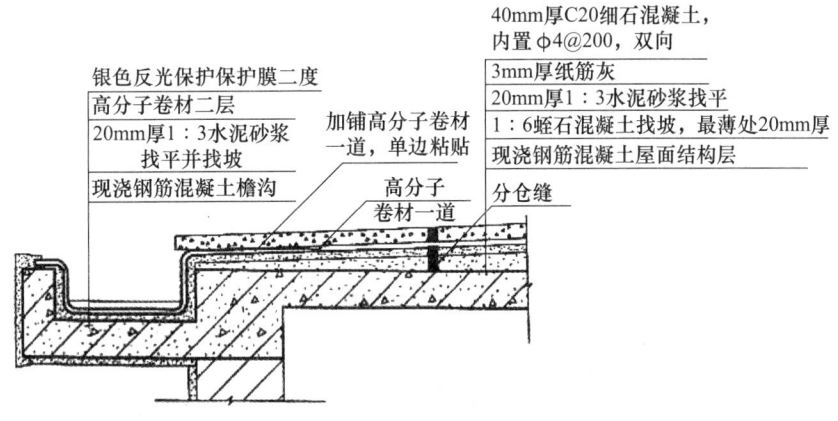

图 5-1-18　刚性防水屋面外檐沟泛水构造

②分仓缝构造：分仓缝是为了防止屋面防水层因温度变化产生不规则裂缝，适应屋面变形而设置的，也是刚性防水屋面构造处理的重点。分仓缝通常应设置在预期变形较大的部位（如装配式结构面板的支承端、预制板的纵向接缝处、屋面的转折处、屋面与立墙交接处）。分仓缝的间距一般应控制在 6m 以内，严寒地区缝的间距应当进一步减小（一般应经过试验确认），分仓缝处刚性防水层内设的钢筋网片应断开。分仓缝的宽度可做成 20mm 左右，缝内一般先用弹性材料（如沥青麻丝）填塞，然后用油膏嵌缝，填注深度约 20～30mm［图 5-1-20（a）］。为保护嵌缝材料，缝上可用沥青油毡覆盖，其间需加一层干铺油毡或油纸［图 5-1-20（b）］。屋脊和平行于流水方向的分仓缝，常抹成凸出屋面 30～40mm 的凸缝，以免积水。凸缝可以采用油膏嵌缝、脊瓦盖缝、油毡盖缝这三种盖缝措施［图 5-1-20（c）］。

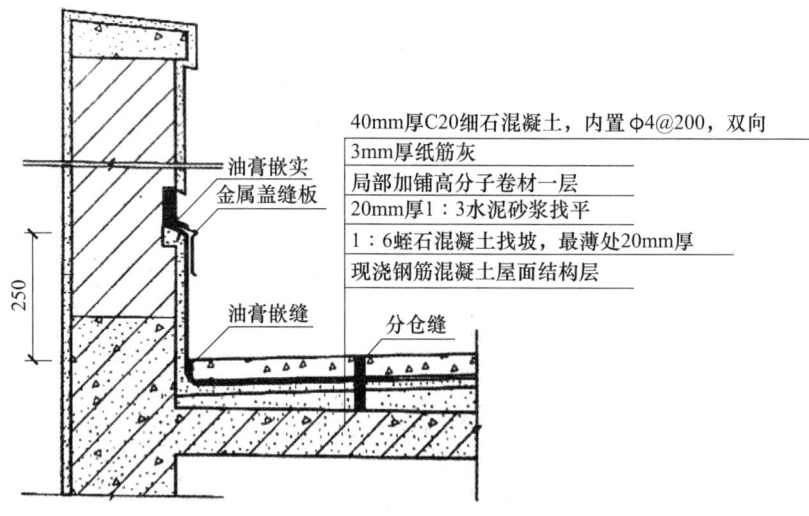

图 5-1-19 刚性防水屋面女儿墙泛水构造（单位：mm）

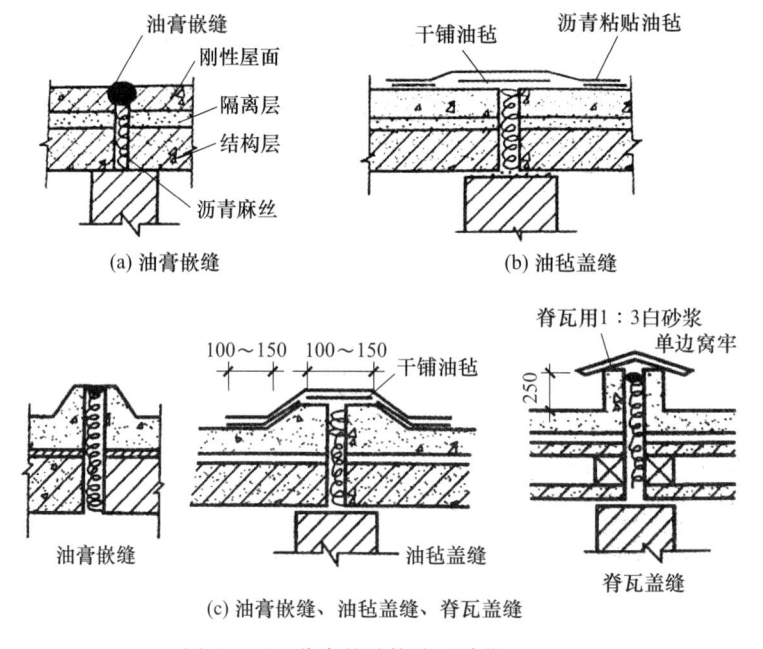

图 5-1-20 分仓的缝构造（单位：mm）

③雨水口构造：根据排除雨水的组织方式，雨水口分为直管式和弯管式两种形式。

直管式雨水口适用于外檐沟排水，为防止雨水从套管与天沟底部接缝处渗漏，在放置套管后，还要加铺一道卷材防水层（如二毡三油），油毡应当铺入套管内壁深度不小于100mm，并在其表面涂玛蹄脂，再用环形筒嵌入套管，将油毡压紧，防水层与雨水口接缝处应当用油膏嵌封（图 5-1-21）。

弯管式雨水口适用于女儿墙排水，雨水管由弯管和算子两部分组成，弯管置于女儿墙的预留孔洞中，在安装弯管前，下面应加铺卷材防水层，与弯管搭接长度不小于100mm，然后再浇筑刚性防水层，防水层与弯管交接处应当用油膏嵌缝（图 5-1-22）。

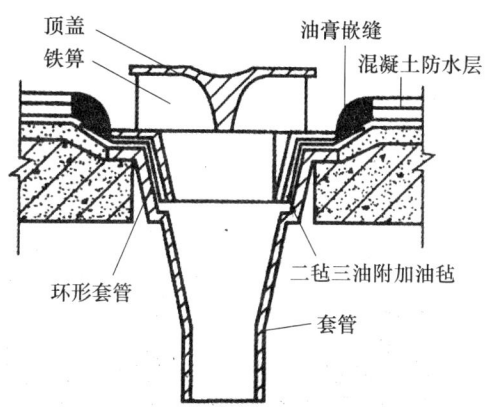

图 5-1-21 直管式雨水口

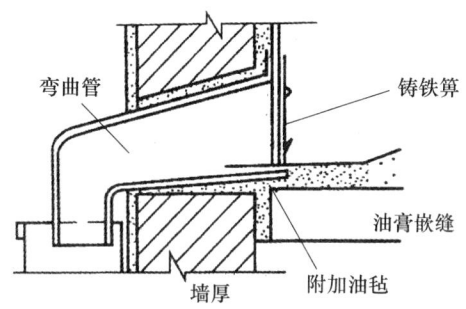

图 5-1-22 弯管式雨水口

(2) 柔性防水屋面的细部构造

①泛水构造：柔性防水屋面的泛水构造原理和高度要求与刚性防水屋面基本相同，主要的区别在于采用的材料及构造做法不同。通常的做法是先用水泥砂浆或轻质混凝土在垂直面与屋面交界处做成半径大于 50mm 的圆弧或 75°的斜面，以避免卷材被折断和存在空鼓现象。由于该部位经常处于潮湿状态，为了提高防水能力，泛水处应当加铺一层防水卷材。泛水上端与垂直面交接处的构造尤其要处理好，既要有遮挡措施，又要避免卷材封口处张开。图 5-1-23 是常见泛水构造的举例，女儿墙的泛水构造也可以参照执行。

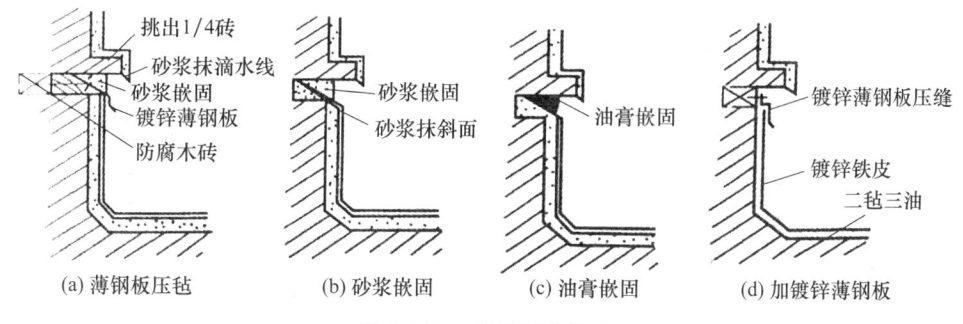

图 5-1-23 常见泛水构造

②檐口构造：檐口是卷材防水屋面需要重点处理的部位，关键是要处理好卷材的收头。自由排水屋面的檐口通常用油膏嵌缝、粘结，然后在上面撒绿豆砂作为保护层［图

5-1-24（a）]。也可用镀锌薄钢板做包檐［图 5-1-24（b）]。

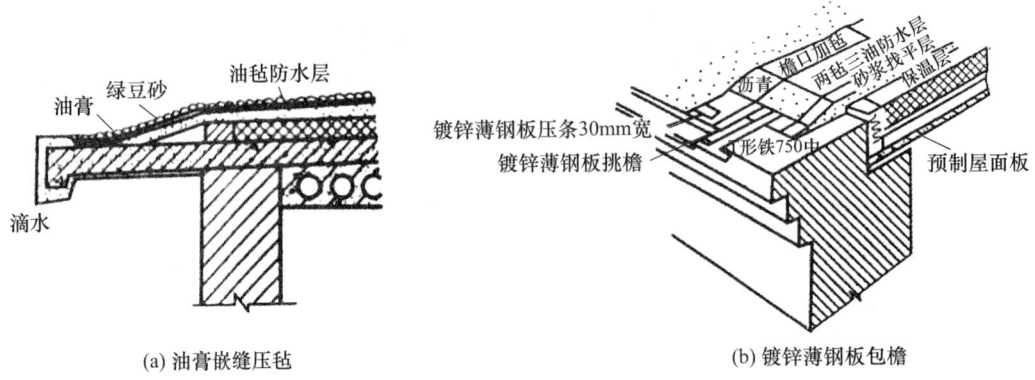

图 5-1-24 自由排水屋面檐口

外檐沟排水的檐口通常在檐沟内部加铺一层油毡，檐沟卷檐顶部的卷材收口处可以采用砂浆压毡、嵌油膏和利用插铁卡住等几种做法。

2）坡屋顶的细部构造

坡屋顶的细部构造与采用的屋面材料有关，需要处理好檐口、山墙、天沟以及通风道、老虎窗等出屋面的泛水构造。

（1）檐口构造

①挑檐：通常用于自由排水，有时也用于降水量小的地区低层建筑的有组织排水。

当檐口出挑较小时，可用砖在檐口处逐皮外挑，形成挑檐。一般每皮出挑 1/4 砖，挑出总尺寸不大于墙厚的 1/2。当檐口挑出较大时可采用以下三种方式：第一种是用屋面板出挑檐口，但长度不宜大于 300mm，若能用屋架托木或在横墙砌入挑檐木与屋面板或封檐板结合，可使出挑长度适当加大；第二种是在檐口墙外加一檩条（檐檩），利用屋架下弦的托木或砌入横墙的挑檐木作为檐檩的支托；第三种是利用已有椽子直接挑出。图 5-1-25 是平瓦屋面檐口构造的举例。

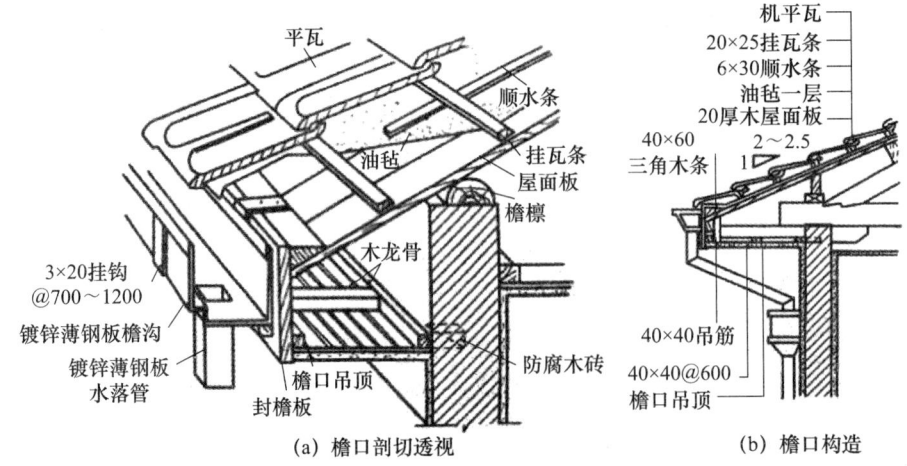

图 5-1-25 平瓦屋面檐口构造（单位：mm）

②包檐：包檐是在檐口外墙上部砌出压檐墙或女儿墙，将檐口包住，在包檐内设天沟。天沟内先用镀锌薄钢板放在木底板上，薄钢板一边伸入油毡层下，一边在靠墙处做泛水。若天沟采用混凝土槽形板，则沟内铺油毡防水层，并在女儿墙处做出泛水，泛水要求与油毡屋面的要求相同。

(2) 山墙檐口构造

①悬山：悬山通常是把檩条挑出山墙，用木封檐板将檩条封住，用1∶2水泥石灰麻刀砂浆做披水线，将瓦封住（图5-1-26）。

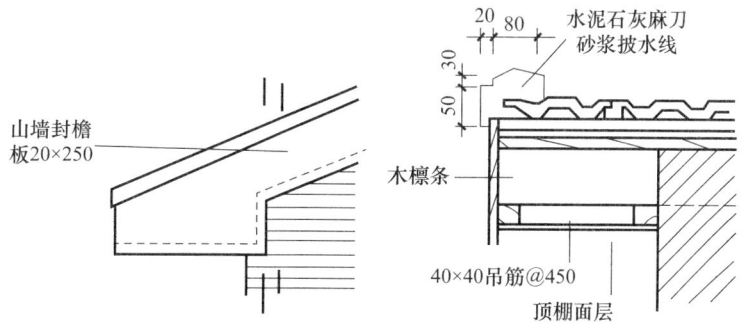

图 5-1-26　悬山构造（单位：mm）

②硬山：硬山是把山墙升起后包住檐口，女儿墙与屋面交接处应做泛水处理，并要非常可靠。通常用砂浆粘贴小青瓦做成泛水或用薄钢板进行处理，也可用水泥石灰麻刀砂浆抹成泛水。图5-1-27是硬山泛水构造的举例。

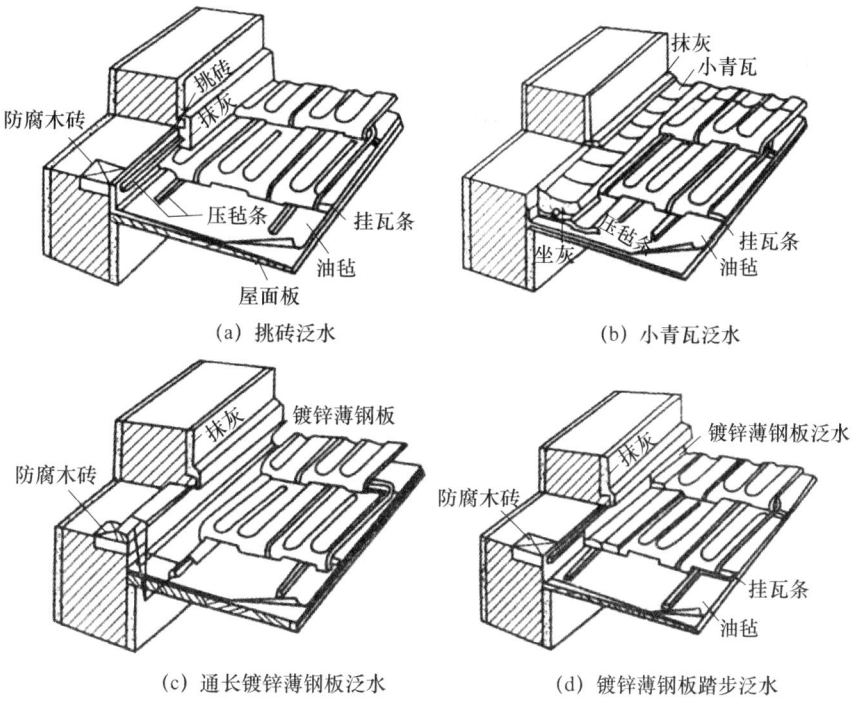

图 5-1-27　硬山泛水构造

（3）斜沟和天沟的构造

在等高跨或高低跨相交处，常常出现天沟，两个相互垂直的屋面相交则形成斜沟。为了保证屋面雨水及时排除，以及设置防水构造的需要，天沟和斜沟应有足够的断面尺寸，一般天沟的上口宽度不宜小于300mm，斜沟泛水部位的断面也要足够大。泛水部位多采用镀锌薄钢板铺于木基层上，且伸入瓦片下至少150mm。高低跨天沟若采用镀锌薄钢板防水层时，应从天沟内延伸至立墙形成泛水。

第二节　乡村房屋建筑施工图的识读

一、基本知识

（一）图纸幅面及尺寸

标准图纸一般宽度方向较长，高度方向较短，也叫作"横式"幅面图纸。按图框大小分，有A0、A1、A2、A3、A4五种标准幅面，A4图纸一般为立式布置。标准幅面图纸必要时还可以加长。图纸幅面布置及图框大小如图5-2-1所示。

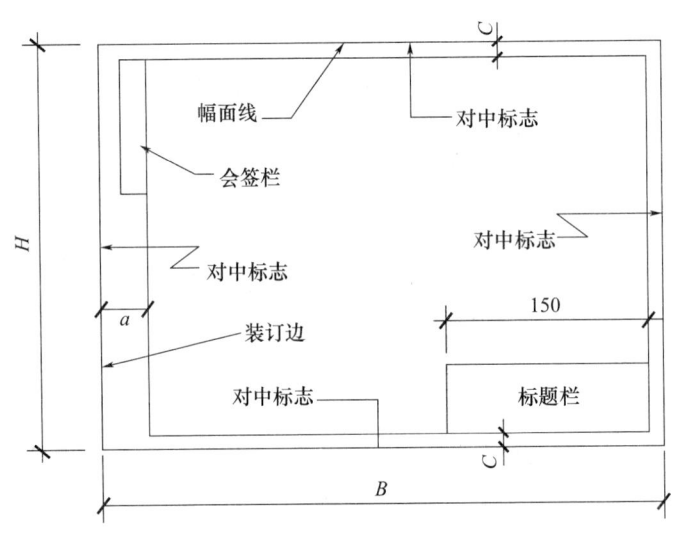

图5-2-1　图纸幅面示意

（二）比例

图纸的比例，是图面中所绘制的图形尺寸与建筑实物尺寸之比，一般采用数字之比来表示。如比例为1：100的建筑图纸，就表示图面上的1mm代表实际长度100mm，或图面上的1cm代表实际长度100cm。也可以说我们把实际建筑物缩小了100倍后绘制在了图纸上。比例的注写方式如图5-2-2、5-2-3所示。

平面图　　1：100　　　　　　⑥　　1：20

图5-2-2　平面图比例的注写　　图5-2-3　详图比例的注写

常用建筑比例除了1：100外，还有1：200，1：50，1：20等。

（三）轴线

建筑图中的轴线是施工定位、放线的重要依据。凡承重墙、柱、梁或屋架等主要承重构件的位置一般都有轴线编号，凡需确定位置的建筑局部或构件，都应注明其与附近主要轴线的尺寸。

定位轴线采用点画线绘制，端部是圆圈，圆圈内注明轴线编号。平面图中定位轴线的编号，横向（水平方向）用阿拉伯数字由左至右依次编号，竖向用大写英文字母从下至上依次编号。字母I、O、Z一般不得用做轴线编号。当有附加轴线需要定位时，应采用分数形式表示。如图5-2-4、5-2-5所示。

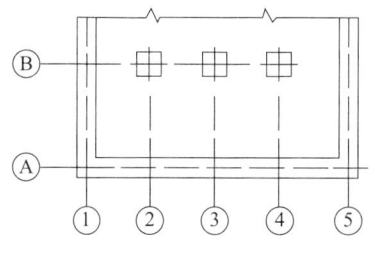

图5-2-4　定位轴线的编号顺序　　图5-2-5　附加定位轴线的编号

（四）标高

标高用来表示建筑物地面、楼层、屋面或其他某一部位相对于基准面（标高的零点）的竖向高度，是建筑竖向定位的依据。一般将建筑底层室内地面定为标高的零点，表示为：±0.000。

低于零点标高的为负标高，标高数字前加"－"号，如室外地面比室内地坪低450mm，其标高为－0.450；高于零点标高的为正标高，标高数字前可省略"＋"号，如房屋底层层高为3.0m，则二层地面标高为3.000。

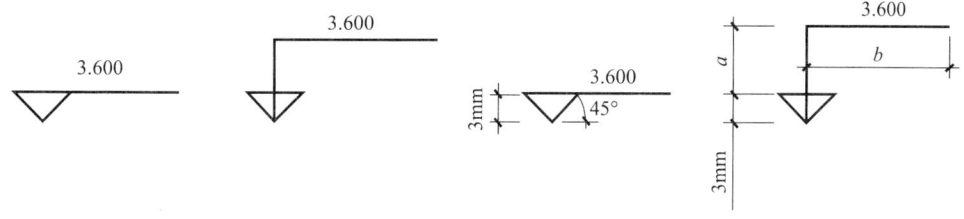

图5-2-6　标高标注示意

注：a、b根据需要可以取适当尺寸

注意标高虽然以米为单位，但一般不注明单位。

（五）尺寸标注

国家建筑制图标准规定，图纸上除标高和总平面图中的尺寸以米（m）为单位外，其他尺寸均应以毫米（mm）为单位。

图纸尺寸标注包括：尺寸界限、尺寸线、尺寸起止符号（短斜线）和尺寸数字四个基本要素。

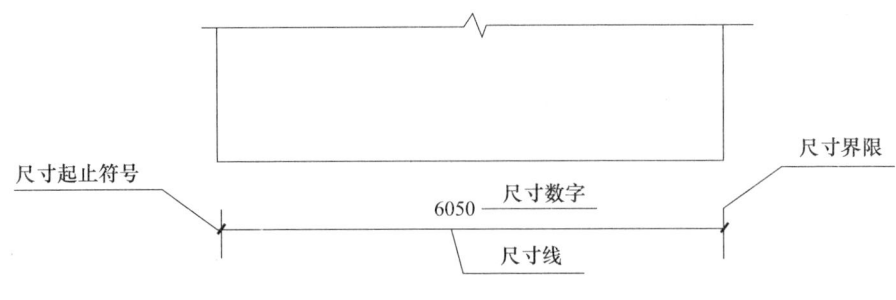

图 5-2-7 尺寸的组成

(六) 索引符号与详图符号

图样中的某一局部或构件，如需另见详图，应以索引符号索引[图 5-2-8 (a)]，索引符号是由直径为 10mm 的圆和水平直径组成，圆及水平直径均应以细实线绘制。索引符号应按下列规定编写：

(1) 索引出的详图，如与被索引的详图同在一张图纸内，应在索引符号的上半圆中用阿拉伯数字注明该详图的编号，并在下半圆中间画一段水平细实线[图 5-2-8 (b)]。

(2) 索引出的详图，如与被索引的详图不在同一张图纸内，应在索引符号的上半圆中用阿拉伯数字注明该详图的编号，在索引符号的下半圆中用阿拉伯数字注明该详图所在图纸的编号[图 5-2-8 (c)]。数字较多时，可加文字标注。

(3) 索引出的详图，如采用标准图，应在索引符号水平直径的延长线上加注该标准图册的编号[图 5-2-8 (d)]。

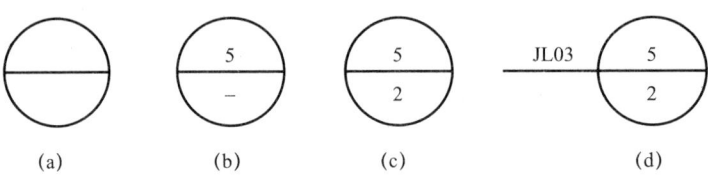

图 5-2-8 索引符号（一）

(4) 索引符号如用于索引剖视详图，应在被剖切的部位绘制剖切位置线，并以引出线引出索引符号，引出线所在的一侧应为投射方向（图 5-2-9 所示）。索引符号的编写同以上规定。

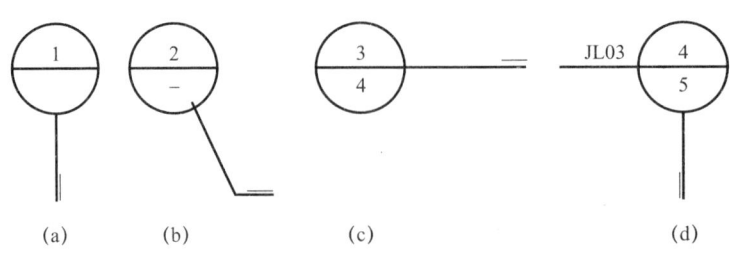

图 5-2-9 索引符号（二）

（七）常用建筑构件和材料图例（表 5-2-1）

表 5-2-1 常用建筑构件和材料图例

序号	名称	图例	备注
1	自然土壤		包括各种自然土壤
2	夯实土壤		
3	砂、灰土		靠近轮廓线绘较密的点
4	砂砾石、碎砖三合土		
5	石材		
6	毛石		
7	普通砖		包括实心砖、多孔砖、砌块等砌体，断面较窄不易绘出图例线时，可涂红
8	耐火砖		包括耐酸砖等砌体
9	空心砖		指非承重砖砌体
10	饰面砖		包括铺地砖、马赛克、陶瓷锦砖、人造大理石等
11	焦渣、矿渣		包括与水泥、石灰等混合而成的材料
12	混凝土		本图例指能承重的混凝土及钢筋混凝土；在剖面图上画出钢筋时，不画图例线；断面图形小，不易画出图例线时，可涂黑
13	钢筋混凝土		
14	多孔材料		包括水泥珍珠岩、沥青珍珠岩、泡沫混凝土、非承重加气混凝土、软木、蛭石制品

续表

序号	名称	图例	备注
15	纤维材料	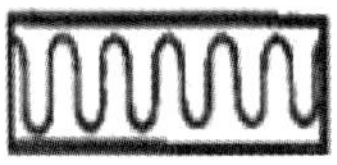	包括矿棉、岩棉、玻璃棉、麻丝、木丝板、纤维板等
16	泡沫塑料材料	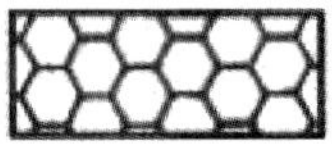	包括聚苯乙烯、聚乙烯、聚氨酯等多孔聚合物类材料
17	木材	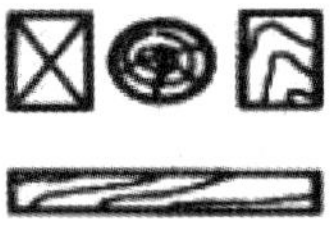	上图为横断面,上左图为垫木、木砖或木龙骨;下图为纵断面
18	胶合板		应注明为×层胶合板
19	石膏板		包括圆孔、方孔石膏板、防水石膏板等
20	金属		1. 包括各种金属 2. 图形小时,可涂黑
21	玻璃		包括平板玻璃、磨砂玻璃、钢化玻璃、中空玻璃、夹层玻璃、镀膜玻璃等
22	橡胶		
23	塑料		包括各种软、硬塑料及有机玻璃
24	防水材料		构造层次多或比例大时,采用上面图例

(八)看图的方法、要点

1. 看图的方法

看图的方法归纳起来是六句话:由外向里看,由大到小看,由粗到细看,图示与说明穿插看,建施(建筑施工图)与结施(结构施工图)对着看,水电设备最后看。

一套图纸到手后,先把图纸分类,如建施、结施、水电设备安装图和相配套的标准图等,看过全部的图纸后,对该建筑物就有了一个整体的概念。然后再有针对性地细看本工种的内容。如砌筑工要重点了解砌体基础的深度、大放脚情况、墙身情况,使用的材料、砂浆类别,是清水墙还是混水墙,每层层高、圈梁、过梁的位置,门窗洞口位置和尺寸,楼梯和墙体的关系,特殊节点的构造,厨卫间的要求,哪些位置要预留孔洞和预埋件等。

2. 看图的要点

全套图纸，不能孤立地看单张图纸，一定要注意图纸间的联系。看图要点如下：

（1）平面图

①从首层看起，逐层向上直到顶层。首层平面图要详细看，这是平面图最重要的一层；

②看平面图的尺寸，先看控制轴线间的尺寸。把轴线关系搞清楚，弄清开间、进深的尺寸和墙体的厚度、门垛尺寸，再看外形尺寸，逐间逐段核对有无差错；

③核对门窗尺寸、编号、数量及其过梁的编号和型号；

④看清楚各部位的标高，复核各层标高并与立面图、剖面图对照是否吻合；

⑤弄清各房间的使用功能，加以对比，看是否有什么不同之处及墙体、门窗增减情况；

⑥对照详图看墙体、柱、梁的轴线关系，是否有偏心轴线的情况。

（2）立面图

①对照平面图的轴线编号，看各个立面图的表示是否正确；

②将正、背、左、右四个立面图对照起来看，看是否有不交圈的地方；

③看立面图中的标高是否正确；

④弄清外墙装饰所采用的材料及使用范围。

（3）剖面图

①对照平面图核对相应剖面图的标高是否正确，垂直方向的尺寸与标高是否符合，门窗洞口尺寸与门窗表的数字是否吻合；

②对照平面图校核轴线的编号是否正确，剖切面的位置与平面图的剖切符号是否符合；

③核对各层墙身、楼地面、屋面的做法与设计说明是否矛盾。

（4）详图

①查对索引符号，明确使用的详图，防止差错；

②查找平、立、剖面图上的详图位置，对照轴线仔细核对尺寸、标高、避免错误；

③认真研究细部构造和做法，选用材料是否科学，施工操作有无困难。

二、建筑施工图

（一）建筑平面图

建筑平面图（图 5-2-10）是建筑施工图中最重要、最基本的图纸之一，它用以表示建筑物某一楼层的平面形状和布局，是施工放线、墙体砌筑、门窗安装、室内外装修的依据。建筑平面图一般包括以下几方面的内容：

（1）通过图名可以了解这个建筑平面图表示的是房屋的哪一层平面。平面图的比例根据房屋的大小和复杂程度而定，常用比例为 1∶50、1∶100、1∶200。

（2）建筑物的朝向、平面形状、内部布置及分隔，墙、柱的位置。

（3）建筑纵横向定位轴线及其编号。

（4）门窗的种类及编号，门窗洞口的位置及开启方向。

（5）尺寸标注，包括外部尺寸、内部尺寸及竖向标高等。

(6) 剖面图的剖切位置、剖视方向、编号等。

(7) 附属构件、配件及其他设施的定位，如阳台、雨棚、台阶、散水、卫生器具等。

(8) 有关标准图及大样图的详图索引。

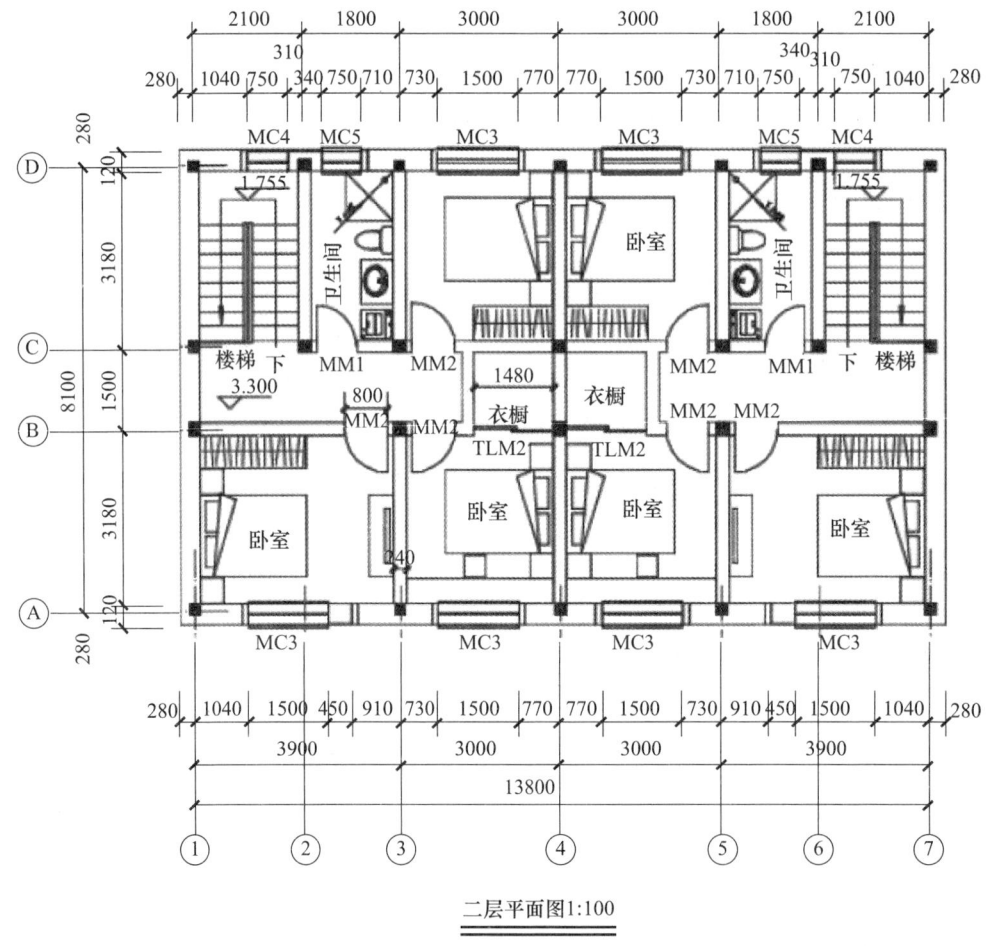

图 5-2-10　某农宅二层建筑平面图

（二）建筑立面图

为了表示房屋的外貌，通常将房屋的四个主要墙面向与其平行的投影面进行投射，以此绘制的图纸称为建筑立面图（图 5-2-11）。立面图绘制比例一般与平面图的比例一致。

建筑立面图包括以下几方面的内容：

(1) 室外地面以上建筑物的外轮廓、台阶、勒脚、外门、雨棚、阳台、各层窗户、挑檐、女儿墙、雨水管等的位置。

(2) 外墙面装饰情况，包括所用材料、颜色、规格等。

(3) 室内外地坪、楼层、屋面、女儿墙等主要部位的标高及必要的高度尺寸。

(4) 有关部位的详图索引，如一些装饰、特殊造型等。

(5) 立面左右两端的轴线标注。

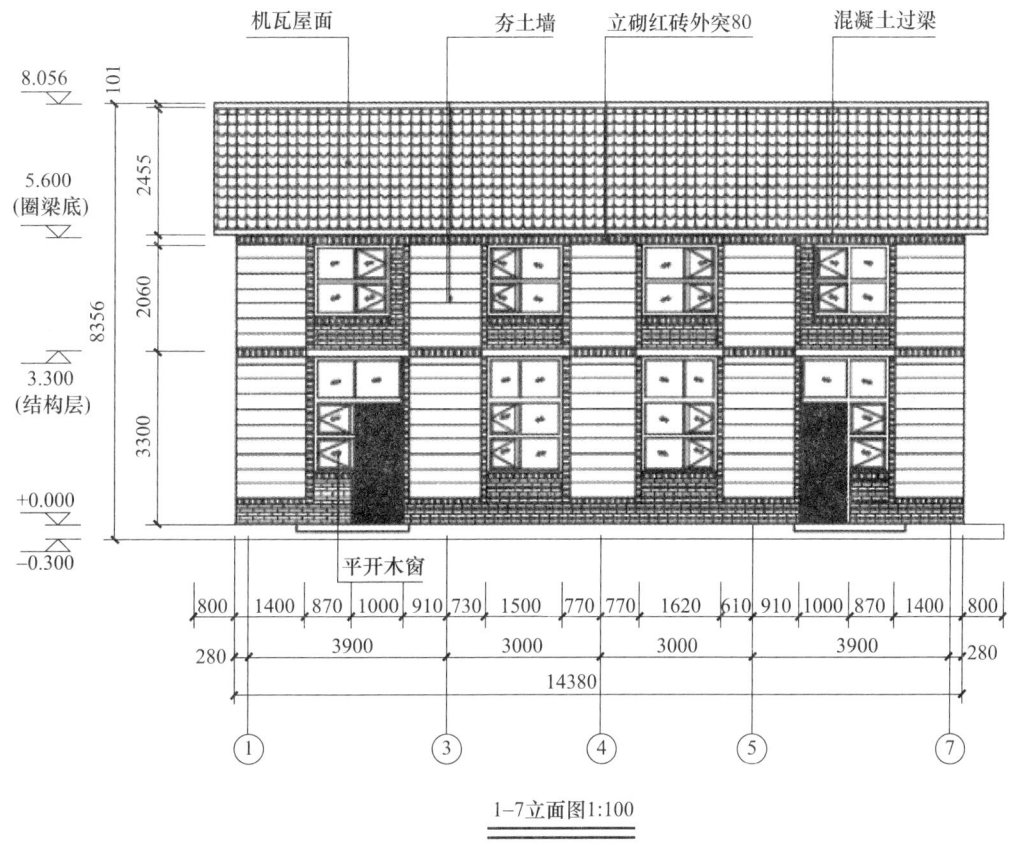

图 5-2-11　某农宅正立面图

(三) 建筑剖面图

假想采用一个铅垂剖切面将整栋房屋竖向剖开，所得到的投影图称为建筑剖面图。绘制比例一般与平面图、立面图的比例一致。

建筑剖面图主要包括以下几方面的内容：

（1）表明剖切到的室内外地面、楼面、屋面、内外墙及门窗、过梁、圈梁、楼梯及平台、雨棚、阳台等。

（2）表明主要承重构件的相互关系，如各层楼面、屋面、梁、板、柱、墙的相互位置关系。

（3）标高及相关竖向尺寸。

(四) 建筑详图

建筑详图是将平、立、剖面图中的某些部位需详细表述而采用较大比例绘制的图纸。详图的内容较广泛，凡是在平、立、剖面图中表述不清楚的局部构造和节点，都可以用详图来补充。建筑详图包括卫生间详图、厨房详图、墙身构造详图、阳台栏板详图、雨篷详图、屋面构造详图、楼梯详图等。

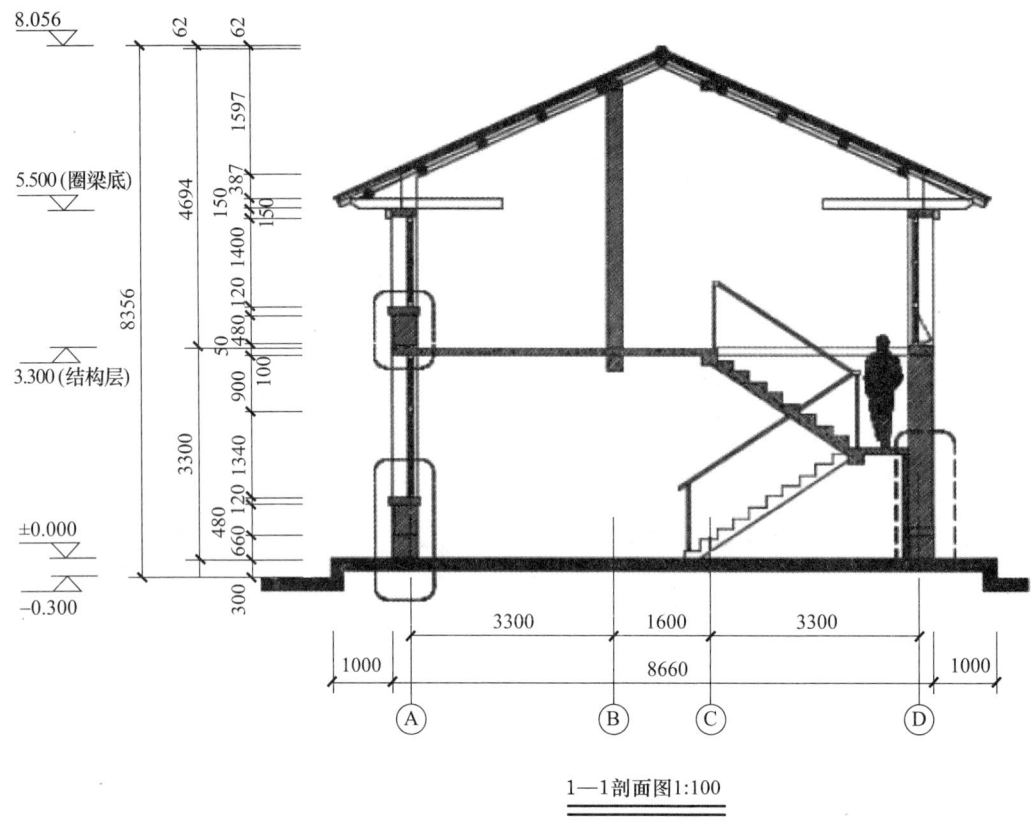

图 5-2-12　某农宅剖面图

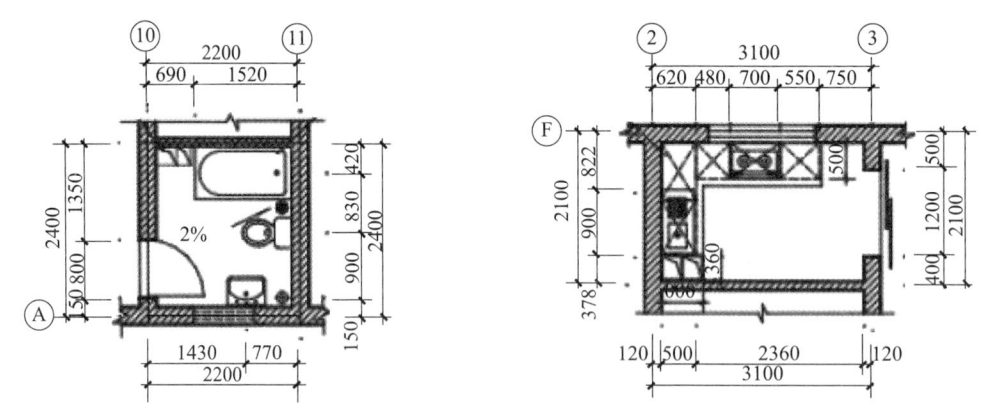

图 5-2-13　某住宅卫生间、厨房大样

三、结构施工图

(一) 一般要求

1. 结构施工图的内容

结构图（图 5-2-14 和图 5-2-15）一般包括结构设计说明、结构布置图和构件详图三部分内容。

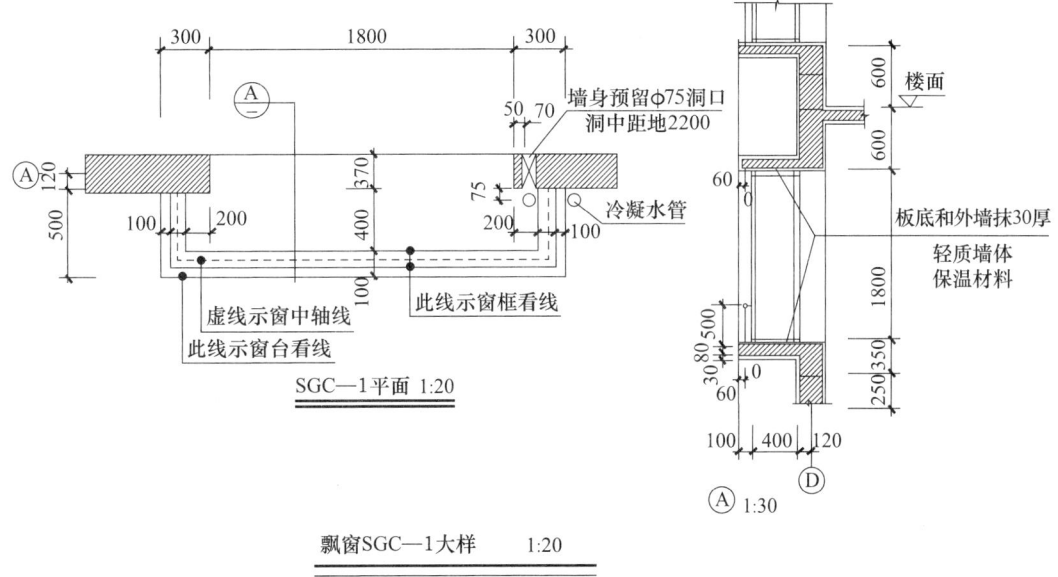

图 5-2-14 某住宅飘窗大样

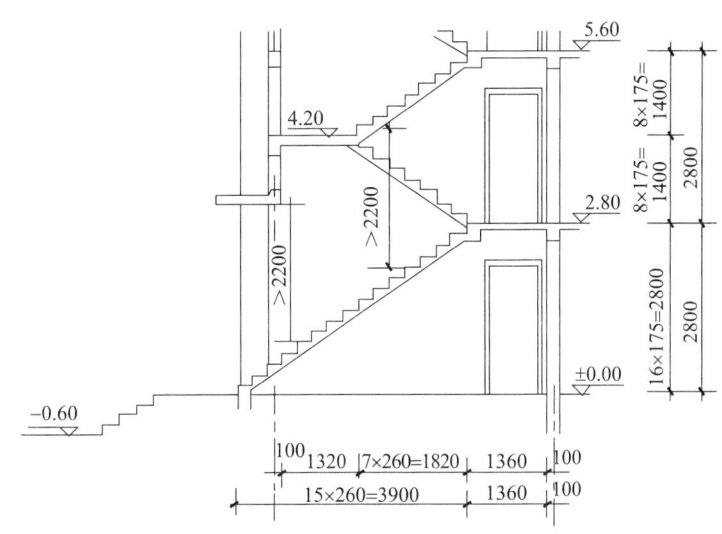

图 5-2-15 某住宅楼梯剖面详图

①结构设计说明以文字叙述为主，主要说明设计的依据，如地基情况、风雪荷载、抗震设计情况；选用结构材料的类型、规格、强度等级；一般施工要求；标准图或通用图的使用等。

②结构布置图是房屋承重结构的整体布置图，主要表示结构构件的位置、数量、型号及相互关系。常用的结构平面布置图有：基础布置平面图、楼层结构平面图、屋面结构平面图、柱网平面图等。

③构件详图是表示单个构件形状、尺寸、材料、构造及工艺的图样，如：梁、板、柱、基础等详图。

2. 结构施工图一般规定

①绘制结构图,应遵守《房屋建筑制图统一标准》(GB/T 50001—2017)和《建筑结构制图标准》(GB/T 50105—2010)的规定。

②绘制结构图时,针对图样的用途和复杂程度,选用适当比例。当结构的纵横向断面尺寸相差悬殊时,也可在同一详图中选用不同比例。

③结构图中构件的名称宜用代号表示,代号后应用阿拉伯数字标注该构件的型号或编号。

④结构图上的轴线及编号应与建筑施工图一致。

⑤图上的尺寸标注应与建筑施工图相符合,但结构图所注尺寸是结构的实际尺寸,即不包括结构表层粉刷或面层的厚度。在桁架式结构的单线图中,其几何尺寸可直接注写在杆件的一侧,而不需画尺寸界线,对称桁架可在左半边标注尺寸,右半边标注内力。

3. 常用结构构件代号

常用结构构件代号如表 5-2-2 所示。

表 5-2-2　常用结构构件代号

序号	名称	代号	序号	名称	代号	序号	名称	代号
1	板	B	7	盖板	GB	13	圈梁	QL
2	空心板	KB	8	檐口板	YB	14	过梁	GL
3	屋面板	WB	9	墙板	QB	15	屋面梁	WL
4	槽形板	CB	10	天沟板	TGB	16	基础梁	JL
5	折板	ZB	11	梁	L	17	楼梯梁	TL
6	楼梯板	TB	12	连梁	LL	18	框架梁	KL

4. 钢筋的图示方法

为了突出表示钢筋的配置情况,在钢筋混凝土构件的立面图和断面图上,轮廓用细实线画出,钢筋用粗实线及黑圆点表示,图内不画材料图例。如图 5-2-16 所示。

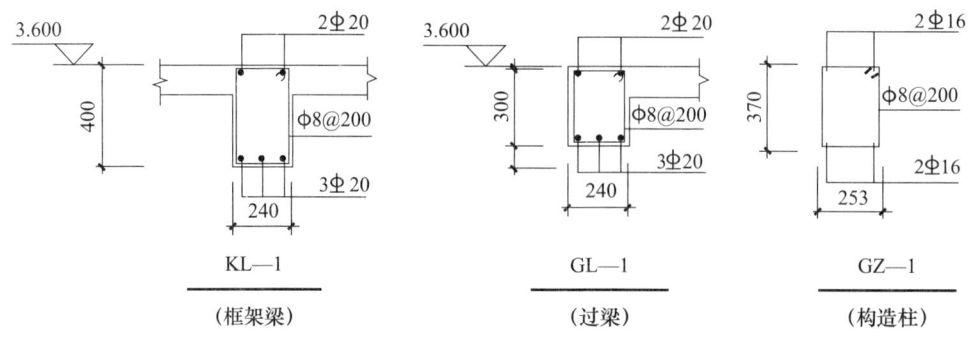

图 5-2-16　混凝土构件断面图

现浇板配筋及梁、板、柱钢筋的图示方法如图 5-2-17 所示。

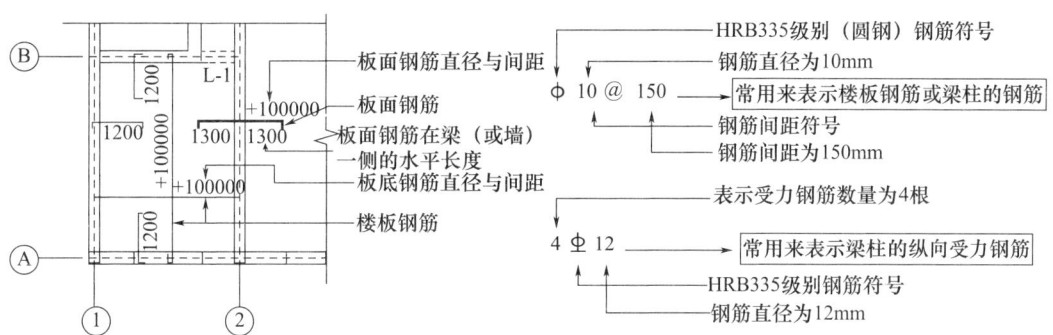

图 5-2-17 现浇板配筋说明

（二）基础施工图

基础施工图（图 5-2-18 和图 5-2-19）一般由基础平面布置及基础详图组成，具体包括以下内容。

（1）地基处理说明，处理范围和深度要求，处理后地基承载力。

（2）基础构件的平面布置，包括基础平面尺寸、与定位轴线的关系，基础构件的编号等。

（3）基础构件的材料及施工说明。

（4）基础施工详图，包括基础剖面、基础圈梁配筋、防潮层位置、基础标高及尺寸等。

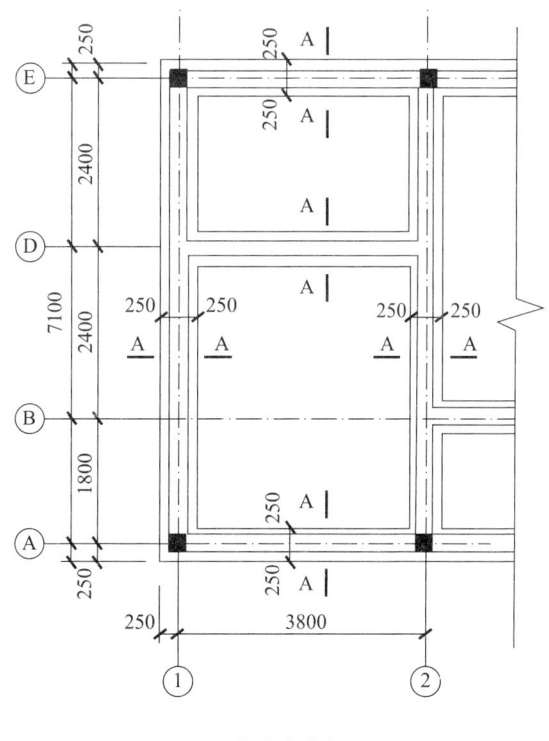

基础平面图 1:50

图 5-2-18 某农村的基础平面图（局部）（单位：mm）

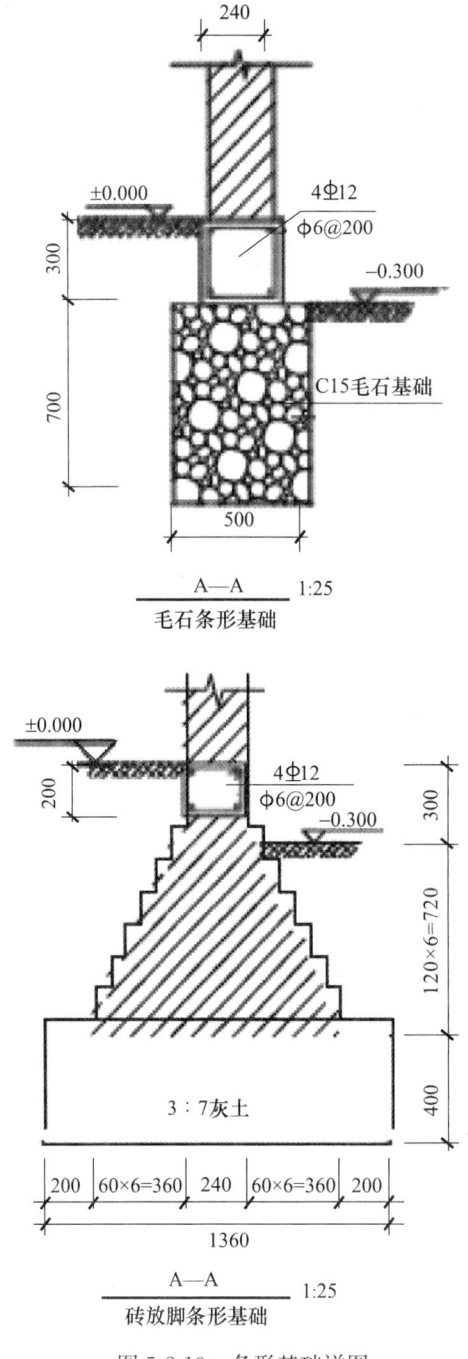

图 5-2-19 条形基础详图

(三)结构平面布置图

结构平面布置图包括楼层(或屋面)结构平面布置图,楼板(或屋面板)配筋平面布置图。前者主要是对受力构件进行布置、定位及编号;后者主要是对现浇板的配筋情况进行图示。对普通农房,由于相对简单,也可以将二者合一,即在某楼层结构平面布置图上直接绘制楼板的配筋情况。如图 5-2-20 所示。

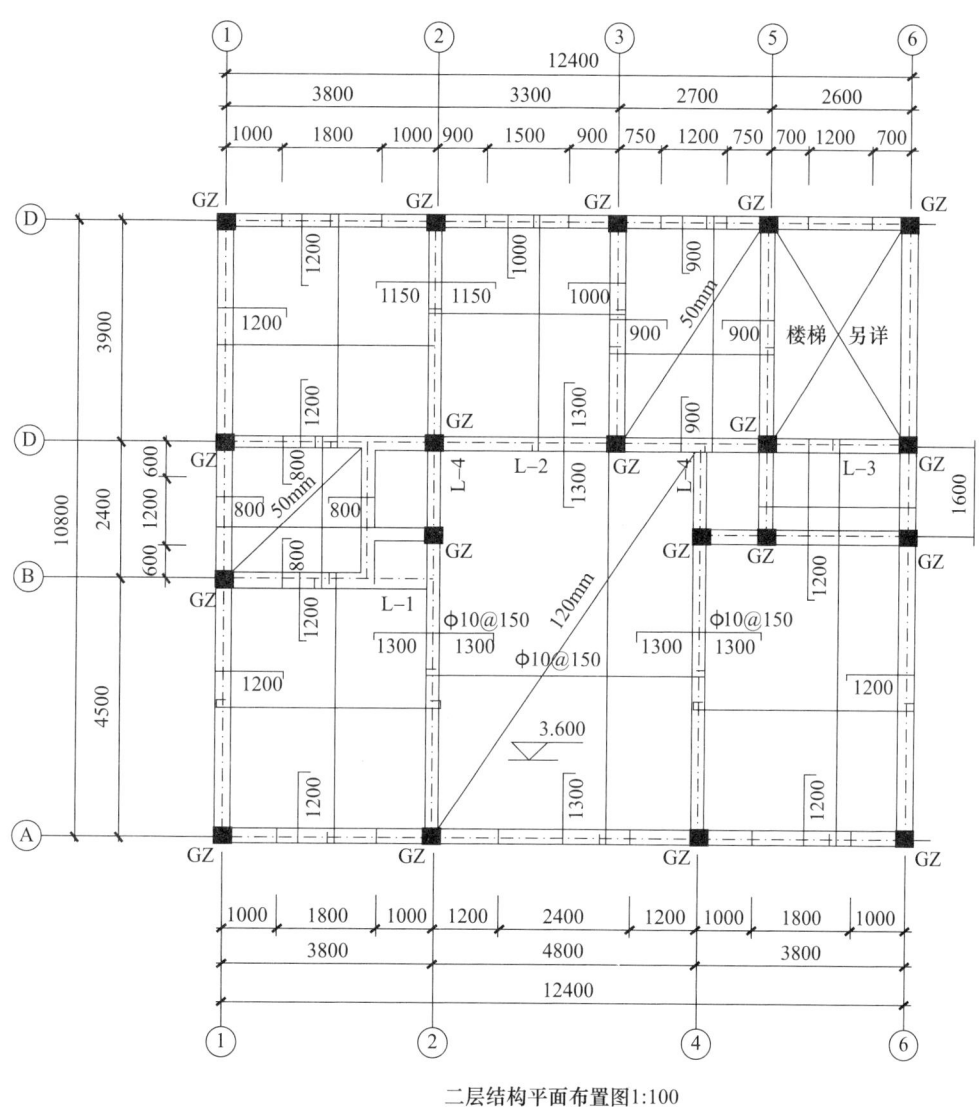

图 5-2-20 某农宅二层结构平面布置及板配筋图

第六章 乡村房屋结构与抗震

第一节 乡村房屋建筑结构基本知识

建筑结构是建筑物的受力主体,一般习惯以室外地面为界,分为上部结构和下部结构两部分,房屋在建造之前,根据其建筑的层数、造价施工等来决定其结构类型。不同建筑结构的房屋其安全性、适用性、耐久性和空间使用性能是不同的。本节简单介绍乡村房屋基本构件的类型以及结构的不同形式。

一、建筑结构基本概念

建筑结构是指建筑物中用来承受荷载和其他间接作用(如温度变化引起的伸缩、地基不均匀沉降等)的体系,通常它又被称为建筑物的骨架。

建筑结构中的上部结构由水平结构体系和竖向结构体系组成,水平结构体系是指各层的楼盖和顶层的屋盖,楼盖或者屋盖,一方面承受楼屋面的竖向荷载,并把竖向荷载传递给竖向结构体系;另一方面把作用在各层处的水平力传递和分配给竖向结构体系,竖向结构体系承受由楼屋盖传来的竖向力和水平力,并将其传给下部结构。下部结构主要由地下室和基础等组成,其主要作用是把上部结构传来力可靠地传给天然地基或人工地基。

一般来讲建筑物的结构类型通常是以上部结构的结构类型来命名的。根据所用材料的不同,建筑结构分为钢筋混凝土结构、混合结构、钢结构、石结构及木结构等。

二、结构基本构件类型

在房屋建筑中,组成上部结构的构件有板、梁、屋架、柱、墙等。

1. 板

1)板的特点

板是覆盖一个具有较大平面尺寸,但却具有相对较小厚度的平面型结构构件。它通常水平设置,有时斜向设置,承受垂直于板面方向的荷载。

2)板的分类

(1)按平面形状分,有方形、矩形、圆形、扇形、三角形、梯形等。

(2)按截面形状分,有实心板、空心板、槽型板、T型板、压型钢板、叠合板等。

(3)按受力特点分,有单向板、双向板。按支承条件又可分为四边支承板、三边支承板、两边支承板、一边支承板和四角点支承板。板可以仅支承在梁上、墙上、柱上或地面上,也可以一部分支承在梁上,部分支承在墙上或柱上。

(4)按所用材料分,有钢筋混凝土板、预应力混凝土板、压型钢板等。

2. 梁

1) 梁的特点

梁一般是指承受垂直于其纵轴方向荷载的线性构件,它的截面尺寸小于其跨度。

2) 梁的分类

(1) 按截面形状分,有矩形梁、T形梁、工字形梁、槽形梁、箱形梁等。

(2) 按受力特点分,有简支梁、悬臂梁、两端固定梁、一端简支另一端固定梁、连续梁。

(3) 按所用材料分,有钢筋混凝土梁、预应力混凝土梁、型钢梁、型钢与混凝土组合梁等。

3) 主梁和次梁

建筑结构中梁又分为主梁和次梁。次梁在主梁的上部主要起传递荷载的作用,而主梁则是起承重且传递荷载的作用。简单来说,板以次梁为支座,次梁以主梁为支座,主梁以柱子为支座,板的受力传给次梁,次梁的力传给主梁。

3. 柱

1) 柱的特点

柱是承受平行于其纵轴方向荷载的线形构件,它的截面尺寸小于它的高度。

2) 柱的分类

(1) 按截面形状分,有矩形柱、圆形柱、工字形柱等。

(2) 按受力特点分,有轴心受压柱、偏心受压柱两种。至于构造柱,则是墙砌体中的一种构件,不直接承受荷载,其作用主要是增加墙体的延性。

(3) 按所用材料分,有石柱、木柱、砖柱、砌块柱、钢筋混凝土柱,钢柱等。

4. 墙

1) 墙的特点

墙是主要承受平行于墙面方向荷载的竖向构件。它在重力和竖向荷载作用下主要承受压力,有时也承受弯矩和剪力;但在风、地震等水平荷载作用下,则主要承受剪力和弯矩。

2) 墙的分类

按位置或功能分,有内墙、外墙、纵墙、横墙、山墙、女儿墙等。

按受力特点分,有以承受重力为主的承重墙、以承受风力或地震产生的水平力为主的剪力墙以及作为隔断等非受力用的非承重墙。

按材料分有砖墙、砌块墙、钢筋混凝土墙、玻璃幕墙等。

5. 屋架

1) 屋架的特点

屋架是由直杆在端部相互连接而组成的结构体系,是由梁式结构发展产生的。由梁到桁架虽然从结构整体来说,其内力情况与简支梁完全一致,但它的组成构件为轴向受力构件。

2) 屋架的分类

(1) 按材料分,有钢屋架、木屋架、钢木组合屋架等。

(2) 按外形分,有三角形屋架、梯形屋架、平行弦屋架、拱形屋架等。

三、乡村房屋主要建筑结构形式

1. 砖混结构

以烧结普通砖、烧结多孔砖、蒸压灰砂砖、页岩砖和水泥免烧砖等作为承重墙体,楼面屋面采用钢筋混凝土、现浇板、或预制板的混合结构房屋，称为砖混结构。砖混结构房屋具有就地取材、施工便捷、承载力高、耐久性好等优点。

2. 砖木结构

砖木结构指砖墙承重、楼屋面采用木构件的房屋结构。砖木结构一般采用坡屋顶，以利于排水，个别地区也有做平屋顶。砖木结构由于不需要支模浇筑混凝土覆盖，施工起来更为便捷；可在木屋架上铺草、做泥或挂瓦，房屋保温隔热性能较好，经济性也较砖混结构要好。

3. 砌块砌体结构

砌块砌体结构指采用混凝土小型空心砌块、实心砌块或农户自制水泥砌块，砌筑承重墙体的房屋结构。楼（屋）面可以是钢筋混凝土预制板、现浇板，也可以是木结构。砌块砌体结构在限制使用黏土砖的地区较多使用。

4. 木结构

由木柱、木框架作为主要承重构件，生土墙（土坯墙或夯土墙）、砌体墙或石墙作为围护墙的房屋结构。主要包括穿斗式木构架、木柱木构架、木柱木梁等形式。

5. 石结构

由石砌体作为主要承重构件的房屋结构，料石、毛石或片石是石砌体的主要块材。在我国西部，石砌墙绝大多数采用泥浆砌筑，汶川地震后，灾区重建房屋中改为水泥砌墙砌筑。

6. 生土结构

生土结构泛指使用未经过焙烧，而仅仅经过简单加工的原状土质材料建造的房屋结构，包括土坯墙结构、夯土墙结构及土窑洞等，改革开放以前生土建筑在我国乡村民居建设中扮演着举足轻重的角色。窑洞主要分布在我国西北黄土高原地区，按照建造工艺的不同可以分为靠崖式窑洞、下沉式窑洞和独立式窑洞。

7. 混凝土结构

混凝土结构包括素混凝土结构、钢筋混凝土结构和预应力混凝土结构，钢筋混凝土和预应力混凝土结构都是由混凝土和钢筋两种材料组成。目前，钢筋混凝土结构是乡村房屋应用最广泛的结构。混凝土结构具有节省钢材、就地取材、耐久性好、整体性好的优点。

8. 轻型钢结构

轻型钢结构房屋是以轻型钢结构为骨架，轻型墙体为外围护结构所构成的房屋。轻型钢结构房屋是一种新型建筑体系，其优点是造型美观、施工速度快、绿色环保。

第二节 地震基本知识

地震是破坏力极强的自然现象，地震给人类社会带来灾难，造成不同程度的人身伤亡和经济损失。为了减轻或避免这种损失，就需要对地震有基本的了解。

一、地震的概念

地震俗称地动，是地球内部构造运动的产物，它是一种突发性的自然现象。据统计，全世界每年大约发生500万次地震。其中，绝大部分（约占99%）的地震属于小地震，只有用灵敏的仪器才能测到，而人们能够感觉到的仅占一年地震总数的1%左右；至于会造成严重破坏的强烈地震，平均每年发生十几次；而像2008年四川汶川遭受的震级在8级以上的毁灭性地震，每年仅约2次。

二、地震的成因及类型

（一）地球的构造

众所周知，地球是一个平均半径约为6371.393km的椭球体，至今已有46亿年的历史。研究表明：地球由外到内是由三个性质不同的层组成。最外层是一层薄厚不等的硬壳，称为地壳；中间一层很厚、约为2900km的部分，称为地幔；最里面的是地球的核心部分，半径约为3500km的球体，称为地核，如图6-2-1所示。世界上绝大部分地震都发生在地壳内。

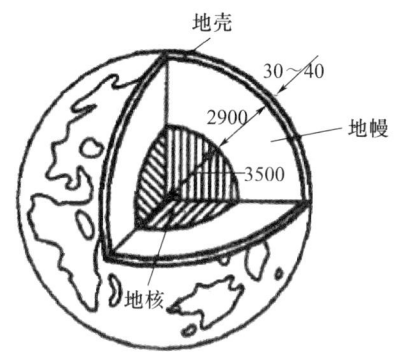

图6-2-1 地球结构示意图（单位：km）

（二）地震的类型

1. 按地震的成因分类

地震可分为火山地震、塌陷地震、构造地震和人工地震四种主要类型。

（1）火山地震

由火山活动引起的地震，火山在其活动过程中，岩浆猛烈冲击地面而引起的地面振动，叫作火山地震。火山地震可产生在火山喷发的前夕或在火山喷发的同时，这类地震只占地震总数的7%。火山地震影响和破坏性较小，在我国很少见。

（2）塌陷地震

由于地表或地下的岩层突然大规模陷落和崩塌时引起小范围的地面振动，叫作塌陷地震。在石灰岩等易溶岩分布的地区，会发生塌陷地震，此外，高山上悬崖或山坡上大岩石的崩落也会形成此类地震。这类地震很少造成破坏，其震级也较小，约占地震总数的3%。

（3）构造地震

构造地震亦称"断层地震"。由于地壳构造运动（岩层构造状态的变动）推挤地壳岩层，使其薄弱部位发生突然断裂和猛烈错动而引起的地面运动，叫作构造地震。构造地震的破坏性最大，影响面最广，发生次数最多，占全球地震总数的90%以上。因此，构造地震是工程抗震研究的重点，在建筑抗震设防中所指的地震就是构造地震，简称地震。

(4) 人工地震

是由人为活动引起的地震。如工业爆破、地下核爆炸造成的振动，另一类为非炸药震源，如机械撞击、气爆震源、电能震源和大型水库等。在深井中进行高压注水以及大水库蓄水后增加了地壳的压力，有时也会诱发地震。这种地震影响较小，在工程抗震中不作考虑。

2. 按震源的深浅不同分类

又可分为：浅源地震（震源深度在 60km 以内）、中源地震（震源深度为 60～300km）和深源地震（震源深度在 300km 以上）。世界上绝大部分地震是浅源地震，震源深度集中在 5～20km。一般来说，对于同样大小的地震，当震源深度较浅时，波及范围小，其破坏程度较重；当震源深度较大时，波及范围大，其破坏程度较轻。

三、地震术语

地震震动的发源处，称为"震源"，它是岩层断裂、错动的地方。构造地震的震源不是一个点，而是有一定长度和范围的体；震源正上方的地面位置，叫作"震中"；震源到地面（或震中）的垂直距离称为"震源深度"（H）。震中附近地面振动最厉害、破坏最严重的地区，称为"极震区"或"震中区"；地面某处至震中的水平距离，称为"震中距"；地面某处到震源的距离，叫作"震源距"；把地面上破坏程度相近的点连成曲线，称为"等震线"。理想的等震线是规则的同心圆，但由于建筑物的差异，地形、地质的影响，实际上等震线多是一些不规则的封闭曲线，如图 6-2-2 所示。

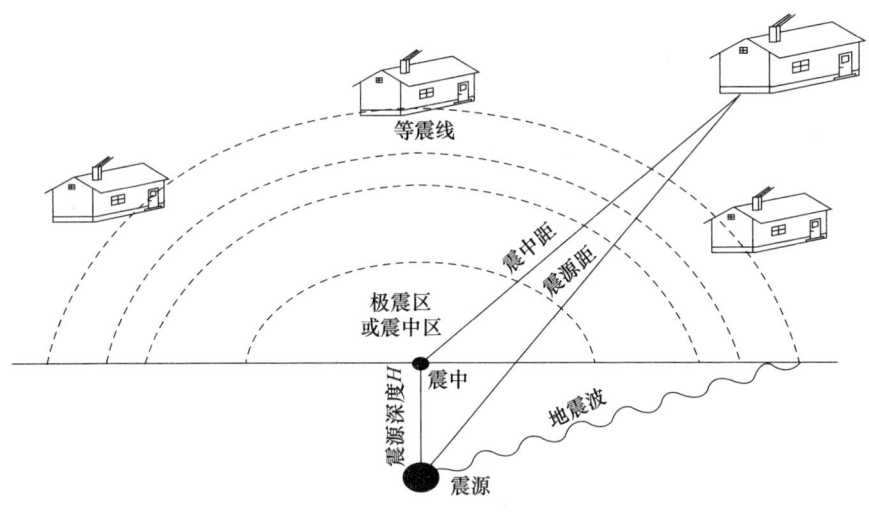

图 6-2-2　地震术语示意图

四、地震波

在地震发生时，岩层积累的变形能突然释放，转换成热能、位移的机械能及波能。这种由震源向各个方向传播地震能量的波，叫地震波。地震波按其在地壳中传播位置的不同，分为体波和面波。

1. 体波

在地球内部传播的波称为体波，其包括纵波和横波。

(1) 纵波。纵波是由震源向四周传播的压缩波，又称 P 波。其质点的振动方向与波的前进方向一致，这种波周期短、振幅小、衰减快，能在液体、固体中传播，能引起地面垂直方向的振动（上下颠簸）。

(2) 横波。横波是由震源向外传播的剪切波，也称 S 波。其质点的振动方向与波的前进方向相垂直。其特点是：周期长、振幅大、衰减较慢，仅能在固体中传播。横波能引起地面水平方向的振动（水平摇晃），传播速度比纵波慢。体波、质点振动形式如图 6-2-3 所示。

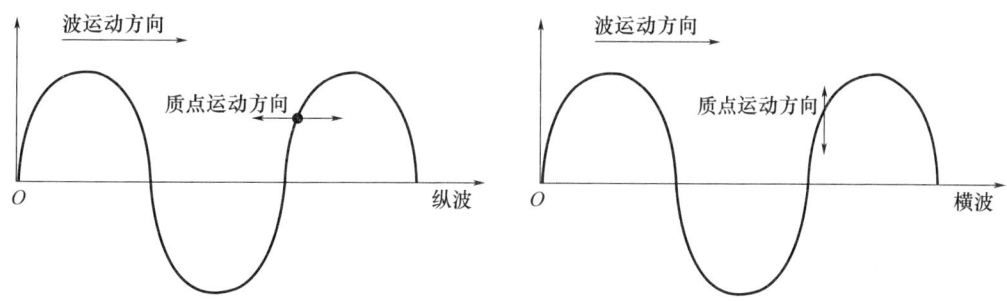

图 6-2-3 体波、质点振动形式

一般来讲，土层土质由软至硬，剪切波速由小到大，所以，剪切波波速在地基土动力性质评价中占有重要位置。

2. 面波

在地球表面传播的波叫面波，也称 L 波。它是体波经地层界面多次反射、折射形成的次生波，分为瑞雷波、洛夫波。其特点是质点振动方向复杂、振幅大、周期长、衰减慢，只在地表附近传播，能传播很远，对建筑物的影响比较大，传播速度为 S 波的 90%。

(1) 瑞雷波。传播时，质点在波的传播方向和地面法线组成的平面内（XZ）作与波前进方向相反的椭圆形运动，而在与 XZ 平面垂直的水平方向（Y）没有振动，质点在地面上呈滚动形式。

(2) 洛夫波。传播时，质点在地平面内作与波前进方向相垂直的水平方向（Y）运动，在地面上呈蛇形运动形式。

综上所述，地震波的传播以纵波最快，横波次之，面波最慢，而面波振幅最大。图 6-2-4 所示为一般地震波的记录图。首先到达的是 P 波，然后是 S 波，L 波到达最迟。

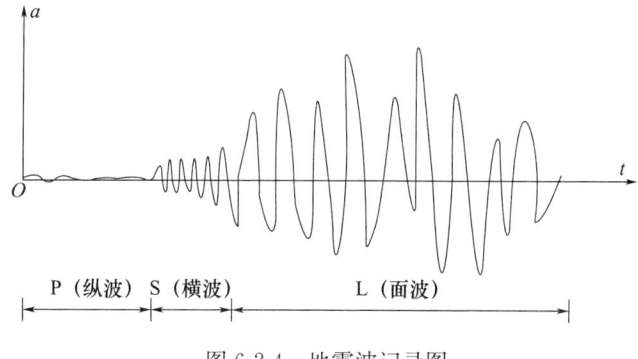

图 6-2-4 地震波记录图

地震现象表明：纵波使建筑物产生上下颠簸，横波使建筑物产生水平摇晃，而面波使建筑物既产生上下颠簸又产生左右摇晃，一般是在横波和面波同时到达地面时振动最厉害。所以，面波是直接造成建筑物和地表破坏的主要因素。

五、震级和地震烈度

1. 震级

震级是按照地震本身强度而定的等级标准，用以说明某次地震的大小，表示某次地震释放能量的多少，因此一次地震只能有一个震级。它根据地震仪测得的地震波振幅来确定。

根据估算，震级每差一级，地面振动的振幅增加约 10 倍，地震释放的能量就相差 32 倍之多。一次 5 级左右的地震释放出的能量相当于 1945 年美国在广岛投下的那颗原子弹爆炸产生的能量。

一般来说，小于 2 级的地震人们感觉不到，称为微震；2～4 级地震，称为有感地震；5 级以上地震就会引起不同程度的破坏，统称为破坏性地震；7 级以上地震，称为强烈地震或大地震；8 级以上地震，称为特大地震。

2. 地震烈度

地震烈度是指某一地区的地面及各类建筑物遭受到一次地震影响的强弱程度。它也可以用来衡量地震的大小。对于一次地震来说，震级只有一个，然而由于各地区距震中距远近不同，地质情况和建筑情况不同，所受到的影响不一样，因而烈度不同。一般来说，震中区烈度最大，离震中越远，烈度越小。此外，地震烈度还与地震大小、震源深度、地震传播介质、土的特性、建筑物动力特性等许多因素有关。震中区的烈度称为"震中烈度"，用符号"I_0"表示。

通过大量的地震现场考察和资料统计，以各种宏观的破坏现象作为判据，将烈度分作若干等级，并制定相应的判别标准，称为烈度表。长期实践发现，当地震烈度为 1～2 度时，一般人感觉不到；3～5 度时，多数人都有感觉，而且烈度不同，感觉差异明显；当为 6～10 度时，人的感觉已无法分辨地震的强弱，这时应以建筑物的破坏程度加以区分；当烈度高于 10 度，多数建筑物严重破坏或倒塌，这时只可依赖地表破坏现象加以区分。

3. 震中烈度和震级的关系

一般说来，震中烈度是地震大小和震源深度两者的函数，但是对于发生最多的浅源地震，当震源深度为 10～30km 时，可近似认为震源深度不变，震中烈度 I_0 只与震级 M 有关，见表 6-2-1。

表 6-2-1 地震震级 M 与震中烈度 I_0 的关系

M	2 级	3 级	4 级	5 级	6 级	7 级	8 级	8 级以上
I_0	1～2 度	3 度	4～5 度	6～7 度	7～8 度	9～10 度	11 度	12 度

1975 年 2 月 4 日，辽宁省海城、营口县一带发生的地震震级 $M=7.3$ 级，震源深度 $H=12$km，震中烈度 $I_0=9$ 度；1976 年 7 月 28 日，唐山地震震级 $M=7.8$ 级，震源深度 $H=12$～16km，震中烈度 $I_0=10$～11 度；2008 年 5 月 12 日，汶川地震震级 $M=8$

级,震源深度 $H=14km$,震中烈度 $I_0=11$ 度;2010 年 4 月 14 日,青海玉树地震震级 $M=7.1$ 级,震源深度 $H=14km$,震中烈度 $I_0=9$ 度。

第三节 乡村房屋抗震设防

震害的经验告诉我们,要使房屋建设真正达到减轻或避免地震灾害的目的,必须使抗震设防贯彻始终,特别是房屋建设的施工质量,处于整个房屋建设的重要位置。实践经验证明,在施工时稍加重视,地震灾害就不会如此严重;对于乡村房屋,采取正确、合理的构造措施是提高乡村房屋抗震防灾性能的可靠保障。

一、砖混结构

砖混结构(图 6-3-1)乡村房屋在我国乡村各地普遍使用,对其结构构造特点、抗震措施及施工工艺应重点掌握。

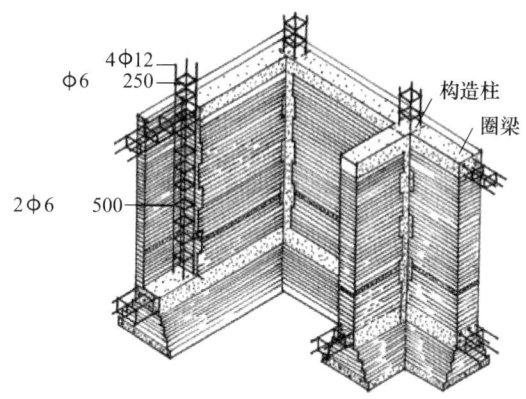

图 6-3-1 砖混结构

(一)一般要求

1. 砖混结构乡村房屋总高度和层数不宜超过表 6-3-1 规定。

表 6-3-1 砖混结构乡村房屋总高度和层数要求

6 度设防		7 度设防		8 度设防		9 度设防	
高度	层数	高度	层数	高度	层数	高度	层数
9.9m	3 层	7.2m	2 层	6.6m	2 层	3.3m	1 层

注:房屋总高度指室外地面到主要屋面板板顶或檐口的高度。

2. 层高:底层层高不宜大于 3.6m,二层层高不宜大于 3.3m。
3. 开间、进深:起居室(客厅)开间不宜大于 6m;卧室开间不宜大于 4.2 米;房间进深不宜超过 7.2m。当开间、进深尺寸过大需要设置大梁支撑楼屋盖时,应在大梁支承处加砖壁柱或钢筋混凝土构造柱等加强措施。
4. 墙厚及墙体布置:应设置不少于 3 道横墙承重;承重墙厚度不小于 240mm;6 度以上地震区,不应采用 180mm、120mm 厚墙体承重及空斗墙承重。

5. 材料要求

（1）砖块

砖块强度等级不低于 MU7.5；砖块各方向尺寸误差不应大于 3mm；砖块不应出现大的裂纹、分层、掉皮、缺棱、掉角、严重泛霜、石灰爆裂等现象，不应出现明显弯曲或翘曲现象；含碱量过高的黏土制成的砖不能用来建房（墙根容易碱蚀、剥落）；砖基础和地面以下的墙体不宜采用烧结多孔砖。

（2）砂浆

±0.00 以下应采用水泥砂浆砌筑，强度不应低于 M5；±0.00 以上可以采用水泥砂浆或混合砂浆，6、7 度时不应低于 M5，8、9 度时不应低于 M7.5。

（3）混凝土

砖混结构中，混凝土主要用于浇注条形基础、墙内构造柱、圈梁及楼屋面。一般要求混凝土强度等级不低于 C20。

（4）钢筋

应购买合格产品，不应在承重构件中使用地条钢及废旧钢筋；对于盘条钢筋，应采用机械调直，不能采用人工砸直；不应使用扭曲变形的钢筋。

6. 楼（屋）盖做法

8 度及 8 度以上抗震设防地区，尽量采用钢筋混凝土现浇楼板，不宜采用空心预制板；当采用空心预制板时，应保证预制板自身质量，并采取必要的构造措施以加强房屋的整体性。

现浇楼板、屋面板悬挑长度不宜超过 1.0m，板厚不小于悬挑长度的 1/10 且不小于 70mm。

7. 砖混结构乡村房屋的局部尺寸限值，应符合表 6-3-2 的规定。

表 6-3-2　砖混结构房屋局部尺寸限值　　　　　　　　　　（单位：m）

烈度 部位	6、7 度	8 度	9 度
承重窗间墙最小宽度	0.9	1.0	1.2
承重外墙尽端至门窗洞边的最小距离	0.9	1.0	1.2
非承重外墙尽端至门窗洞边的最小距离	0.9	0.9	1.0
内墙阳角至门窗洞边的最小距离	0.9	1.0	1.2

（二）钢筋混凝土构造柱设置

1. 抗震设防烈度为 8 度的二层房屋，应在房屋四角、楼梯间四角、隔开间内外墙交接处、山墙与内纵墙交接处设置钢筋混凝土构造柱；抗震设防烈度为 6、7 度的房屋和 8 度一层房屋，宜在房屋四角和隔开间内外墙交接处设置钢筋混凝土构造柱。

2. 构造柱最小截面不宜小于 240mm×180mm（墙厚 190mm 时为 180mm×190mm），纵向钢筋宜采用 4φ12，箍筋直径宜采用 φ6，间距不宜大于 200mm。构造柱上下端箍筋应加密。

3. 构造柱与墙连接处应砌成马牙槎，并应沿墙高每隔 750mm 设 2φ6 拉接钢筋，每边伸入墙内不宜小于 800mm，如图 6-3-2 所示。

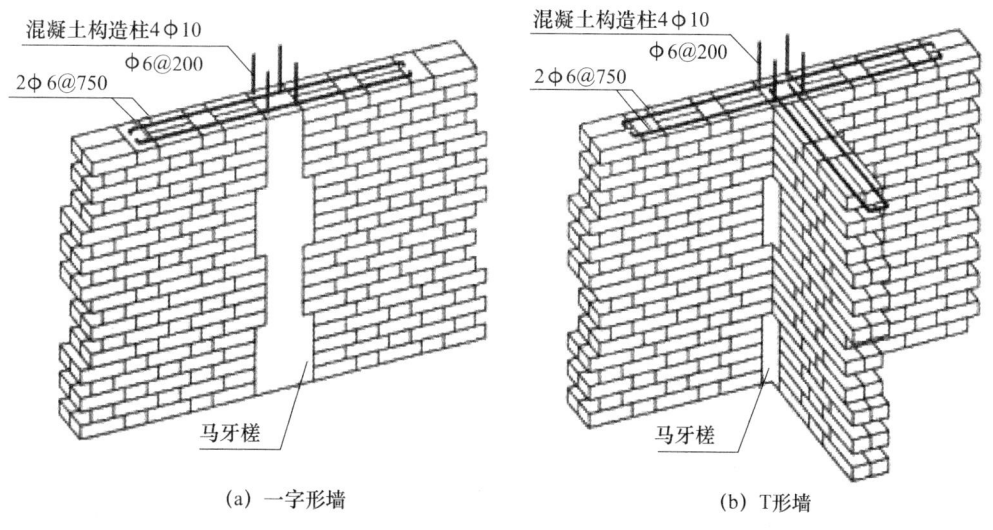

(a) 一字形墙　　　(b) T形墙

图 6-3-2　构造柱与墙体连接构造示意图（单位：mm）

4. 构造柱与圈梁或楼板连接处，构造柱的纵向钢筋应穿过圈梁和楼板，保证构造柱纵向钢筋上下拉通。

5. 构造柱可不单独设置基础，但应深入室外地面以下500mm或与埋深不小于500mm的基础圈梁相连。如图6-3-3所示。

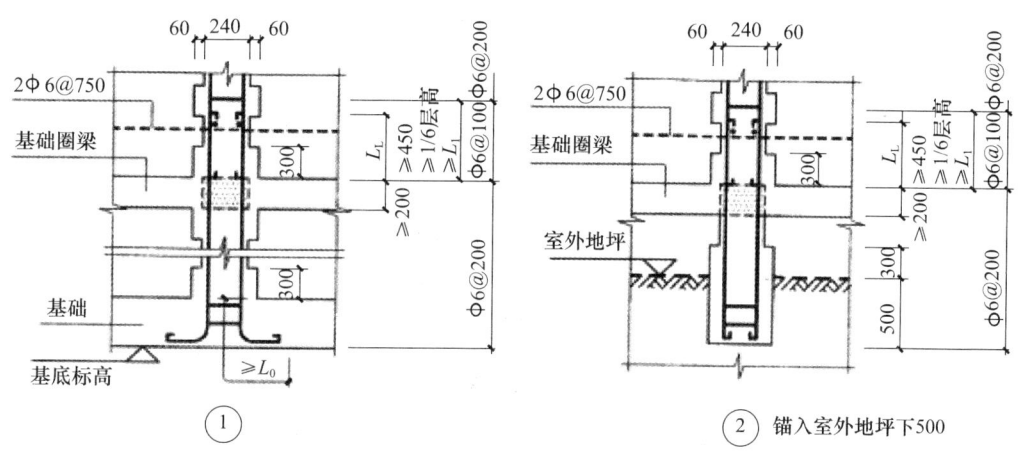

① 　　　　　② 锚入室外地坪下500

图 6-3-3　构造柱纵筋的锚固和搭接（单位：mm）

6. 当砖砌女儿墙高度大于600mm时，应在屋顶周边每隔4m左右设置女儿墙构造柱。构造柱最小截面不宜小于240mm×180mm，纵向钢筋不小于4ϕ10，箍筋直径宜采用ϕ6，间距不宜大于200mm。女儿墙顶部应设置混凝土压顶，如图6-3-4所示。

构造柱与圈梁形成房屋空间骨架，约束墙体并显著提高墙体的抗震承载能力，使房屋不过早开裂；大震时显著提高房屋的变形能力，避免房屋倒塌或不过早倒塌；提高房屋的整体性；当地基基础较薄弱时，还可以调整房屋的不均匀沉降。总体讲，设置钢筋混凝土构造柱与圈梁后，房屋的安全性会大幅度提高。

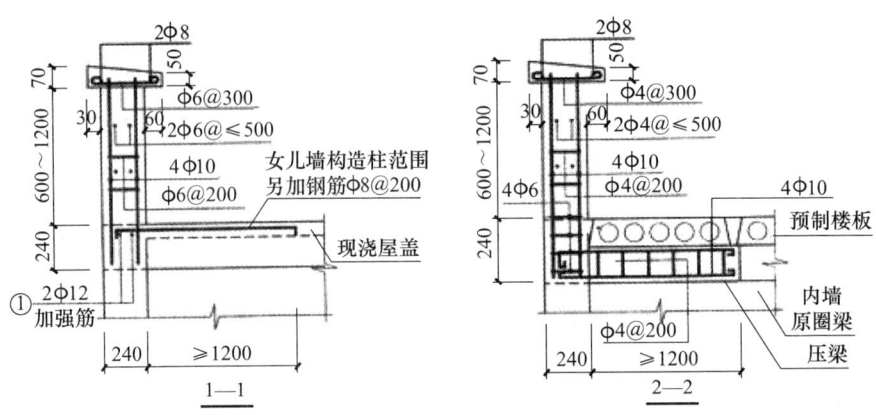

图 6-3-4 女儿墙构造柱（单位：mm）

（三）钢筋混凝土圈梁

1. 圈梁布置原则：抗震设防烈度为 8 度的二层民居及有檩屋盖的所有纵横墙的基础顶部、每层楼、屋盖（墙顶）标高处应设置现浇钢筋混凝土圈梁，且内横墙方向的圈梁间距不应大于 8m，楼梯间四周也应设置现浇钢筋混凝土圈梁。

2. 现浇钢筋混凝土楼盖与墙体有可靠连接的房屋，可以不另设圈梁，但楼盖沿墙体周边应加强配筋并应与相连的构造柱和墙可靠连接。

3. 圈梁的构造应符合下列要求：

（1）圈梁平面应闭合，当遇洞口需切断时应上下搭接，搭接长度不小于二者高差 h 的 2 倍且不小于 1.0m。如图 6-3-5 所示。

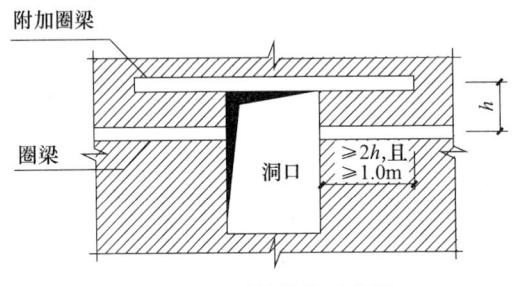

图 6-3-5 圈梁搭接示意图

（2）圈梁顶标高：当采用预制楼板时可采用板平或板底圈梁；当采用现浇楼板时，宜与现浇楼板板面同一标高。如图 6-3-6、6-3-7 所示。

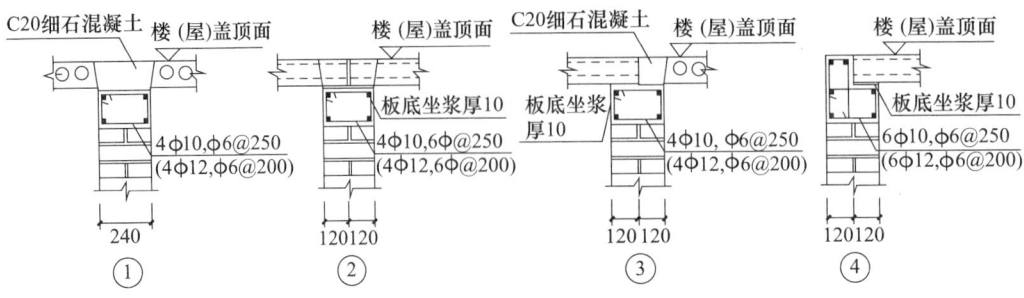

图 6-3-6 预制板板底圈梁布置（单位：mm）

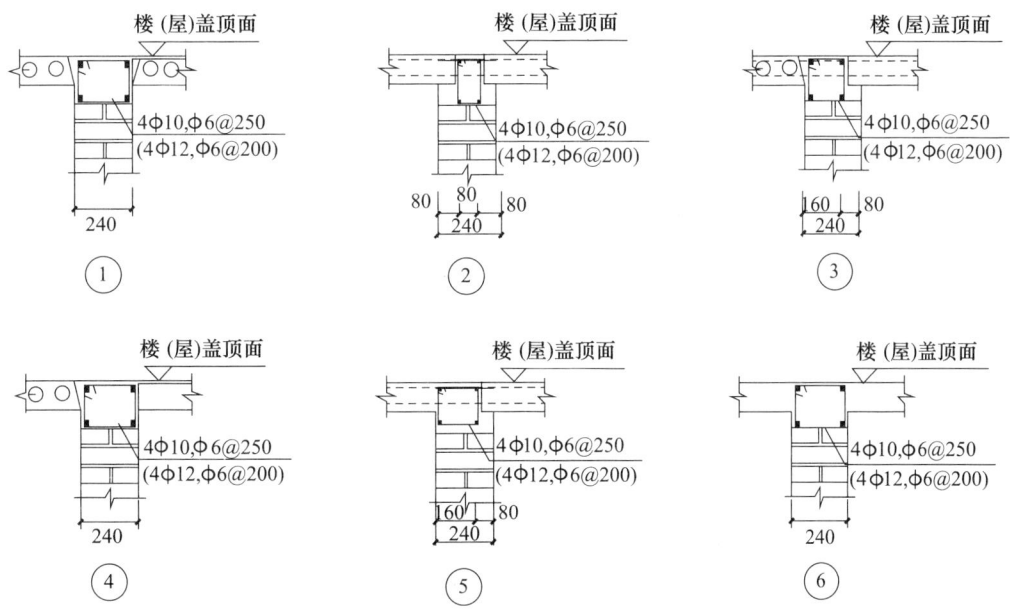

图 6-3-7 预制板板平圈梁布置（单位：mm）

4. 钢筋混凝土圈梁的截面高度不应小于120mm，基础圈梁的截面高度不应小于180mm。圈梁纵向钢筋不应小于4ϕ10，箍筋直径采用ϕ6，间距不应大于250mm。

5. 钢筋混凝土圈梁兼作过梁时，过梁部分的钢筋应另行增配。

（四）过梁

门窗洞口顶上的过梁为承重构件，抗震设防烈度为6、7度且洞口净宽$L_n \leqslant 1.2$m时，可设置钢筋砖过梁；当洞口净宽大于上述规定及8度设防时应采用钢筋混凝土过梁，钢筋混凝土过梁支承长度不应小于240mm。过梁配筋可参照图6-3-8及表6-3-3设置。

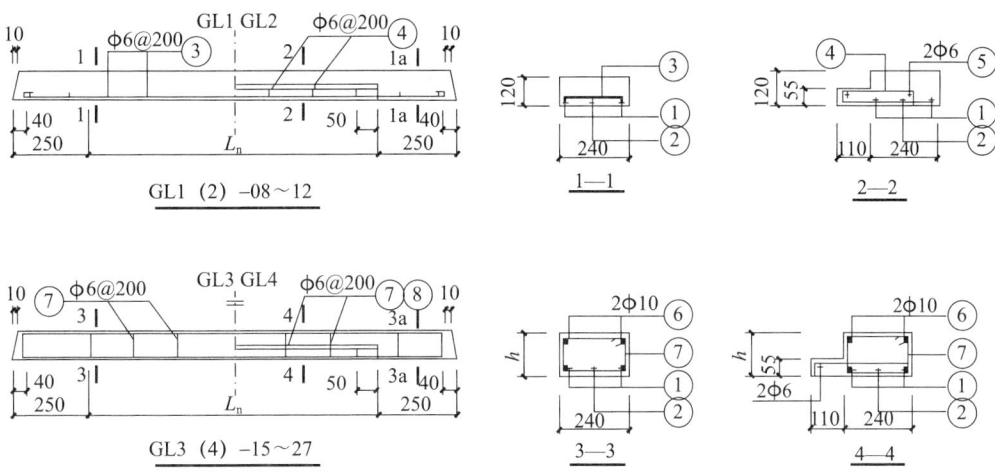

图 6-3-8 钢筋混凝土过梁配筋示意图（单位：mm）

表 6-3-3 钢筋混凝土过梁配筋参考表

净跨 L_n (mm)	高度 h (mm)	构件编号 (240墙)	主筋①+② HPB300（A）	主筋①+② HRB400（B）	构件编号 (370墙)	主筋①+② HPB300（A）	主筋①+② HRB400（B）
600	120	GL1-06	2Φ8	—	GL2-06	3Φ8	—
800		GL1-08	2Φ8	—	GL2-08	3Φ8	—
900		GL1-09	2Φ10	—	GL2-09	3Φ10	—
1000		GL1-10	2Φ12	—	GL2-10	3Φ10	—
1200		GL1-12	3Φ12	—	GL2-12	3Φ12	—
1500	180	GL3-15	2Φ12+1Φ10	2Φ12	GL4-15	2Φ12+1Φ10	—
1800		GL3-18	2Φ14+1Φ12	3Φ12	GL4-18	3Φ14	3Φ12
2100		GL3-21	3Φ16	3Φ14	GL4-21	2Φ18+1Φ16	2Φ14+1Φ16
2400	240	GL3-24	2Φ16+1Φ14	2Φ14+1Φ12	GL4-24	3Φ16	3Φ14
2700		GL3-27	3Φ18	2Φ16+1Φ14	GL4-27		3Φ16

注：表中过梁设计荷载包括梁自重、高度 $L_n/3$ 墙体的均布自重荷载及外加楼屋盖荷载 15kN/m。

有条件时，门窗过梁最好现浇。好处是：质量有保证且支承处与墙体粘结好。

（五）钢筋混凝土楼（屋）盖

砖混结构乡村房屋的楼面或屋盖，一般可采用现浇混凝土楼板或空心预制板。8度及8度以上抗震设防地区，尽量采用钢筋混凝土现浇楼板，不宜采用空心预制板；8度以下设防地区的二层或三层乡村房屋，为增强房屋的整体性与屋面防水性能，屋面宜尽量采用现浇钢筋混凝土楼板；当采用空心预制板时，应保证预制板自身质量，并采取必要的连接构造措施。

1. 现浇混凝土楼板

现浇混凝土楼板是在现场经支模、绑扎钢筋、浇筑混凝土等施工工序，再养护达到一定强度后拆除模板而成型的楼板结构。由于楼板为整体浇筑成型，因此结构的整体性强、刚度好，有利于抗震。现浇楼板根据平面尺寸与受力情况分为单向板与双向板，按照有无大梁支撑分为板式楼板与梁板式楼板。

（1）通常现浇楼板伸进纵横墙内的支承长度不应小于120mm。

（2）对于一块四边均有支撑的现浇楼板，当板的长边尺寸 l_2 与短边尺寸 l_1 之比大于2时，在荷载作用下，楼板基本上只在短边方向受力，长边方向受力较小，此时受力钢筋应该主要沿短边方向布置，长边方向仅为构造钢筋，这种楼板称为单向受力板，简称"单向板"；当板的长边尺寸 l_2 与短边尺寸 l_1 之比小于2时，在荷载作用下，楼板在长边方向与短边方向均受力，此时在两个方向均应布置受力钢筋，这种楼板称为双向受力板，简称"双向板"。如图6-3-9所示。

现浇单向板的厚度一般取短边跨度的1/40~1/35，双向板的厚度一般取短边跨度的1/45~1/40。

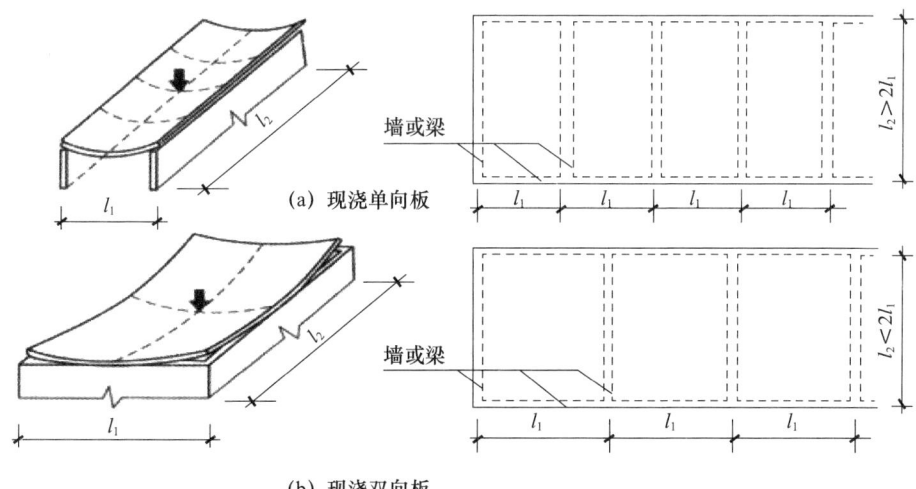

图 6-3-9 现浇单向板与双向板示意图

(3) 将楼板现浇成一块平板，并且四边直接支承在墙上，这种楼板称为"板式楼板"。板式楼板底面平整，便于支模施工，是最简单的一种形式。一般乡村房屋结构中开间尺寸不大的房间如卧室、厨房、卫生间、走廊等均属这种形式。板式楼板的经济跨度一般在 3.0～4.5m 之间。

(4) 当房间或客厅的跨度较大时，如仍再用板式楼板，会因跨度较大而增加板厚。这不仅使材料用量增多，而且板的自重加大，配筋加大，不太经济。为了使楼板结构的受力与传力更为合理，应采取措施控制板的跨度，通常可在板下增设大梁，从而减小板跨。这样，楼板上的荷载有相当一部分先传给大梁，再由大梁传给墙或柱。这种由板和梁组成的楼板称为"梁板式楼板"，如图 6-3-10 所示。

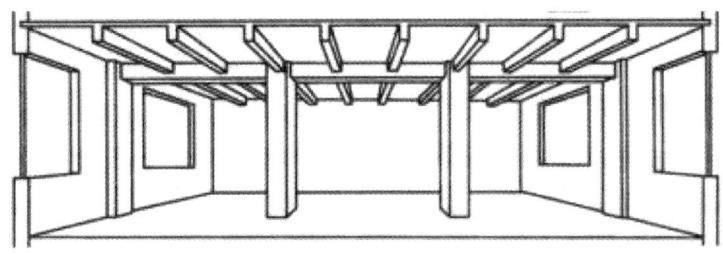

图 6-3-10 梁板式楼板

2. 预制楼板

预制楼板一般为预应力钢筋混凝土预制圆孔板，简称"预制板"。当圈梁在板下皮时，预制板板端伸进外墙的长度不应小于 120mm，伸入内墙的长度不小于 100mm，在梁上的长度不应小于 80mm。

当预制板的跨度大于 4.8m 且与外墙平行时，靠外墙的预制板侧边应与墙或圈梁拉接，如图 6-3-11 所示；预制板之间板缝也宜增设加强钢筋，并锚入墙体或圈梁之中，如图 6-3-12 所示。

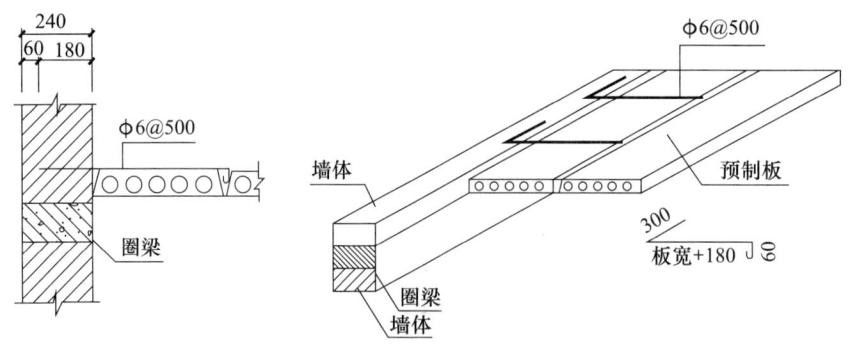

图 6-3-11 预制板与墙体的连接（一）（单位：mm）

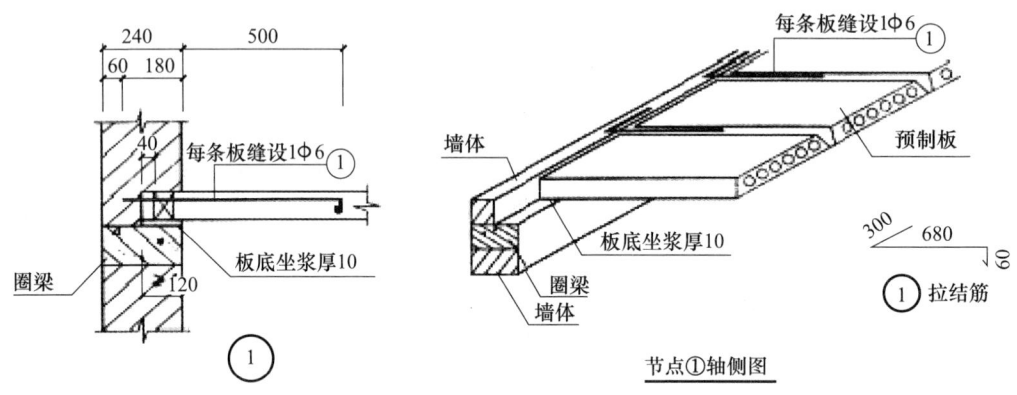

图 6-3-12 预制板与墙体的连接（二）（单位：mm）

二、砖木结构

以烧结普通砖、多孔砖、蒸压灰砂砖、页岩砖和水泥免烧砖等作为承重墙体，屋盖采用木檩条或木屋架的房屋结构称为砖木结构。砖木结构与砖混结构一样，是使用最广泛的乡村房屋结构形式之一。砖木结构墙体做法、构造柱、圈梁布置等同砖混结构，仅屋盖自身做法及其与墙体的连接不同，本节仅对这些不同之处予以介绍。

（一）密檩平顶木屋盖

密檩平顶木屋盖指采用密布木檩条承重，木檩条沿纵向布置，水平支承在横墙与山墙上。

1. 当采用密檩平顶木屋盖时，为了保证屋盖的整体性，7、8 度设防时应在木檩条下沿墙顶通长设置钢筋混凝土圈梁或木圈梁，6 度设防时应在木檩条下设置通长木垫板。木圈梁应采用方木，不应采用原木或木椽，截面尺寸宜不小于 180mm×100mm；通长木垫板宽度不宜小于墙厚的 2/3，厚度不宜小于 40mm。

2. 木圈梁或木垫板下应铺设砂浆垫层。

3. 整体木圈梁在房屋角部或搭接处应采用燕尾榫连接，并用扒钉将两端钉牢；房屋角部、纵横墙交接处，在墙顶构造柱内尚应预埋锚栓，将木圈梁或木垫板与墙体可靠连接，锚栓直径不小于 M10，锚杆锚入混凝土内不小于 300mm。如图 6-3-13、6-3-14 所示。

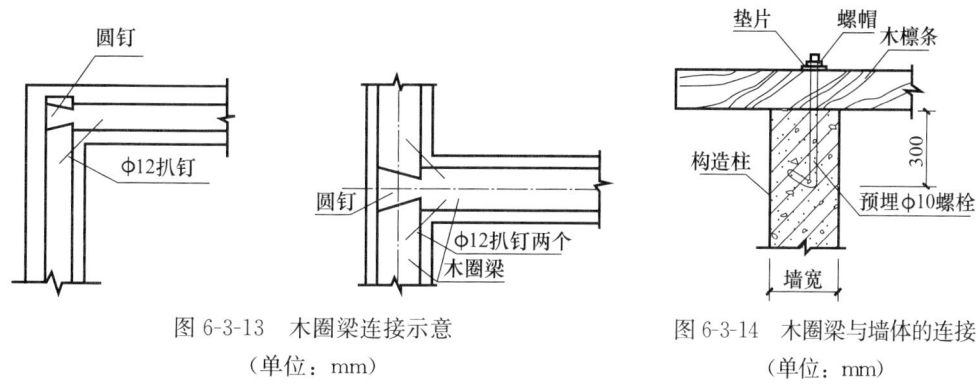

图 6-3-13 木圈梁连接示意
（单位：mm）

图 6-3-14 木圈梁与墙体的连接
（单位：mm）

4. 木檩条尽量采用方木，截面尺寸不小于 180mm×100mm，水平间距不大于 0.8m；当采用圆木梁或木椽时，木材小头直径不小于 100mm，且在木圈梁支承处两侧应采用木楔或木块夹紧。

5. 密檩上应铺木望板，木望板上钉竹席或苇席，再敷设保温材料与防水材料。

（二）硬山搁檩木屋盖

在我国降雨量较丰富的南方及部分北方地区，乡村房屋建筑形式多采用坡屋顶。当不采用木屋架而是将檩条沿纵向直接支承在坡形的山墙与横墙顶部时，称为"硬山搁檩"。

当前，"硬山搁檩"坡屋顶在全国各地乡村房屋建造时被普遍采用，其主要原因是做法简单方便。房屋山墙、横墙砌好后即可架设檩条，檩条上铺设木椽后即可盖瓦。

但是这类乡村房屋绝大多数没有抗震构造措施或者构造措施设置不合理，总体抗震性能非常差。主要表现在：木檩条直接浮搁在坡形的墙上，且大多数与墙体没有连接，墙体对屋盖没有任何约束，非常不稳定；屋顶坡度较大时，坡形山墙、横墙顶部距檐口位置垂直高度过大，导致墙体自身不稳定；有的乡村房屋在檐口部位水平设置圈梁，但仍然不能保证圈梁以上墙体的安全；当地震沿房屋纵向发生时，高耸、单薄没有任何约束的山墙非常容易外闪、倾倒，檩条及屋盖会随之塌落。汶川地震中，大量倒塌的坡屋顶砖木结构乡村房屋几乎都有这方面的原因。因此，亟需对硬山搁檩木屋盖的做法予以规范。

"硬山搁檩"砖木结构乡村房屋应采取以下构造措施：

1. 坡屋顶时，应采用双坡或拱形屋面；山墙顶部至房屋檐口高度不宜大于 1.6m。
2. 檩条支承处应设垫木，垫木下应铺设砂浆垫层，如图 6-3-15 所示。

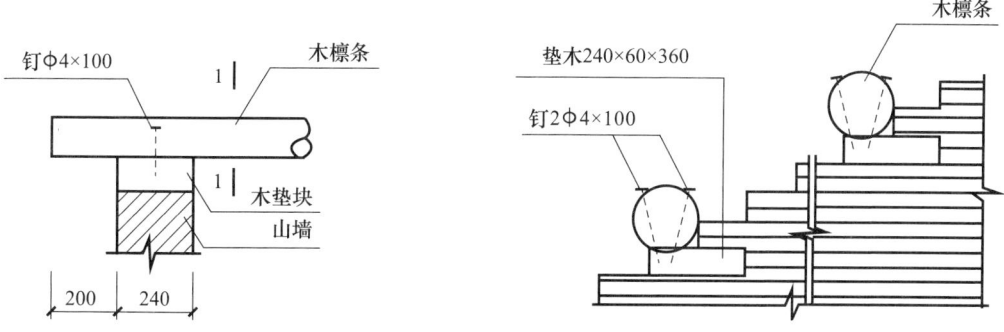

图 6-3-15 檩条支承处应设垫木（单位：mm）

3. 端檩应出檐，内墙上檩条应满搭或采用夹板对接或燕尾榫、扒钉连接；檩条在山墙或横墙支承两侧宜设方木卡住墙体，以防止檩条滑落，如图6-3-16所示。

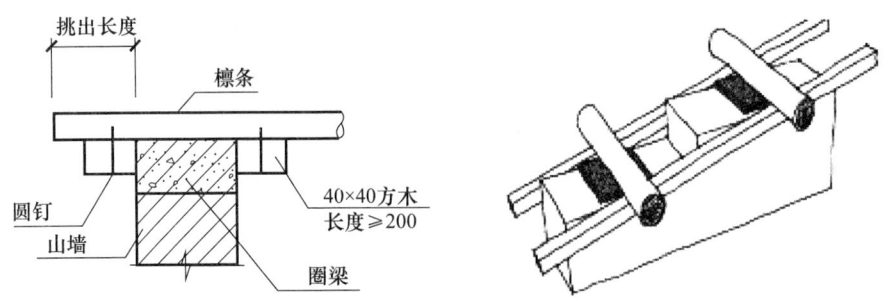

图6-3-16 檩条支承处两侧设卡位方木（单位：mm）

4. 木屋盖各构件应采用圆钉、扒钉或铅丝等相互连接。

5. 8度区硬山搁檩时，山墙上还应设置爬山钢筋混凝土圈梁；在檩条支承处宜将混凝土找平，做成台阶状，并埋设锚栓将檩条与爬山圈梁牢靠连接，如图6-3-17、6-3-18所示。

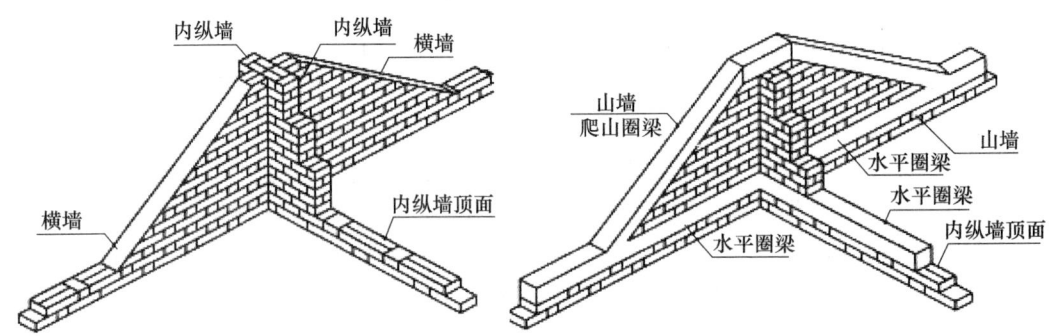

图6-3-17 有檩屋盖山墙设置爬山圈梁示意图

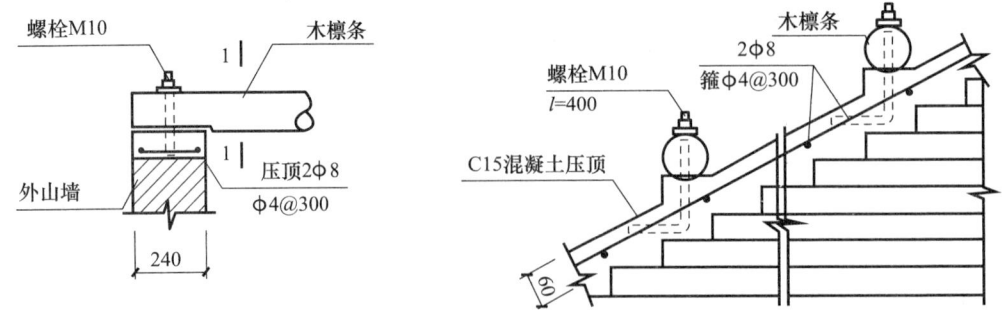

图6-3-18 木檩条与爬山圈梁的连接（单位：mm）

6. 竖向剪刀撑宜设置在中间檩条和中间系杆处；剪刀撑与檩条、系杆之间及剪刀撑中部宜采用螺栓连接；剪刀撑两端与檩条、系杆应顶紧不留空隙。如图6-3-19所示。

7. 椽子与木檩条搭接处应满钉，以增强屋盖的整体性。

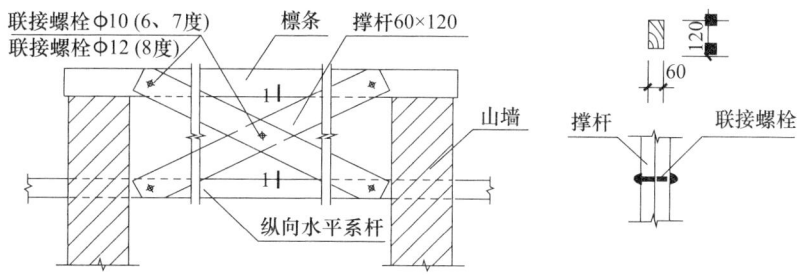

图 6-3-19　硬山搁檩屋盖山尖墙竖向剪刀撑（单位：mm）

（三）木屋架屋盖

木屋架屋盖是由屋架、檩条和椽子共同组成的坡面结构形式。木屋架自身的连接和整体性以及屋盖各构件之间连接的强弱，对房屋的抗震性能有很大影响。

木屋架必须设置下弦杆（图 6-3-20），不应采用无下弦杆的人字或拱形屋架。

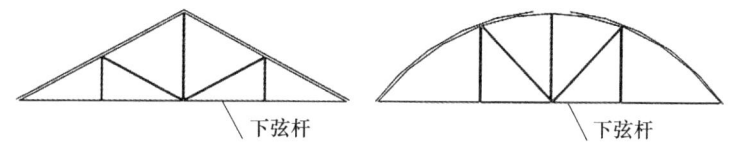

图 6-3-20　下弦杆设置示意图

当采用木屋架屋盖时，应符合下列构造要求：

1. 木屋架上檩条应满搭或采用夹板对接或燕尾榫、扒钉连接。

2. 屋架上弦檩条搁置处应设置檩托或木垫块，檩条与屋架应采用扒钉或铅丝等相互连接，如图 6-3-21 所示。

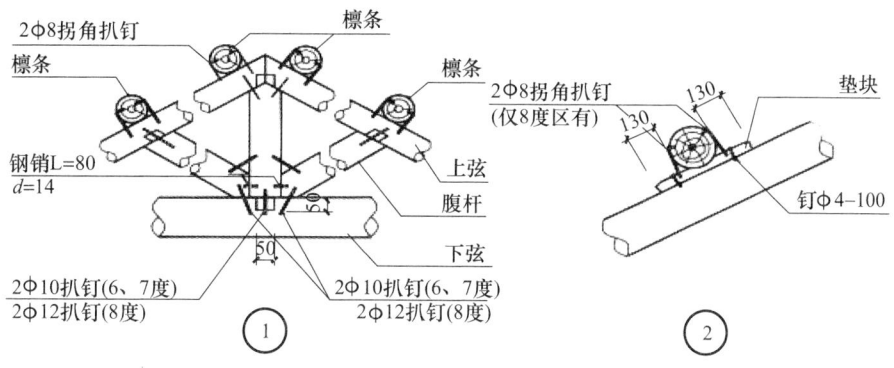

图 6-3-21　木屋架与檩条的连接示意图（单位：mm）

3. 三角形木屋架的跨中处应设置纵向水平系杆，系杆应与屋架下弦杆钉牢；屋架腹杆与弦杆除用暗榫连接外，还应采用双面扒钉钉牢。

4. 檩条与其上面的椽子或木望板应采用圆钉、铅丝等相互连接，如图 6-3-22 所示。

5. 8、9 度时，在端开间的两榀屋架之间应设置竖向剪刀撑。剪刀撑宜设置在靠近上弦屋脊节点和下弦中间节点处，剪刀撑与屋架上、下弦之间及剪刀撑中部宜采用螺栓连接（图 6-3-23）；剪刀撑两端与屋架上、下弦应顶紧不留空隙。

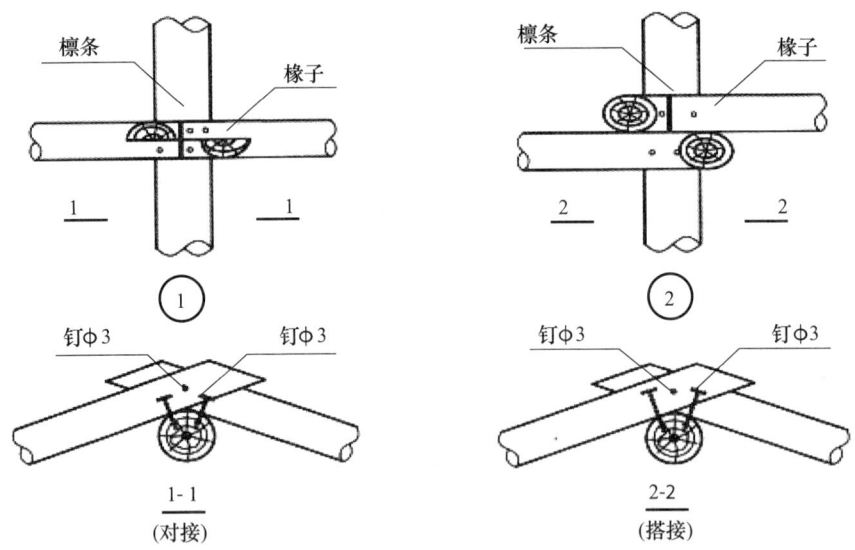

图 6-3-22 木橡节点连接示意图

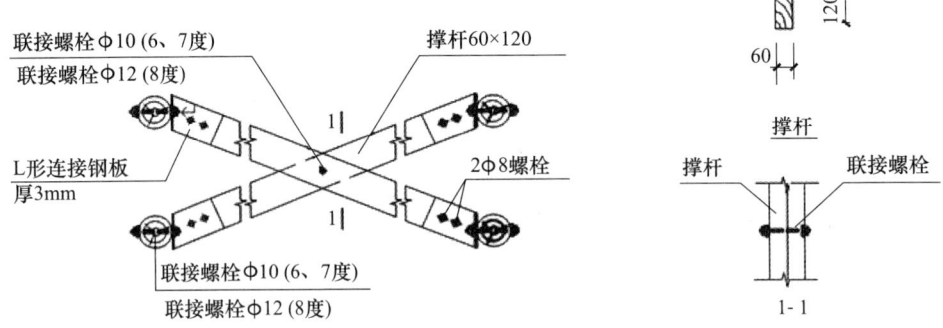

图 6-3-23 三角形木屋架竖向剪刀撑（单位：mm）

三、木结构

木结构建筑在我国具有悠久的历史。就其结构形式而言，木结构建筑大致有井干式、穿斗式、抬梁式等多种类型。对普通乡村房屋来讲，常见木结构建筑有穿斗木构架、木柱木构架、木柱木梁三种形式，围护墙体可以是砖、砌块、生土或石砌墙等。

穿斗木构架：是指建造时檩条直接支撑在柱上，檩上布橡，屋面荷载直接由檩传至柱的一种结构形式。穿斗式木构架中，纵横向木梁和木柱用扣榫结合起来形成空间构架，并且横梁端部用木销穿过防止脱榫，每榀屋架一般有3～5根柱。因此，房屋的连接构造和整体性较强，横向稳定性也较好。在外形上，有一坡、两坡和四坡形式，常用的是三柱落地或是五柱落地的两坡房屋。如图 6-3-24 所示。

木柱木构架：屋架直接支撑在纵墙两侧的木柱之上，屋架与木柱用穿榫连接，有的节点加扒钉或铁钉结合。房屋比较高大、空旷，横向刚度较弱。如图 6-3-25 所示。

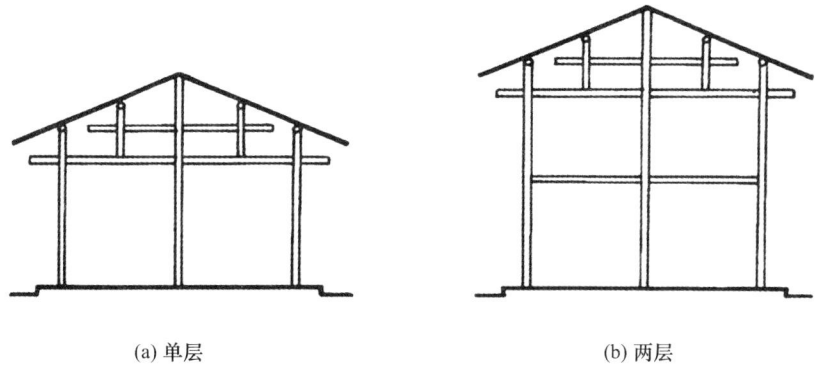

(a) 单层　　　　　　　　　(b) 两层

图 6-3-24　穿斗木构架示意图

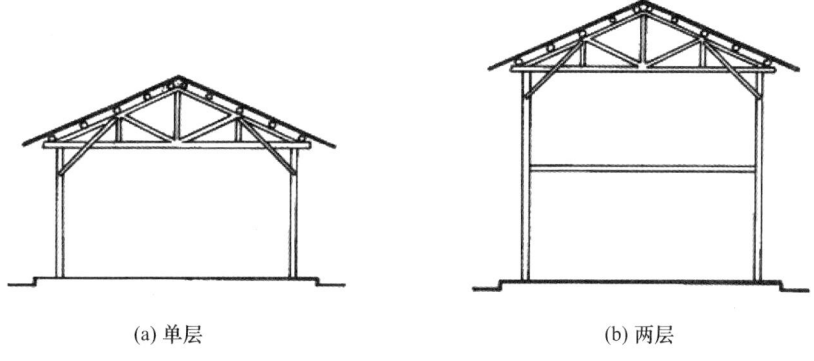

(a) 单层　　　　　　　　　(b) 两层

图 6-3-25　木柱木屋架示意图

木柱木梁（平顶式）：一般做成强梁弱柱或大梁细柱，梁柱连接简单，屋顶一般铺设草泥或白灰焦渣，因此屋面质量较大；房屋矮小，屋顶坡度较小，没有高大且不稳定的山尖。该类型房屋在西北干旱少雨地区乡村应用较多。

木柱木梁（坡顶式）：与平顶式不同，坡顶式坡度相对较大，屋面铺瓦。如图 6-3-26 所示。

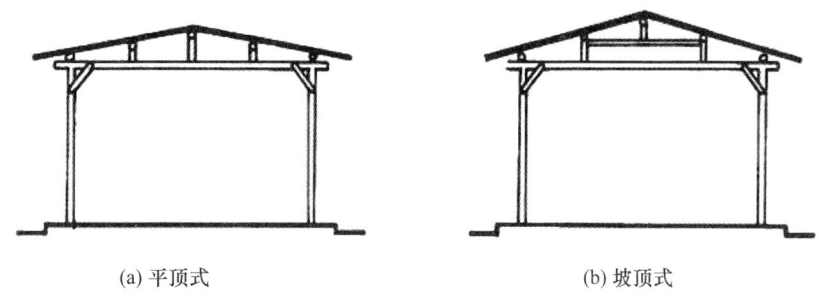

(a) 平顶式　　　　　　　　　(b) 坡顶式

图 6-3-26　木柱木梁示意图

（一）一般要求

1. 木结构房屋的总高度和层数应符合表 6-3-4 的要求。

表 6-3-4 木结构房屋高度和层数限值

结构类型	围护墙种类		6度 高度(m)	6度 层数	7度 高度(m)	7度 层数	8度 高度(m)	8度 层数	9度 高度(m)	9度 层数
穿斗木构架和木柱木屋架	砖墙	实心砖多孔砖（240）	7.2	2	7.2	2	6.6	2	3.3	1
		小砌块	7.2	2	7.2	2	6.6	2	—	—
		多孔砖（190）蒸压砖	7.2	2	6.6	2	6.0	2	—	—
		空斗墙	7.2	2	6.0	2	3.3	1	—	—
	生土墙		6.0	2	4.0	1	3.3	1	—	—
	石墙	细料石	7.0	2	7.0	2	6.0	2	—	—
		粗料石	7.0	2	6.6	2	3.6	1	—	—
		平毛石	4.0	1	3.6	1	—	—	—	—
木柱木梁	砖墙	实心砖多孔砖（240）	4.0	1	4.0	1	3.6	1	3.3	1
		小砌块	4.0	1	4.0	1	3.6	1	—	—
		多孔砖（190）蒸压砖	4.0	1	4.0	1	3.6	1	—	—
		空斗砖	4.0	1	3.6	1	3.3	1	—	—
	生土墙		4.0	1	4.0	1	3.3	1	—	—
	石墙	细料石	4.0	1	4.0	1	3.6	1	—	—
		粗料石	4.0	1	4.0	1	3.6	1	—	—
		平毛石	4.0	1	3.6	1	—	—	—	—

注：1. 房屋总高度指室外地面到主要屋面板板顶或檐口的高度。

2. 坡屋面应算到山尖墙的1/2高度处。

2. 房屋的层高：单层房屋不宜超过3.6m；二层房屋不宜超过3.3m。

3. 木结构房屋围护墙墙段的局部尺寸限值，应符合表6-3-5的规定。

表 6-3-5 木结构房屋围护墙墙段局部尺寸限值（m）

位置	6、7度	8度	9度
窗间墙最小宽度	0.8	0.9	1.2
外墙尽端至门窗洞边的最小距离	0.8	0.9	1.2
内墙阳角至门窗洞边的最小距离	0.8	0.9	1.2

4. 木柱木屋架和穿斗木屋架房屋宜采用双坡屋顶，且坡度不宜大于30°；屋面宜采用轻质材料（草、瓦屋面）。

5. 生土围护墙的勒脚部分，应采用砖、石砌筑，并采取有效的排水防潮措施。

6. 围护墙应砌筑在木柱外侧，不宜将木柱全部包入墙体中；木柱下应设置柱脚石，不应将未做防腐、防潮处理的木柱直接埋入地基土中。

7. 木结构房屋的围护墙应与木结构可靠连接，围护墙体沿高度应设置配筋砖圈梁、配筋砂浆带或木圈梁；砖、砌块围护墙厚度不应小于180mm，土坯或夯土墙厚度不应小于300mm（包括面层泥浆厚度）；石砌墙厚度不应小于250mm。

8. 木结构房屋应设置端屋架或木卧梁，不得采用硬山搁檩形式。

9. 承重木柱梢径不宜小于150mm。

（二）构造措施

1. 柱脚与柱脚石之间宜采用石销键或石榫连接，如图 6-3-27 所示。也可采用粗钢筋做销键或采用预埋铁件与螺栓连接，如图 6-3-28 所示。柱脚石埋入地面以下的深度不应小于200mm。

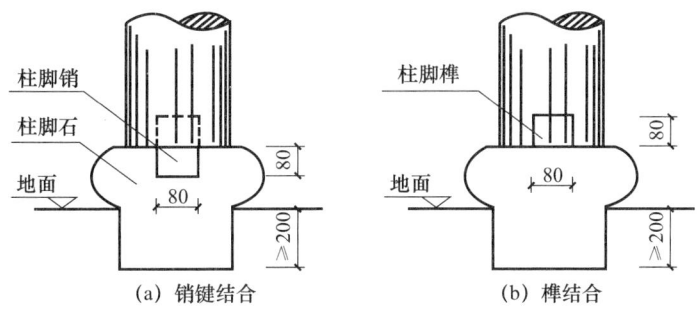

图 6-3-27　柱脚与柱脚石的锚固（一）

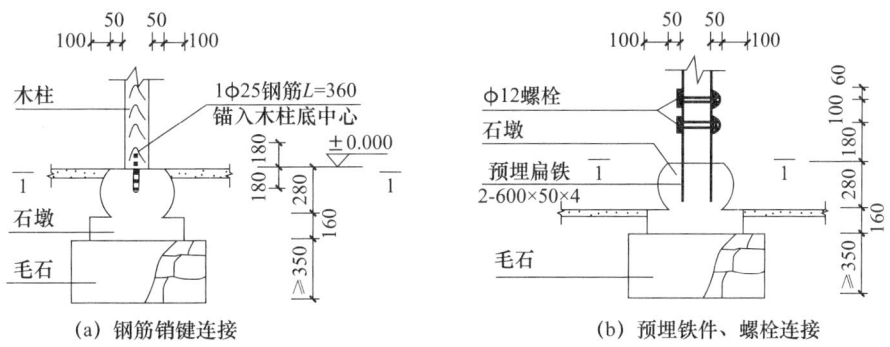

图 6-3-28　柱脚与柱脚石的锚固（二）

2.7 度以上设防，当围护墙为砖（小砌块）围护墙和石围护墙时，宜在墙体中部与顶部设置配筋砖圈梁或配筋砂浆带。配筋砖圈梁不少于三皮砖（两道灰缝），每道灰缝内配置钢筋不少于2ϕ6；配筋砂浆带厚度不小于60mm，纵向钢筋不少于2ϕ6。配筋砖圈梁、配筋砂浆带与柱的连接如图 6-3-29 所示。

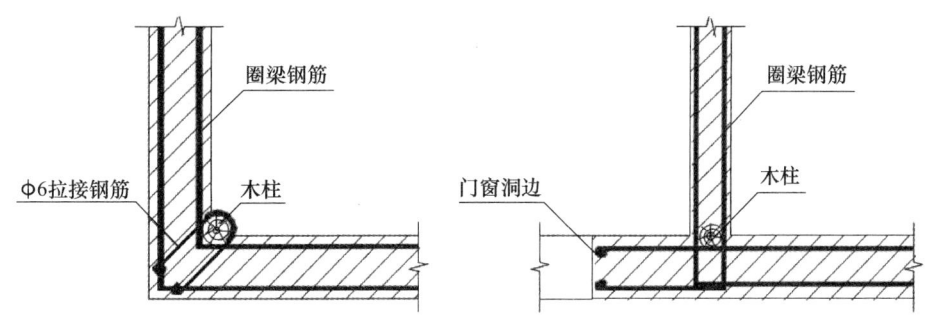

图 6-3-29　配筋砖圈梁、配筋砂浆带与木柱的拉接

3.7度以上设防，当围护墙为生土围护墙时，宜在墙体中部与顶部设置木圈梁。木圈梁接头处及与木柱的连接，如图 6-3-30 所示。

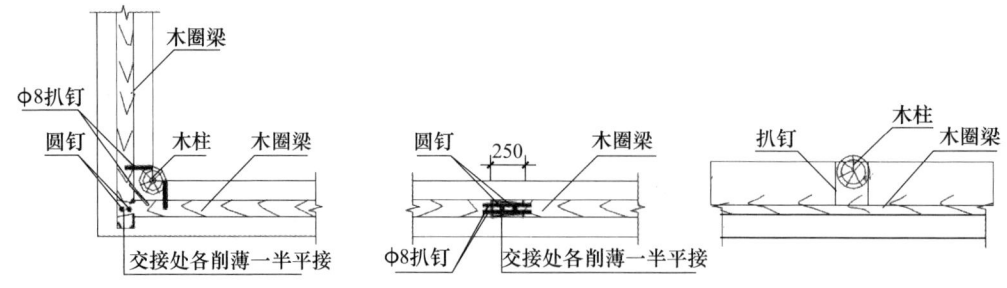

图 6-3-30　木圈梁接头处及与木柱的连接（单位：mm）

4. 内隔墙墙顶与梁或屋架下弦应每隔 1000mm 采用木夹板或铁件连接，如图 6-3-31 所示。

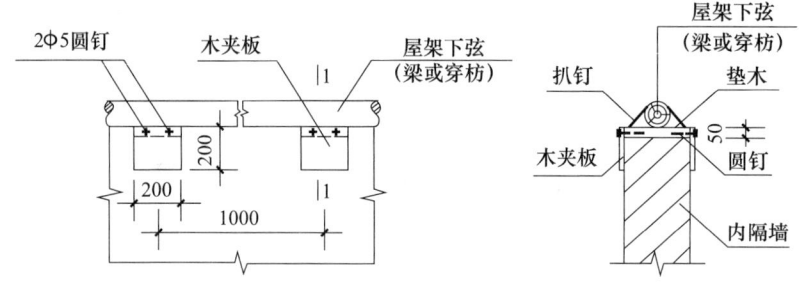

图 6-3-31　内隔墙墙顶与屋架下弦的连接（单位：mm）

5. 山墙、山尖墙墙揽的设置与构造应符合下列要求：

（1）抗震设防烈度为 6、7 度时山墙设置的墙揽数不宜少于 3 个，8、9 度或山墙高度大于 3.6m 时墙揽数不宜少于 5 个（图 6-3-32）；墙揽应靠近山尖墙面布置，最高的一个应设置在脊檩正下方，纵向水平系杆位置应设置一个，其余的可设置在其他檩条的正下方或屋架腹杆、下弦及柱的对应位置处。

（2）檩条出山墙时可采用木墙揽（图 6-3-33），木墙揽可用木销或铁钉固定在檩条上，并与山墙卡紧。

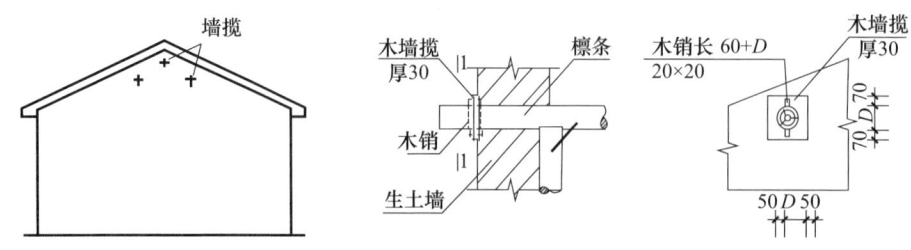

图 6-3-32　山墙墙揽的设置位置图　　图 6-3-33　木墙揽连接做法

（3）檩条不出山墙时宜采用铁件（如角钢、梭形铁件等）墙揽，铁件墙揽可根据设置位置与檩条、屋架腹杆、下弦或柱固定（如图 6-3-34）。

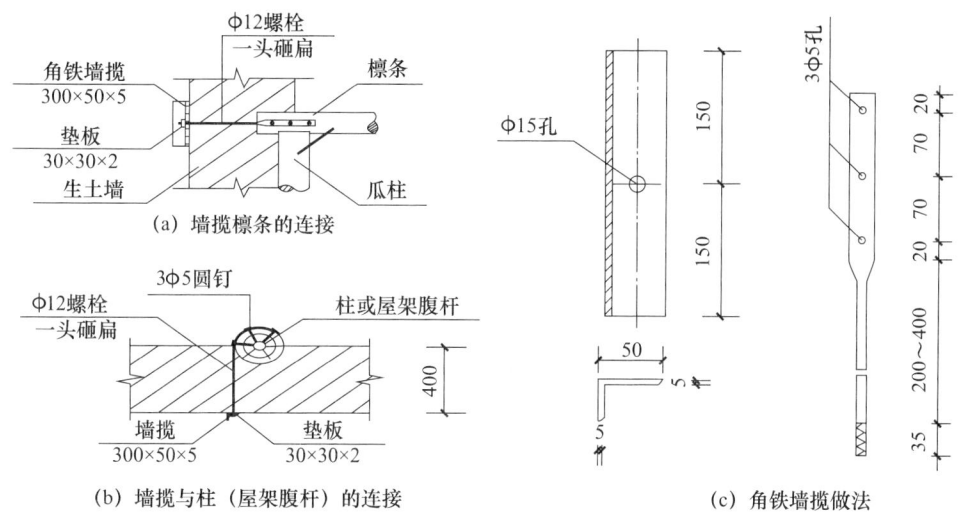

图 6-3-34 角钢墙揽连接做法

6. 穿斗木构架房屋的构件设置及节点连接构造应符合下列要求：

（1）木柱横向应采用穿枋连接，穿枋应贯通木构架各柱，在木柱的上、下端及二层房屋的楼板处均应设置。

（2）榫接节点宜采用燕尾榫扒钉连接；采用平榫时应在对接处两侧加设厚度不小于 2mm 的扁铁，扁铁两端用两根直径不小于 12mm 的螺栓夹紧。

（3）穿枋应采用透卯贯穿木柱，穿枋端部应设木销钉，梁柱节点处应采用燕尾榫（图 6-3-35）。

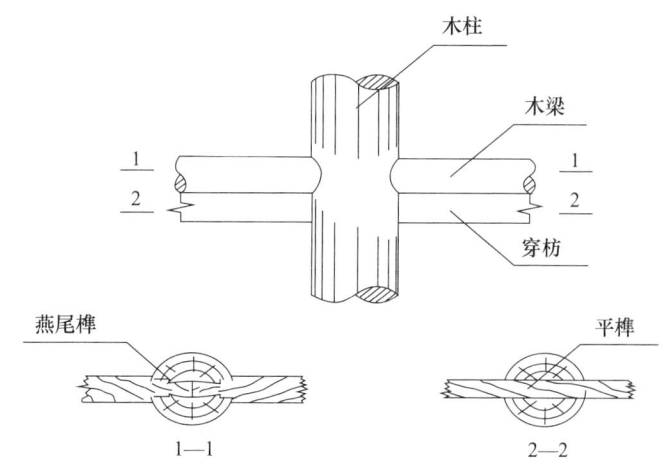

图 6-3-35 梁柱节点处燕尾榫构造形式

（4）当穿枋的长度不足时，可采用两根穿枋在木柱中对接，并应在对接处两侧沿水平方向加设扁铁，扁铁厚度不宜小于 2mm、宽度不宜小于 60mm，两端用两根直径不小于 12mm 的螺栓夹紧。

（5）立柱开槽宽度和深度应符合表 6-3-6 的要求：

表 6-3-6 穿斗木构架立柱开槽宽度和深度

榫类型		圆柱	方柱
透榫宽度	最小值	$D/4$	$B/4$
	最大值	$D'/3$	$3B/10$
半榫深度	最小值	$D'/6$	$B/6$
	最大值	$D'/3$	$3B/10$

注：D 为圆柱直径；D' 为圆柱开榫一端直径；B 为方柱宽度。

7. 三角形木屋架的跨中处应设置纵向水平系杆，系杆应与屋架下弦杆钉牢；屋架腹杆与弦杆除用暗榫连接外，还应采用双面扒钉钉牢。

8. 三角形木屋架或木梁与柱之间的斜撑宜采用木夹板，并采用螺栓连接木柱与屋架上、下弦（木梁）；木柱柱顶应设置暗榫插入柱顶下弦（木梁）或附木中，木柱、附木及屋架下弦（木梁）宜采用 U 形扁铁和螺栓连接（图 6-3-36、6-3-37）。

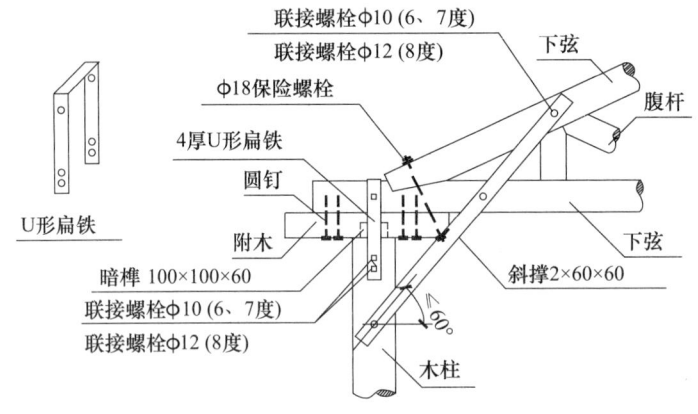

图 6-3-36 三角形屋架加设斜撑

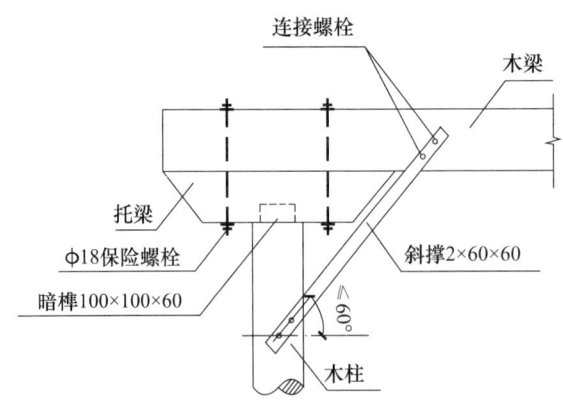

图 6-3-37 木柱与木梁加设斜撑

9. 穿斗木构架纵向柱列间的剪刀撑或斜撑上端与柱顶、下端与柱身应采用螺栓连接（图 6-3-38）；剪刀撑或斜撑的设置应与门窗洞口位置协调。

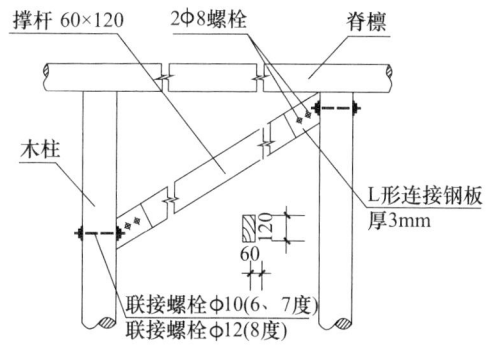

图 6-3-38　穿斗木构架竖向斜撑（单位：mm）

10. 檩条与屋架（梁）的连接及檩条之间的连接应符合以下要求：

（1）连接用的扒钉直径，当 6、7 度时宜采用 $\phi 8$，8 度时采用 $\phi 10$，9 度时采用 $\phi 12$。

（2）搁置在梁、屋架上弦上的檩条宜采用搭接，搭接长度不应小于梁或屋架上弦的宽度（直径），檩条与梁、屋架上弦以及檩条与檩条之间应采用扒钉或 8 号铅丝连接。

（3）当檩条在梁、屋架、穿斗木构架柱头上采用对接时，应采用燕尾榫对接方式，且檩条与梁、屋架上弦、穿斗木构架柱头应采用扒钉连接；檩条与檩条之间应采用扒钉、木夹板或扁铁连接。

（4）三角形屋架在檩条斜下方一侧（脊檩两侧）应设置檩托支托檩条。

（5）双脊檩与屋架上弦的连接除应符合以上要求外，双脊檩之间尚应采用木条或螺栓连接。

11. 椽子或木望板应采用圆钉与檩条钉牢。

12. 当砖（小砌块）围护墙、生土围护墙和石围护墙的门窗洞口处设置钢筋砖（石）过梁或木过梁时，应符合下列要求：

（1）墙厚为 180mm、240mm 的砖（小砌块）墙，钢筋砖过梁配筋应采用 $2\phi 6$，墙厚为 370mm、490mm 时，应采用 $3\phi 6$；

（2）墙厚为 300mm 以下的石墙，钢筋石过梁配筋应采用 $2\phi 6$，墙厚超过 300mm 时，应采用 $3\phi 6$；

（3）木过梁截面尺寸不应低于表 6-3-7 的要求。

表 6-3-7　木过梁截面尺寸

墙厚 (mm)	门窗洞口宽度 b (m)					
	$b \leqslant 1.2$			$1.2 < b \leqslant 1.5$		
	矩形截面	圆形截面		矩形截面	圆形截面	
	高度 h (mm)	根数	直径 d (mm)	高度 h (mm)	根数	直径 d (mm)
240	35	5	45	45	4	60
370	35	8	45	45	6	60
500	35	10	45	45	8	60
700	35	12	45	45	10	60

注：矩形截面木过梁的宽度同墙厚；d 为每一根的直径。

四、生土结构

生土结构房屋是由未经过焙烧，仅经过简单加工的原状土质材料建造的房屋，包括土坯墙或夯土墙承重建筑、土窑洞等。生土结构房屋在我国西部广大乡村地区量大面广，是我国传统建筑的一个重要组成部分。

(一) 一般要求

1. 土坯墙、夯土墙承重房屋适用于 8 度设防以下地区，9 度设防区不应采用。
2. 生土结构房屋的总高度和层数宜符合表 6-3-8 的规定。
3. 房屋的层高：单层房屋不宜超过 3.6m；二层房屋不宜超过 3.0m。

表 6-3-8　生土结构房屋高度和层数限值

6 度		7 度		8 度	
高度（m）	层数	高度（m）	层数	高度（m）	层数
6.0	2	4.0（带夹层）	1	3.3	1

注：房屋总高度指室外地面到平屋面屋面板板顶或坡屋面檐口的高度。

4. 承重横墙的最大间距应符合表 6-3-9 的规定。

表 6-3-9　承重横墙的最大间距（m）

房屋层数	楼层	6 度	7 度	8 度
1 层	1	6.6	4.8	3.3
2 层	2	6.6	—	—
	1	4.8	—	—

5. 生土结构房屋的局部尺寸限值，应符合表 6-3-10 的规定。

表 6-3-10　生土结构房屋局部尺寸限值（m）

部位	6 度	7 度	8 度
承重窗间墙最小宽度	1.0	1.2	1.4
承重外墙尽端至门窗洞边的最小距离	1.0	1.2	1.4
非承重外墙尽端至门窗洞边的最小距离	1.0	1.0	1.0
内墙阳角至门窗洞边的最小距离	1.0	1.2	1.5

6. 生土结构房屋门窗洞口的宽度，6、7 度时不应大于 1.5m，8 度时不应大于 1.2m。为减少开洞对墙体的削弱，宜尽量采用竖窗，窗高与窗宽之比可以大于 1.5。夯土墙建议采用整体窗套，窗套在土墙夯筑时事先埋设固定。如图 6-3-39 所示。
7. 生土结构房屋的结构体系应符合下列要求：
(1) 应优先采用横墙承重或纵横墙共同承重的结构体系；
(2) 8 度抗震设防时，不宜采用硬山搁檩屋盖形式。

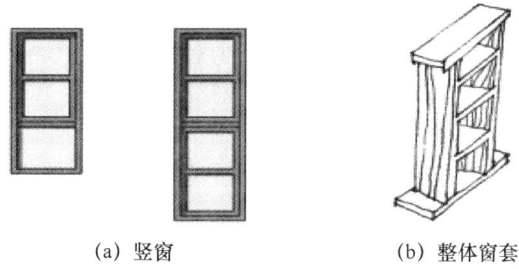

(a) 竖窗　　　　　(b) 整体窗套

图 6-3-39　穿斗木构架竖向斜撑

8. 生土结构房屋不宜采用单坡屋面；坡屋顶的坡度不宜大于 30°；屋面宜采用轻质材料（草、瓦屋面）。

9. 生土墙应采用毛石、片石、凿开的卵石、黏土实心砖或灰土（三合土）基础，基础墙体应采用水泥砂浆砌筑。

10. 生土承重墙体厚度：外墙不宜小于 400mm，内墙不宜小于 300mm。

（二）构造措施

1. 7 度与 8 度时，生土结构房屋应按下列要求设置木构造柱：

（1）在外墙转角及内外墙交接处，木构造柱的梢径不应小于 120mm；

（2）木构造柱设立并嵌固后，再砌筑土坯墙或夯筑土坯墙；

（3）木构造柱应伸入墙体基础内，并应采取防腐、防潮措施。

2. 7 度与 8 度时，应在生土墙体顶部设置木圈梁；当墙体高度较大时（超过 3m），宜沿墙高在墙内设置配筋砂浆带，以提高墙体的抗震性能。具体要求如下。

（1）木圈梁的截面尺寸不应小于 40mm×120mm（高×宽）。

（2）配筋砂浆带厚度不应小于 60mm；砂浆强度等级不应低于 M5；生土墙厚在 400mm 以下时，配筋砖圈梁或配筋砂浆带的纵向钢筋不应少于 2ϕ6，墙厚超过 400mm 时，纵向钢筋不应少于 3ϕ6。

（3）生土墙应在纵横墙交接处沿高度每隔 500mm 左右设一层荆条、竹片、树条等编制的拉接网片，每边伸入墙体应不小于 1000mm 或至门窗洞边（图 6-3-40），拉接网片在相交处应绑扎，当墙中设有木柱时，拉接材料与木柱之间应采用 8 号铅丝连接。

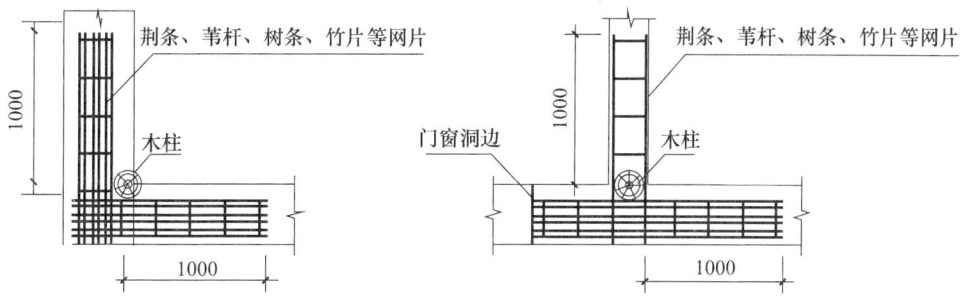

图 6-3-40　纵横墙拉接做法（单位：mm）

（4）生土结构房屋门窗洞口过梁应符合下列要求：

①生土墙宜采用木过梁，木过梁可以采用矩形截面，也可以采用圆形截面（如多根

短木椽并接在一起)。

②当洞口采用多根木杆组成过梁时,木杆上表面宜采用木板、扒钉、铅丝等将各根木杆连接成整体,并应在支承处设置木垫板。

(5) 硬山搁檩房屋檩条的设置与构造应符合下列要求:

①檩条支承处应设置不小于 400mm×200mm×60mm 的木垫板或砖垫 [图 6-3-41 (a)];

②内墙檩条应满搭并用扒钉钉牢 [图 6-3-41 (b)],不能满搭时应采用木夹板对接或燕尾榫扒钉连接;

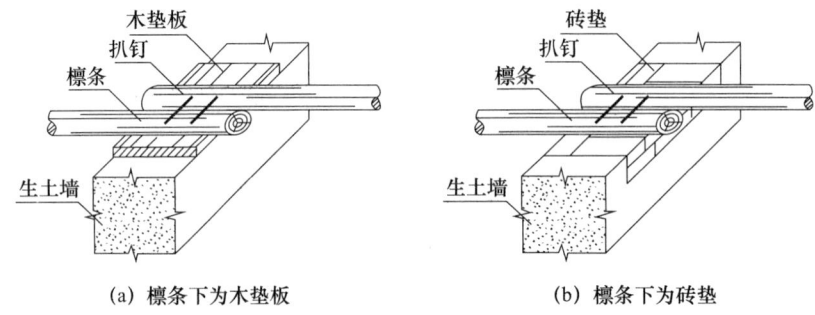

图 6-3-41 檩条支承及连接做法

③檐口处椽条应伸出墙外做挑檐,并应在纵墙墙顶两侧设置双檐檩夹紧墙顶(图 6-3-42),檐檩宜嵌入墙内;

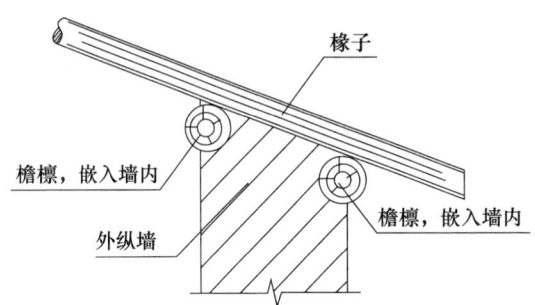

图 6-3-42 双檐檩檐口构造做法

④山墙尖顶宜沿斜面放置木卧梁支撑檩条(图 6-3-43);

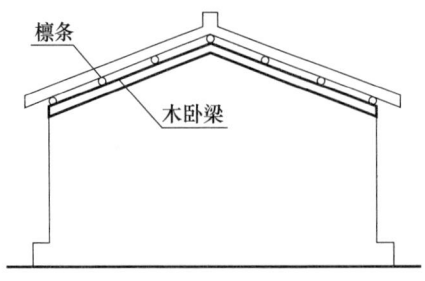

图 6-3-43 山墙尖斜面木卧梁

⑤木檩条宜采用8号铅丝与山墙配筋砂浆带或配筋砖圈梁中的预埋件拉接；
⑥硬山山墙高厚比大于10时应设置扶壁墙垛（图6-3-44）；

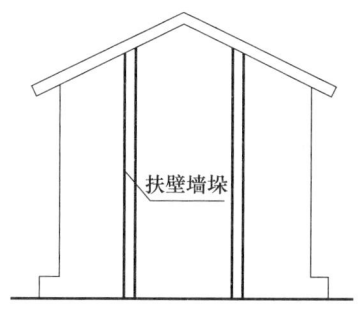

图6-3-44　山墙扶壁墙垛

⑦7度及以上地区，夯土墙在上下层接缝处应设置木杆、竹杆（片）等竖向销键（图6-3-45），沿墙长度方向间距宜取500mm左右，长度可取400mm左右。

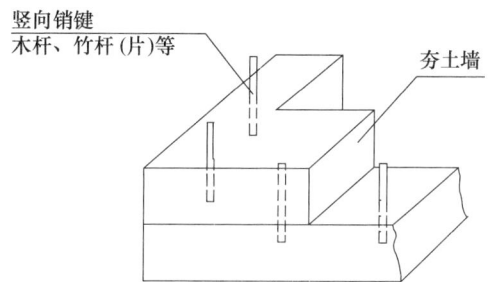

图6-3-45　夯土墙上、下层之间竖向销键

五、石结构

石结构房屋是指由石砌墙作为主要承重构件的房屋，楼屋盖可以采用现浇混凝土板或木构件承重，一般乡村房屋多采用木屋顶或木楼盖，因此也称为"石木结构"。当采用现浇钢筋混凝土楼板时，又称为"石混结构"。

用于砌筑墙体的石材种类主要包括料石、乱毛石、平毛石和卵石等。其中，料石是指经过加工后规则的石块，根据加工的粗细程度有细料石、粗料石和毛料石；乱毛石是指形状不规则的石块；平毛石是指外形较薄、接近片状的石料；卵石是指河谷中天然形成的卵状石块。石结构房屋在山地、河谷等石料丰富地区乡村建房时较多使用。

（一）一般要求

1. 地震设防区石结构乡村房屋，承重墙体应采用较规整的料石、平毛石砌筑，不应采用乱毛石或卵石砌筑。
2. 房屋的总高度和层数应符合表6-3-11的规定。
3. 房屋的层高：单层房屋或2层房屋的底层不宜超过3.6m；房屋2层以上不宜超过3.0m。
4. 石结构房屋的局部尺寸限值，可参考砖混结构的相关规定。

表 6-3-11　石结构房屋高度和层数限值

墙体类别		最小墙厚（mm）	烈度					
			6度		7度		8度	
			高度（m）	层数	高度（m）	层数	高度（m）	层数
石料砌体	细、半细料石砌体（无垫片）	240	7.0	2	7.0	2	6.6	2
	粗料、毛料石砌体（有垫片）	240	7.0	2	6.6	2	3.6	1
平毛石砌体		400	3.6	1	3.6	1	—	—

注：房屋总高度指室外地面到檐口的高度；对带阁楼的坡屋面应算到山尖墙的1/2高度处。

5. 石结构房屋的结构体系应符合下列要求：
(1) 应优先采用横墙承重或纵横墙共同承重的结构体系；
(2) 8度设防时不宜采用硬山搁檩屋盖形式，有条件时应尽量采用现浇钢筋混凝土楼板；
(3) 不应采用石板、石梁及独立料石柱作为承重构件。

6. 石结构房屋应在墙体顶部设置钢筋混凝土圈梁；当墙体高度较大时（超过3m），宜沿墙高在墙内设置配筋砂浆带，以提高墙体的抗震性能。

7. 石材规格应符合下列要求：
(1) 料石的宽度、高度分别不宜小于240mm和220mm；长度宜为高度的2~3倍且不宜大于高度的4倍。
(2) 平毛石应呈扁平块状，其厚度不宜小于150mm。

8. 承重石墙厚度，料石墙不宜小于240mm，平毛石墙不宜小于400mm；当屋架或梁的跨度大于4.8m时，支承处宜加设壁柱，壁柱宽度不宜小于400mm，厚度不宜小于200mm，壁柱应采用料石砌筑，或采取其他加强措施（图6-3-46）。

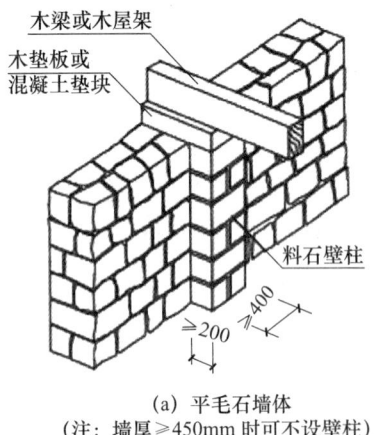
(a) 平毛石墙体
（注：墙厚≥450mm 时可不设壁柱）

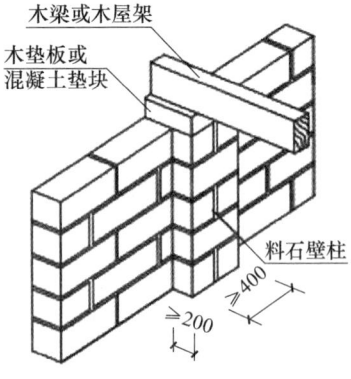
(b) 料石墙体
（注：双轨墙体可不设壁柱）

图 6-3-46　石墙壁柱砌法（单位：mm）

（二）构造措施

1. 石结构房屋应在墙体顶部设置钢筋混凝土圈梁，圈梁宽度不小于240mm，且不小于墙厚的2/3；圈梁高度不小于150mm，纵筋不小于4φ10，箍筋不小于φ6@250。当采用木楼盖或木屋顶时,木檩条或木屋架应与圈梁可靠连接。7度以下设防地区,当采用钢筋混凝土圈梁有困难时,也可以采用整体木圈梁代替。

2. 当石墙采用泥浆砌筑或石砌墙高度较大(超过3m)时,宜沿墙高在墙内设置配筋砂浆带,或在墙内铺设水平木板以提高墙体的抗震性能。具体要求如下:

(1) 当墙内设置配筋砂浆带时,砂浆强度等级不应低于M5;配筋砂浆带的厚度不宜小于50mm;纵向钢筋配置不应小于2ϕ6,转角处钢筋应搭接。如图6-3-47所示。

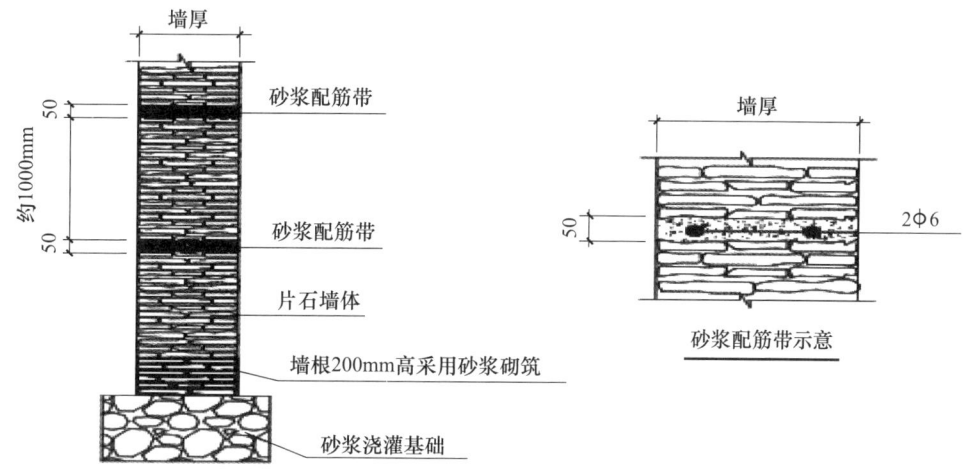

图 6-3-47　配筋砂浆带交接处钢筋搭接做法(单位:mm)

(2) 当墙内设置水平木板拉接时,木板厚度不应小于50mm,宽度不小于墙厚的2/3,且墙角处应交错搭接。

3. 毛石墙砌筑时,应选择棱角分明的石料,长料多,碎料少,大小搭配合适,厚薄均匀,以免砌体承重后发生错位、劈裂、外鼓等现象。

墙体中间不得有铲口石(尖石倾斜向外的石块)和斧刃石[图6-3-48(a)、6-3-48(b)],以防止墙体不稳或在重力荷载下劈裂。

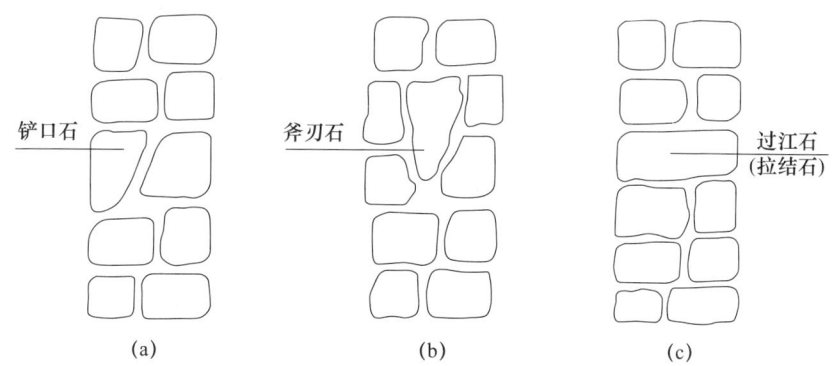

图 6-3-48　铲口石、斧刃石及过江石示意图

毛石砌体在每0.7m²左右的墙面至少应设一块拉接石。拉接石应均匀分布,相互错开。水平向同皮内的拉接石中距应不大于2000mm,当墙厚小于等于400mm时,拉接石长度应等于墙厚,墙厚大于400mm时,可利用两块拉接石内外搭接,搭接长度不

小于150mm，其中一块长度不小于墙厚的2/3，见图6-3-49所示；竖向一般400～500mm高应设置拉结石，如图6-3-48（c）所示。

4. 门窗洞口宜采用钢筋混凝土过梁、木过梁或钢筋石过梁。采用钢筋石过梁应符合下列要求：

（1）钢筋石过梁底面砂浆层中的钢筋不小于3φ10，间距不宜大于100mm；

（2）钢筋石过梁底面砂浆层的厚度不宜小于30mm，砂浆层的强度等级不应低于M5，钢筋伸入支座长度不宜小于300mm；

（3）钢筋石过梁截面高度内的砌筑砂浆强度等级不宜低于M5。

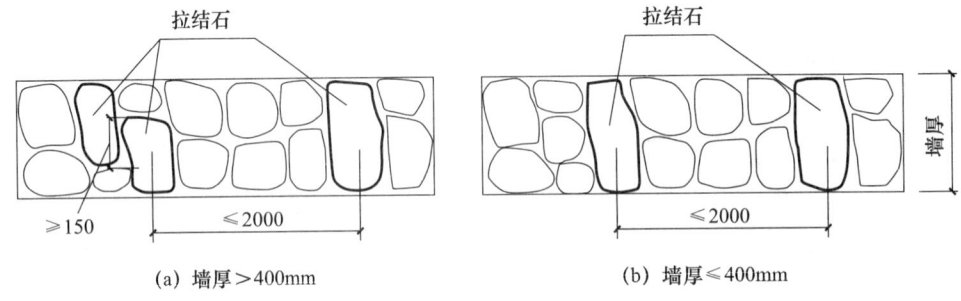

图6-3-49 过江石（拉结石）平面布置示意（单位：mm）

5. 当采用硬山搁檩木屋盖时，屋盖木构件拉接措施应符合下列要求：

（1）檩条应在内墙满搭并用扒钉钉牢，不能满搭时应采用木夹板对接或燕尾榫扒钉连接；

（2）木檩条应用8号铅丝与山墙配筋砂浆带中的预埋件拉接；

（3）木屋盖各构件应采用圆钉、扒钉或铅丝等相互连接。

6. 当采用木屋架屋盖时，屋架的构造措施、山墙与木屋架及檩条的连接、山墙（山尖墙）墙揽的设置与构造，以及屋架构件之间的连接措施等均应符合木屋盖的有关规定和要求。

第七章　施工安全基本要求与安全技术要点

第一节　施工安全基本要求

一、安全生产的"六大纪律"

（1）进入现场必须戴好安全帽，扣好帽带；并正确使用个人劳动防护用品。
（2）2m以上的高处、悬空作业无安全设施的，必须系好安全带、扣好保险钩。
（3）高处作业时，不准往下或向上乱抛材料和工具等物件。
（4）各种电动机械设备必须有可靠有效的安全接地和防雷装置，方能开动使用。
（5）不懂电气和机械的人员，严禁使用和玩弄机电设备。
（6）吊装区域非操作人员严禁入内，吊装机械必须完好，把杆垂直下方不准站人。

二、十项安全技术措施

（1）按规定使用安全"三宝"。
（2）机械设备防护装置一定要齐全有效。
（3）塔吊等起重设备必须有限位保险装置，不准"带病'运转，不准超负荷作业，不准在运转中维修保养。
（4）架设电线线路必须符合当地电业局的规定，电气设备必须全部接零接地。
（5）电动机械和手持电动工具要设置漏电掉闸装置。
（6）脚手架材料及脚手架的搭设必须符合规程要求。
（7）各种缆风绳及其设置必须符合规程要求。
（8）在建工程的楼梯口、电梯口、预留洞口、通道口，必须有防护设施。
（9）严禁赤脚或穿高跟鞋、拖鞋进入施工现场，高空作业不准穿硬底和带钉易滑的鞋靴。
（10）施工现场的悬崖、陡坎等危险地区应设警戒标志，夜间要设红灯示警。

三、施工现场上岗作业人员的安全要求

（1）能掌握本工种安全技术操作规程。
（2）能掌握安全"三宝"的正确使用方法。
（3）能正确使用工种、岗位所涉及的工具和设备。
（4）能对工具、设备、环境以及劳动用品穿戴情况进行自查。
（5）能注意劳逸结合，搞好自身的劳动保护。
（6）能使用常用的灭火器材设备。

(7) 能掌握防止高处坠落、物体打击,以及机械、电气等常见事故伤害的一般技术措施。

(8) 能对常见事故的现场应急处理。

四、机电设备安全要求

(1) 机械操作,要束紧袖口,女工发辫要挽入帽内。

(2) 机械和动力机的机座必须稳固。转动的危险部位要安设防护装置。

(3) 工作前必须检查机械、仪表、工具等,确认完好方准使用。

(4) 电气设备和线路必须按规定接零或接地,并设置单一开关;遇有临时停电或停工休息时,必须拉闸加锁。

(5) 施工机械和电气设备不得带病运转和超负荷作业。发现不正常情况应停机检查,不得在转动中修理。

(6) 电气、仪表、管道和设备试运转,应严格按照单项安全技术措施进行。运转时不准擦洗和修理,严禁将头手伸入机械行程范围内。

(7) 在架空输电线路下面工作应停电。不能停电时,应有隔离防护措施。起重机不得在架空输电线路下面工作,通过架空输电线路时应将起重臂落下。在架空输电线路一侧工作时,不论在任何情况下,起重臂、钢丝绳或重物等与架空输电线路的最近距离不小于表 7-1-1 的规定。

表 7-1-1 与架空输电线路的最近距离

轴电线路电压(kV)	<1	1~20	35~110	154	220
允许与输电线路的最近距离(m)	1.5	2	4	5	6

(8) 行灯电压不得超过 36V,在潮湿场所或金属容器内工作时,行灯电压不得超过 12V。

(9) 受压容器应有安全阀、压力表,并避免暴晒、碰撞;氧气瓶严防沾染油脂;乙炔发生器、液化石油气,必须有防止回火的安全装置。

(10) X光或伽马射线探伤作业区,非操作人员不准进入。

(11) 从事腐蚀、粉尘、放射性和有毒作业要有防护措施,并进行定期体检。

(12) 各施工人员要避免同一垂直方向上操作。在下层操作的人员必须在上层高度确定的可能坠落半径范围以外(坠落范围为当基础高度为 2~5m 时,可能坠落半径为 3m;当基础高度为 5~15m 时,可能坠落半径范围为 4m;当基础高度为 15~30m 时,可能坠落半径范围为 5m;当基础高度为 30m 以上时,可能坠落半径范围为 6m。

五、临时用电安全要求

(1) 施工现场临时用电必须按照《施工现场临时用电安全技术规范》(JGJ 46—2005)的要求,编制临时用电施工组织设计,建立相关的管理文件和档案资料。

(2) 总包单位与分包单位必须订立临时用电管理协议,明确各方相关责任。分包单位必须遵守现场管理文件的约定,总包单位必须按照规定落实对分包单位的用电设施和日常施工的监督管理。

(3) 施工现场临时用电工程必须由电气工程技术人员负责管理,明确职责,并建立电工值班室，确定电气维修和值班人员。现场各类配电箱和开关箱必须确定检修和维护责任人。

（4）临时用电配电线路必须按规范架设整齐，架空线路必须采用绝缘导线，不得采用塑胶软线。电缆线路必须按规定沿附着物敷设或采用埋地方式敷设，不得沿地面明敷设。

（5）各类施工活动应与内、外电线路保持安全距离，达不到规范规定的最小安全距离时，必须采用可靠的防护和监护措施。

（6）配电系统必须实行分级配电。各级配电箱、开关箱的箱体安装和内部设置必须符合有关规定，箱内电器必须可靠完好，其选型、定值要符合规定，开关电器应标明用途，并在电箱正面门内绘有接线图。

（7）各类配电箱、开关箱外观应完整、牢固、防雨、防尘，箱体应外涂安全色标，统一编号，箱内无杂物。停止使用的配电箱应切断电源，箱门上锁。固定式配电箱应设围栏，并有防雨防砸措施。

（8）独立的配电系统必须按规范采用三相五线制的接零保护系统，非独立系统可根据现场实际情况采取相应的接零或接地保护方式。各种电气设备和电力施工机械的金属外壳、金属支架和底座必须按规定采取可靠的接零或接地保护。

（9）在采用接零或接地保护方式的同时，必须逐级设置漏电保护装置，实行分级保护，形成完整的保护系统。漏电保护装置的选择应该符合规定。

（10）现场金属架构物（照明灯架、垂直提升装置、超高脚手架）和各种高大设施必须按规定装设避雷装置。

（11）手持电动工具的使用，依据国家标准的有关规定采用Ⅱ类、Ⅲ类绝缘型的手持电动工具。工具的绝缘状态、电源线、插头和插座应完好无损，电源线不得任意接长或调换，维修和检查应由专业人员负责。

（12）一般场所采用220V电源照明的必须按规定布线和装设灯具，并在电源一侧加装漏电保护器。特殊场所必须按国家标准规定使用安全电压照明器。

（13）施工现场的办公区和生活区应根据用途按规定安装照明灯具和使用用电器具。食堂的照明和炊事机具必须安装漏电保护器。现场凡有人员经过和施工活动的场所，必须提供足够的照明。

（14）使用行灯和低压照明灯具，其电源电压不应超过36V，行灯灯体与手柄应坚固、绝缘良好，电源线应使用橡套电缆线，不得使用塑胶线。行灯和低压灯的变压器应装设在电箱内，符合户外电气安装要求。

（15）现场使用移动式碘钨灯照明，必须采用密闭式防雨灯具。碘钨灯的金属灯具和金属支架应做良好接零保护，金属架杆手持部位采取绝缘措施。电源线使用护套电缆线，电源侧装设漏电保护器。

（16）施工现场临时用电设施和器材必须使用正规厂家的合格产品，严禁使用假冒伪劣等不合格产品。安全电气产品必须经过国家级专业检测机构认证。

（17）检修各类配电箱、开关箱、电气设备和电力施工机具时，必须切断电源，拆除电气连接并悬挂警示标牌。试车和调试时应确定操作程序和设立专人监护。

六、施工机械安全要求

（1）施工现场使用的机械设备（包括自有、租赁设备）必须实行安装、使用，全过程的管理。

（2）施工现场要为机械作业提供道路、水电、临时机棚或停机场地等必需的条件，确保使用安全。

（3）机械设备操作应保证专机专人，持证上岗，严格落实岗位责任制，并严格执行清洁、润滑、紧固、调整、防腐的"十字作业法"。

（4）施工现场的起重吊装必须由专业队伍进行，信号指挥人员必须持证上岗。起重吊装作业前应根据施工组织设计要求，划定施工作业区域，设置醒目的警示标志和专职的监护人员。起重回转半径与高压电线必须保持安全距离。

（5）现场构件应有专人负责，合理存放，并在施工组织设计中明确吊装方法。起重机械司机及信号人员应熟知和遵守设备性能及施工组织设计中吊装方法的全部内容。多机抬吊时单机负载不得超过该机额定起重量的 80%。

（6）因场地环境影响塔式起重机易装难拆的现场，安装拆除方案必须同时制定。

（7）塔式起重机路基和轨道的铺设及起重机的安装必须符合国家标准及原厂使用规定，并办理验收手续。经检验合格后方可使用。使用中应定期进行检测。

（8）塔式起重机的安全装置（四限位、两保险）必须齐全、灵敏、可靠。

（9）群塔作业方案中，应保证处于低位的塔式起重机臂架端部与相邻塔式起重机塔身之间至少有 2m 的距离。配备固定的信号指挥和相对固定的挂钩人员。

（10）塔式起重机吊装作业时，必须严格遵守施工组织设计和安全技术交底中的要求，吊物严禁超出施工现场的范围。六级以上强风必须停止吊装作业。

（11）外用电梯的基础做法、安装和使用必须符合规定。安装与拆除必须由具有相应资质的企业进行，认真执行安全技术交底及安装工艺要求。如遇特殊情况（附墙距离需做调整等）应由机务、技术部门制订方案，经总工程师审批后实施。

（12）外用电梯的制动装置、上下极限限位、门连锁装置必须齐全灵敏有效，限速器应能符合规范要求，并在安装完成后进行吊笼的防坠落试验。

（13）外用电梯司机必须持证上岗，熟悉设备的结构、原理、操作规程等。班前必须坚持例行保养。设备接通电源后，司机不得离开操作岗位，监督运载物料时做到均衡分布，防止倾翻和外漏坠落。

（14）施工现场塔式起重机，外用电梯、电动吊篮等机械设备有建设管理部门颁发的统一编号；安装单位必须具备资质，作业人员持有特种作业操作证。同一台设备的安装和顶升、锚固必须由同一单位完成，安装完毕后填写验收表，数据必须量比，验收合格后方可使用。

（15）施工现场机械设备安全防护装置必须保证齐全、灵敏、可靠。

（16）施工现场的木工、钢筋、混凝土、空气压缩机必须搭设防砸、防雨的操作棚。

（17）各种机械设备要有安装验收手续，并在明显部位悬挂安全操作规程及设备负责人的标牌。

（18）认真执行机械设备的交接班制度，并做好交接班记录。

（19）施工现场机械严禁超载和带病运行，运行中禁止维护保养；操作人员离机或作业中停电时，必须切断电源。

（20）蛙式打夯机必须使用单向开关，操作扶手要采取绝缘措施。

（21）蛙式打夯机必须两人操作，操作人员必须戴绝缘手套和穿绝缘鞋。严禁在夯机运转时清除积土。夯机用后应切断电源遮盖防雨布，并将机座垫高停放。

（22）固定卷扬机机身必须设牢固地锚。传动部分必须安装防护罩，导向滑轮不得使用开口拉板式滑轮。

（23）操作人员离开卷机或作业中停电时，应切断电源，将吊笼降至地面。

（24）搅拌机使用前必须支撑牢固，不得用轮胎代替支撑。移动时，必须先切断电源。启动装置、离合器、制动器、保险链、防护罩应齐全完好，使用安全可靠。搅拌机停止使用，将料斗升起，必须挂好，上料斗的保险链。料斗的钢丝绳达到报废标准时必须及时更换。维修、保养、清理时必须切断电源，设专人监护。

（25）圆锯的锯盘及传动部位应安装防护罩，并设置保险挡、分料器。凡长度小于50cm，厚度大于锯盘半径的木料，严禁使用圆锯。破料锯与横截锯不得混用。

（26）砂轮机应使用单向开关。砂轮必须装设不小于180的防护罩和牢固可调整的工作托架。严禁使用不圆、有裂纹和磨损剩余部分不足25mm的砂轮。

（27）平面刨、手压刨安全防护装置必须齐全有效。

（28）吊索具必须使用合格产品。

（29）钢丝绳应根据用途保证足够的安全系数。凡表面磨损、腐蚀、断丝超过标准的或打死弯、断股、油芯外露的不得使用。

（30）吊钩除正确使用外，应有防止脱钩的保险装置。

（31）卡环在使用时，应保证销轴和环底受力。吊运大模板、大灰斗、混凝土和预制墙板等大件时，必须使用卡环。

（32）进入施工现场的车辆必须有专人指挥。

（33）严格执行"十不吊"原则。

七、脚手架搭拆安全要求

（1）搭设或拆除脚手架的操作人员必须经专门培训，严禁生手搭设或拆除脚手架。

（2）钢管有严重锈蚀、弯曲、压扁或裂纹的不得使用，扣件有脆裂、变形、滑丝的禁止使用。

（3）竹脚手架的立杆、顶撑、大横杆、剪刀支撑、支杆等有效部分的小头直径不得小于7.5cm，小横杆直径不得小于9cm。达不到要求的，立杆间距应缩小。青嫩、裂纹、白麻、虫蛀的竹杆不得使用。

（4）木脚手板应采用厚度不小于5cm的杉木或松木板，宽度以20～30cm为宜，凡是腐朽、扭曲、斜纹、破裂和透节的不得使用。板端用镀锌铁丝箍绕2～3圈或用铁皮钉牢。

（5）竹片脚手板的板厚不得小于5cm，螺栓孔不得大于1cm，螺栓必须打紧。竹编脚手板应牢固密实，四周必须用铁丝绑扎。

（6）竹脚手架的绑扎材料应采用8号以上镀锌铁丝或塑料绳，其抗拉强度应达到规范要求。

（7）钢管脚手架的立杆应垂直稳放在金属底座或垫木上。立杆间距不得大于1.5m，架子宽度不得大于1.2m，大横杆应设四根，步高不大于1.8m。钢管的立杆、大横杆接头应错开，用扣件连接，拧紧螺栓，不得用铁丝绑扎。

（8）竹脚手架必须采用双排脚手架，严禁搭设单排架。立杆间距不得大于1.2m，宽度不得大于4m。

（9）竹立杆的搭接长度和大横杆的搭接长度不得小于1.5m。绑扎时小头应压在大头上，绑扎不得少于三道。立杆、大横杆、小横杆相交时，应先绑两根，再绑第三根，不得一扣绑三根。

（10）脚手架两端、转角处以及每隔6~7根立杆应设剪刀撑，与地面的夹角不得大于60°，架子高度在7m以上，每二步四跨，脚手架必须同建筑物设连墙点，拉点应固定在立杆上，做到有拉有顶，拉顶同步。

（11）主体施工时在施工层面及上下层三层满铺，装修时外架脚手板必须从上而下满铺，且铺搭面间隙不得大于20cm，不得有空隙和探头板。脚手板搭接应严密，架子在拐弯处应交叉搭接。脚手板垫平时应用木块，且要钉牢，不得用砖垫。

（12）翻脚手板必须两个人由里向外按顺序进行，在铺第一块或翻到最外一块脚手板时，必须挂好安全带。

（13）斜道的铺设宽度不得小于1.2m，坡度不得大于1：3，防滑条间距不得大于30cm。

（14）脚手架的外侧、斜道和平台，必须绑1~1.2m高的护身栏杆和钉20~30cm高的挡脚板，并满挂安全防护立网。

（15）砌筑用的里脚手架铺设宽度不得小于1.2m，高度应保持低于外墙20cm，支架间距不得大于1.5m，支架底脚应有垫木块，并支在能承重的结构上。搭设双层架时，上下支架必须对齐，支架间应绑斜撑拉固，不准随意搭设。

（16）拆除脚手架时，必须有专人看管，周围应设围栏或警戒标志，非工作人员不得入内。拆除连墙点前应先进行检查，采取加固措施后，按顺序由上而下，一步一清，不准上下同时交叉作业。

（17）拆除脚手架大横杆、剪刀撑，应先拆中间扣，再拆两头扣，由中间操作人往下顺杆子。

（18）拆下的脚手杆、脚手板、钢管、扣件、钢丝绳等材料，严禁往下抛掷。

第二节　安全技术要点

一、基坑工程安全技术要点

1. 依据《建设工程安全生产管理条例》及《危险性较大的分部分项工程安全管理办法》有关规定，开挖深度超过3m或虽未超过3m但地质条件和周边环境复杂的基坑（槽）土方开挖、支护、降水工程；人工挖扩孔桩工程；地下暗挖、顶管及水下作业工程施工前应单独编制专项施工方案。

开挖深度超过5m的基坑（槽）土方开挖、支护、降水工程或开挖深度虽未超过5m，但地质条件、周围环境和地下管线复杂的土方开挖、支护、降水工程；开挖深度超过16m的人工挖孔桩工程；地下暗挖工程、顶管工程、水下作业工程的专项施工方案，施工单位还应组织专家进行论证，论证报告作为专项施工方案的附件。

2. 基坑工程检查验收应符合《建筑基坑工程监测技术标准》（GB 50497—2019）、《建筑施工土石方工程安全技术规范》（JGJ 180—2009）、《建筑基坑支护技术规程》（JGJ 120—2012）、《建筑施工安全检查标准》（JGJ 59—2011）等有关现行国家标准、规范规定。

3. 基坑工程作业前应由技术人员依据专项施工方案要求对作业人员进行书面安全技术交底，并进行签字确认。

4. 基坑工程施工必须满足标准、规范及专项方案的要求，现场技术人员、安全员和监理工程师应监督实施。实施后由技术负责人组织有关人员验收，分段（分层）实施的应进行分段（分层）验收。验收结论必须明确，验收不合格的，应进行整改，整改后组织第二次验收，验收合格后，方可进行下道工序。验收单有数据的应填写数据，无数据的用文字说明，验收结果应按验收实体内容逐项认真填写。

5. 基坑开挖及降水时，应按专项施工方案对毗邻建（构）筑物、道路、重要管线等进行沉降观测，并有观测记录。

6. 基坑支护结构应按专项施工方案进行变形监测，并有监测记录。

二、模板支架安全技术要点

1. 依据《建设工程安全生产管理条例》及《危险性较大的分部分项工程安全管理办法》有关规定，各类工具式模板工程（包括滑模、爬模、飞模等）及混凝土模板支撑工程（搭设高度5m及以上；搭设跨度10m及以上；施工总荷载10kN/m^{2}及以上；集中线荷载15kN/m及以上；高度大于支撑水平投影宽度且相对独立无联系构件的混凝土模板支撑工程）施工前应单独编制专项施工方案。

对超过一定规模的混凝土模板支撑工程（搭设高度8m及以上；搭设跨度18m及以上；施工总荷载15kN/m^{2}及以上；集中线荷载20kN/m及以上）及承重支撑体系（承受单点集中荷载700kg以上）的专项施工方案，施工单位还应组织专家进行论证，论证报告作为专项施工方案的附件。

2. 模板支架检查验收应符合《建筑施工模板安全技术规范》（JGJ 162）、《建筑施工扣件式钢管脚手架安全技术规范》（JGJ 130）、《建筑施工碗扣式钢管脚手架安全技术规范》（JGJ 166）、《建筑施工承插型盘扣式钢管支架安全技术规程》（JGJ 231）、《建筑施工门式钢管脚手架安全技术标准》（JGJ/T 128）、《建筑施工安全检查标准》（JGJ 59）等有关现行国家标准、规范规定。本资料中提供了四种模板支架的验收记录表，施工时按相应验收记录表填写。

3. 模板支架安装和拆除作业前应由技术人员依据专项施工方案要求对作业人员进行书面安全技术交底，并签字确认。

4. 模板支架安装必须满足标准、规范及专项方案的要求，现场技术人员、安全员和监理工程师应监督实施。安装后应由现场技术负责人组织有关人员进行验收，只有经验收合格后，方能进行下道工序。分段支设的模板支架必须进行分段验收。

5. 模板支架拆除必须严格执行拆模审批制度，不得随意拆除模板。拆模前必须确认混凝土强度是否达到规定要求，是否可以承受上层传下来的施工荷载，作业环境是否有可靠的安全措施。拆模申请经批准后方可进行拆模。

三、脚手架工程安全技术要点

1. 依据《建设工程安全生产管理条例》及《危险性较大的分部分项工程安全管理办法》有关规定,脚手架工程施工前应单独编制安全专项施工方案,包括高度超过 24m 的落地式钢管脚手架、附着式升降脚手架、悬挑式脚手架、满堂脚手架及卸料平台,方案编写应符合规范要求。

对于超过一定规模的脚手架工程(高度 50m 及以上的落地式钢管脚手架、提升高度 150m 及以上的附着式升降脚手架、高度 20m 及以上的悬挑式脚手架)的专项施工方案,施工单位还应组织专家进行论证,论证报告作为专项施工方案的附件。

2. 脚手架工程检查验收应符合《建筑施工扣件式钢管脚手架安全技术规范》(JGJ 130)、《建筑施工碗扣式钢管脚手架安全技术规范》(JGJ 166)、《建筑施工承插型盘扣式钢管脚手架安全技术标准》(JGJ 231/T)、《建筑施工门式钢管脚手架安全技术标准》(JGJ/T 128)、《建筑施工安全检查标准》(JGJ 59)等有关现行国家标准、规范规定。现行行业标准《建筑施工安全检查标准》(JGJ 59),列出了七种类型脚手架:扣件式钢管脚手架、悬挑式脚手架、附着式升降脚手架、门式钢管脚手架、碗扣式钢管脚手架、承插型盘扣式钢管脚手架和满堂脚手架。因此,本资料中提供了七种脚手架的验收记录表,施工时可按相应验收记录表填写。

3. 脚手架使用的材料必须"三证"(生产许可证、产品合格证、出厂检验证明)齐全,进场的各类材料、构配件进行验收,需现场抽样复试的应按规定抽检,不合格产品严禁使用,金属构配件应刷防锈漆。

4. 脚手架应按规范要求进行强度、刚度、稳定性及架体基础的承载力设计计算。

5. 脚手架搭设前应由技术人员依据专项施工方案要求对作业人员进行书面安全技术交底,并签字确认。

6. 脚手架搭设必须满足标准、规范及专项方案的要求,现场技术人员、安全员和监理工程师应监督实施。脚手架搭设完成后应由技术负责人组织有关人员验收,分段(分层)搭设的脚手架必须进行分段(分层)验收。验收不合格,应进行整改,并组织第二次验收。

7. 脚手架及地基基础还应在下列阶段进行检查验收:
(1) 基础完工后及脚手架搭设前;
(2) 作业层上施加荷载前;
(3) 每搭完 6~8m 高度后;
(4) 达到设计高度后;
(5) 遇有六级大风或大雨后;
(6) 寒冷地区开冻后;
(7) 停用超过一个月。

8. 脚手架在使用过程中,必须定期检查、维护。对下列项目应定期检查:
(1) 杆件的设置和连接,连墙件、支撑、门洞桁架等的构造应符合规范和方案要求;

(2) 地基应无积水、底座应无松动，立杆应无悬空；

(3) 扣件螺栓应无松动；

(4) 高度在 24m 以上的脚手架，其立杆的沉降与垂直度偏差应符合规范规定；

(5) 安全防护措施应符合规范要求；

(6) 应无超载。

9. 附着式升降脚手架必须满足使用条件，产品应有住房城乡建设部认证的科学技术成果鉴定合格证书，且有工程施工安全监督部门的审查登记。专业承包单位必须具有住房城乡建设部颁发的专业资质。

四、安全防护设施安全技术要点

1. 进入现场的安全帽、安全带、安全网等防护用品和施工中的临边与洞口设置的防护设施，应按照现行国家标准规范《头部防护 安全帽》（GB 2811）、《坠落防护 安全带》（GB 6095）、《安全网》（GB 5725）及《建筑施工高处作业安全技术规范》（JGJ 80）、《建筑施工安全检查标准》（JGJ 59）的规定进行检查验收。

2. 安全帽、安全带、安全网等防护用品进入现场后，应查验其生产许可证、产品质量合格证及出厂质量检验报告等原始凭证，并按规定分批进行抽样复试，验收合格方可使用。

3. 施工现场安全防护设施应随施工进度及时按规定设置，设置后应及时组织有关人员进行验收，验收合格方可使用。

五、施工现场临时用电安全技术要点

1. 施工现场临时用电工程安装完成后，工程项目部应按照施工现场临时用电验收记录所列内容，依据现行行业标准《施工现场临时用电安全技术规范》（JGJ 46）和临时用电施工组织设计进行验收，验收结果有量化数据的填写量化数据，无数据的文字说明。

2. 临时用电施工组织设计必须由电气专业人员编制，履行审批后方可执行。临时用电安全技术交底由方案编制人向用电人员交底，履行签字后方可用电。

3. 接地电阻、绝缘电阻每月测试一次，雷雨季节增加测试频次，并详实填写施工现场接地电阻测试记录及施工现场绝缘电阻测试记录；漏电保护器功能试验应由专职电工每天试验一次，并详实填写施工现场漏电保护器功能试验记录。

4. 施工现场临时用电专职电工，应依据临时用电施工组织设计绘制接地极示意图，并详实填写施工现场接地极做法详图记录。

5. 施工现场临时用电专职电工，应根据具体作业内容（安装、巡检、维修、拆除等）逐日填写施工现场临时用电工作记录。

6. 配电箱内总路和所有分路、开关箱、用电设备必须进行绝缘电阻测试，并详实填写施工现场绝缘电阻测试记录表。

7. 施工现场自备电源必须进行工作接地电阻测试，并详实填写施工现场接地电阻测试记录表；当施工现场与外电线路共用同一供电系统时，无需测试工作接地电阻。

8. 施工现场应配备两名以上临时用电专职电工，专职电工必须持建筑行业特种作

业操作证上岗。配电箱、开关箱维护保养由专职电工负责；配电箱由专职电工负责管理，开关箱由机械操作人员负责管理。

六、高处作业吊篮安全技术要点

1. 高处作业吊篮验收、检查应符合现行国家标准或行业标准《高处作业吊篮》（GB/T 19155）、《建筑施工工具式脚手架安全技术规范》（JGJ 202）、《建筑施工安全检查标准》（JGJ 59）等相关规定。

2. 高处作业吊篮安装前，产权单位应进行产权备案；使用单位应当在吊篮安装验收合格后，15个工作日内向安监机构办理使用告知；使用单位、安装单位、总包单位、监理单位应对资料原件进行审查。

3. 专项施工方案参照现行行业标准《建筑施工工具式脚手架安全技术规范》（JGJ 202）的7.0.1和7.0.2要求编制。

4. 吊篮安装完毕，安装单位应按照表E4.3进行调试、试运转、自检，同一生产厂家同一型号吊篮可填一份自检表，自检合格后，安装单位办理使用说明。

5. 吊篮应悬挂限载、限人标示牌；在吊篮内进行电焊作业时，应对设备、钢丝绳、电缆采取保护措施，严禁将电焊机、氧气瓶、乙炔瓶放置在吊篮内；每次移位安装后均应重新自检、验收。

6. 吊篮使用单位应当对吊篮操作人员进行安全操作培训教育，吊篮安全操作培训教育分为日常和岗前培训教育，教育应有记录，并经被培训人签字确认。

7. 吊篮整机的使用年限为6年。对于超过使用年限，但使用状况良好的吊篮，应经具有相应计量认证资格的专业检验机构进行检验，检验合格的可继续使用1年。

七、施工机具安全技术要点

1. 施工机具验收、检查应符合现行行业标准《施工现场机械设备检查技术规范》（JGJ 160）、《建筑机械使用安全技术规程》（JGJ 33）、《建筑施工安全检查标准》（JGJ 59）等相关规定。

2. 安装验收由施工员、设备管理员、安全员和机械操作人员参加，严格按照有关标准、规程及验收记录表中的项目进行，验收合格后方可投入使用。

八、起重吊装安全技术要点

起重吊装验收、检查应符合国家现行标准《施工现场机械设备检查技术规范》（JGJ 160）、《建筑机械使用安全技术规程》（JGJ 33）、《起重机 钢丝绳 保养、维护、检验和报废》（GB/T 5972）、《建筑施工安全检查标准》（JGJ 59）、《起重机械吊具与索具安全规程》（LD48）等相关规定。

第八章 建筑施工技术

第一节 施工测量基本技术

一、仪器的使用

（一）水准仪的使用

水准仪分为水准气泡式和自动安平式，目前多为自动安平式。水准仪按其高程测量精度分为 DS05、DS1、DS2、DS3（图 8-1-1）、DS10 几种等级。

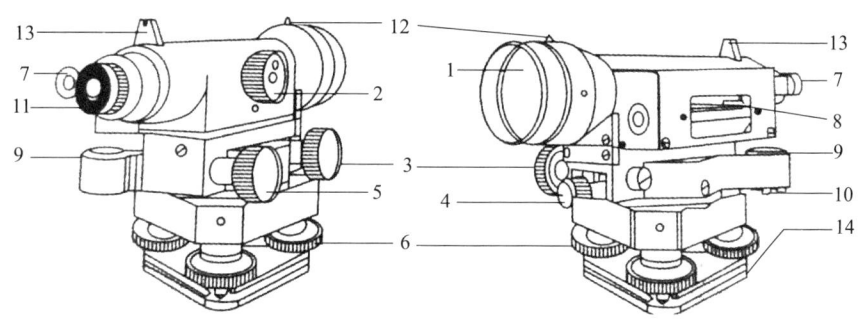

图 8-1-1 DS3 型微倾式水准仪
1—物镜；2—物镜调焦螺旋；3—水平微动螺旋；4—水平制动螺旋；5—微倾螺旋；
6—粗平螺旋；7—管水准器气泡观察窗；8—管水准器；9—圆水准器；
10—圆水准器校正螺钉；11—目镜；12—准星；13—照门；14—基座

水准仪使用分为：仪器的安置、粗略整平、瞄准目标、精平、读数等几个步骤。

1. 安置仪器

应把三脚架安置在距离两个测站点大致等距离的位置，保证架头大致水平。打开三脚架调整至高度适中，将架腿伸缩螺旋拧紧，并保证架脚与地面有稳固连接。从仪器箱中取出水准仪置于架头，用架头上的连接螺旋将仪器与三脚架连接牢固。

2. 粗略整平

首先使物镜平行于任意两个脚螺旋（如：1 和 2）的连线，如图 8-1-2（a）所示。然后，用两手同时顺时针或逆时针旋转脚螺旋 1 和 2，使气泡移至 1、2 两个脚螺旋方向的中间位置。再用左手旋转脚螺旋 3，使气泡居中，如图 8-1-2（b）所示。

3. 瞄准

首先将物镜对着明亮的背景，转动目镜调焦螺旋，调节十字丝清晰。然后，松开制动螺旋，利用粗瞄准器瞄准水准尺，拧紧水平制动螺旋。再调节物镜调焦螺旋，使水准尺分划清晰，调节水平微动螺旋，使十字丝的竖丝瞄准水准尺边缘或中央，如图 8-1-3 所示。

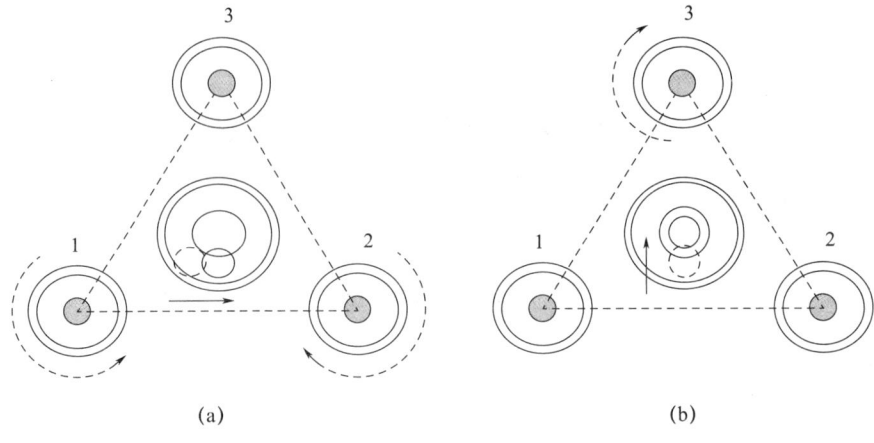

图 8-1-2 水准器粗平

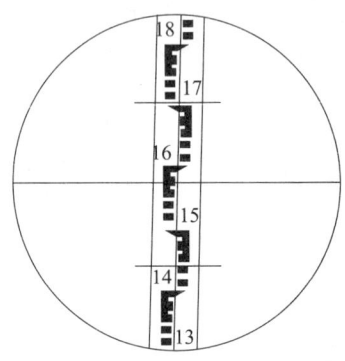

图 8-1-3 瞄准水准尺与读数

4. 精平

如图 8-1-4（a）所示，目视水准管气泡观察窗，同时调整微倾螺旋，使水准管气泡两端的影像重合并如图 8-1-4（b）所示，此时，水准仪达到精平。自动安平水准仪不需要此步操作。

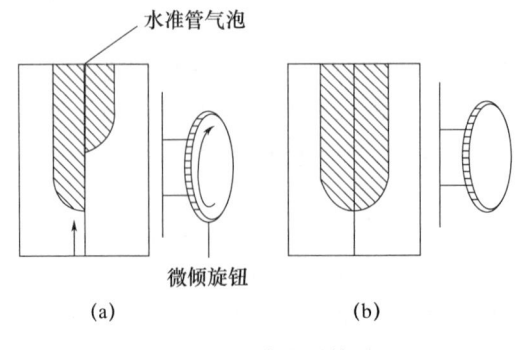

图 8-1-4 水准器精平

5. 读数

眼睛通过目镜读取十字丝中丝水准尺上读数，直接读米、分米、厘米，估读毫米共四位。图 8-1-3 所示为正像望远镜中所看到的水准尺的像，水准尺读数为 1.575m。

（二）经纬仪的使用

经纬仪可以用于测量水平角和竖直角。我国把光学经纬仪按精度不同划分为 DJ07、DJ1、DJ2、DJ6（图 8-1-5）、DJ30 等几个等级。

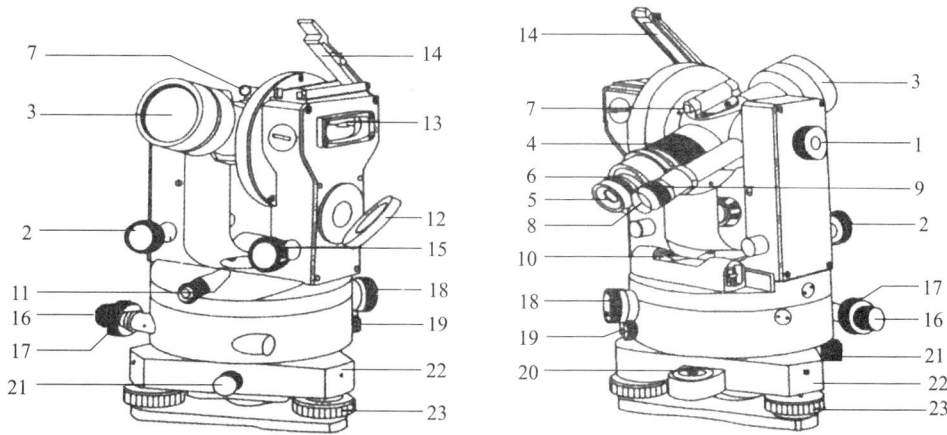

图 8-1-5　DJ6 级光学经纬仪

1—望远镜制动螺旋；2—望远镜微动螺旋；3—物镜；4—物镜调焦螺旋；5—目镜；
6—目镜调焦螺旋；7—光学粗瞄器；8—度盘读数显微镜；9—度盘读数显微镜调焦螺旋；
10—照准部水准器；11—光学对中器；12—度盘照明反光镜；13—竖盘指标管水准器；
14—竖盘指标管水准器观察反射镜；15—竖盘指标管水准器微动螺旋；
16—水平制动螺旋；17—水平微动螺旋；18—水平度盘变换螺旋；19—水平度盘变换锁止螺旋；
20—基座圆水准器；21—轴套固定螺栓；22—基座；23—脚螺旋

经纬仪的使用主要包括：安置仪器、照准目标、读数等工作。

1. 经纬仪的安置

经纬仪的安置包括对中和整平两项工作。首先，打开三脚架，调整好长度使高度适中，将其安置在测站上，使架头大致水平，架顶中心大致对准站点中心标记。取出经纬仪放置在三脚架头上，旋紧连接螺旋。然后开始对中和整平工作。

1) 对中：分为垂球对中和光学对中，光学对中的精度高，目前主要采用光学对中。分为粗对中、精对中两个步骤。

（1）粗对中：目视光学对中器，调节光学对中器目镜使照准圈和测站点目标清晰。双手紧握并移动三脚架使照准圈对准测站点的中心并保持三脚架稳定、架头基本水平。

（2）精对中：旋转脚螺旋使照准圈准确对准测站点的中心，光学对中的误差应小于 1mm。

2) 整平：分为粗平和精平两个步骤。

（1）粗平：伸长或缩短三脚架腿，使圆水准气泡居中。

（2）精平：旋转照准部使照准部管水准器至图 8-1-6（a）的位置，旋转脚螺旋 1、2 使水准气泡居中；然后旋转照准部 90°至图 8-1-6（b）的位置，旋转脚螺旋 3 使水准气泡居中。如此反复，直至照准部转至任何位置，气泡均居中为止。

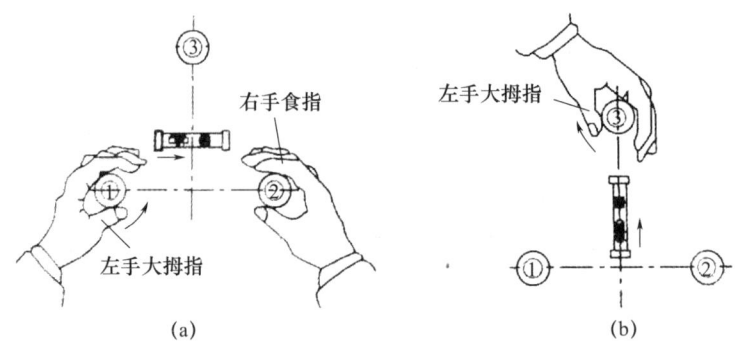

图 8-1-6　精平

在完成上述工作之后，再次进行精对中、精平。目视光学对中器，如照准圈偏离测站点的中心偏移量较小，则旋松连接螺旋，在架顶上平移仪器，使照准圈准确对准测站点中心，旋紧连接螺旋。精平仪器，直至照准部转至任何位置，气泡均居中为止；如偏移量过大则需重新对中、整平仪器。

2. 照准

首先调节目镜，使十字丝清晰，通过瞄准器瞄准目标，然后拧紧制动螺旋，调节物镜调焦螺旋使目标清晰并消除视差，利用微动螺旋精确照准目标的底部，如图 8-1-7 所示。

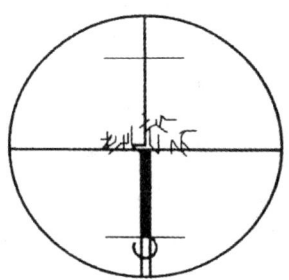

图 8-1-7　照准目标

3. 读数

先打开度盘照明反光镜，调整反光镜，使读数窗亮度适中，旋转读数显微镜的目镜使度盘影像清晰，然后读数。DJ2 级光学经纬仪读数方式为首先转动测微轮，使读数窗中的主、副像分划线重合，然后在读数窗中读出数值，如图 8-1-8（a）中读数 $151°11'54''$，图 8-1-8（b）中读数为 $83°46'16''$。

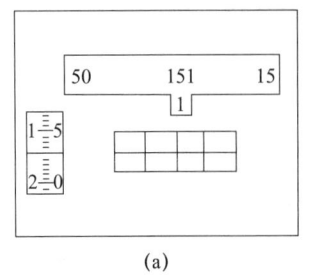

(a)

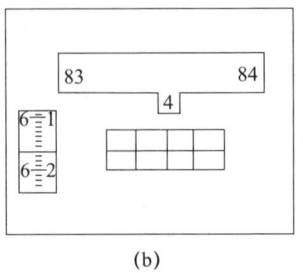

(b)

图 8-1-8　DJ2 极光学经纬仪读数

(三) 全站仪的使用

全站仪（图 8-1-9）是一种多功能测量仪器，不仅能够测角、测距和测高差，还能完成测定坐标以及放样等操作，是目前在土建工程施工现场广泛使用的测量仪器。全站仪的品牌和型号很多，进口品牌有：瑞士徕卡 TC 系列，日本的拓普康系列，美国的 Trim-ble3600 系列；国产品牌主要有苏州一光 OTS 系列和中国南方 NTS 系列等。

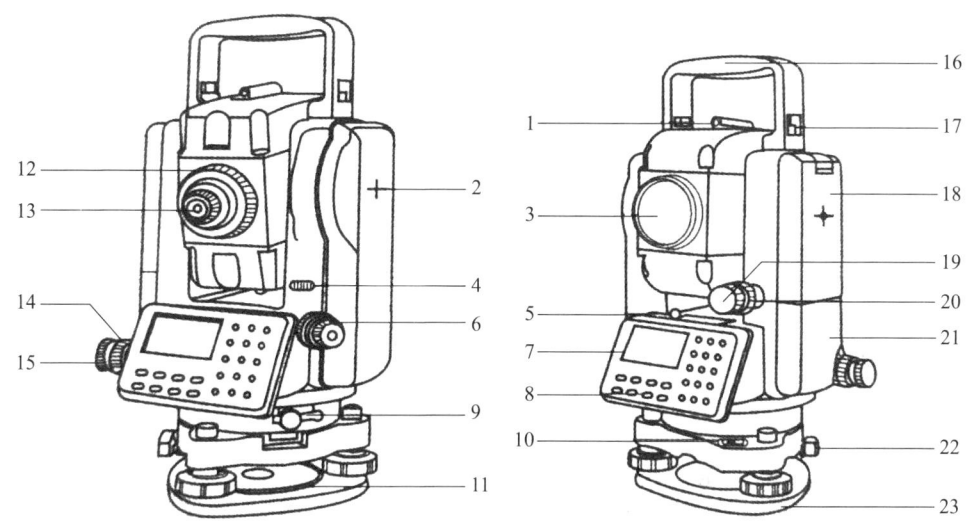

图 8-1-9　全站仪
1—粗瞄准器；2—横轴中心；3—物镜；4—仪器号码；5—长水准器；6—下对点；7—显示屏；
8—按键；9—RS232C 接口；10—圆水准器；11—基座；12—调焦手轮；13—目镜；
14—水平制动螺旋；15—水平微动螺旋；16—提手；17—提手固定螺旋；18—电池；
19—竖盘微动手轮；20—竖盘制动手轮；21—仪器型号；22—基座锁紧钮；23—脚螺旋

不同厂家的全站仪输入方式略有不同，其基本功能及操作步骤如下。

1. 测前的准备工作

安装电池，检查电池的容量，确定电池电量充足。

2. 安置仪器

全站仪安置步骤、方法与电子经纬仪安置相同。主要步骤如下：

（1）安放三脚架，调整长度至高度适中，将全站仪固定到三脚架上，架设仪器使测点在视场内，完成仪器安置。

（2）移动三脚架，使光学对点器中心与测点重合，完成粗对中工作。

（3）调节三脚架，使圆水准气泡居中，完成粗平工作。

（4）调节脚螺旋，使长水准气泡居中，完成精平工作。

（5）移动基座，精确对中，完成精对中工作；重复以上步骤直至完全对中、整平。

3. 开机

按开机键开机。按提示转动仪器望远镜一周显示基本测量屏幕。确认棱镜常数值和大气改正值。

4. 角度测量

仪器瞄准角度起始方向的目标，按键选择显示角度菜单屏幕（按置零键可以将水平角读数设置为 0°00′00″）；精确照准目标方向仪器即显示两个方向间水平夹角和垂直角。

5. 距离测量

按键选择进入斜距测量模式界面；照准棱镜中心；按测距键两次即可得到测量结果。按 ESC 键，清空测距值。按切换键，可将结果切换为平距、高差显示模式。

6. 放样

选择坐标数据文件。可进行测站坐标数据及后视坐标数据的调用；置测站点；置后视点，确定方位角；输入或调用待放样点坐标，开始放样。

二、建筑定位

建筑定位，就是将建筑物外墙各轴线交点测设定位在地面上，作为基础和细部放线的依据。其方法有经纬仪定位法（用于精度要求较高的房屋）与"勾三股四弦五"定位法（用于精度要求不高的房屋）。农房修建一般可采用"勾三股四弦五"定位法定位。

操作步骤如图 8-1-10 所示。

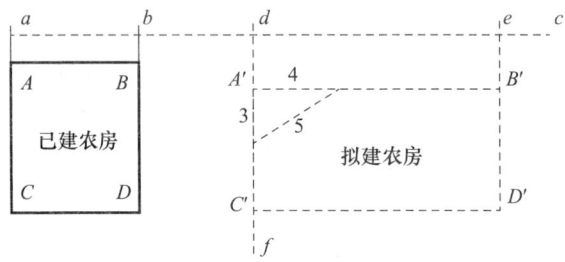

图 8-1-10 "勾三股四弦五"定位法示意

（1）在已有建筑一侧的 A、B 两点垂直墙面引等距离（一般为 2m 左右）两点 a、b，用皮尺或钢尺引出 ab 线的延长线 $a—b—c$（长度要超过拟建房屋 2～4m），在 a、b、c 三点上打入小木桩，并在木桩上钉上小钉作标志；

（2）自 b 点沿 $b—c$ 方向量出 d 点（bd 为两房屋间的距离），再根据拟建房屋的长度确定 e 点（de 为拟建房屋的长度）；

（3）在 d 点利用"勾三股四弦五"定位法原理找出 $b—d—c$ 的垂直线 df（f 点应在拟建房屋宽度外延长 2～4m）；

（4）从 d 点沿 df 方向量出 A' 点（$d—A'$ 长度应为 ab 与 AB 垂直距离加上已建建筑与拟建建筑外侧相差距离），在 df 线上，根据拟建建筑的宽度量出 C' 点（$C'—A'$ 两点之间的距离为拟建房屋的宽度）；

（5）在 A' 点处用"勾三股四弦五"的方法确定直角点，并将各点连接起来；

（6）根据图纸尺寸，进行定位复核，直到满足要求为止。

三、建筑放线

建筑轴线及其交点确定后，应立即在建筑外侧、定位轴线的延长线上引测设置轴线控制桩和龙门板，作为基坑开挖后各施工阶段恢复轴线的依据。

1. 测设轴线控制桩

轴线控制桩一般设置在基槽边线外 2～3m 的地方，如图 8-1-11 所示。控制桩打下后，桩顶钉上小钉，准确标出轴线位置，并用混凝土固定木桩，如图 8-1-12 所示。

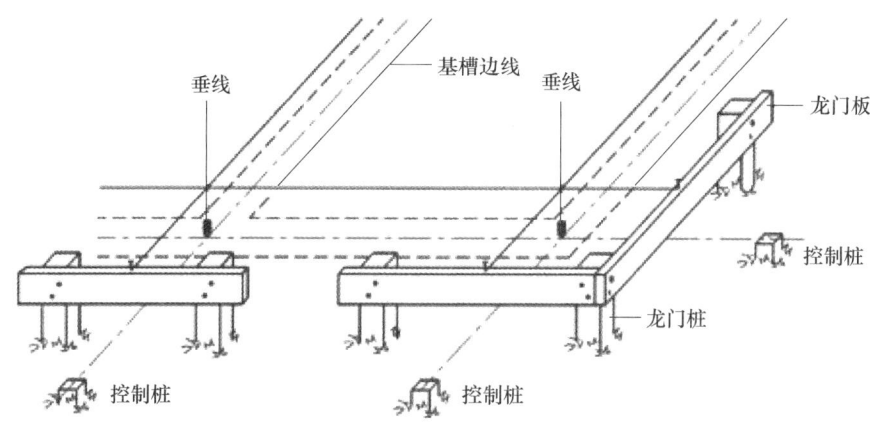

图 8-1-11　轴线控制桩和龙门板的测设

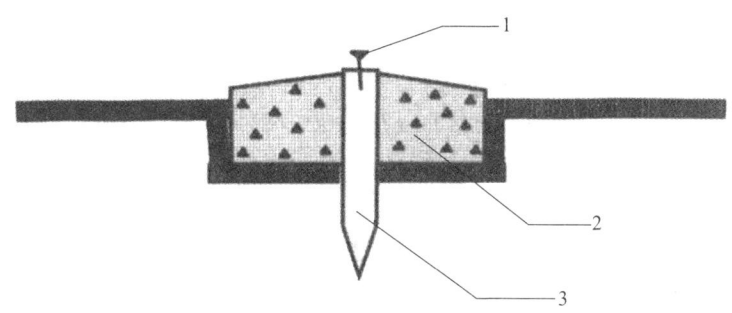

图 8-1-12　控制桩示意图
1—小钉；2—混凝土；3—木桩

如果是多层建筑，为了便于向上引点，应设置在较远的地方。

如附近有永久建筑物，亦可把轴线投测到建筑物上，用红漆作出标志，以代替轴线控制桩。最后，在轴线桩之间拉线，用白灰在地面上撒出基槽开挖边线。

2. 测设龙门板

为了施工方便，可在基槽边线外一定距离处钉设龙门板。步骤和要求如下：

（1）在建筑物四角和隔墙两端基槽开挖边线以外的 1～1.5m 处（具体根据土质情况和挖槽深度确定）钉设龙门桩，龙门桩要钉得竖直、牢固，其侧面应平行于基槽。

（2）根据建筑场地的水准点，用水准测量的方法在龙门桩上测设出建筑物的±0.000 标高线，其误差应不超过±5mm。

（3）将龙门板钉在龙门桩上，使龙门板顶面对齐龙门桩上的±0.000 标高线。

（4）使用经纬仪或钢尺测量，将墙、柱轴线投测到龙门板顶面上，并钉上小钉作为标志。投点误差应不超过±5mm。

（5）用钢尺沿龙门板顶面检查轴线钉的间距，应符合要求。以龙门板上的轴线钉为准，将墙宽线画在龙门板上。

（6）采用挖掘机开挖基槽时，为了不妨碍挖掘机工作，一般只测设控制桩，不设置龙门桩和龙门板。

四、基础施工测量

基础施工测量的主要内容是放样基槽开挖边线、控制基础的开挖深度,测设垫层的施工高程和放样基础模板的位置。

1. 放样基槽开挖边线和抄平

(1) 按照基础大样图上的基槽宽度,再加放坡上口的尺寸,计算出基槽开挖边线的宽度。由控制桩中心向两边各量基槽开挖边线宽度的一半,在龙门板上作出记号。

(2) 在两侧对应的记号点之间拉线,在拉线位置撒上白灰,就可以按照白灰线位置开挖基槽。

(3) 为了控制基槽的开挖深度,当基槽挖到一定的深度后,用水准测量的方法在基槽壁上、离坑底设计高程 0.3~0.5m 处、每隔 2~3m 和拐点位置,设置一些水平桩,如图 8-1-13 所示。建筑施工中,将高程测设称为"抄平"。

图 8-1-13 控制桩示意图

(4) 基槽开挖完成后,应根据控制桩或龙门板,复核基槽宽度和槽底标高,合格后,方可进行垫层施工。

2. 垫层和基础放样

(1) 如图 8-1-14 所示,基槽开挖完成后,应在基坑底设置垫层标高桩,使桩顶面的高程等于垫层设计高程,作为垫层施工的依据。

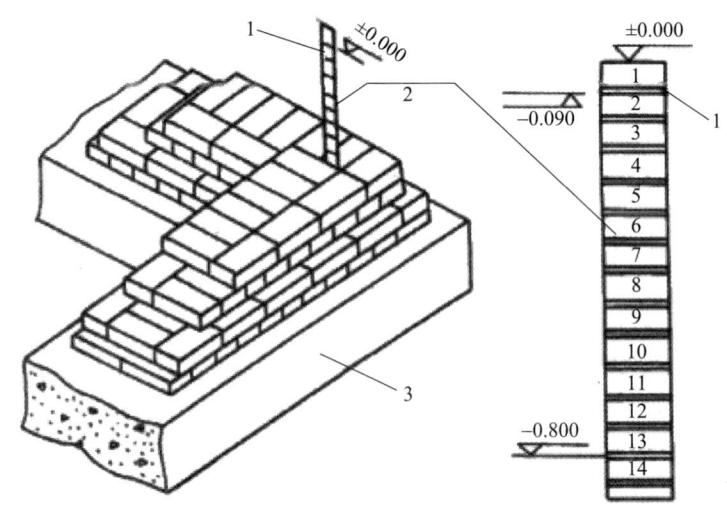

图 8-1-14 基础墙标高的控制
1—防潮层;2—皮数杆;3—垫层

(2) 垫层施工完成后,根据控制桩(或龙门板),用拉线的方法,吊垂球将墙基轴线投设到垫层上,并用墨线弹出墙中心线和基础边线,作为砌筑基础的依据。

(3) 墙基轴线投设完成后,应按房屋设计尺寸进行全面复核。由于后续墙身砌筑均以此为准,因此这是确定建筑物位置的关键环节,要严格校核后方可进行砌筑施工。

3. 基础墙标高的控制

房屋基础墙是指±0.000m以下的墙体,它的高度是用基础皮数杆来控制的。

(1) 基础皮数杆是一根木制的杆子,在杆上事先按照设计尺寸,将砖、灰缝厚度画出线条,并标明±0.000m和防潮层的标高位置。

(2) 立皮数杆时,先在立杆处打一木桩,用水准仪在木桩侧面定出一条高于垫层某一数值(如100mm)的水平线,然后将皮数杆上标高相同的一条线与木桩上的水平线对齐,并用大铁钉把皮数杆与木桩钉在一起,作为基础墙的标高依据。

4. 基础面标高的检查

基础施工结束后,应检查基础面的标高是否符合设计要求(也可检查防潮层)。可用水准仪测出基础面上若干点的高程与设计高程比较,允许误差为±10mm。

五、墙体施工测量

1. 墙体定位(图8-1-15)

(1) 利用轴线控制桩或龙门板上的轴线和墙边线标志,用经纬仪或拉细绳挂锤球的方法将轴线投测到基础面上或防潮层上。

(2) 用墨线弹出墙中线和墙边线。

(3) 检查外墙轴线交角是否等于90°。

(4) 把墙轴线延伸并画在外墙基础上,作为向上投测轴线的依据。

(5) 把门、窗和其他洞口的边线,也在外墙基础上标定出来。

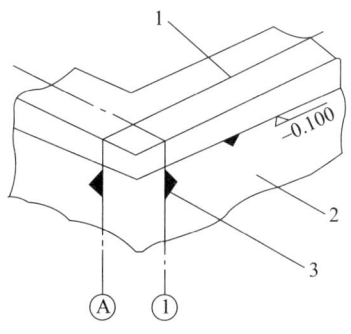

图 8-1-15 墙体定位
1—墙中心线;2—外墙基础;3—轴线

2. 墙体各部位标高控制

在墙体施工中,墙身各部位标高通常也是用皮数杆控制的。

(1) 在墙身皮数杆上,根据设计尺寸,按砖、灰缝的厚度画出线条,并标明±0.000、门、窗、楼板等的标高位置,如图8-1-16所示。

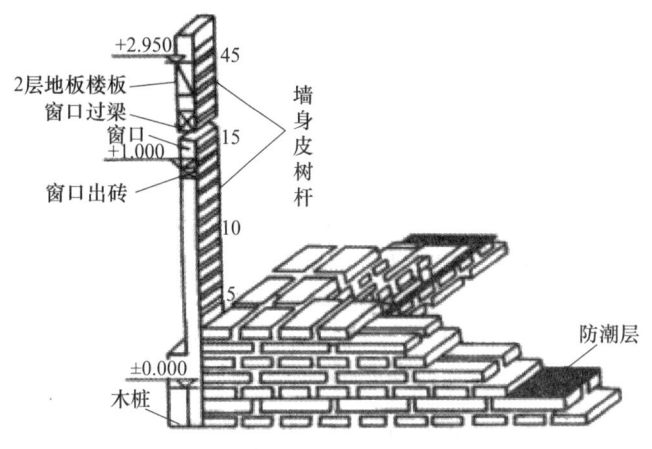

图 8-1-16 墙体皮数杆的设置

(2) 墙身皮数杆的设立与基础皮数杆相同,使皮数杆上的±0.000 标高与房屋的室内地坪标高相吻合。一般每隔 10～15m 设置一根皮数杆。

(3) 在墙身砌起 1m 以后,就在室内墙身上定出+0.500m 的标高线,作为该层地面施工和室内装修用。

第二层以上墙体施工中,为了使皮数杆在同一水平面上,要用水准仪测出楼板四角的标高,取平均值作为地坪标高,并以此作为立皮数杆的标志。

(4) 框架结构房屋,墙体砌筑是在框架施工后进行的,故可在柱面上画线,代替皮数杆。

3. 建筑高程传递

在简单低层建筑施工中,要由下层向上层传递高程,以便楼板、门窗口等的标高符合设计要求。高程传递的方法有以下几种。

(1) 一般建筑物可用墙体皮数杆传递高程。1 层楼房墙体砌完并建好后,把皮数杆移到 2 层继续使用。为了使皮数杆立在同一水平面上,用水准仪测定楼面四角的标高,取平均值作为 2 层的地面标高,并在立杆处绘出标高线,立杆时将皮数杆的±0.000 线与该线对齐。然后以皮数杆为标高依据进行墙体砌筑。如此用同样方法逐层往上传递高程。

(2) 对于高程传递精度要求较高的建筑物,通常用钢尺直接丈量来传递高程。对于 2 层以上的各层,每砌高一层,就从楼梯间用钢尺从下层的"+0.500m"标高线,向上量出层高,测出上一层的"+0.500m"标高线,这样用钢尺逐层向上引测。

(3) 吊钢尺法:在楼梯缝处用悬挂钢尺代替水准尺,用水准仪读数,从下向上传递高程。

第二节 砌筑施工技术

一、基础砌筑工程施工工艺

基础砌筑主要指砖基础和毛石基础的砌筑,均属于刚性基础范畴。这种基础的特点是抗压性能好，整体性、抗拉、抗弯、抗剪性能较差，材料易得，施工操作简便，造价较低。本工艺标准适用于地基坚实、均匀，上部荷载较小，7层和7层以下的一般民用建筑和墙承重的轻型厂房基础工程。

（一）砖基础砌筑施工工艺

1. 施工准备

1）材料及主要机具

（1）砖：砖的品种、强度等级须符合设计要求，并应规格一致。有出厂证明、试验单。

（2）水泥：一般采用325号矿渣硅酸盐水泥和普通硅酸盐水泥。

（3）砂：中砂，应过5mm孔径的筛。配制M5以下的砂浆，砂的含泥量不超过10%；M5及其以上的砂浆，砂的含泥量不超过5%，并不得含有草根等杂物。

（4）掺合料：石灰膏、粉煤灰和磨细生石灰粉等，生石灰粉熟化时间不得少于7d。

（5）其他材料：拉结筋、预埋件、防水粉等。

（6）主要机具：应备有砂浆搅拌机、大铲、刨锛、托线板、线坠、钢卷尺、灰槽、小水桶、砖夹子、小线、筛子、扫帚、八字靠尺板、钢筋卡子、铁抹子等。

2）作业条件

（1）基槽：混凝土或灰土地基均已完成，并办完隐检手续。

（2）已放好基础轴线及边线；立好皮数杆（一般间距15～20mm，转角处均应设计），并办完预检手续。

（3）根据皮数杆最下面一层砖的底标高，拉线检查基础垫层表面标高，如第一层砖的水平灰缝大于20mm时，应先用细石混凝土找平，严禁在砌筑砂浆中掺细石代替或用砂浆垫平，更不允许砍砖合子找平。

（4）常温施工时，黏土砖必须在砌筑的前一天浇水湿润，一般以水浸入砖四边15mm左右为宜。

（5）砂浆配合比已经试验室确定，现场准备好砂浆试模（6块为一组）。

2. 施工操作工艺

1）拌制砂浆

（1）砂浆配合比应采用质量比，水泥计量精度为±2%，砂、掺合料为±5%。

（2）宜用机械搅拌，投料顺序为砂→水泥→掺合料→水，搅拌时间不少于1.5min。

（3）砂浆应随拌随用，一般水泥砂浆和水泥混合砂浆须在拌成后3h和4h内使用完，不允许使用过夜砂浆。

（4）基础按一个楼层，每250m³砌体，各种砂浆，每台搅拌机至少做一组试块（一组六块），如砂浆强度等级或配合比变更时，还应制作试块。

2）确定组砌方法

（1）组砌方法应正确，一般采用满丁满条。

（2）里外咬槎，上下层错缝，采用"三一"砌砖法（即一铲灰，一块砖，一挤揉），严禁用水冲砂浆灌缝的方法。

3）排砖撂底

（1）基础大放脚的撂底尺寸及收退方法必须符合设计图纸规定，如一层一退，里外均应砌丁砖；如二层一退，第一层为条砖，第二层砌丁砖。

(2) 大放脚的转角处，应按规定放七分头，其数量为一砖半厚墙放三块，二砖墙放四块，以此类推。

4) 砌筑

(1) 砖基础砌筑前，基础垫层表面应清扫干净，洒水湿润。先盘墙角，每次盘角高度不应超过五层砖，随盘随靠平、吊直。

(2) 砌基础墙应挂线，24墙反手挂线，37墙以上墙应双面挂线。

(3) 基础标高不一致或有局部加深部位，应从最低处往上砌筑，应经常拉线检查，以保持砌体通顺、平直，防止砌成"螺丝"墙。

(4) 基础大放脚砌至基础上部时，要拉线检查轴线及边线，保证基础墙身位置正确。同时还要对照皮数杆的砖层及标高，如有偏差时，应在水平灰缝中逐渐调整，使墙的层数与皮数杆一致。

(5) 暖气沟挑檐砖及上一层压砖，均应用于砖砌筑，灰缝要严实，挑檐砖标高必须正确。

(6) 各种预留洞、埋件、拉结筋按设计要求留置，避免后剔凿，影响砌体质量。

(7) 变形缝的墙角应按直角要求砌筑，先砌的墙要把舌头灰刮尽；后砌的墙可采用缩口灰，掉入缝内的杂物随时清理。

(8) 安装管沟和洞口过梁其型号、标高必须正确，底灰饱满；如坐灰超过20mm厚，用细石混凝土铺垫，两端搭墙长度应一致。

5) 抹防潮层

将墙顶活动砖重新砌好，清扫干净，浇水湿润，随即抹防水砂浆，设计无规定时，一般厚度为15~20mm，防水粉掺量为水泥质量的3%~5%。

6) 冬雨期施工

(1) 砂浆宜用普通硅酸盐水泥拌制，石灰膏等掺合料应有防冻措施，如遭冻，必须融化后方可使用。砂中不得含有大于10mm的冻块。

(2) 砖应清除冰霜，冬期不浇水，应适当增大砂浆的稠度。

(3) 砌砖一般采用掺盐砂浆，其掺盐量、材料加热温度均按冬施方案规定执行。砂浆使用时的温度不应低于5℃。

(4) 雨期施工时，应防止基槽灌水和雨水冲刷砂浆；砂浆的稠度应适当减小。每天砌筑高度不宜超过1.2m，收工时覆盖砌体上表面。

(二) 石基础砌筑施工工艺

1. 施工准备

1) 材料要求

(1) 毛石

用坚实、未风化、无裂缝、夹层、杂质的石料，强度等级不低于MU20，尺寸一般以高宽在20~30cm、长在30~40cm之间为宜，毛石表面的水锈、浮土、杂质应清刷（洗）干净。

(2) 水泥

采用325号或425号普通硅酸盐水泥或矿渣硅酸盐水泥，应有出厂合格证或试验报告。

(3) 砂

用中砂,并通过 5mm 筛孔。配制 M5 (含 M5) 以上砂浆,砂的含泥量不应超过 5%;M5 以下砂浆,砂的含泥量不应超过 10%,不得含有草根等杂物。

(4) 掺合料

有石灰膏、磨细生石灰粉、电石膏和粉煤灰等,石灰膏的熟化时间不应少于 7d,严禁使用冻结或脱水硬化的石灰膏。

2) 主要机具设备

(1) 机械设备

应备有砂浆搅拌机、筛砂机和淋灰机等。

(2) 主要工具

应备有大铲、刨锛、瓦刀、托线板、线坠、水平尺、皮数杆、泥桶、存灰槽、筛子、勾缝条、运石车、灰浆车、翻斗车、磅秤等。

3) 作业条件

(1) 基槽或基础垫层均已完成,并验收,办完隐检手续。

(2) 已设置龙门板或龙门桩,标出建筑物的主要轴线,标出基础及墙身轴线和标高;并弹出基础轴线和边线;立好皮数杆(间距为 15~20m,转角处均应设立),办完预检手续。

(3) 根据皮数杆最下面一层毛石的标高,拉线检查基础垫层、表面标高是否合适,如第一层毛石大于 30mm 时,应用细石混凝土找平,不得用砂浆或在砂浆中掺细砖或碎石处理。

(4) 常温施工时,砌石前一天应将石浇水湿润。

(5) 砌筑部位的灰渣、杂物应清除干净,基层浇水湿润。

(6) 砂浆配合比,已经试验室根据实际材料确定。准备好砂浆试模。应按试验确定的砂浆配合比拌制砂浆,并搅拌均匀。常温下拌好的砂浆应在拌合后 3~4h 内用完;当气温超过 30℃时,应在 2~3h 内用完。严禁使用过夜砂浆。

(7) 脚手架应随砌随搭设;垂直运输机具应准备就绪。

2. 施工操作工艺

(1) 毛石基础截面形状有矩形、阶梯形、梯形等。基础上部宽一般应比墙厚大 20cm 以上。毛石的形状不规整,不易砌平,为保证毛石基础的整体刚度和传力均匀,每一台阶应不少于 2~3 皮毛石,每阶排出宽度应不小于 20cm,每阶高度不小于 40cm。

(2) 砌筑前,应检查基槽(坑)的土质、轴线、尺寸和标高,清除杂物,打好底夯。地基过湿时,应铺 10cm 厚的砂子、矿渣、砂砾石或碎石填平夯实。

(3) 根据设置的龙门板或中心桩放出基础轴线及边线,抄平,在两端立好皮数杆,划出分层砌石高度(不宜小于 30cm),标出台阶收分尺寸。

(4) 砌筑时,应双挂线,分层砌筑,每层高度为 30~40cm,大体砌平。基础最下一皮毛石,应选用较大的石块,使大面朝下,放置平稳,并灌浆。以上各层均应铺灰坐浆砌筑,不得用先铺石后灌浆的方法。转角及阴阳角外露部分,应选用方正平整的毛石(俗称角石)互相拉结砌筑。

(5) 大、中、小毛石应搭配使用,使砌体平稳。形状不规则的石块,应用大锤将其棱角适当加工后使用，灰缝要饱满密实，厚度一般控制在 30~40cm 之间，石块上下皮竖缝必须错开（不少于 10cm，角石不少于 15cm），做到丁顺交错排列。

（6）为保证砌体结合牢靠，每隔 0.7m，应垂直墙面砌一块拉结石，水平距离应不大于 2m，上下左右拉结石应错开，使形成梅花形。转角、内外墙交接处均应选用拉结石砌筑。填心的石块，应根据石块自然形状交错放置，尽量使石块间缝隙最小，过大缝隙，应铺浆用小石块填入使之稳固，用锤轻敲使密实，严禁石块间无浆直接接触，出现干缝、通缝。基础的扩大部分如为阶梯形，上级阶梯的石块应至少压砌下级阶梯石块 1/2，相邻阶梯的毛石应相互错缝搭砌，以保证整体性。

（7）每砌完一层，必须校对中心线，找平一次，检查有无偏斜现象。基础上表面配平宜用片石，因其咬劲大。基础侧面要保持大体平整、垂直，不得有倾斜、内陷和外鼓现象。砌好后外侧石缝应用砂浆勾严。

（8）墙基需留槎时，不得留在外墙转角或纵墙与横墙的交接处，至少应离开 1.0~1.5m 的距离。接槎应作成阶梯式，不得留直槎或斜槎。基础中的预留孔洞，要按图纸要求事先留出，不得砌完后凿洞。沉降缝应分成两段砌筑，不得搭接。

（9）在砌筑过程中，如需调整石块时，应将毛石提起，刮去原有砂浆重新砌筑。严禁用敲击方法调整，以防松动周围砌体。当基础砌至顶面一层时，上皮石块伸入墙内长度应不小于墙厚的 1/2，即上一皮石块排出或露出部分的长度，不应大于该石块的 1/2 长度或宽度，以免因连接不好而影响砌体强度。

（10）每天砌完应在当天砌的砌体上，铺一层灰浆，表面应粗糙。夏季施工时，对刚砌完的砌体，应用草袋覆盖养护 5~7d，避免风吹、日晒、雨淋。毛石基础全部砌完，要及时在基础两边均匀分层回填土，分层夯实。

二、墙体砌筑施工

墙体砌筑是农房建造的重要工作内容，砌筑施工以手工操作为主，工匠的砌筑技术水平、工作态度直接影响到房屋的质量安全。

（一）施工前的准备工作

1. 砌筑砂浆准备：根据配合比，拌制好砌筑砂浆，有条件时应采用砂浆搅拌机拌制。

2. 淋湿砌块：砖或小型砌块，均应提前在地面上用水淋（或浸水）至湿润，不应在砌块运到操作地点时才进行，以免造成场地湿滑。

3. 材料堆放：在操作地点临时堆放材料时，要放在平整坚实的地面上，不得放在湿润积水或泥土松软崩裂的地方。当放在楼面板或通道上时，不得超出其设计承载能力，并应分散堆置，不能过分集中。基坑 0.8~1.0m 范围以内不准堆料。

4. 安设活动脚手架：脚手架安装在地面时，地面必须平整坚实，否则要夯实至平整不下沉为止，或在架脚铺垫枋板，扩大支承面。当安设在楼板上时，如高低不平则应用木板楔稳，如用红砖作垫则不应超过两皮高度。脚手架的高度（站脚处）应低于砌砖高度，当砌筑高度达到 1.2~1.4m（一个步架高度）时应该搭设砌筑脚手架。

（二）砖墙砌筑工艺流程

砖墙砌筑工艺流程包括：抄平、放线、摆砖样、立皮数杆、盘角、挂线与砌筑等。

1. 抄平：在基础顶面或楼面上定出各层标高，用水泥砂浆或细石混凝土找平。
2. 放线：根据龙门板上标志，弹出墙身轴线、边线，划出门窗位置。
3. 摆砖样：在放好线的基面上按选定的组砌方式试摆砖样，不铺灰，其目的是核对门窗洞口、墙垛等处是否符合砖的模数，以减少砍砖数量，并保证砖及砖缝排列整齐、均匀，以提高砌砖效率。
4. 立皮数杆：每皮砖和灰缝的厚度，以及门窗洞、过梁、楼板底面等标高由皮数杆控制。皮数杆一般立在房屋的四大角、内外墙交接处、楼梯间以及洞口多的地方（图8-2-1）。立皮数杆时要用水准仪抄平，使皮数杆上的楼地面标高线位于设计标高处。如墙的长度很大，可每隔10m左右再立一根。

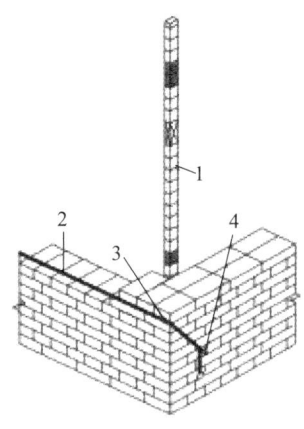

图 8-2-1　皮数杆与水平控制线
1—皮数杆；2—水平控制线；3—转角处水平控制线固定铁钉；4—末端水平控制线固定铁钉

5. 盘角：盘角就是根据皮数杆先在四大角和交接处砌几皮砖，并保证其垂直平整。
6. 挂线：为保证墙体垂直平整，砌筑时必须挂线。墙厚超过370mm时，必须双面挂线。
7. 砌筑：基本原则是上下错缝、内外搭砌。常用砌筑方法是"三一"砌筑法，即"一铲灰、一块砖、一挤揉"。一般转角和交接处必须同时砌起，如不能同时砌起而必须留槎时，应留斜槎。
8. 楼层轴线的引测：为了保证各层墙身轴线的重合，应根据龙门板上的标志将轴线引测到房屋的底层外墙上，再用经纬仪垂球，将轴线引测到楼层上，并根据施工图用钢尺进行校核。

（三）实心砖墙砌筑

砖墙根据其厚度不同，可采用全顺（120mm）、两平一侧（180mm或300mm）、全丁、一顺一丁、梅花丁或三顺一丁的砌筑形式（图8-2-2）。

1. 组砌方式

全顺：各皮砖均顺砌，上下皮垂直灰缝相互错开半砖长（120mm），适合砌半砖厚（115mm）墙。

两平一侧：两皮顺（或丁）砖与一皮侧砖相间，上下皮垂直灰缝相互错开1/4砖长（60mm）以上，适合砌3/4砖厚（180mm或300mm）墙。

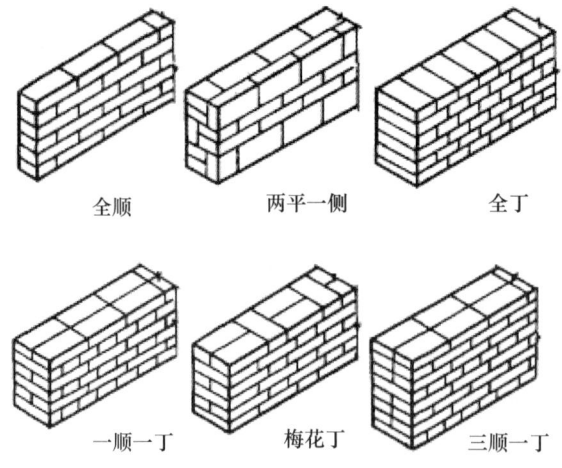

图 8-2-2 实心砖墙组砌方式

全丁：各皮砖均采用丁砌，上下皮垂直灰缝相互错开 1/4 砖长，适合砌一砖厚（240mm）墙。

一顺一丁：一皮顺砖与一皮丁砖相间，上下皮垂直灰缝相互错开 1/4 砖长，适合砌一砖及一砖以上厚墙。

梅花丁：同皮中顺砖与丁砖相间，丁砖的上下均为顺砖，并位于顺砖中间，上下皮垂直灰缝相互错开 1/4 砖长，适合砌一砖厚墙。

三顺一丁：三皮顺砖与一皮丁砖相间，顺砖与顺砖上下皮垂直灰缝相互错开 1/2 砖长；顺砖与丁砖上下皮垂直灰缝相互错开 1/4 砖长。适合砌一砖及一砖以上厚墙。

图 8-2-3 所示为一砖厚墙"一顺一丁"转角处分皮砌法，配砖为 3/4 砖（俗称七分头砖），位于墙外角。

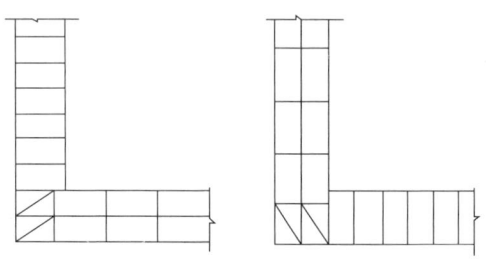

图 8-2-3 一砖墙一顺一丁转角处分皮砌法

图 8-2-4 所示为一砖厚墙"一顺一丁"交接处分皮砌法，配砖为 3/4 砖，位于墙交接处外面，仅在丁砌层设置。

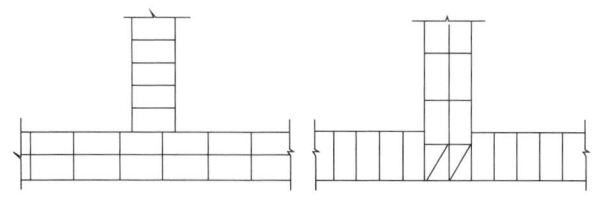

图 8-2-4 一砖墙一顺一丁交接处分皮砌法

2. 注意事项

(1) 一砖厚承重墙的最上一皮砖、砖墙台阶水平面上最上一皮砖,应采用整砖丁砌。

(2) 砖墙的水平灰缝厚度和垂直灰缝宽度宜为10mm,但不应小于8mm,也不应大于12mm。

(3) 砖墙的水平灰缝砂浆饱满度不得小于80%;垂直灰缝宜采用挤浆或加浆方法,不得出现透明缝、瞎缝和假缝。

(4) 在墙上留置临时施工洞口,其侧边离交接处墙面不应小于500mm,洞口净宽度不应超过1m。临时施工洞口应做好补砌。

(5) 不得在下列墙体或部位设置脚手眼:半砖厚墙;过梁上与过梁成60°角的三角形范围及过梁净跨度1/2的高度范围内;宽度小于1m的窗间墙;墙体门窗洞口两侧200mm和转角处450mm范围内;梁或梁垫下及其左右500mm范围内。施工脚手眼补砌时,灰缝应填满砂浆,不得用干砖填塞。

(6) 需要穿墙的洞口、管道、沟槽应于砌筑时正确留出或预埋,不应过后打凿墙体和在墙体上开凿水平沟槽。宽度超过300mm的洞口上部,宜设置钢筋混凝土过梁。

(7) 砖墙每日砌筑高度不得超过1.8m,雨天不得超过1.2m。

(8) 砖墙工作段的分段位置,宜设在变形缝、构造柱或门窗洞口处;相邻工作段的砌筑高差不应超过2m。

(9) 砖砌体的转角处和交接处应同时砌筑,内外墙不应分开砌筑施工。对不能同时砌筑而又必须留置的砌筑临时间断处应砌成斜槎(俗称"踏步槎"),斜槎水平投影长度按规定不应小于高度H的2/3(图8-2-5)。

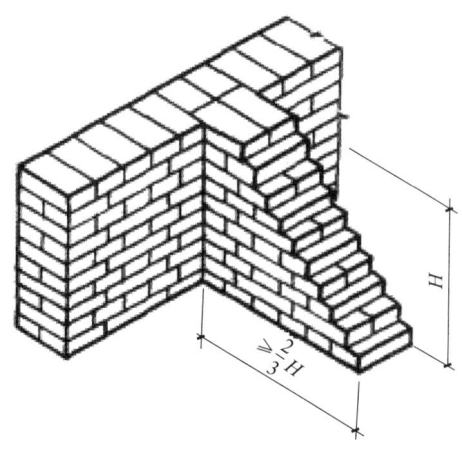

图8-2-5 砖砌体斜槎(俗称踏步槎)

(10) 对于非抗震设防及6度、7度设防地区的砌筑临时间断处,当不能留斜槎时,除转角处外,可留成直槎,但直槎的形状必须做成阳槎。并在留直槎处加设拉接钢筋,数量不少于2ϕ6,间距沿墙高不应超过500mm;埋入长度从留槎处算起每边均不应小于500mm,6度、7度设防地区不应小于1000mm;末端应弯直钩,长度取60mm(图8-2-6)。

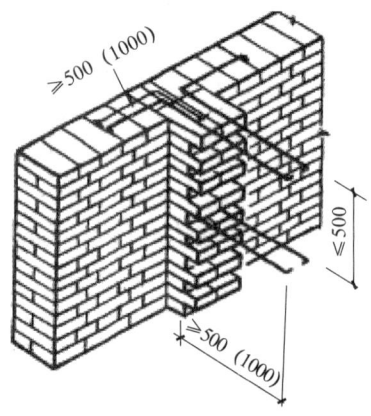

图 8-2-6 砖砌体直槎（单位：mm）

3. 冬期施工

当室外日平均气温连续 5 天稳定低于 5℃或低于 0℃，即进入冬季施工。

冬期使用的砖，要求在砌筑前清除冰霜。水泥宜用普通硅酸盐水泥，灰膏要防冻，如已受冻要融化后方能使用。砂中不得含有大于 1cm 的冻块，材料加热时，水加热不超过 80℃，砂加热不超过 40℃。砖正温时适当浇水，负温即停止。可适当增大砂浆稠度。冬期不应使用无水泥的砂浆。砂浆中掺盐时，应用波美比重计检查盐溶液浓度。但对绝缘、保温或装饰有特殊要求的工程不得掺盐，砂浆使用温度不应低于 5℃，掺量应符合冬施方案的规定。采用掺盐砂浆砌筑时，砌体中的钢筋应预先做防腐处理，一般涂防锈漆两道。

（四）多孔砖墙砌筑

1. 砌筑清水墙的多孔砖，应边角整齐、色泽均匀。

2. 在常温状态下，多孔砖应提前 1～2d 浇水湿润。砌筑时砖的含水率宜控制在 10%～15%。

3. 组砌方式

（1）抗震设防地区的多孔砖墙，应采用"三一"砌砖法（一铲灰、一块砖、一挤揉）砌筑；非抗震设防地区的多孔砖墙可采用铺浆法砌筑，铺浆长度不得超过 750mm；当施工期间最高气温高于 30℃时，铺浆长度不得超过 500mm。

（2）方形多孔砖一般采用全顺砌法，多孔砖中手抓孔应平行于墙面，上下皮垂直灰缝相互错开半砖长；矩形多孔砖宜采用一顺一丁或梅花丁的砌筑形式，上下皮垂直灰缝相互错开 1/4 砖长（图 8-2-7）。

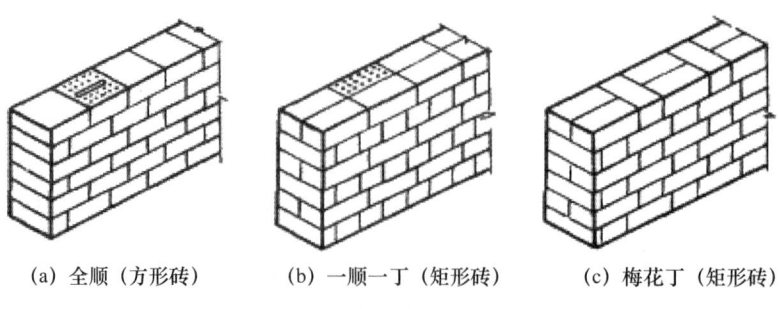

(a) 全顺（方形砖）　　(b) 一顺一丁（矩形砖）　　(c) 梅花丁（矩形砖）

图 8-2-7 多孔砖墙砌筑形式

(3) 方形多孔砖墙的转角处，应加砌配砖（半砖），配砖位于砖墙外角（图 8-2-8）。

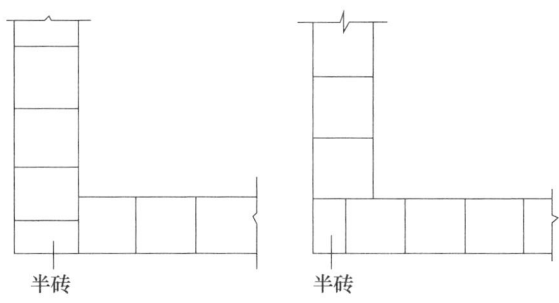

图 8-2-8　方形多孔砖墙转角砌法

(4) 方形多孔砖的交接处，应隔皮加砌配砖（半砖），配砖位于砖墙交接处外侧（图 8-2-9）。

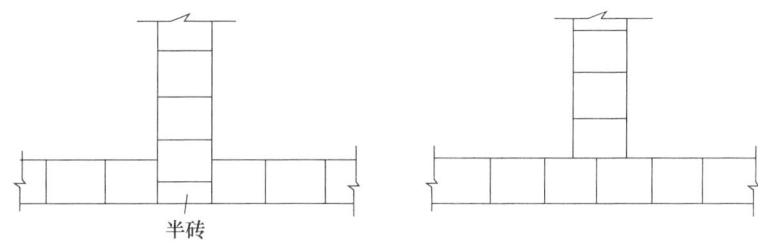

图 8-2-9　方形多孔砖墙交接处砌法

(5) 矩形多孔砖墙的转角处和交接处砌法同烧结普通砖墙转角处和交接处相应砌法。

4. 多孔砖墙的灰缝应横平竖直。水平灰缝厚度和垂直灰缝宽度宜为 10mm，但不应小于 8mm，也不应大于 12mm。

5. 多孔砖墙灰缝砂浆应饱满。水平灰缝的砂浆饱满度不得低于 80%，垂直灰缝宜采用加浆填灌方法，使其砂浆饱满。

6. 除设置构造柱的部位外，多孔砖墙的转角处和交接处应同时砌筑，对不能同时砌筑又必须留置的临时间断处，应砌成斜槎（图 8-2-10）。

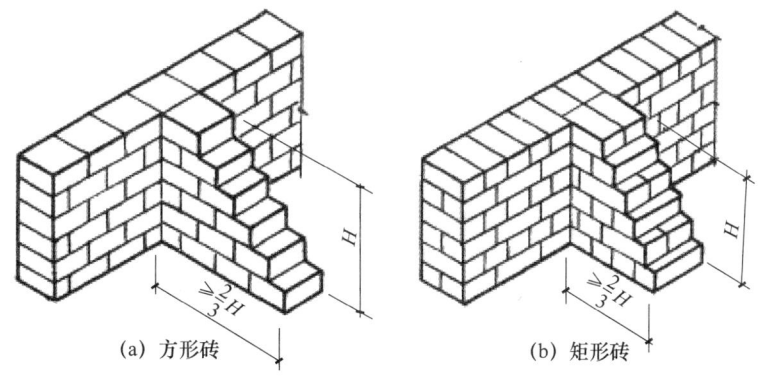

图 8-2-10　多孔砖墙留置斜

7. 施工中需在多孔砖墙中留设临时洞口时，其侧边距交接处的墙面不应小于0.5m；洞口顶部宜设置钢筋砖过梁或钢筋混凝土过梁。

8. 多孔砖墙中留设脚手眼的规定同烧结普通砖墙中留设脚手眼的规定。

9. 多孔砖墙每日砌筑高度不得超过1.8m，雨天施工时，不宜超过1.2m。

（五）烧结空心砖墙砌筑

1. 砌筑空心砖墙时，砖应提前1~2d浇水湿润，砌筑时砖的含水率宜为10%~15%。

2. 空心砖墙应侧砌，其孔洞呈水平方向，上下皮垂直灰缝相互错开1/2砖长。空心砖墙底部宜砌3皮烧结普通砖，以提高防水防潮性能（图8-2-11）。

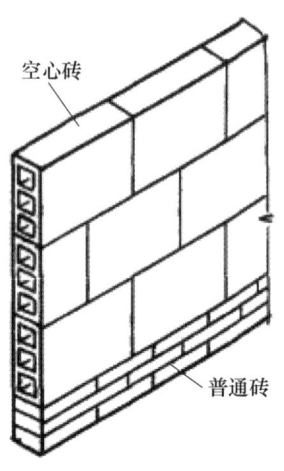

图8-2-11 空心砖墙

3. 空心砖墙与烧结普通砖交接处，应以普通砖墙引出不小于240mm长与空心砖墙相接，并应隔2皮空心砖高在交接处的水平灰缝中设置2φ6作为拉接钢筋，拉接钢筋在空心砖墙中的长度不小于空心砖长加240mm（图8-2-12）。

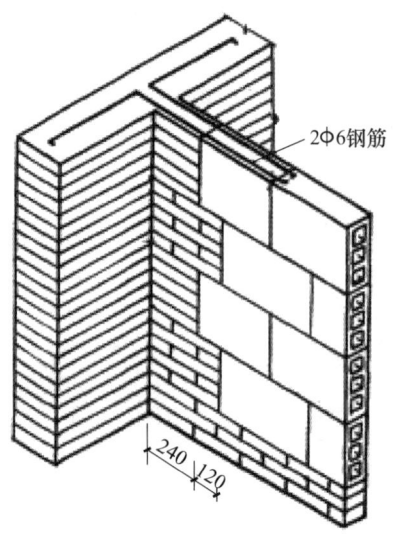

图8-2-12 空心砖墙与普通砖墙交接（单位：mm）

4. 空心砖墙的转角处，应用烧结普通砖砌筑，砌筑长度不小于240mm。

5. 空心砖墙砌筑不得留置直槎，中途停歇时，应将墙顶砌平。在转角处、交接处，空心砖与普通砖应同时砌起。

6. 空心砖墙中不宜留置脚手眼；不得对空心砖进行砍凿。

（六）混凝土小型空心砌块砌筑

1. 砌块类型

普通混凝土小型空心砌块：以水泥、砂、碎石或卵石、水等预制成的。主规格尺寸为390mm×190mm×190mm，一般有两个方形孔，最小外壁厚应不小于30mm，最小肋厚应不小于25mm，空心率应不小于25%（图8-2-13）。

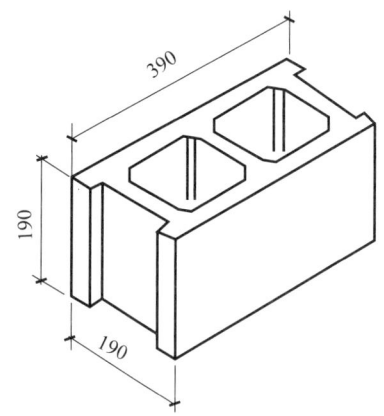

图 8-2-13　混凝土小型空心砌（单位：mm）

按照国家标准，普通混凝土小型空心砌块按其强度分为MU5、MU7.5、MU10、MU15、MU20、MU25、MU30、MU35、MU40九个等级。近年来，很多地方农户为了节省建房费用，在农闲时间自己动手制作混凝土空心砌块，质量参差不齐，主要问题有：水泥用量偏低，混凝土级配不好，砂石含泥量偏高，没有小型振动设备，砌块振捣不密实，形状尺寸不规整，肋厚偏薄（有的不足20mm）等等。致使手工生产的砌块强度及耐久性普遍偏低。考虑到普通农房建造的特点与实际情况，建议农户自制砌块时，混凝土拌制时按C15～C20强度等级取用，加工好的砌块强度不应小于MU7.5。

2. 一般要求

（1）对室内地面以下的空心砌块砌体，应采用不低于M5的水泥砂浆砌筑。

（2）在墙体的下列部位，应用C20混凝土灌实砌块的孔洞：底层室内地面以下或防潮层以下的砌体；无圈梁的楼板支承面下的一皮砌块；没有设置混凝土垫块的屋架、梁等构件支承面下，高度不应小于600mm，长度不应小于600mm的砌体；挑梁支承面下，距墙中心线每边不应小于300mm，高度不应小于600mm的砌体。

（3）砌块墙与后砌隔墙交接处，应沿墙高每隔400mm在水平灰缝内设置不少于2φ4、横筋间距不大于200mm的焊接钢筋网片，钢筋网片伸入后砌隔墙内不应小于600mm（图8-2-14）。

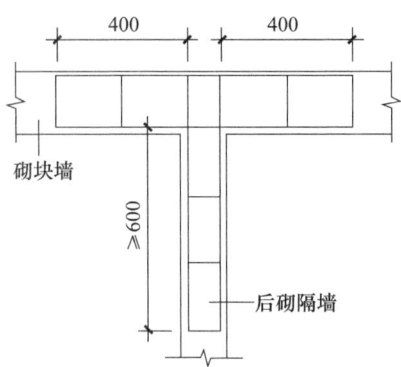

图 8-2-14 砌块墙与后砌隔墙交接处钢筋网片（单位：mm）

3．芯柱构造与做法

（1）在外墙转角、楼梯间四角的纵横墙交接处的三个孔洞，宜设置钢筋混凝土芯柱。

（2）芯柱截面不宜小于 120mm×120mm，宜用不低于 C20 的细石混凝土浇灌。

（3）钢筋混凝土芯柱每孔内插竖筋不应小于 1φ10，底部应伸入室内地面下 500mm 或与基础圈梁锚固，顶部与屋盖圈梁锚固。

（4）在钢筋混凝土芯柱处，沿墙高每隔 600mm 应设 φ4 钢筋网片拉接，每边伸入墙体不小于 600mm（图 8-2-15）。

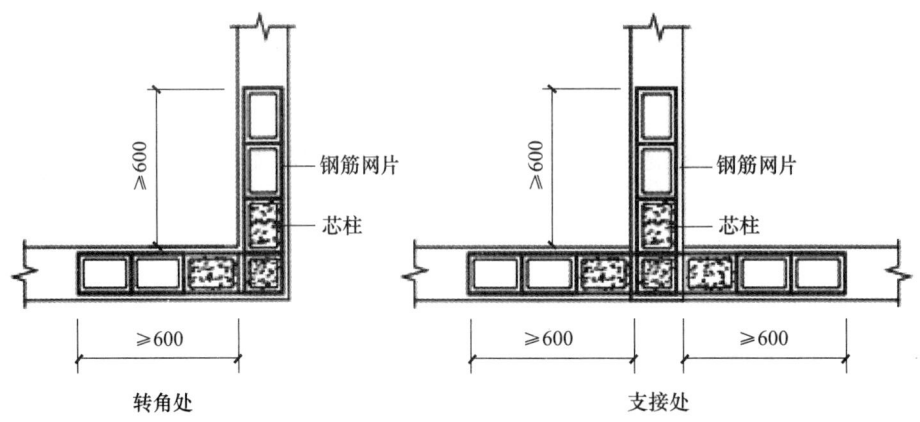

图 8-2-15 钢筋混凝土芯柱处拉筋（单位：mm）

（5）芯柱应沿房屋的全高贯通，并与各层圈梁整体现浇，可采用图 8-2-16 所示的做法。

4．砌块砌筑工艺

（1）普通混凝土小砌块不宜浇水；当天气干燥炎热时，可在砌块上稍加喷水润湿；轻集料混凝土小砌块施工前可洒水，但不宜过多。

（2）应尽量采用主规格小砌块，小砌块的强度等级应符合设计要求，并应清除小砌块表面污物和芯柱用小砌块孔洞底部的毛边。

（3）在房屋四角或楼梯间转角处设立皮数杆，皮数杆间距不得超过 15m。皮数杆上应画出各皮小型砌块的高度及灰缝厚度。根据皮数杆在砌块上边线之间拉水平准线，依水平准线砌筑。

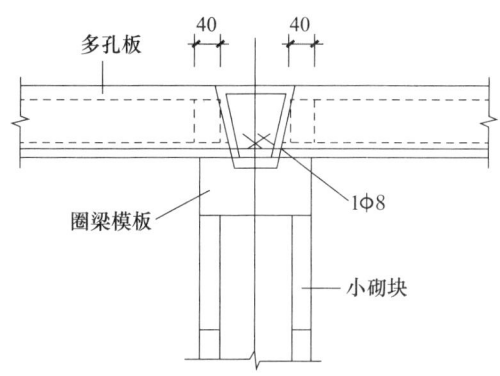

图 8-2-16 芯柱贯穿楼板的构造（单位：mm）

（4）小型砌块砌筑应从转角或定位处开始，内外墙同时砌筑，纵横墙交错搭接。外墙转角处应使小型砌块隔皮露出端面；T字交接处应使横墙小砌块隔皮露出端面纵墙在交接处改砌两块辅助规格小型砌块（尺寸为290mm×190mm×190mm，一头开口），所有露出端面用水泥砂浆抹平（图8-2-17）。

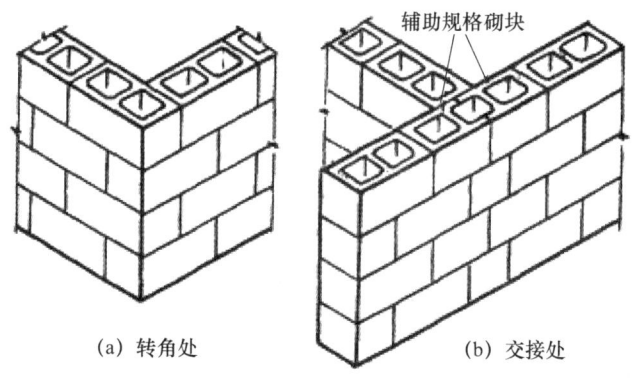

图 8-2-17 小型砌块墙转角处及T字交接处砌法

（5）小型砌块应对孔错缝搭砌。上下皮小型砌块竖向灰缝相互错开190mm。个别情况当无法对孔砌筑时，普通混凝土小型砌块错缝长度不应小于90mm，轻骨料混凝土小型砌块错缝长度不应小于120mm；当不能保证此规定时，应在水平灰缝中设置2φ4钢筋网片，钢筋网片每端均应超过该垂直灰缝，其长度不得小于300mm（图8-2-18）。

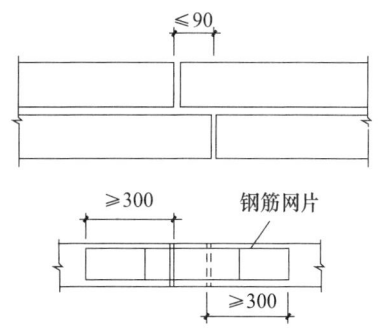

图 8-2-18 水平灰缝中拉接筋（单位：mm）

(6) 小型砌块砌体的灰缝应横平竖直,全部灰缝均应铺填砂浆;水平灰缝的砂浆饱满度不得低于90%;竖向灰缝的砂浆饱满度不得低于80%;砌筑中不得出现瞎缝、透明缝。水平灰缝厚度和竖向灰缝宽度应控制在8~12mm。当缺少辅助规格小砌块时,砌体通缝不应超过两皮砌块。

(7) 小型砌块砌体临时间断处应砌成斜槎,斜槎长度不应小于斜槎高度的2/3(一般按一步脚手架高度控制);如留斜槎有困难,除外墙转角处及抗震设防地区,砌体临时间断处不应留直槎外,可从砌体面伸出200mm砌成阴阳槎,并沿砌体高每三皮小型砌块(600mm),设拉接筋或钢筋网片,接槎部位宜延至门窗洞口(图8-2-19)。

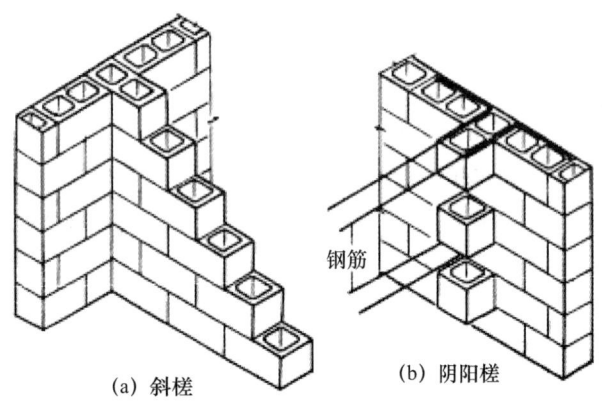

图8-2-19 小型砌块砌体斜槎和直接

(8) 承重砌体严禁使用断裂小砌块或壁肋中有竖向凹形裂缝的小型砌块砌筑;也不得采用小型砌块与烧结普通砖等其他块体材料混合砌筑。

(9) 小型砌块砌体内不宜设脚手眼,如必须设置时,可用辅助规格190mm×190mm×190mm小砌块侧砌,利用其孔洞作脚手眼,砌体完工后用C15混凝土填实。

(10) 小型砌块砌体相邻工作段的高度差不得超过2m;常温条件下,普通混凝土小型砌块的日砌筑高度应控制在1.8m以内;轻骨料混凝土小型砌块的日砌筑高度应控制在2.4m以内。

(11) 对砌体表面的平整度和垂直度,灰缝厚度和砂浆饱满度应随时检查,校正偏差。砌完每一楼层后,应校核墙体的轴线尺寸和标高。

(七) 石砌体施工

1. 一般要求

(1) 石砌体砌筑前应清除石材表面的泥垢、水锈等杂质。

(2) 石砌体的灰缝厚度:细料石、半细料石砌体不宜大于10mm;粗料石、毛料石、平毛石砌体不宜大于20mm。

(3) 石砌体每日砌筑高度不宜超过1.2m。

(4) 已砌好的石块不应移位、顶高;当必须移动时,应将石块移开,将已铺砂浆清理干净,重新铺浆。

2. 料石砌体施工

(1) 料石砌筑时,应放置平稳,上下皮应错缝搭砌,错缝长度不宜小于料石长度的1/3。

(2)料石砌体的竖缝应在料石铺设调平后,用同样强度等级的砂浆灌注密实,竖缝不得透空。

(3)石砌墙体在转角和内外墙交接处应同时砌筑。对不能同时砌筑而又必须留置的临时间断处,应砌成斜槎,斜槎的水平长度不应小于高度的2/3。

3.平毛石砌体施工

(1)平毛石砌体宜分皮卧砌,各皮石块间应利用自然形状敲打修整,使之与先砌石块基本吻合、搭砌紧密;应上下错缝,内外搭砌,不得采用外面侧立石块、中间填心的砌筑方法;不得夹砌铲口石(尖角倾斜向外的石块)和斧刃石,墙内应填充密实,不得有空腔或孔洞。

(2)平毛石砌体的灰缝厚度宜为15~20mm,石块间不得直接接触;石块间空隙较大时应先填塞砂浆后用碎石块嵌实,不得采用先摆碎石后塞砂浆或干填碎石块的砌法。

(3)平毛石砌体的第一皮和最后一皮,墙体转角和洞口处,应采用较大的平毛石砌筑。

(4)平毛石砌体必须设置拉接石,拉接石应均匀分布,互相错开;拉接石宜每$0.7m^2$墙面设置一块,且同皮内拉接石的中距不应大于2m。

第三节 抹灰与装饰施工技术

一、抹灰砂浆的性能

1.抹灰砂浆以薄层抹于建筑表面,其作用是:保护墙体不受风、雨、潮气等侵蚀,提高墙体防潮、防风化、防腐蚀的能力,增加墙体的耐火性和整体性;同时使墙面平整、光滑、清洁美观。

2.为了便于施工,保证抹灰的质量,要求抹灰砂浆比砌筑砂浆有更好的和易性,同时,还要求能与底面很好地粘结。

3.抹灰砂浆一般用于粗糙和多孔的底面,其水分易被底面吸收,因此抹面时除将底面基层湿润外,还要求抹面砂浆必须具有良好的保水性,组成材料中的胶凝材料和掺合料比砌筑砂浆多。

4.对砌筑砂浆的要求主要是强度,而对抹灰砂浆的要求主要是与底面材料的粘结力。所以,对砌筑砂浆就如混凝土一样,用质量配合比控制,对抹灰砂浆则既可用质量比,亦可用体积比来控制,为提高粘结力,需多用些胶凝材料。

为保证抹灰表面平整,避免出现裂缝、脱落,抹灰砂浆常分底、中、面三层抹,各层抹灰要求不同,所用砂浆的成分和稠度也不相同。

(1)底层砂浆主要起与基层的粘结作用。砖墙底层抹灰,多用底层砂浆主要起与基层的粘结作用。砖墙底层抹灰,多用石灰砂浆,有防水、防潮要求时用水泥砂浆;板条或板条顶棚的底层抹灰,多用混合砂浆或石灰砂浆;混凝土墙、梁、柱、顶板等底层抹灰,多用混合砂浆。

(2)中层砂浆主要起找平作用,用于中层抹灰,多用混合砂浆或石灰砂浆。

(3)面层砂浆主要起装饰作用,多采用细砂配制的混合砂浆、麻刀石灰浆或纸筋石灰浆。

5. 在容易碰撞或潮湿地方应采用水泥砂浆，可用 1∶2.5（水泥∶砂）水泥砂浆。

二、砂浆制备

1. 砂浆制备。抹灰砂浆宜用机械搅拌，当砂浆用量很少且缺少机械时，才允许人工拌合。

采用砂浆搅拌机搅拌抹灰砂浆时，每次搅拌时间为 1.5～2min。搅拌水泥混合砂浆，应先将水泥与砂干拌均匀后，再加石灰膏和水搅拌至均匀为止。搅拌水泥砂浆（或水泥石子浆），应先将水泥与砂（或石子）干拌均匀后，再加水搅拌至均匀为止。

采用麻刀灰拌合机搅拌纸筋石灰浆和麻刀石灰浆时，将石灰膏加入搅拌筒内，边加水边搅拌，同时将纸筋或麻刀分散均匀地投入搅拌筒，直到拌匀为止。

人工拌合抹灰砂浆，应在平整的水泥地面上或铺地钢板上进行，使用工具有铁锹、拉耙等。拌合水泥混合砂浆时，应将水泥和砂干拌均匀，堆成中间凹四周高的砂堆，再在中间凹处放入石灰膏，边加水边拌合至均匀。拌合水泥砂浆（或水泥石子浆）时，应将水泥和砂（或石子）干拌均匀，再边加水边拌合至均匀。

2. 砂浆稠度。拌成后的抹灰砂浆，颜色应均匀，干湿应一致，砂浆的稠度应达到规定的稠度值。

3. 砂浆稠度测定方法：将砂浆盛入桶内，用一个标准圆锥体（质量为 300g），先使其锥尖接触砂浆面，垂直提好，再突然放手，使圆锥体沉入砂浆中，10s 后，圆锥体沉入砂浆中的深度（mm）即为砂浆稠度。常用抹灰砂浆稠度为 60～100mm。

三、墙面抹灰基本要求

抹灰工程由于部位、基层的不同，所用的砂浆也不同。如墙基层分普通黏土砖墙、蒸汽砖墙、泡沫加气混凝土墙、陶粒砖（板）墙、石墙、混凝土墙、木板条墙等。相应的砂浆也有水泥砂浆、石灰砂浆、混合砂浆等多种。虽然种类繁多，但抹灰的技术操作也有其共性，都要经过挂线、做灰饼、充筋等找规矩的工作。再依据灰饼的厚度做好门、窗口护角，抹好踢脚、窗台。然后可依据做好的灰饼进行充筋、装档、刮平、搓平等一系列打底工作。最后再进行罩面压光、养护等工作。学习抹灰就要掌握抹灰工作的一系列施工程序和对不同基层的不同处理方法，以及特殊的基层处理方法。

砖墙抹灰分为抹石灰砂浆和水泥砂浆。砖墙抹石灰砂浆分石灰砂浆打底，纸筋灰罩面；石灰砂浆打底，石灰砂浆罩面；石灰砂浆打底，石膏浆罩面等多种。砖墙抹水泥砂浆一般面层多采用水泥砂浆抹面。

工艺流程：浇水湿润、做灰饼、挂线→充筋、装档→抹护角→抹窗台→抹踢脚、墙裙→罩面（纸筋灰罩面、刮灰浆罩面、石膏灰浆罩面、水砂罩面、石灰砂浆罩面）

1. 浇水湿润、做灰饼、挂线

浇水湿润墙基层的作用是使抹灰层能与基层较好地连接，避免空鼓的重要措施，浇水可在做灰饼前进行，亦可在做完灰饼后第二天进行。浇水一定要适度，浇水多时容易使抹灰层产生流坠、变形，凝结后造成空鼓；浇水不足时，在施工中砂浆干得过快，粘结不牢固，不易修理，进度下降，且消耗操作者体能。

做灰饼、挂线的方法是依据用托线板检查墙面的垂直度和平整度来决定灰饼的厚度。如果是高级抹灰,不仅要依据墙面的垂直度和平整度,还要依据找方来决定灰饼的厚度。

1）做灰饼时要在墙两边距阴角10～20cm处,2m左右的高度各做一个大小为5cm见方的灰饼。

2）再用托线板挂垂直,依上边两灰饼的出墙厚度,在与上边两灰饼的同一垂线上,距踢脚线上口3～5cm处,各做一个下边的灰饼。要求灰饼表面平整,不能倾斜、扭翘,上下两灰饼要在一条垂线上。

3）然后在所做好的四个灰饼的外侧,与灰饼中线相平齐的高度各钉一个小钉。在钉上系小线,要求线要离开灰饼面1mm,并要拉紧。再依小线做中间若干灰饼。

4）中间灰饼的厚度也应距小线1mm为宜。各灰饼的间距可以自定。一般以1～1.5m为宜。上下相对应的灰饼要在同一垂线上。

灰饼的操作见图8-3-1。

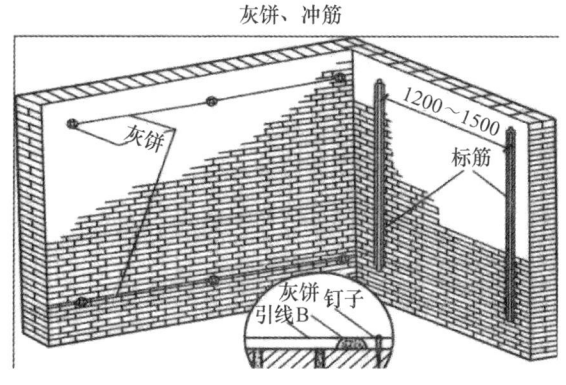

图8-3-1 灰饼的操作（单位：mm）

如果墙面较高（3m以上）时,要在距顶部10～20cm,距两边阴角10～20cm的位置各做一个上边的灰饼,而后上、下两人配合用缺口木挂垂直做下边的灰饼。由于墙身较高,上、下两饼间距比较大,可以通过挂竖线的方法在中间适当增加灰饼（图8-3-2）,方法同横向挂线。

图8-3-2 挂竖线方法

2. 充筋、装档

手工抹灰一般充竖筋，机械抹灰一般充横筋。以手工抹灰为例，充筋时可用充筋抹子，也可以用普通铁抹子。

1）充筋所用砂浆与底子灰相同，以 1∶3 石灰砂浆为例，具体方法是在上、下两个相对应的灰饼间抹上一条宽 10cm，略高于灰饼的灰梗，用抹子稍压实，而后用大杠紧贴在灰梗上，上右下左或上左下右地错动直到刮至与上下灰饼齐平。把灰梗两边用大杠切齐，然后用木抹子竖向搓平。如果刚抹完的灰梗吸水较慢时，要多抹出几条灰梗，待前边抹好的灰梗已吸水后，开始从前向后逐条刮平、搓平。

2）装档可在充筋后适时进行。若过早进行，充的筋太软在刮平时易变形，若过晚进行，充筋已经收缩，依此收缩后的筋抹出的底子灰收缩后易出现墙面低洼，充筋处突出的现象。所以要在充筋稍有强度，不易被大杠轻刮而产生变形时进行。一般约为 30min，但具体要依现场情况（气候和墙面吸水程度）而定。

3）装档要分两遍完成，第一遍薄薄地抹一层，视吸水程度决定抹第二遍的时间。第二遍要抹至与两边充筋一平。

4）抹完后用大杠依两边充筋，从下向上刮平。刮时要依左上—右上—左上—右上的方向抖动大杠。也可以从上向下依左下—右下—左下—右下的方向刮平。

5）如有低洼的缺灰处要及时填补后刮平。待刮至完全与两边筋一平时，稍待用木抹子搓平。在刮大杠时一定要注意所用的力度，只把充筋作为依据，不可把大杠过分用力地向墙里捺，以免刮伤充筋。

6）如果有刮伤充筋的情况，要及时先把伤筋填补上灰浆，修理好后方可进行装档。

7）待全部完成后要用托线板和大杠检查垂直度、平整度是否在规范允许范围内。

8）如果数据超出验收规范时，要及时修理。要求底子灰表面平整，没有大坑、大包、大砂眼；有细密感、平直感。

3. 抹护角

1）抹墙面时，门窗口的阳角处为防止碰撞而损坏，要用水泥砂浆做出护角。方法是：

（1）先在门窗口的侧面抹 1∶3 水泥砂浆后，在上面用砂浆反粘八字靠尺或直接在口侧面反卡八字靠尺。使外边通过拉线或用大杠靠平的方法与所做的灰饼一平、上下吊垂直。

（2）然后在靠尺周边抹出一条 5cm 宽，厚度以靠尺为据的一条灰梗。

（3）用大杠搭在门窗口两边的靠尺上把灰梗刮平，用木抹子搓平。拆除靠尺刮干净，正贴在抹好的灰梗上，用方尺依框的子口定出稳尺的位置，上下吊垂直后，轻敲靠尺使之粘住或用卡子固定。随之在侧面抹好砂浆。

（4）在抹好砂浆的侧面用方尺找出方正，划捺出方正痕迹，再用小刮尺依方正痕迹刮平、刮直，用木抹子搓平，拆除靠尺，把灰梗的外边割切整齐。

（5）待护角底子六七成干时，用护角抹子在做好的护角底子的夹角处持一道素水泥浆或素水泥略掺小砂子（过窗纱筛）的水泥护角。也可根据需要直接用 1∶3 水泥砂浆打底，1∶2.5 水泥砂浆罩面压光口角。单抹正面小灰梗时要略高出灰饼 2mm，以备墙面的罩面灰与正面小灰梗一平。

2) 抹水泥砂浆压光口角（护角）。

（1）可以在底层水泥砂浆抹完后第二天抹面层 1：2.5 水泥砂浆，也可在打底完稍收水后即抹第二遍罩面砂浆。

（2）在抹罩面灰时，阳角要找方，侧面（膀）与框交接部的阴角要垂直，要与阳角平行。抹完后用刮尺刮平，用木抹子搓平，用钢抹子溜光。

（3）如果吸水比较快，要在搓木抹子时适当洒水，边洒水边搓，要搓出灰浆来，稍收水后用钢板抹子压光，用阳角抹子把阳角持光。

（4）随手用干刷子把框边残留的砂浆清扫干净。

4. 抹窗台

室内窗台的操作往往是结合抹窗口阳角一同施工，也可以随做护角时只打底，而后单独进行面板和出沿的罩面抹灰，但方法相同。具体做法如下：

1）先在台面上铺一层砂浆，然后用抹子基本摊平后，就在这层砂浆上边反粘八字靠尺，使尺外棱与墙上灰饼一平，然后依靠尺在窗台下的正面墙上抹出一条略宽于出沿宽度的灰条。并把灰条用大杠依两边墙上的灰饼刮平，用木抹子搓平，随即取下靠尺贴在刚抹完的灰条上，用方尺依窗框的子口定出靠尺棱的高低，靠尺要水平。

2）确认无误后要粘牢或用卡子卡牢靠尺，随后依靠尺在窗台面上摊铺砂浆，用小刮尺刮平，用木抹子搓平，要求台面横向（室内）要用钢板抹子溜光，待稍吸水后取下靠尺，把靠尺刮干净再次放正在抹好的台面上。要求尺的外棱边突出灰饼，突出的厚度等于出沿要求的厚度。

3）另外取一方靠尺，要求尺的厚度等于窗台沿要求的厚度。把方靠尺卡在抹好的正面灰条上，高低位置要比台面低出相当于出沿宽度的尺寸，一般为 5~6cm。如果房间净空高度比较低，也可以把出沿缩减到 4cm 宽。台面上的靠尺要用砖压牢，正面的靠尺要用卡子卡稳。这时可在上下尺的缝隙处填抹砂浆。

4）如果砂浆吸水较慢，可以先薄抹一层后，用干水泥粉吸一下水。刮去吸水后的水泥粉，再抹一层后用木抹子搓平，用钢抹子溜光。

5）待吸水后，用小靠尺头比齐，把窗台两边的耳朵上口与窗台面一平切齐，用阴角抹子持光。取下小靠尺头再换一个方向把耳朵两边出头切齐。一般出头尺寸与沿宽相等，即两边耳朵要呈正方形。

6）最后用阳角抹子把阳角持光，用小鸭嘴把阳角抹子持过的印迹压平。表面压光，沿的底边要压光。

7）室内窗台一般用 1：2 水泥砂浆。

5. 抹踢脚、墙裙

1）踢脚、墙裙一般多在墙面底子灰施工后，罩面纸筋灰施工前进行施工。

2）也可以在抹完墙面纸筋灰后进行施工。但这时抹墙面的石灰砂浆要抹到离踢脚、墙裙上口 3~5cm 处切直切齐。下部结构要清理干净，不能留有纸筋灰浆。这样施工比较麻烦，而且影响墙面美观。因为在抹完踢脚、墙裙后要接补留下的踢脚、墙裙上口的纸筋灰接搓，只有在不得已情况下，如为抢工期等才采用该施工方法。

3）常规做法如下：

（1）根据灰饼厚度，抹高于踢脚或墙裙上口 3~5cm 的 1：3 水泥砂浆（一般墙面石灰砂浆打底要在踢脚、墙裙上口留 3~5cm，这样恰好与墙面底子灰留搓相接），作底子灰。底子灰要求刮平、刮直、搓平，要与墙面底子灰一平并垂直。

（2）然后依给定的水平线返至踢脚、墙裙上口位置，用墨斗弹上一周封闭的上口线。再依弹线用纸筋灰略掺水泥的混合纸筋灰浆把专用的 5mm 厚塑料板粘在弹线上口，高低以弹线为准，用大杠靠平，拉小线检查调整。

（3）无误后，在塑料板下口与底子灰的阴角处用素水泥浆抹上小八字。这样做既能稳固塑料板，又能使抹完的踢脚、墙裙在拆掉塑料板后上口好修理，修理后上棱角挺直、光滑、美观。在小八字抹完吸水后，随即抹 1：2.5 水泥砂浆，厚度与塑料板平齐，竖向要垂直。

（4）抹完后用大杠刮平，如有缺灰的低洼处要随时补齐后，再用大杠刮平，而后用木抹子搓平，用钢板抹子溜光，如果吸水较快，可在搓平时，边洒水边搓平，如果不吸水则要在抹面时分成两遍抹，抹完第一遍后用干水泥吸过水刮掉，然后再抹第二遍。在吸水后，面层用手指捺，手印不大时，再次压光。

（5）然后拆掉塑料板，将上口小阳角用靠尺靠住（尺棱边与阳角一平）。用阴角抹子把上口持光。取掉靠尺后用专用的踢脚、墙裙阳角抹子，把上口边持光、持直，用抹子把持角时留下的印迹压光。把相邻两面墙的踢脚、墙裙阴角用阴角抹子捋光。最后通压一遍。踢脚和墙裙要求立面垂直，表面光滑平整，线角清晰、丰满、平直，出墙厚度均匀一致。

6. 纸筋灰罩面

1）纸筋灰罩面应在底子灰完成第二天开始进行施工。

2）罩面施工前要把使用的工具，如抹子、压子、灰槽、灰勺、灰车、木阴角、塑料阴角等刷洗干净。

3）要视底子灰颜色而决定是否浇水润湿和浇水量的大小。如果需要浇水，可用喷浆泵从上至下通喷一遍，喷浇时注意踢脚、墙裙上口的水泥砂浆底子灰上不要喷水，这个部位一般不吸水。

4）踢脚、窗台等最好用浸过水的牛皮纸粘盖严密，以保持清洁。

5）罩面时应把踢脚、墙裙上口和门、窗口等用水泥砂浆打底的部位，用水灰比小一些的纸筋灰先抹一遍，因为这些部位往往吸水较慢。

6）罩面应分两遍完成。

（1）第一遍竖抹，要从左上角开始，从左到右依次抹去，直到抹至右边阴角完成。再转入下一步架，依然是从左向右抹，第一遍要薄薄抹一层。用铁抹子、木抹子、塑料抹子均可以。一般要把抹子放陡一些刮抹，厚度不超过 0.5mm，每相邻两抹子的接搓要刮严。第一遍刮抹完稍吸水后可以抹第二遍。

（2）在抹第二遍前，最好把相邻两墙的阴角处竖向抹出一抹子纸筋灰。这样做既可以防止相邻墙面底子灰的砂粒进入抹好的纸筋灰面层中，又可以在抹完第一面墙后就能在压光的同时及时把阴角修好。在抹第二遍时要把两边阴角处竖向先抹出一抹子宽后，溜一下光，然后用托线板检查一下，如有问题及时修正好，再从上到下，从左向右横抹中间的面层灰。

7）两层总厚度不超过 2mm，要求抹得平整，抹纹平直，不要划弧，抹纹要宽，印迹应轻。

8）抹完后用托线板检查垂直度、平整度，如果有突出的小包可以轻轻向一个方向刮平，不要往返刮。有低洼处要及时补上灰，接搓要压平。一般情况下要按"少刮多填"的原则，能不刮的就不刮，尽量采用填补找平，全部修理好后要溜一遍光，再用长木阴角抹子把两边阴角持直，用塑料阴角抹子溜光。

9）随后，用塑料压子或钢皮压子把持阴角的印迹压平，把大面通压一遍。这遍要横走抹子，要走出抹子花（即抹纹）来，抹子花要平直，不能波动或划弧，最好是通长走（从一边阴角到另一边阴角一抹子走过去），抹子花要尽量宽，即"几寸抹子，几寸印"。

10）最后把踢脚、墙裙等上口保护纸揭掉，把踢脚、墙裙及窗台、口角边用水泥砂浆打底的不易吸水部位修理好。要求大面平整，颜色一致，抹纹平直，线角清晰，最后把阳角及门、窗框上污染的灰浆擦干净交活。

7. 刮灰浆罩面

刮灰浆罩面比较薄，可以节约石灰膏。但一般只适用于要求不高的工程上。它是在底层灰浆尚未干，只稍收水时，用素石灰膏刮抹入底层中无厚度或不超过 0.3mm 厚度的一种刮浆操作。刮灰浆罩面的底子灰一定要用木抹子搓平。刮面层素浆时一定要适时，太早易造成底子灰变形，太晚则素浆勒不进底子灰中也不利于修理和压光。一般以底子灰在抹子抹压下不变形而又能压出灰浆时为宜。面层灰刮抹完后，随即溜一遍光，稍收水后，用钢板抹子压光即可。

8. 石膏灰浆罩面

石膏的凝结速度比较快，所以在抹石膏浆墙时，一般要在石膏浆内掺入一定量的石灰膏或菜胶、角胶等，以使其缓凝，利于操作。

1）石膏浆的拌制要有专人负责，随用随拌，一次不可拌合过多，以免造成浪费。

2）拌制石膏浆时，要先把缓凝物和水拌成溶液。再用窗纱筛把石膏粉放入筛中筛在溶液内，边筛边搅动以免产生小颗粒。

3）石膏浆抹灰的底层与纸筋灰罩面的底层相同，采用 1:3 石灰砂浆打底。

4）面层的操作一般为三人合作，一人在前抹浆，一人在中间修理，一人在后压光。面层分两遍完成，第一遍薄薄刮一层，随后抹第二遍，两遍要垂直抹，也可以平行抹。一般第二遍为竖向抹，因为这样利于三人流水作业。

5）面层的修理、压光等方法可参照纸筋灰罩面。

9. 水砂罩面

1）水砂罩面是高级抹灰的一种，其面层有清凉、爽滑感。水砂含盐，所以在拌制灰浆时要用生石灰现场淋浆，热浆拌制，以便使水砂中的盐分挥发掉。灰浆要一次拌制，充分熟化一周以上方可使用。

2）操作方法基本同石膏罩面，需要两人配合，一人在前涂抹，一人在后修理、压光。

3）涂抹时用木抹子为好，特别是使用多次后的旧木抹子。

4）压光则用钢板抹子。最后用钢压子压光，要边洒水边竖向压光，阴角部位要用阴角抹子持光。

5）要求线角清晰美观，面层光滑平整、洁净，抹纹顺直。

10. 石灰砂浆罩面

石灰砂浆罩面是在底层砂浆收水后立即进行或在底层砂浆干燥后，浇水润湿再进行均可。

1）石灰砂浆罩面的底层用1：3石灰砂浆打底，方法同前。

2）面层用1：2.5石灰砂浆抹面。

（1）抹面前要视底子灰干燥程度酌情浇水润湿，然后先在贴近顶棚的墙面最上部抹出一抹子宽的面层灰。

（2）再用大杠横向刮直，缺灰处及时补平，再刮平，待完全符尺时用木抹子搓平，用钢抹子溜光，然后在墙两边阴角同样抹出一抹子宽的面层灰，用托线板找垂直，用大杠刮平，木抹子搓平，钢抹子溜光。

（3）如果一面墙只有一人抹，墙面较宽，一次揽不过来时，可只先做左边阴角的一抹子宽灰条，等抹到右边时再做右边灰条。

3）抹中间大面时要以抹好的灰条作为标筋，一般是横向抹，也可竖向抹。抹时一抹子接一抹子，接搓平整，薄厚一致，抹纹顺直。

4）抹完一面墙后，用大杠依标筋刮平，缺灰的要及时补上，用托线板挂垂直。

5）无误后，用木抹子搓平，用钢板抹子压光，如果墙面吸水较快，应在搓平时，边洒水边搓，要搓出灰浆。压光后待表面稍吸水时再次压光。当抹子上去印迹不明显时做最后一次压光。

6）相邻两面墙都抹完后，阴角要用刷子甩水，将木阴角抹子端稳，放在阴角部上下通搓，搓直、搓出灰浆，而后用铁阴角抹子持光，用抹子把通阴角留下的印迹压平。

7）石灰砂浆罩面的房间一般门窗护角要做成用水泥砂浆直接压光的，可以随抹墙一同进行也可以提前进行。

（1）如果是提前进行，可参照护角的做法，但抹正面小灰梗条时要考虑抹面砂浆的厚度。

（2）如果是随抹墙一同做时，要在护角的侧面用1：2.5水泥砂浆反粘八字靠尺，使尺外棱与墙面面层厚度一致，然后吊垂直。抹墙时把尺周边5cm处改用1：2.5水泥砂浆，修理压光后取下八字靠尺刷干净，反贴在正面抹好的水泥砂浆灰条上，依框的子口用方尺决定靠尺棱的位置，挂吊垂直后卡牢，再抹侧小面。

第四节　钢筋施工技术

一、钢筋的配料计算

钢筋配料是指根据构件配筋图统计出每个构件中每一个规格的钢筋的数量，外形尺寸，然后进行备料加工的过程。这是一项极为细致和重要的工作，必须熟练地掌握其计算方法。

（一）钢筋下料长度计算

构件中的钢筋，因弯曲或弯钩会使长度发生变化，所以配料时不能根据配筋图尺寸直接下料。必须了解各种构件的混凝土保护层、钢筋弯曲、搭接、弯钩等规定，结合所掌握的一些计算方法，再根据图中尺寸计算出下料长度。

1. 常用钢筋下料长度计算

（1）直钢筋下料长度＝构件长度－保护层厚度＋弯钩增加长度。

（2）弯起钢筋下料长度＝直段长度＋斜段长度＋弯钩增加长度－弯曲调整值。

（3）箍筋下料长度＝直段长度＋弯钩增加长度－弯曲调整值。

2. 弯钩增加长度计算

（1）钢筋的弯钩通常有三种形式，即半圆弯钩、直弯钩和斜弯钩。半圆弯钩是常用的一种弯钩。直弯钩仅用在柱钢筋的下部，筋和附加钢筋中。斜弯钩仅用在12mm以下的受拉主筋和箍筋中。

（2）钢筋弯钩增加长度，按图 8-4-1 所示的计算简图（弯心直径为 $2.5d$、平直部分长度为 $3d$），其计算值为：对半圆弯钩为 $6.25d$，对直弯钩为 $3.5d$，对斜弯钩为 $4.9d$。

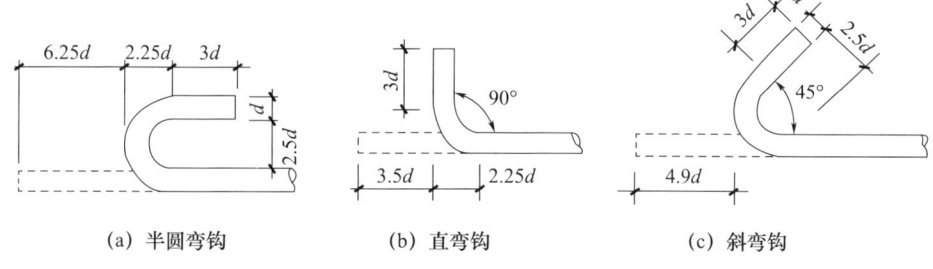

(a) 半圆弯钩　　(b) 直弯钩　　(c) 斜弯钩

图 8-4-1　钢筋弯钩计算简图

计算公式：

①半圆弯钩增加长度＝$3d+3.5\pi d/2-2.25d=6.25d$。

②直弯钩增加长度＝$3d+3.5\pi d/4-2.25d=3.5d$。

③斜弯钩增加长度＝$3d+1.5\times3.5\pi d/4-2.25d=4.9d$。

（3）在生产实践中，由于实际弯心直径与理论弯心直径有时不一致，钢筋粗细和机具条件不同等而影响平直部分的长短（手工弯钩时平直部分可适当加长，机械弯钩时可适当缩短），因此在实际配料计算时，对弯钩增加长度常根据具体条件，采用经验数据，见表 8-4-1。

表 8-4-1　半圆弯钩增加长度参考表（用机械弯）

钢筋直径（mm）	≤6	8～10	12～18	20～28	32～36
一个弯钩长度	$4d$	$6d$	$5.5d$	$5d$	$4.5d$

3. 弯曲调整值

钢筋弯曲时，外侧伸长，里侧缩短，轴线长度不变，因弯曲处形成圆弧，而量尺寸又是沿直线量外包尺寸，如图 8-4-2 所示。因此弯曲钢筋的量度尺寸大于下料尺寸，两者之间的差值，称为弯曲调整值。各种弯曲调整值参见表 8-4-2。

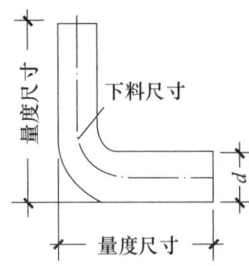

图 8-4-2 钢筋弯曲时的度量方法

表 8-4-2 钢筋弯曲调整值

钢筋弯曲角度（°）	30	45	60	90	135
钢筋弯曲调整值	0.35d	0.5d	0.85d	2d	2.5d

4. 弯起钢筋斜长

斜长计算如图 8-4-3 所示。斜长系数见表 8-4-3。

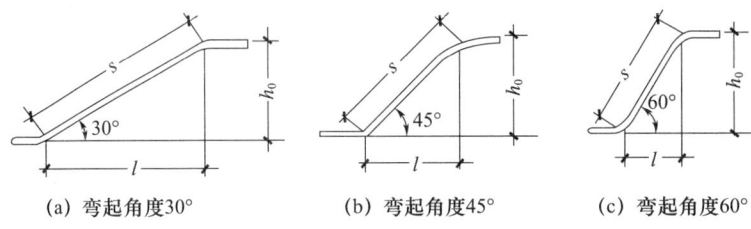

(a) 弯起角度30°　　(b) 弯起角度45°　　(c) 弯起角度60°

图 8-4-3 弯起钢筋斜长计算简图

表 8-4-3 弯起钢筋斜长计算系数

弯起角度	$\alpha=30°$	$\alpha=45°$	$\alpha=60°$
斜边长度 s	$2h_0$	$1.41h_0$	$1.15h_0$
底边长度 l	$1.732h_0$	h_0	$0.575h_0$
增加长度 $s-l$	$0.268h_0$	$0.41h_0$	$0.575h_0$

注：h_0 为弯起高度。

5. 箍筋调整值

箍筋调整值是弯钩增加长度和弯起调整值之和或差，根据箍筋量外包尺寸或内皮尺寸而定。如图 8-4-4 和表 8-4-4。

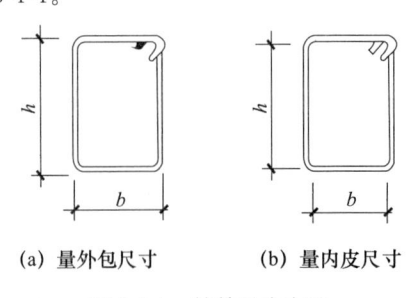

(a) 量外包尺寸　　(b) 量内皮尺寸

图 8-4-4 箍筋量度方法

表 8-4-4　箍筋调整值　　　　　　　　　　　　　　（单位：mm）

箍筋量度方法	箍筋直径			
	4～5	6	8	10～12
量外包尺寸	40	50	60	70
量内皮尺寸	80	100	120	150～170

（二）配料单与料牌

1. 钢筋配料单

1）基本概念

钢筋配料单是根据施工图纸中钢筋的品种、规格及外形尺寸、数量进行编号，计算下料长度用表格形式表达的过程叫钢筋配料单。

2）作用

（1）钢筋配料单是钢筋加工的依据。

（2）钢筋配料单是提出材料计划，签发任务单和限额领料单的依据。

（3）钢筋配料单是钢筋施工中一道很重要的工序。合理的配料，不但能节约钢材，还能使施工操作简化。

3）方式

按钢筋的编号、形状和规格计算下料长度并根据根数算出每一编号钢材的总长度，然后再汇总各种规格的总长度，算出其质量。当需要成型钢筋很长，尚需配有接头时，应根据原材料供应情况和接头形式要求，来考虑钢筋接头的布置，其下料计算时要加上按接头要求长度。

4）编制步骤与方法

（1）熟悉图纸（构件配筋图表）。

（2）绘制钢筋简图。

（3）计算每种规格钢筋的下料长度（接头）。

（4）填写和编制钢筋配料单。

（5）填写钢筋料牌。

2. 钢筋料牌

在钢筋施工过程中光有钢筋配料单还不能作为钢筋加工与绑扎的依据。还要将每一编号的钢筋制作一块料牌。料牌可用 100mm×70mm 的薄木板、竹片或纤维板等制成。料牌是随着加工工艺传送，最后系在加工好的钢筋上作为标志，因此料牌必须严格校核，准确无误，以免返工浪费。

3. 配料计算的注意事项

（1）在设计图纸中，钢筋配置的细节问题没有注明时，一般可按构造要求处理。

（2）配料计算时，要考虑钢筋的形状和尺寸在满足设计要求的前提下要有利于加工安装。

（3）配料时，还要考虑施工中需要的附加钢筋。例如，后预应力构件预留孔道定位的钢筋井字架，基础双层钢筋网中上层钢筋网位置的钢筋撑脚，墙板双层钢筋网中固定钢筋间距的钢筋撑铁，柱钢筋骨架增加四面斜筋撑等。

（三）编制配料单实例

【例】绘制图 8-4-5 中简支梁 L 的配筋图。

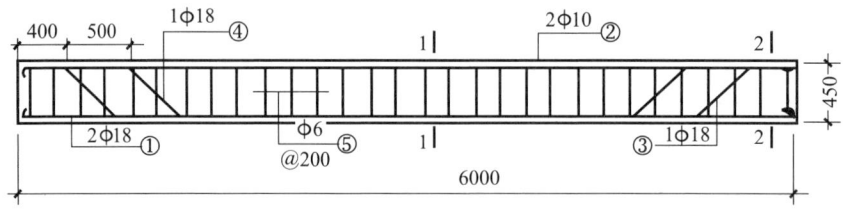

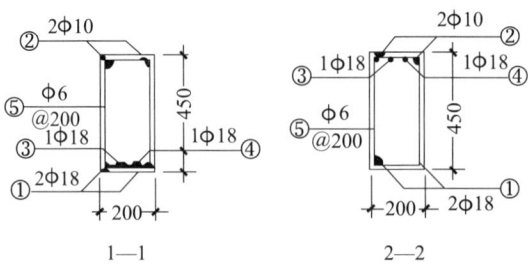

图 8-4-5 某教学楼 L_1 梁钢筋图（单位：mm）

(1) 熟悉图纸（配筋图）。

(2) 绘制配筋图，见图 8-4-6（a）～8-4-6（e）。

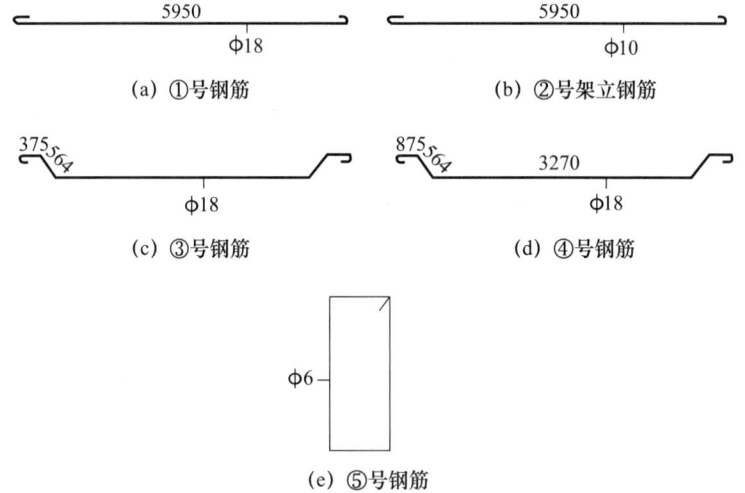

图 8-4-6 绘制配筋图（单位：mm）

(3) 计算钢筋下料长度。

①号钢筋：

外包尺寸＝6000－2×25＝5950（mm）。

钢筋下料长度＝构件长－两端保护层＋两端弯钩长度（6.25mm）＝6000－25×2＋6.25×18×2＝6175（mm）。

或钢筋下料长度＝外包尺寸＋端部弯钩长度＝5950＋2×6.25d＝6175（mm）。

②号钢筋：

下料长度＝6000－25×2＋6.25×10×2＝6075（mm）。

③号钢筋：

其端部纵向平直段长＝400－25＝375（mm）。

斜长＝（梁高－2倍保护层）×1.41（弯45°斜长增加系数）＝（450－2×25）×1.41＝564（mm）。

中间直线段长＝6000－2×25－2×375－2×400＝4400（mm）。

下料长度＝外包尺寸＋端部弯钩－量度差值＝2×（375＋564）＋4400＋（2×6.25×18）－（4×0.5×18）＝6278＋225－36＝6467（mm）。

④号钢筋：

端部纵向平直段长＝900－25＝875（mm）。

斜长＝564mm（同③号钢筋斜长算法）。

中间直线段长＝6000－2×25－2×875－2×400＝3400（mm）。

下料长度＝外包尺寸＋端部弯钩－量度差值＝2×（875＋564）＋3400＋（2×6.25×18）－（4×0.5×18）＝6278＋225－36＝6467（mm）。

⑤号箍筋：

箍筋下料长度＝箍筋内周长＋箍筋调整值＝（400＋150）×2＋100＝1200（mm）。

箍筋数量n＝5950÷200＋1＝31个。

（4）填写和编制配料单，见表8-4-5。

（5）该料牌仅表示L_1梁③号钢筋，其中①②④⑤号钢筋仍应按此格式填写。

表8-4-5　钢筋配料表

构件名称	钢筋编号	简图	直径（mm）	钢号	下料长度（m）	单位根数	合计根数	质量（kg）
某教学楼L_1梁共5根	1	⌐‾‾‾‾5950‾‾‾‾⌐	18	Φ	6.18	2	10	123
	2	⌐‾‾‾‾5950‾‾‾‾⌐	10	Φ	6.075	2	10	37.5
	3	╱‾564‾375	18	Φ	6.47	1	5	64.7
	4	╱‾564‾875	18	Φ	6.47	1	5	64.7
	5	□ 162	6	Φ	1.2	31	155	41.3
备注	合计 Φ6＝41.3kg，Φ10＝37.5kg，Φ18＝252.4kg								

注：单位根数是每一构件，同一编号钢筋的根数，合计根数是一个单位工程中同一编号钢筋总根数。

二、钢筋加工

(一) 钢筋除锈与调整

1. 钢筋除锈

《混凝土结构工程施工质量验收规范》(GB 50204—2015)中规定:"钢筋应平直、无损伤,表面不得有裂纹、油污、颗粒状或片状老锈。"

钢筋除锈工作应在调直后、弯曲前进行,并应尽量利用冷拉和调直工序进行除锈。除锈的方法有多种,常用的有人工除锈、钢筋除锈机除锈和酸法除锈。

1) 人工除锈

人工除锈的常用方法一般是用钢丝刷、砂盘、麻袋布等轻擦或将钢筋在砂堆上来回拉动除锈。

砂盘除锈示意如图 8-4-7 所示。

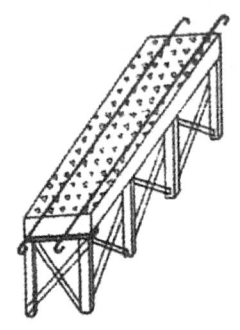

图 8-4-7 砂盘除锈示意图

2) 机械除锈

机械除锈有除锈机除锈和喷砂法除锈。

(1) 除锈机除锈:对直径较细的盘条钢筋,通过冷拉和调直过程自动除锈;粗钢筋采用圆盘钢丝刷除锈机除锈。

钢筋除锈机有固定式和移动式两种,一般由钢筋加工单位自制,是由动力带动圆盘钢丝刷高速旋转,来清刷钢筋上的铁锈。如图 8-4-8 和图 8-4-9 所示。

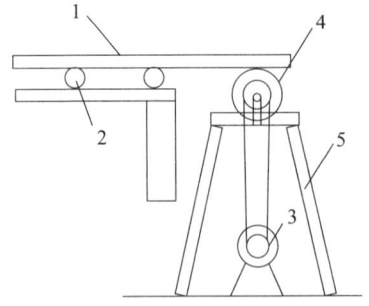

图 8-4-8 固定式钢筋除锈机
1—钢筋;2—滚道;3—电动机;4—钢丝刷;5—机架

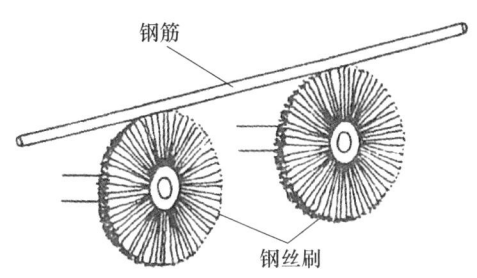

图 8-4-9 组合后的除锈机

（2）喷砂法除锈主要是用空压机、储砂罐、喷头等设备，利用空压机产生的强大气流形成高压砂流除锈，适用于大量除锈工作，除锈效果好。

3）酸洗法除锈

当钢筋需要冷拔加工时，用酸洗法除锈。酸洗法除锈是将圆盘钢筋放入硫酸或盐酸溶液中，经化学反应除锈。但在酸洗除锈前，通常进行机械除锈，这样可以缩短50%酸洗时间，节约80%以上的酸液。

2. 钢筋调直

弯曲不直的钢筋在混凝土中不能与混凝土共同工作而导致混凝土出现裂缝，以防产生不应有的破坏。如果用未经调直的钢筋来断料，断料钢筋的长度不可能准确，从而影响到钢筋的成型、绑扎安装等一系列工序的准确性。因此钢筋调直是钢筋加工中不可缺少的工序。钢筋调直后应进行力学性能和质量偏差的检验。

1）手工调直

直径在100mm以下的圆条钢筋，在施工现场一般采用手工调直。对于冷拔低碳钢丝，可通过导轮牵引调直，这种方法示意图如图8-4-10所示，如牵引过轮的钢丝还存在局部慢弯，可用小锤敲打平直；也可以使用蛇形管调直，如图8-4-11所示。

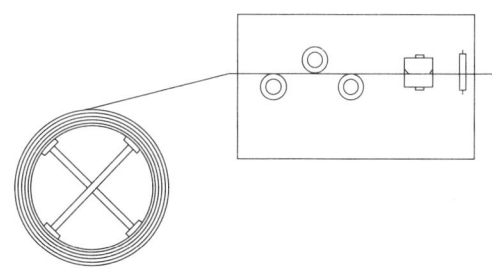

图 8-4-10 导轮牵引调直

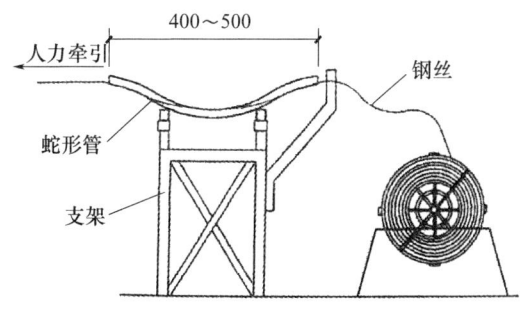

图 8-4-11 蛇形管调直架（单位：mm）

盘条钢筋可采用绞盘拉直,如图 8-4-12 所示,对于直条粗钢筋一般弯曲较缓,可就势用手扳子扳直。

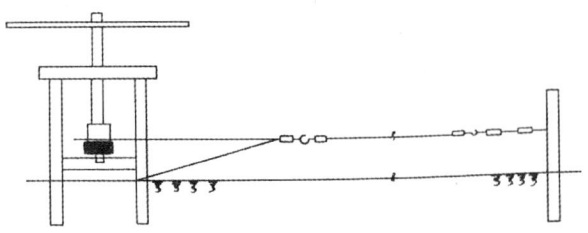

图 8-4-12　绞盘拉直装置示意图

2)机械平直

机械平直是通过钢筋调直机(一般也有钢筋切断功能,因此常称钢筋调直切断机)实现的,这类设备适用于处理冷拔低碳钢丝和直径不大于 14mm 的细钢筋。

粗钢筋也可以用机械平直。由于没有国家定型设备,相对工作量很大的单位,可自制平直机械。根据《混凝土结构工程施工质量验收规范》(GB 50204—2015)中规定"弯折钢筋不得调直后作为受力钢筋使用",因此,粗钢筋应注意在运输、加工、安装过程中的保护,弯折后经调直的粗钢筋只能作为非受力钢筋使用。

细钢筋用的调直机有多种型号,按所能调直切断的钢筋直径分,常用的有三种:GT 1.6/4、GT 3/8、GT 6/12。另有一种可调直直径更大的型号是 GT 10/16(型号标志中斜线两侧数字表示所能调直切断的钢筋直径大小上下限)。

工地上常用钢筋调直机一般是 GT 3/8,它的外形如图 8-4-13 所示。

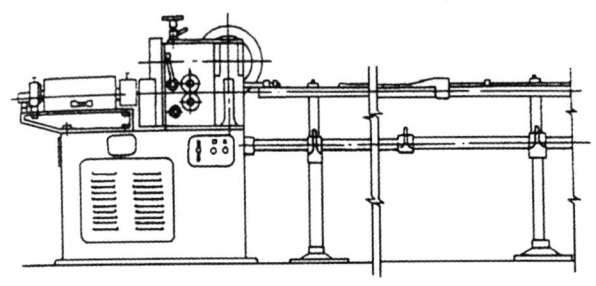

图 8-4-13　GT 3/8 型钢筋调直机

3)钢筋调直的操作要点

(1)检查:每天工作前检查电气系统及其元件有无毛病,各种连接零件是否牢固可靠,各传动部分是否灵活,确认正常后方可试运转。

(2)试运转:首先从空载开始,确认运转可靠之后才可以进料、试验调直和切断。首先要将盘条的端头锤打平直,然后再将它从导向套推进机械内。

(3)试断筋:为保证断料长度合适,应在机械开动后试断 3~4 根钢筋检查,以便出现偏差能得到及时纠正。

(4)安全要求:盘条钢筋放入圈架上要平稳,如有乱丝或钢筋脱架时,必须停车处理。操作人员不能离机械过远,以防发生故障时不能及时停车造成事故。

(5)安装承料架:承料架槽中心线应对准导向套、调直筒和剪切孔中心线,并保持平直。

(6) 安装切刀：安装滑动刀台上的固定切刀，保证其位置正确。

(7) 安装导向管：在导向管前部，安装一根长度约为1m的导向钢管，需调直的钢筋应先穿入该钢管，然后穿过导向套和调直筒，以防止每盘钢筋接近调直完毕时，其端部弹出伤人。

3. 钢筋切断

钢筋经调直后，即可按下料长度进行切断。钢筋切断前，应有计划，根据工地的材料情况确定下料方案，确定钢筋的品种、规格、尺寸、外形符合设计要求。切断时，精打细算，长料长用，短料短用，使下脚料的长度最短。切断的短料可作为电焊接头的绑条或其他的辅助短钢筋使用，力求减少钢筋的损耗。

1) 切断前的准备工作

钢筋切断前应做好以下准备工作，以求获得最佳经济效果。

(1) 复核：根据钢筋配料单，复核料牌上所标注钢筋的直径、尺寸、根数是否正确。

(2) 下料方案：根据工地钢筋的库存情况做好下料方案，长短搭配，尽量减少损耗。

(3) 量度准确：避免使用短尺量长料，防止产生累计误差。

(4) 试切钢筋：调试好切断设备，试切1~2根，尺寸无误后再成批加工。

2) 切断方法

钢筋切断方法分为人工切断和机械切断。

(1) 手工切断

①切断钢丝可用断线钳，其形状如图8-4-14所示。

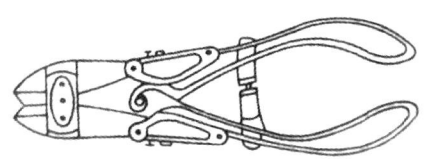

图8-4-14 断线钳

②切断直径为16mm以下的HPB235钢筋可用图8-4-15所示手压切断器。这种切断器一般可自制，由固定刀口、活动刀口、边夹板、把柄、底座等组成。

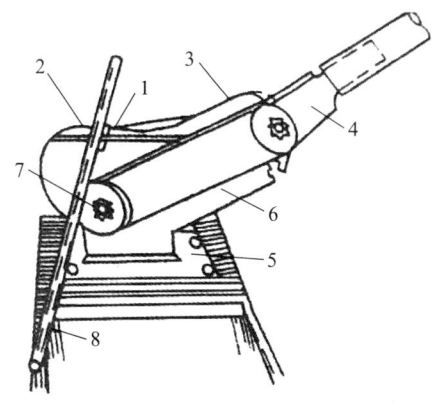

图8-4-15 手压切断器
1—固定刀口；2—活动刀口；3—边夹板；4—把柄；5—底座；6—固定板；7—轴；8—钢筋

③切断直径不超过 16mm 的钢筋,还可以用 SYJ-16 型手动液压切断器,如图 8-4-16 所示。

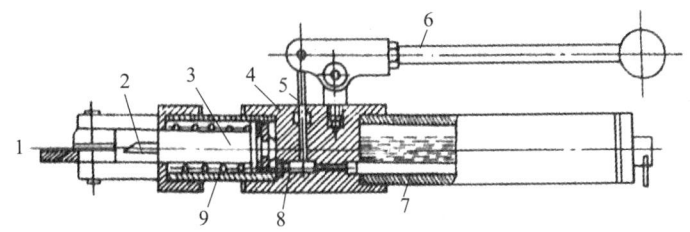

图 8-4-16 SYJ-16 型手动液压切断器
1—滑轨;2—刀片;3—活塞;4—缸体;5—柱塞;6—压杆;7—贮油筒;8—吸油阀;9—回位弹簧

④一般工地上也常用称为克子的切断器,如图 8-4-17 所示。使用克子切断器时,将下克插在铁砧的孔里,把钢筋放在下克槽内,上克边紧贴下克边,用锤打击上克使钢筋切断。

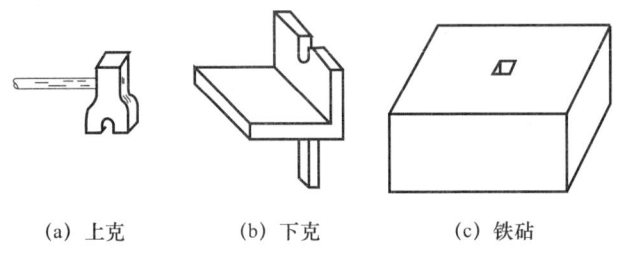

(a) 上克　　　(b) 下克　　　(c) 铁砧

图 8-4-17 克子切断器

(2) 机械切断

①常用的钢筋切断机有 GQ40,其他还有 GQ12、GQ20、GQ25、GQ32、GQ50、GQ65 型,型号的数字表示可切断钢筋的最大公称直径。表 8-4-6 列出了 GQ40 钢筋切断机每次切断钢筋的根数。

表 8-4-6　GQ40 钢筋切断机每次切断钢筋的根数

钢筋直径(mm)	5.5~8	9~12	13~16	18~20	20 以上
可切断根数	12~8	6~4	3	2	1

②钢筋切断注意事项

a. 检查:使用前应检查刀片安装是否牢固,润滑油是否充足,并应在开机空转正常以后再进行操作。

b. 切断:钢筋应调直以后再切断,钢筋与刀口应垂直。

c. 安全:断料时应紧握钢筋,待活动刀片后退时及时将钢筋送进刀口,不要在活动刀片已开始向前推进时,向刀口送料,以免断料不准,甚至发生机械及人身事故;长度在 30mm 内的短料,不能直接用手送料切断,禁止切断超过切断机技术性能规定的钢材以及超过刀片硬度或烧红的钢筋;切断钢筋后,刀口处的屑渣不能直接用手清除或用嘴吹,而应用毛刷刷干净。

4. 钢筋弯曲成型

弯曲成型是将已切断、配好的钢筋按照施工图纸的要求加工成规定的形状尺寸。钢筋弯曲成型的顺序是：准备工作→画线→样件→弯曲成型。弯曲分人工弯曲和机械弯曲两种。

1）准备工作

钢筋弯曲成什么样的形状，各部分的尺寸是多少，主要依据钢筋配料单，这是最基本的操作依据。

（1）配料单的制备。配料单是钢筋加工的凭证和钢筋成型质量的保证，配料单内包括钢筋规格、式样、根数以及下料长度等内容，主要按施工图上的钢筋料标抄写，但是应特别注意：下料长度一栏必须由配料人员算好填写，不能照抄材料表上的长度。例如表 8-4-7 是钢筋材料表，表中各种钢筋的长度是各分段长度累加起来的，配料单中钢筋长度则是操作需用的实际长度，要考虑弯曲调整值，计算成为下料长度。

表 8-4-7 ××工程钢筋配料单

编号	式样	规格	下料长度（mm）	根数	总下料长（m）	质量（kg）
1	2980	φ18	2980	4	11.92	23.8
2	2400 / 600	φ16	3170	5	15.85	25.0
3	500 / 4000 / 820 / 1200	φ20	8940	3	26.82	66.2

（2）料牌。用木板或纤维板制成，将每一编号钢筋的有关资料：工程名称、图号、钢筋编号、根数、规格、式样以及下料长度等写注于料牌的两面，以便随着工艺流程一道工序一道工序地传送，最后将加工好的钢筋系上料牌。

2）画线

在弯曲成型之前，除应熟悉待加工钢筋的规格、形状和各部分尺寸，确定弯曲操作步骤及准备工具等之外，还需将钢筋的各段长度尺寸画在钢筋上。

精确画线的方法是，大批量加工时，应根据钢筋的弯曲类型、弯曲角度、弯曲半径、扳距等因素，分别计算各段尺寸，再根据各段尺寸分段画线。这种画线方法比较烦琐。现场小批量的钢筋加工，常采用简便的画线方法：在画钢筋的分段尺寸时，将不同角度的弯折量度差在弯曲操作方向相反的一侧长度内扣除，画上分段尺寸线，这条线称为弯曲点线。根据弯曲点线并按规定方向弯曲后得到的成型钢筋，基本与设计图要求的尺寸相符。

现以梁中弯起钢筋为例，说明弯曲点线的画线方法，如图 8-4-18 所示。第一步，在钢筋的中心线画第一道线；第二步，取中段（3400mm）的 1/2 减去 $0.25d$，即在 1700－4.5＝1695（mm）处画第二道线（在实际操作中，钢筋下料长度宁短勿长，所以 0.5mm 就舍去了）；第三步，取斜长（566mm）减去 $0.25d$，即在 566－4.5＝561（mm）处画第三道线（在实际操作中，钢筋下料长度宁短勿长，所以 0.5mm 就舍去了）；第四步，取直段长（890mm）减去 $1d$，即在 890－18＝872（mm）处画第四道线。

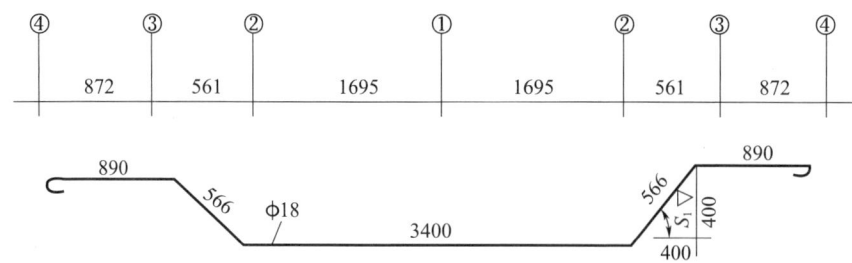

图 8-4-18 弯起钢筋计算例图（单位：mm）

以上各线段即钢筋的弯曲点线，弯制钢筋时按这些线段进行弯制。弯曲角度须在工作台上放出大样。需说明的一点是，画线时所减去的值应根据钢筋直径和弯折角度具体确定，此处所取值仅为便于说明。

弯制形状比较简单或同一形状根数较多的钢筋，可以不画线，而在工作台上按各段尺寸要求，固定若干标志，按弯曲类型、弯曲角度、弯曲半径、扳距等因素，分别计算各段尺寸，再根据各段尺寸分段画线。这种画线方法比较烦琐。现场小批量的钢筋加工，常采用简便的画线方法：在画钢筋的分段尺寸时，将不同角度的弯折量度差在弯曲操作方向相反的一侧长度内扣除，画上分段尺寸线，这条线称为弯曲点线。根据弯曲点线并按规定方向弯曲后得到的成型钢筋，基本与设计图要求的尺寸相符。

3）样件

弯曲钢筋画线后，即可试弯 1 根，以检查画线的结果是否符合设计要求。如不符合，应对弯曲顺序、画线、弯曲标志、扳距等进行调整，待调整合格后方可成批弯制。

4）弯曲成型

（1）手工弯曲成型

①工具和设备

a. 工作台。钢筋弯曲应在工作台上进行。工作台的宽度通常为 800mm。长度视钢筋种类而定，弯细钢筋时一般为 4000mm，弯粗钢筋时可为 8000mm，台高一般为 900～1000mm。

b. 手摇扳。手摇扳如图 8-4-19 所示。它由钢板底盘、扳柱、扳手组成，用来弯制直径在 12mm 以下的钢筋，操作前应将底盘固定在工作台上，其底盘表面应与工作台平直。

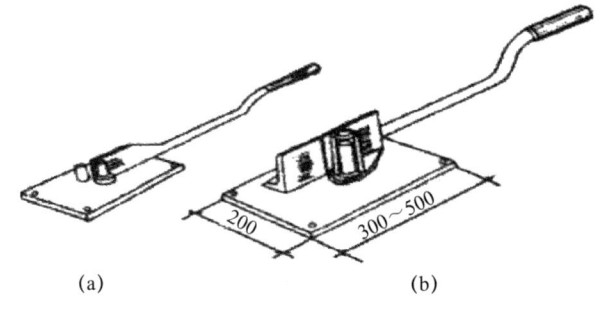

图 8-4-19 手摇扳（单位：mm）

图 8-4-19（a）所示是弯单根钢筋的手摇扳；图 8-4-19（b）所示是可以同时弯制多根钢筋的手摇扳。

c. 卡盘。卡盘用来弯制粗钢筋，它由钢板底盘和扳柱组成，扳柱焊在底盘上，底盘须固定在工作台上。图 8-4-20（a）所示为四扳柱的卡盘，扳柱水平净距约为 100mm，垂直方向净距约为 34mm，可弯曲直径为 32mm 钢筋。图 8-4-20（b）所示为三扳柱的卡盘，扳柱的两斜边净距为 100mm 左右，底边净距约为 80mm。这种卡盘不需配钢套，可用厚 12mm 的钢板制作卡盘底板。

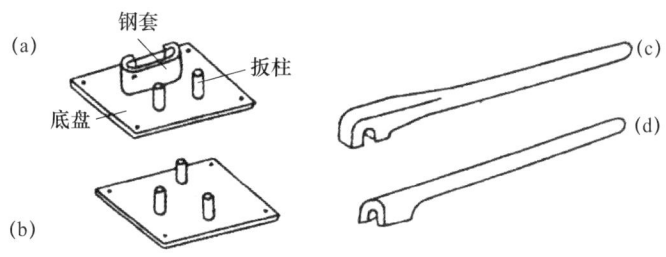

图 8-4-20　卡盘与钢筋扳子

d. 钢筋扳子。钢筋扳子是弯制钢筋的工具，它主要与卡盘配合使用，分为横口扳子和顺口扳子两种（图 8-4-20）。横口扳子又有平头和弯头之分，弯头横口扳子仅在绑扎钢筋时作为纠正钢筋位置用。

钢筋扳子的扳口尺寸比弯制的钢筋的直径大 2mm 较为合适。弯曲钢筋时，应配有各种规格的扳子。手摇扳的尺寸见表 8-4-8。卡盘和横口扳手主要尺寸见表 8-4-9。

表 8-4-8　手摇扳尺寸　　　　　　　　　　（单位：mm）

附图	钢筋直径	a	b	c	d
	6	500	8	16	16
	8～10	500	22	18	20

表 8-4-9　卡盘和横口扳手主要尺寸　　　　（单位：mm）

附图	钢筋直径	卡盘			横口扳手			
		a	b	c	d	e	h	l
	12～16	50	80	20	22	18	40	1200
	18～22	65	90	25	28	24	50	1350
	25～32	80	100	30	38	34	76	2100

② 手工弯曲成型步骤

为了保证钢筋弯曲形状正确，弯曲弧准确，操作时扳子部分不碰扳柱，扳子与扳柱间应保持一定距离。一般扳子与扳柱之间的距离，可参考表 8-4-10 所列的数值来确定。

表 8-4-10 扳子与扳柱之间的距离

弯曲角度	45°	90°	135°	180°
扳距	1.5～2d	2.5～3d	3～3.5d	3.5～4d

扳距、弯曲点线与扳柱的关系如图 8-4-21 所示。弯曲点线在扳柱钢筋上的位置为：弯 90°以内的角度时，弯曲点线可与扳柱外缘持平；当弯 135°～180°时，弯曲点线距扳柱边缘的距离约为 1d。

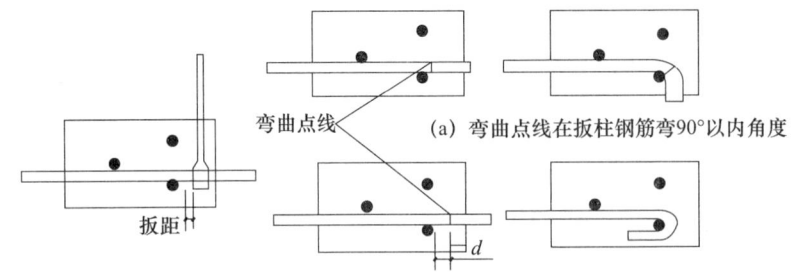

图 8-4-21 扳距、弯曲点线和扳柱的关系

不同钢筋的弯曲步骤分述如下：

a. 箍筋的弯曲成型

箍筋弯曲成型步骤，分成五步，如图 8-4-22 所示。在操作前，首先要在手摇扳的左侧工作台上标出钢筋 1/2 长、箍筋长边内侧和短边内侧长（也可以标长边外侧长和短边外侧长）三个标志。

箍筋弯曲成型步骤如图 8-4-22 所示：

图 8-4-22（a）在钢筋 1/2 长处弯折 90°；

图 8-4-22（b）弯折短边 90°；

图 8-4-22（c）弯长边 135°弯钩；

图 8-4-22（d）弯短边 90°弯折；

图 8-4-22（e）弯短边 135°弯钩。

因为图 8-4-22（c）和 8-4-22（e）弯钩角度大，所以要比图 8-4-22（b）和 8-4-22（d）步操作时靠标志略松些，预留一些长度，以免箍筋不方正。

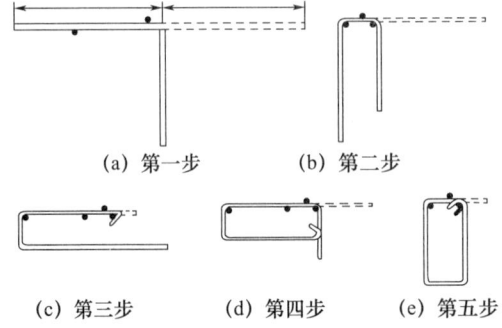

图 8-4-22 箍筋弯曲成型步骤

b. 弯起钢筋的弯曲成型

弯起钢筋的弯曲成型如图 8-4-23 所示。

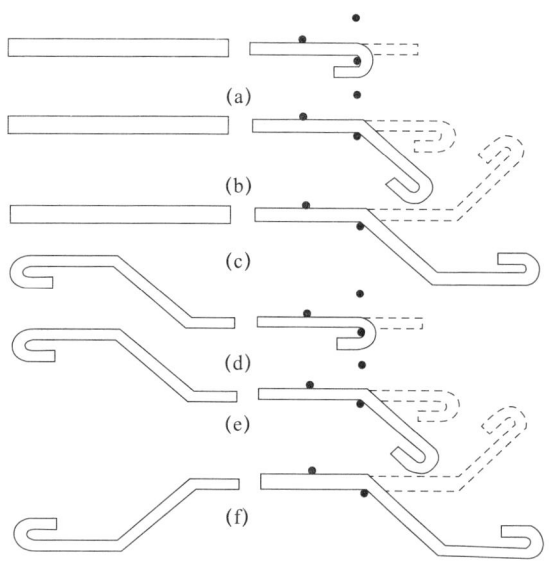

图 8-4-23 弯起钢筋的弯曲成型

一般弯起钢筋长度较大，故通常在工作台两端设置卡盘，分别在工作台两端同时完成成型工序。

当钢筋的弯曲形状比较复杂时，可预先放出实样，再用扒钉钉在工作台上，以控制各个弯转角，如图 8-4-24 所示。第一步在钢筋中段弯曲处钉两个扒钉，弯第一对 45°弯；第二步在钢筋上段弯曲处钉两个扒钉，弯第二对 45°弯；第三步在钢筋弯钩处钉两个扒钉，弯两对弯钩；最后起出扒钉。这种成型方法，形状较准确，平面平整。

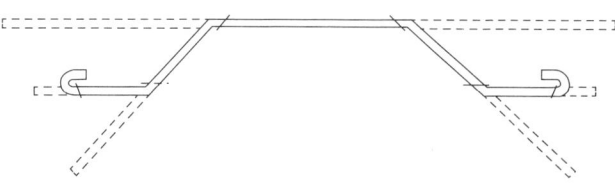

图 8-4-24 钢筋扒钉成型

各种不同钢筋弯折时，常将端部弯钩作为最后一个弯折程序，这样可以将配料弯折过程中的误差留在弯钩内，不致影响钢筋的整体质量。

c. 手工弯曲操作要点

a) 弯曲钢筋时，扳子一定要托平，不能上下摆，以免弯出的钢筋产生翘曲。

b) 操作电动机注意放正弯曲点，搭好扳手，注意扳距，以保证弯制后的钢筋形状、尺寸准确。起弯时用力要慢，防止扳手脱落。结束时要平稳，掌握好弯曲位置，防止弯过头或弯不到位。

c) 不允许在高空或脚手板上弯制粗钢筋，避免因弯制钢筋脱扳而造成坠落事故。

d) 在弯曲配筋密集的构件钢筋时，要严格控制钢筋各段尺寸及起弯角度，各种编号钢筋应试弯一下，安装合适后再成批生产。

（2）机械弯曲成型

①常用的钢筋弯曲机可弯曲钢筋最大公称直径为 40mm，用 GW40 表示型号，其他还有 GW12、GW20、GW25、GW32、GW50、GW65 等，型号的数字表示可弯曲钢筋的最大公称直径。

各种钢筋弯曲机可弯曲钢筋直径是按抗拉强度为 $450N/mm^2$ 的钢筋取值的，对于级别较高、直径较大的钢筋，如果用 GW40 型钢筋弯曲机不能胜任，就采用 GW50 型来弯曲。

通用的 GW40 型钢筋弯曲机的上视图，如图 8-4-25 所示。

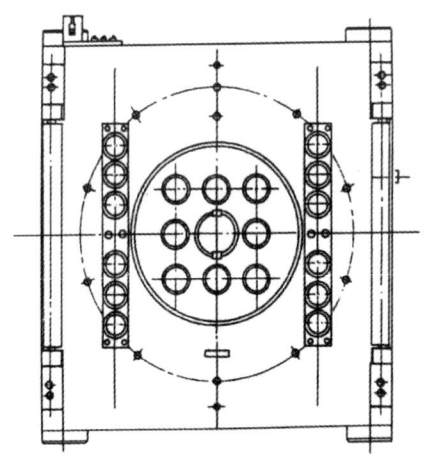

图 8-4-25　机械弯曲机上视图

更换传动轮，可使工作盘得到三种转速，弯曲直径较大的钢筋必须使转速放慢，以免损坏设备。在不同转速的情况下，一次最多能弯曲的钢筋根数按其直径的大小应按弯曲机的说明书执行。弯曲机的操作过程如图 8-4-26 所示。

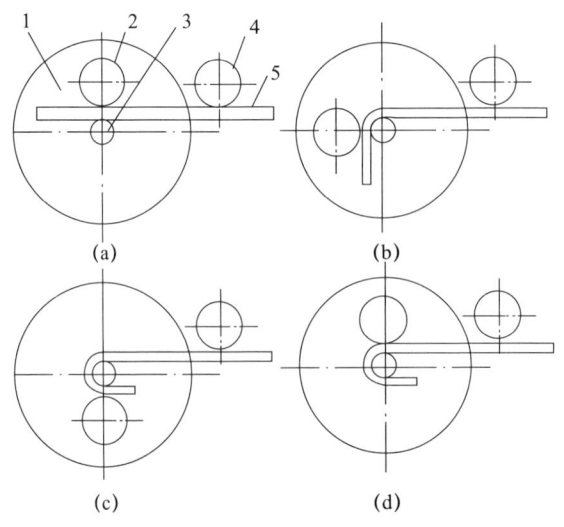

图 8-4-26　弯曲机的操作过程

1—工作盘；2—成型轴；3—心轴；4—挡铁轴；5—钢筋

②钢筋弯曲机操作要点

a. 对操作人员进行岗前培训和岗位教育,严格执行操作规程。

b. 操作前要对机械各部件进行全面检查以及试运转并查点齿轮、轴套等设备是否齐全。

c. 要熟悉倒顺开关的使用方法以及所控制的工作盘旋转方向,使钢筋的放置与成型轴、挡铁轴的位置相应配合。

d. 使用钢筋弯曲机时,应先做试弯以摸索规律。

e. 钢筋在弯曲机上进行弯曲时,其形成的圆弧弯曲直径是借助于心轴直径实现的,因此要根据钢筋粗细和所要求的圆弧弯曲直径大小随时更换轴套。

f. 为了适应钢筋直径和心轴直径的变化,应在成型轴上加一个偏心套,以调节心轴、钢筋和成型轴三者之间的间隙。

g. 严禁在机械运转过程中更换心轴、成型轴、挡铁轴,或进行清扫、注油。

h. 弯曲较长的钢筋应有人帮助扶持,帮助人员应听从指挥,不得任意推送。

5)成品管理

对钢筋加工工序而言,弯曲成型后的钢筋就算是"成品"。

(1)成品质量

弯曲成型后的钢筋质量必须通过加工操作人员自检;进入成品仓库的钢筋要由专职质量检查人员复核合格。

钢筋加工的质量按照现行国家标准《混凝土结构工程施工质量验收规范》(GB 50204)的规定,应符合下列要求:

①受力钢筋的弯钩和弯折应符合表8-4-11规定。

表8-4-11 钢筋弯钩、弯折形状和尺寸要求

钢筋类型	牌号或部位	形状	弯弧内直径	弯钩平直部分长度
受力钢筋	HPB235	180°弯钩	$\geqslant 2.5d$	$\geqslant 3d$
	HRB335	135°弯钩	$\geqslant 4d$	按设计要求
	HRB400	90°弯钩	$\geqslant 5d$	——
箍筋	一般结构	$\geqslant 90°$弯钩	$\geqslant 2.5d_0$,$\geqslant d$	$\geqslant 5d_0$
	抗震结构	135°弯钩	$\geqslant 2.5d_0$,$\geqslant d$	$\geqslant 10d_0$

注:d为受力钢筋直径;d_0为箍筋直径。

②钢筋加工的允许偏差应符合表8-4-12的规定。

表8-4-12 钢筋加工的允许偏差

项目	允许偏差(mm)
受力钢筋顺长度方向全长的净尺寸	±10
弯起钢筋的弯折位置	±20
箍筋内净尺寸	±5

（2）管理要点

①弯曲成型好了的钢筋必须轻抬轻放，避免产生变形；经过验收检查合格后，成品应按编号栓上料牌，并应特别注意缩尺钢筋的料牌勿遗漏。

②清点某一编号钢筋成品无误后，在指定的堆放地点，要按编号分隔整齐堆入，并标识所属工程名称。

③钢筋成品应堆放在库房里，库房应防雨防水，地面保持干燥，并做好支垫。

④与安装组联系好，按工程名称、部位及钢筋编号、需用顺序堆放，防止先用的被压在下面，使用时翻垛而造成钢筋变形。

（二）钢筋的冷加工

钢筋的冷加工工艺包括钢筋冷拉、冷拔、冷轧、冷轧扭。钢筋冷加工可以提高钢筋强度设计值，达到节约钢筋目的。

1. 钢筋的冷拉

钢筋的冷拉是在常温下对钢筋进行强力拉伸，使拉应力超过钢筋的屈服强度，以达到调直钢筋、除锈、提高强度的目的。经冷拉后的钢筋屈服点一般可提高 20%～25%。冷拉 HPB235 级钢筋适宜做钢筋混凝土结构中的受拉钢筋；冷拉 HRB335、HRB400 级钢筋适宜做预应力混凝土结构的预应力筋。

1）冷拉控制方法

冷拉的控制方法分为控制应力和控制冷拉率两种。

控制应力，是指冷拉时的拉力与钢筋截面面积的比值；冷拉率是指钢筋冷拉伸长值与钢筋冷拉前长度的比值。

（1）控制应力法。采用控制应力法时，冷拉控制应力见表 8-4-13，按表中控制应力冷拉后，检查钢筋的最大冷拉率，如小于该表中最大冷拉率的值则合格，如超出表中规定值，则应进行力学性能试验。

表 8-4-13　冷拉控制应力

项次	钢筋级别		冷拉控制应力（N/mm²）	最大冷拉率（%）
1	HPB235 级 $d \leqslant 12$		280	10
2	HRB335 级	$d \leqslant 25$	450	5.5
		$d = 28 \sim 40$	430	
3	HRB400 级 $d = 8 \sim 40$		500	5
4	HRB500 级 $d = 10 \sim 28$		700	4

冷拉钢筋做预应力钢筋使用时，宜采用控制应力法。

（2）控制冷拉率法。采用控制冷拉率法时，冷拉率控制值必须由试验确定。其试件不宜少于 4 个，取其平均值作为该炉批钢筋的实际冷拉率。测定同炉批号钢筋冷拉率的冷拉应力应符合表 8-4-14 的规定。

冷拉多根连接的钢筋，冷拉率可按总长计，但冷拉后每根钢筋的冷拉率，应符合表 8-4-13 的规定。

表 8-4-14　测定冷拉率时钢筋的冷拉应力

项次	钢筋级别		冷拉应力（N/mm²）
1	HPB235 级 $d \leq 12$		280
2	HRB335 级	$d \leq 25$	480
		$d = 28 \sim 40$	460
3	HRB400 级 $d = 8 \sim 40$		530
4	HRB500 级 $d = 10 \sim 28$		730

（3）冷拉速度。钢筋冷拉速度不宜过快，一般以 5mm/s 为宜，或以 5N/(mm²·s) 增加冷拉应力。当拉到控制值时，停车 2~3min，再行卸荷，使钢筋变形较为稳定，以减少钢筋的回弹。

2）冷拉工艺和设备

钢筋的冷拉工艺是根据采用的机械设备，钢筋的品种、规格以及现场条件而定的。现场常用的有以下两种冷拉工艺。

（1）卷扬机冷拉工艺：该种工艺现场用得最多。它具有适用性强、设备简单、效率高、成本低等优点。如图 8-4-27 所示。

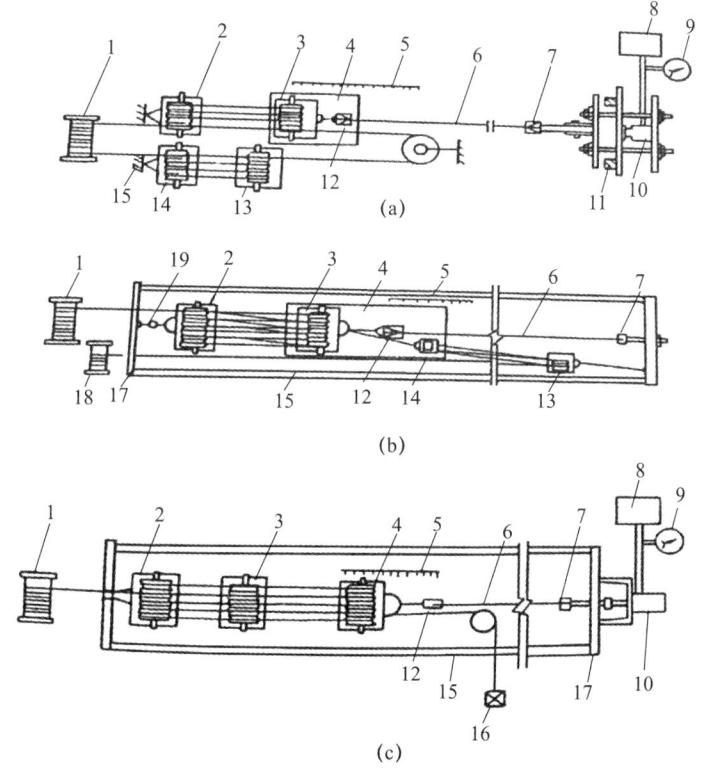

图 8-4-27　卷扬机冷拉工艺

1—卷扬机；2—固定滑轮组；3—移动滑轮组；4—冷拉小车；5—延伸标尺；6—钢筋；
7—固定端夹具；8—油泵；9—油压表；10—千斤顶；11—台座墩；12—冷拉端夹具；
13、14—回程滑轮组；15—冷拉台座；16—回程荷重架；17—端横梁；18—回程卷扬机；19—电子秤

（2）液压粗钢筋冷拉工艺：用液压冷拉机代替钢筋冷拉设备的一种冷拉工艺，具有设备紧凑、效率高、准确、劳动强度小等优点，适用于冷拉直径 20mm 以上的钢筋。如图 8-4-28 所示。

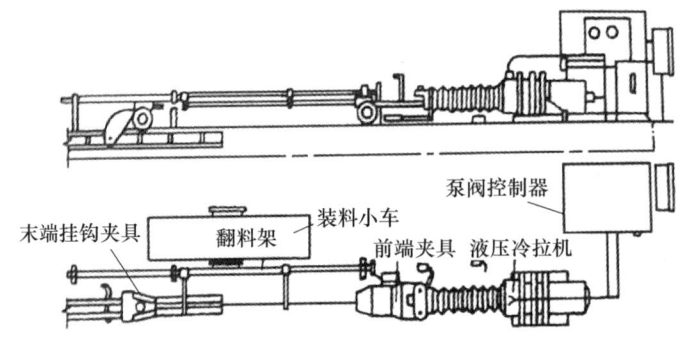

图 8-4-28　液压粗钢筋冷拉工艺

（3）常用冷拉夹具：如图 8-4-29 所示。

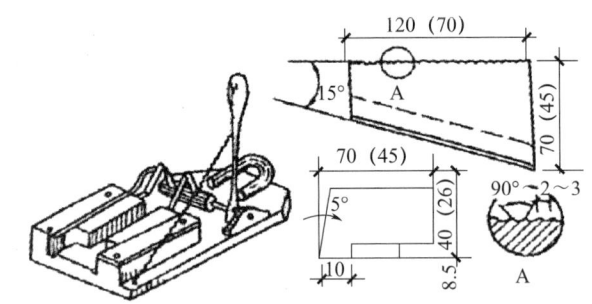

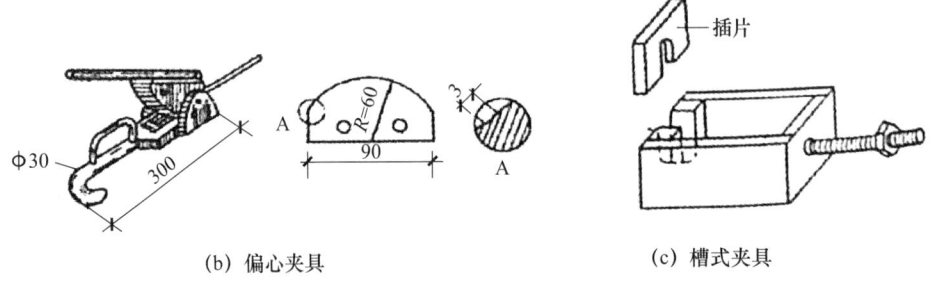

图 8-4-29　常用冷拉夹具

（4）常用冷拉地锚：如图 8-4-30 所示。

（5）冷拉操作要点及注意事项。钢筋冷拉操作的主要工序有：钢筋上盘→放圈→切断→夹紧→夹具→冷拉→放松夹具→捆扎堆放→分批验收。

①控制冷拉应力操作要点

a. 交底。钢筋冷拉前应复核钢筋的冷拉吨位及相应的测力器读数、钢筋冷拉增长值，由技术人员对工人进行技术交底。

b. 作标记。钢筋就位，拉伸至 0 控制应力时停车，做好标记作为钢筋拉长值起点。

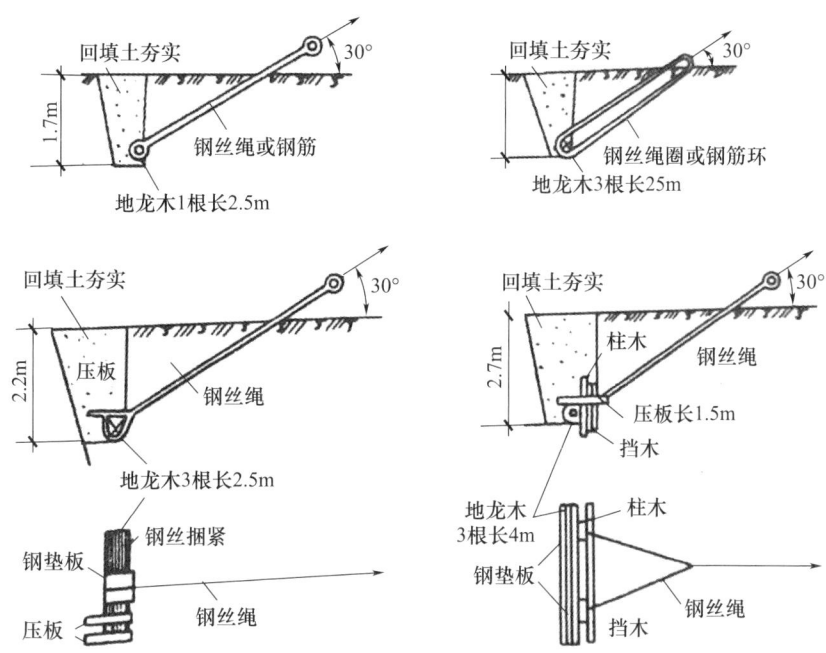

图 8-4-30 地锚型式

c. 测弹性回缩值。继续冷拉至规定控制应力时停车，将钢筋放松到10％控制应力，量出钢筋实际拉长值，然后完全放松钢筋，并测出其弹性回缩值。

d. 记录。冷拉完毕，将各项数据及时填写在冷拉记录本上。

②控制冷拉率的操作要点

a. 作标记。由冷拉率算出钢筋冷拉后的总长值，在冷拉线上做出准确、明显的标志，用以控制冷拉率。

b. 将钢筋固定就位。

c. 记录。开动设备，当总拉长值达到标记处时，立刻停车，暂时放松夹具，取下钢筋，并记录各项数据。

d. 钢筋冷拉不宜在低于－20℃的环境中进行。

③钢筋冷拉操作时注意事项

a. 冷拉前应对设备进行检验或复核，在操作过程中做好原始记录。

b. 测力器应经常维护，定期检查，确保读数准确。

c. 预应力钢筋应先对焊后冷拉，以免因焊接而降低冷拉后的强度，并可同时检验电焊接头的质量。

d. 做好防锈工作。

e. 钢筋冷拉后表面不得有裂纹或局部颈缩进行冷弯试验后，不得有裂纹、鳞落和断裂。

f. 冷拉时，如遇电焊接头被拉断，可重焊再拉，但不宜超过两次。

2. 钢筋的冷拔

1) 钢筋的冷拔

钢筋的冷拔是在常温下，将$\phi 6 \sim 8$的HPB235级光圆钢筋，在强力牵引下通过比其直径小 0.5～1mm 的鸽合金拔丝模，而得到比原钢筋直径小的钢丝。钢筋冷拔示意图如图 8-4-31 所示。钢筋经冷拔后，抗拉强度标准值可提高 50%～90%，但塑性降低，硬度提高。

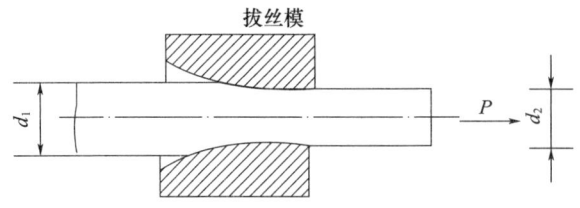

图 8-4-31　在拔丝模中冷拔的钢筋

冷拔后的钢筋称为冷拔低碳钢丝，分为甲、乙两级。甲级用做预应力混凝土结构的预应力筋，乙级用做焊接钢筋网和焊接骨架、架立筋、箍筋或构造钢筋。

2）工艺流程

冷拔的工艺流程为：轧头→剥皮→通过→润滑剂→进入拔丝模。

3）冷拔的压缩率

冷拔时每次的压缩率不能过大，一般采用以下两种方案：

（1）用 $\phi 8$ 的钢筋拔成 $\phi 5$ 或 $\phi 4$ 的钢丝。其程序是 $\phi 8—\phi 6.5—\phi 5.5—\phi 5—\phi 4.5—\phi 4$。

（2）用 $\phi 6$ 或（$\phi 6.5$）的钢筋拔成 $\phi 4$ 或 $\phi 3$ 的钢丝。其程序是 $\phi 6$（$\phi 6.5$）—$\phi 5.5—\phi 4.5—\phi 4—\phi 3.5—\phi 3$。

4）冷拔设备

冷拔设备由拔丝机、拔丝模、剥皮装置、轧头机组成，如图 8-4-32 所示。

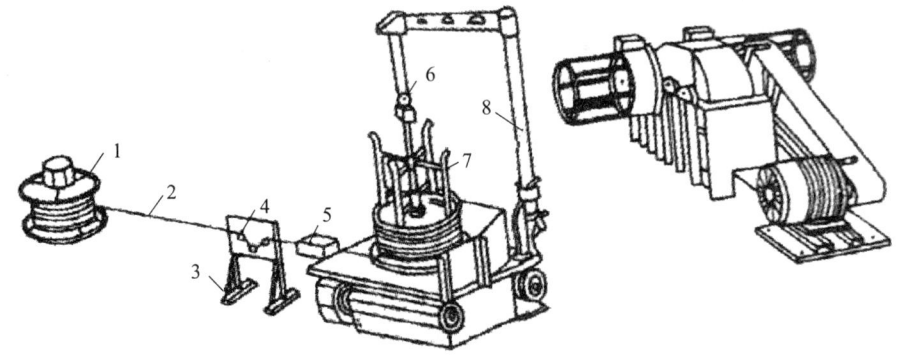

(a) 立式单卷筒拔丝机　　　　　　　　(b) 卧式双卷筒拔丝机

图 8-4-32　冷拔设备

1—盘圆架；2—钢筋；3—剥皮装置；4—槽轮；5—拔丝模；6—滑轮；7—绕丝筒；8—支架

5）钢筋冷拔操作的注意事项

（1）开机前应详细检查各部件的完好情况。

（2）机器在操作过程中不得进行修理，操作者按照规定戴好安全帽和防护镜。

（3）操作过程中注意力应高度集中，防止钢筋突然拉断或拔到最后钢筋弹出伤人。

（4）因拔丝温度高，要注意防止人员烫伤，长期工作的拔丝机可加冷水冷却装置。

三、钢筋的连接

(一) 对焊工艺

根据钢筋品种、直径和所用焊机功率大小不同，钢筋闪光对焊可分为连续闪光焊、预热闪光焊和闪光—预热闪光焊三种工艺。预热闪光焊的工艺为：预热→连续闪光→顶锻。闪光—预热闪光焊的工艺为：一次闪光→二次闪光→顶锻。

1. 连续闪光焊

连续闪光焊的工艺为：连续闪光和顶锻过程。施焊时，先闭合一次电路，使两钢筋端面仍保持轻微接触，此时端面的间隙中即喷射出火花般熔化的金属微粒——闪光，接着徐徐移动钢筋使两钢筋端面仍保持轻微接触，形成连续闪光。当闪光到预定的长度，使钢筋端头加热到将近熔点时，就以一定的压力迅速进行顶锻，再无电顶锻到一定长度，焊接接头即告完成。

根据焊机型号，钢筋的品种、直径选择闪光对焊工艺，试焊两个接头，经外观检查合格后确定各项对焊参数，其钢筋上限直径见表 8-4-15。

表 8-4-15　连续闪光焊钢筋上限直径

焊机容量（kV·A）	钢筋级别	钢筋直径（mm）
160	HPB235 级	25
	HRB335 级	22
	HRB400 级	20
100	HPB235 级	20
	HRB335 级	18
	HRB400 级	16
80	HPB235 级	16
	HRB335 级	14
	HRB400 级	12

2. 预热闪光焊

预热闪光焊是在连续闪光焊前加一次预热过程，以扩大焊接热影响区。其工艺过程包括：预热、闪光和顶锻过程。施焊时，先闭合电源，然后使两钢筋端交替地接触和分开，这时钢筋端面的间隙中即发出断续的闪光，而形成预热过程。当钢筋达到预热温度后进入闪光阶段，随后顶锻而成。

3. 闪光—预热闪光焊

闪光—预热闪光焊是在预热—闪光焊前加一次闪光过程，目的是使不平整，钢筋端面烧化平整，使预热均匀。其工艺过程包括：一次闪光、预热、二次闪光及顶锻过程。施焊时首先连续闪光，使钢筋端部闪平，然后同预热闪光焊。

4. 焊后热处理

对于 HRB500 级钢筋，碳、锰、硅的含量较高，焊接性能差，焊后容易产生碎硬组织，降低接头的塑性性能。为改善以上情况，其操作关键在于掌握适当的温度。焊接宜用闪光—预热闪光焊工艺进行焊接。操作要点为：一次闪光，闪去压伤；预热适中，频率中低；二次闪光，稳而灵活；顶锻过程，快而用力适当。

HRB500级钢筋对焊时应采用"一大二低"。即较大的调伸长度，较低的变压级数和较低的预热频率，低频预热应符合下列要求：

（1）根据钢筋级别及其直径大小，预热接触时间于0.5～2s/次内选择。预热间歇时间稍大于每次预热接触时间。

（2）预热时应有一定的接触压力。

（3）预热程度宜采取预热留量与预热次数相结合的办法来控制。

（4）螺丝端杆与钢筋对焊时，宜事先对螺丝端杆预热，或适当减少螺丝端杆的调伸长度。钢筋一侧的电极应调高，保证钢筋与螺丝端杆的轴线成一直线。

HRB500级钢筋采用预热闪光焊或闪光—预热闪光焊，其接头的力学性能不能符合质量要求时，可在焊后进行通电热处理，具体工艺要求如下：

（1）待接头冷却常温，将电极钳口调至最大间距，接头居中，重新夹紧。

（2）采用较低变压器级数，进行脉冲式通电加热，每次脉冲循环包括通电时间和间歇时间宜为3s。

（3）热处理温度通过试验确定，一般为750～850℃（橘红色），随后在空气中自然冷却。

5. 对焊的注意事项

（1）对焊前应清除钢筋端头约150mm范围内的铁锈、污泥等，此外，如钢筋端头有弯曲，应预调直或切除。

（2）当调换焊工或更换焊接钢筋的规格和品种时，应先制作对焊试件（不少于2个）进行冷弯试验。合格后才能成批焊接。

（3）焊接参数应根据钢种特性、气温高低、实际电压、焊机性能等具体情况由操作人员自行修正。

（4）夹紧钢筋时，应使两钢筋端面的凸出部分相接触，以利均匀加热和保证焊缝与钢筋轴线相垂直。

（5）焊接完毕后，应待接头处由白红色变为黑红色才能松开夹具，平稳地取出钢筋，以免引起接头弯曲。当焊接后张预应力钢筋时，应在焊后趁热将焊缝周围毛刺打掉，以便钢筋穿入预留孔道。

（6）不同直径的钢筋可以对焊，但其截面比不能大于1.5。此时，除应按大直径钢筋选择焊接参数外，应减小大直径钢筋的调伸长度，以利于短料首先将大直径钢筋预热，以使两者在焊接过程中加热均匀，保证焊接质量。

（7）焊接场地应有防风防雨措施，以免接头区骤然冷却，发生脆裂。当气温较低时，接头部位可适当用保温材料覆盖。

负温对焊，负温（不低于-20℃）条件下进行闪光对焊，应有防雪挡风措施，且应采用弱参数，其操作要点为：

①调伸长度适当增加10%～20%。

②变压器级数降低1～2级。

③烧化过程的中期速度适当减慢。

④适当提高预热时的接触压力。
⑤适当增长预热间歇时间。
⑥延缓冷却速度,未冷却的接头严禁立即碰到冰雪。

6. 质量通病及防治方法

在钢筋对焊生产中,若出现质量通病时,应按照表 8-4-16 及时消除,保证产品质量。

7. 安全技术

(1) 焊接机械必须经过调整试运转正常后方可正式使用;焊机必须由专人使用和管理。

表 8-4-16 钢筋对焊异常现象、焊接缺陷及防治措施

序号	质量通病	防治措施
1	烧化过分剧烈并产生强烈的爆炸声	1. 降低变压器级数; 2. 减慢烧化速度
2	闪光不稳定	1. 清除电极底部和表面的氧化物; 2. 提高变压器级数; 3. 加快烧化速度
3	接头中有氧化膜、未焊透或夹渣	1. 增加预热程度; 2. 加快临近顶锻时的烧化速度; 3. 确保带电顶锻过程; 4. 加快顶锻速度; 5. 增大顶锻压力
4	接头中有缩孔	1. 降低变压器级数; 2. 避免烧化过程过分强烈; 3. 适当增大顶锻留量及顶锻压力
5	焊缝金属过烧或热影响区过热	1. 减小预热程度; 2. 加快烧化速度,缩短焊接时间; 3. 避免过多带电顶锻
6	接头区域裂缝	1. 检验钢筋的碳、硫、磷含量,如不符合规定,应更换钢筋; 2. 采取低频预热方法,增加预热程度
7	钢筋表面微熔及烧伤	1. 清除钢筋被夹紧部位的铁锈和油污; 2. 清除电极内表面的氧化物; 3. 改进电极槽口形状,增大接触面积; 4. 夹紧钢筋
8	接头弯折或轴线偏移	1. 正确调整电极位置; 2. 修整电极钳口或更换已变形的电极; 3. 切除或矫直钢筋的弯头

(2）焊接机械必须装有接地线，地线电阻不应大于4Ω，在操作前应经常检查接地是否正常。

(3）调整焊接变压器级数时，应切断电源。

(4）焊接机械和电源部分要分开，防止钢筋与电源接触，不允许两个焊机使用一个电源闸刀。电源开关箱内应装设电压表。

(5）焊工必须穿戴好安全防护用品，戴面罩防止火花灼伤。对焊机闪光区域内需有防火隔离设施。

(6）在进行大量生产焊接时，焊接变压器等不得超过负荷；其温度不得超过60℃。焊机的电源线路，保险丝的规格必须符合规定要求。

(7）焊接工作房必须用防火材料搭设，并设有防火设施。

(8）如电源电压降低到8%时，应停止焊接。

(二) 钢筋气压焊

钢筋气压焊是利用氧-乙炔火焰把接合面及其附近金属加热至塑化状态，同时施加适当的压力，使其结合的固结焊接法。由于加热和加压使结合面附近金属受到锻锻式压延，被焊金属产生强烈的塑性变形，促使两结合面接近到原子间的距离，进入原子力作用的范围内，实现原子间的互相嵌入、扩散及键合，并在热变形过程中，完成晶粒重新组合的再结晶过程而获得牢固的接头。

这种焊接工艺具有设备简单、操作方便、质量好、成本低等优点，适用于各种位置的钢筋焊接，但对焊工要求严，焊前对钢筋端面处理要求高。

其工艺一般为：准备阶段（机具及钢筋端头加工），压焊阶段（安装钢筋、加热压接钢筋、卸除夹具），检验阶段。

气压焊可用于16～40mm的HPB235、HRB335、HRB400级钢筋，不同直径连接也可用此工艺，但两钢筋直径差不得大于7mm。

1. 工艺设备

用于气压焊的设备有：供气设备、多嘴环管加热器、加压器、焊接夹具。如图8-4-33所示。

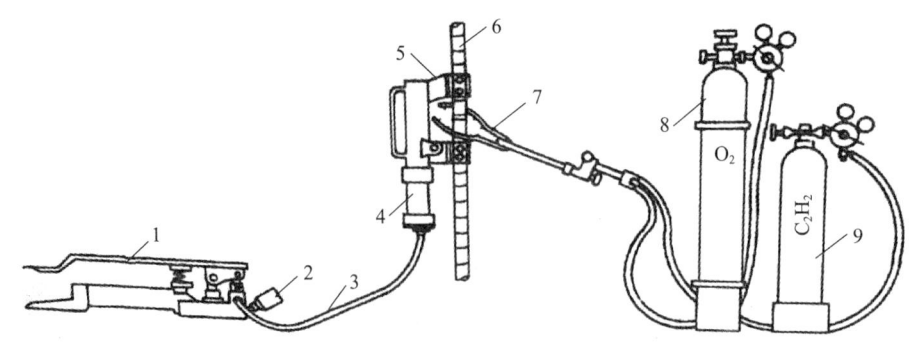

图8-4-33 气压焊设备工作简图

1—脚踏液压泵；2—压力表；3—液压胶管；4—活动油缸；5—钢筋卡具；6—被焊接钢筋；
7—多火口烤枪；8—氧气瓶；9—乙炔瓶

2. 焊接工艺质量控制过程（表8-4-17）

表8-4-17 钢筋气压焊操作工艺要点

操作过程	工序	操作要点
准备工作	加工钢筋端面	1. 用电动钢丝刷清除斑、水泥浆、油污和其他杂质； 2. 用砂轮机磨平钢筋端面氧化膜、毛刺，并沿圆周倒一小角
准备工作	钢筋装上卡具	1. 检查端面加工质量； 2. 卡紧钢筋； 3. 调整接头缝隙使之小于3mm； 4. 调整两根钢筋轴线，偏心要小于0.1倍直径且不大于2mm，调整时严禁用工具敲打钢筋，更要防止锈渣进入缝隙； 5. 紧固螺栓压紧钢筋时，不能顶伤钢筋肋下的表面
加热前预压	第一次加压	1. 采取定压法进行压接，第一次加压可以加到母材压接时所需的顶压力，其定压值为35～40MPa； 2. 采取变压法进行压接，第一次加压可以加到母材屈服强度的1/10为好，为35～40MPa
第一个加热过程	调整火焰	初期加热采用碳化焰，调整的方法使内焰的长度达到焰心长度的3倍，火焰呈羽毛状蓝白色，没有明显的轮廓，由多嘴喷出的火焰要交于环管中心
第一个加热过程	对准接头缝隙加热	将调整好的火焰对准接头缝隙加热，火焰前端距离钢筋表面等距，在焊缝未闭合前，加热火焰不能离开接合面，更要控制好火焰能率，防止过烧
第一个加热过程	第二次加压闭合缝隙	加压泵的表压下降，接头出现塑性，此时接头的加热温度约1200℃以上，要立即进行加压闭合焊缝，此时加压要大于初压力，为40～45MPa
第二个加热过程	调整火焰	钢筋接头缝隙闭合后，立即改调中性焰进行宽幅加热，往复均匀摆动，此过程表压要下降，一般不低于15MPa
第二个加热过程	宽幅加热	1. 使接头充分加热，用眼睛观察在加热范围内呈黄白色，表面有一层游离泡状氧化物，随焊炬摆动方向浮游，即表明接头温度达到压接温度； 2. 此时表面温度为1300～1350℃，要严格控制摆幅的大小和摆动的温度； 3. 宽幅加热的范围应在2倍钢筋直径范围内均匀往复摆动焊枪
第二个加热过程	第三次加压形成压粗头	1. 在进行充分的宽幅加热过程中，接头出现较大的塑性变形，第三次接头内外温度均匀上升达到可焊温度； 2. 此过程加压泵表压稍有下降，就提高压力，使接头的压粗加压逐渐形成。边加热边加压使压力均匀上升，防止加压过快； 3. 标准的压粗头直径为1.4～1.6d，压粗区长1.2～1.5d为好； 4. 加热加压要配合好，防止接头过烧，表面出现纵向热裂缝

3. 安全技术

（1）雨雪和风力较大的天气，不得组织施工。但为保证工程进度，必须施工时，要有防雨雪措施。

（2）为避免压接时易产生偏压，出现偏心量过大的接头，当风速大于5m/s时应停止压接操作；当风速小于5m/s时，可以搭设防风板围护操作，同时还要调整火焰能率或延长加热时间。

（3）冬期施工，当室外温度不低于－15℃的情况下，可以组织施工，但在工艺上要采取提高焊炬功率 1～2 个档次和防止接头急速冷却等措施。

(4) 除执行气焊安全操作规定外,还应检查气压焊设备是否完好,各种表是否安全,管子是否漏气。如发生回火,要及时关闭乙炔阀,再关闭氧气阀,来不及时可拔掉乙炔管。

(5) 现场使用氧气瓶、乙炔瓶和焊接火钳,三者距离不得小于 10m,同一块点有两个以上乙炔瓶时,瓶之间距离也不得小于 10m,达不到时应有隔离设施。

(6) 每个氧气瓶的减压器和乙炔瓶的减压器只许装一把焊接火钳。

(7) 氧气瓶、乙炔瓶应设有防晒棚,不得接近火源、热源,一般应直立放置,不得放在高压线下方。

(8) 施工现场应搭有牢固的操作平台和安全防护围栏。

(9) 油泵的高压油管不得漏油,防止引起爆炸。

(10) 停止施工时,要将高压容器阀门关紧,盖上瓶帽。

(三) 电渣压力焊

电渣压力焊是利用电流通过渣池产生的电阻热将钢筋端部熔化,然后施加压力使钢筋焊合。这种焊接方法比电弧焊节省钢材、工效高、成本低,适用于现浇钢筋混凝土结构中竖向或斜向(倾斜度在 4∶1 的范围内)、直径 14～40mm 的 HPB235、HRB335、HRB400 级钢筋的接长,但直径 28mm 以上的钢筋焊接技术难度较大。钢筋电渣压力焊设备示意图如图 8-4-34 所示。

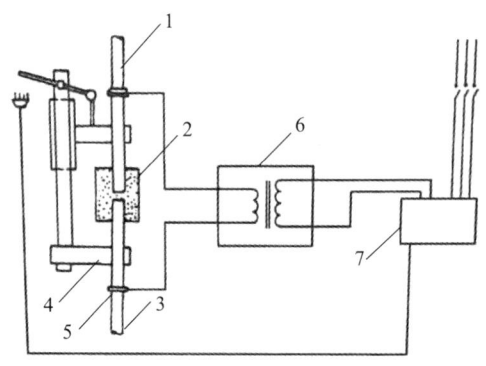

图 8-4-34 钢筋电渣压力焊设备示意图
1—上钢筋;2—焊剂盒;3—下钢筋;4—焊接机头;5—焊钳;6—焊接电源;7—控制箱

电渣压力焊在供电条件差、电压不稳、雨季或防火要求高的场合应慎用。

1. 焊接工艺

竖向钢筋电渣压力焊的工艺过程包括:引弧、电弧、电渣和顶压过程。

1) 手工电渣压力焊可采用直接引弧法,即一个焊接接头的完成,要经过引弧→电弧→电渣→顶压的过程。

2) 自动电渣压力焊,宜采用铁丝圈引弧法,即一个焊接接头的完成,也要经过引弧→电弧→电渣→顶压的过程,但这个过程均为自动控制。

(1) 引弧过程:可采用直接引弧法和铁丝球引弧法。

将上钢筋与下钢筋接触,不能错位,接通电源。

直接引弧法是在通电后迅速将上钢筋提起，使两端头之间的距离为 2～4mm 引燃电弧。这种过程很短。当钢筋端头夹杂不导电物质或端头过于平滑造成引弧困难时，可以多次把上钢筋移下与下钢筋短接后再提起，达到引弧目的。

铁丝球引弧法是将铁丝球放在上下钢筋端头之间，电流通过铁丝球与上下钢筋端面的接触点形成短路引弧。铁丝球采用 0.5～1.0mm 退火铁丝，球径不小于 10mm，球的每一层缠绕方向应相互垂直交叉。当焊接电流较小、钢筋端面较平整或引弧距离不易控制时，宜采用此法。

（2）电弧过程：亦称造渣过程。靠电弧的高温作用，将钢筋端头的凸出部分不断烧化。同时，将接口周围的焊剂充分熔化，形成一定深度的渣池。

（3）电渣过程：渣池形成一定深度后，将上钢筋缓缓插入渣池中，此时电弧熄灭，进入电渣过程。由于电流直流通过渣池，产生大量的电阻热，使渣池温度升到近 2000℃，将钢筋端头迅速而均匀地熔化。其中，上钢筋端头熔化量比下钢筋大一倍。经熔化后的上钢筋端面呈微凸形，并在钢筋的端面上形成一个由液态向固态转化的过渡薄层。

（4）挤压过程：电渣压力焊的接头，是利用过渡层使钢筋端部的分子与原子产生巨大的结合力完成的。因此，在停止供电的瞬间，对钢筋施加挤压力，把焊口部分熔化的金属、熔渣及氧化物等杂质全部挤出结合面。由于挤压时焊口处于熔融状态，所需的挤压力很小，对各种规格的钢筋仅为 0.2～0.3kN。

2. 焊接参数

电渣压力焊的参数主要包括：焊接电流、焊接电压和焊接时间等，见表 8-4-18。

表 8-4-18 电渣压力焊焊接参数

钢筋直径 (mm)	焊接电流 (A)	焊接电压 (V)		焊接时间 (s)		钢筋熔化量 (mm)
		U_1	U_2	t_1	t_2	
16	200～250	35～45	22～27	14	4	20～25
18	250～300			15	5	20～25
20	300～350			17	5	20～25
22	350～400			18	6	20～25
25	400～450			21	6	20～25
28	500～550			24	6	20～25
32	600～650			27	7	25～30
36	700～750			30	8	25～30
40	850～900			33	9	25～30

注：① U_1 为电弧过程的电压，U_2 为电渣过程的电压；
　　② t_1 为电弧过程的时间，t_2 为电渣过程的时间。

（1）焊接电流

钢筋电渣压力焊的热效率较高，其焊接电流比闪光对焊小一半，宜按钢筋端头面积取 0.8～0.9A/mm²。

（2）焊接电压

电渣压力焊接过程中，焊接电压是变化的。当引弧后，进入电弧稳定燃烧过程时，电压为 40～45V。当钢筋与焊剂熔化，进入电渣过程时，电压为 20～27V。如电压过高，易再度产生电弧现象；过低则易产生夹渣缺陷。

（3）焊接时间

是指电弧过程和电渣过程的延续时间。引弧和挤压是瞬间，其耗时可以忽略不计。焊接时间长短根据钢筋直径确定。电弧和电渣的时间比为 3∶1。

如因引弧不顺利或网路电压偏低，总的焊接时间必须相应延长；延长的时间只能加在电弧过程之中。

3. 焊接缺陷及防治措施

在钢筋电渣压力焊的焊接过程中，若出现轴线位移、接头弯折、结合不良、烧伤、夹渣等焊接缺陷，参照表 8-4-19 查明原因，采取措施，及时消除，保证产品质量。

表 8-4-19　钢筋电渣压力焊接头质量通病及防治措施

序号	缺陷性质	防治措施
1	轴线偏移	1. 钢筋的焊接端部力求挺直； 2. 正确安装夹具及钢筋； 3. 及时修理或更换已变形的电极钳口； 4. 间接操作过程避免晃动
2	接头弯折	1. 钢筋的焊接端部力求挺直； 2. 正确安装钢筋，并在焊接时始终扶直端正； 3. 焊毕，适当延长扶持上钢筋的时间； 4. 及时修理或更换已变形的电极钳口
3	过热（焊包薄而大）	1. 合理选择焊接参数，避免采取大能量焊接法； 2. 减少焊接时间； 3. 缩短电渣过程
4	结合不良	1. 正确调整动夹头的起始点，确保上钢筋下送到位； 2. 避免下钢筋伸出钳口的长度过短，确保熔池金属受到焊剂正常依托； 3. 防止在焊接时焊剂局部泄漏，避免熔池金属局部流失； 4. 避免顶压前过早断电，有效地排除夹渣
5	焊包不匀	1. 钢筋端部切平； 2. 装焊剂时，力求钢筋四周均匀； 3. 焊剂回收使用时排除一切杂质； 4. 避免电弧电压过高； 5. 防止焊剂局部泄漏，避免熔池金属局部流失
6	气孔夹渣	1. 遵守使用焊剂的有关规定； 2. 焊前清除钢筋端部的杂质、锈斑； 3. 缩短电渣过程，使钢筋端部呈微凸状； 4. 及时进行顶压过程

4. 安全技术

（1）冬期钢筋的焊接，应在室内进行，如必须在室外焊接时，其最低气温不宜低于

−20℃，且应有防雪挡风措施。焊后的接头，严禁立即碰到冰雪。

（2）焊机必须接地线，以保证操作人员安全，对于焊接导线应可靠地绝缘。

（3）焊工必须穿戴防护衣具。施焊时，焊工应立在干木垫或其他绝缘垫上。

（4）焊接过程中，如焊机发生不正常响声，应立即进行检查。

（5）焊机的电源开关箱内装设电压表，以便观察电压波动情况，如电源电压降大于5%，则不宜进行焊接。

（6）控制箱内应安装电压表、电流表和信号电铃，便于操作者控制焊接参数和正常掌握焊接通电时间。

（四）钢筋套筒挤压连接

带肋钢筋套筒挤压连接是将待接钢筋插入钢套筒，用挤压连接设备沿径向挤压钢筋套筒，使之产生塑性变形，依靠变形后钢套筒与被连接钢筋纵、横肋产生的机械咬合成为整体的钢筋连接方法。套筒挤压连接如图 8-4-35 所示。

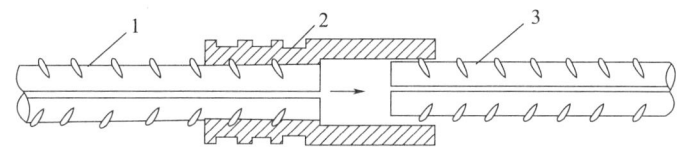

图 8-4-35 套筒挤压连接
1—已挤压的钢筋；2—钢套筒；3—未挤压的钢筋

这种连接方法具有接头性能可靠、质量稳定、不受气候及焊工技术水平的影响、连接速度快、安全、无明火、节能等优点，可连接各种规格的同径和异径钢筋（直径相差不大于 5mm），也可连接可焊性差的钢筋，但价格较贵。

套筒挤压接头按静力单向拉伸性能及高应力和大变形条件下反复拉压性能的差异分为 A、B 两级。其各项指标详见现行行业标准《带肋钢筋套筒挤压连接技术规程》（JGJ 108）。

A 级：接头抗拉强度达到或超过母材抗拉强度标准值，并具有优良的延性及反复拉压性能的接头。

B 级：接头抗拉强度达到或超过母材抗拉强度标准值的 1.35 倍，并具有一定的延性及反复拉压性能的接头。

挤压接头的等级应根据结构的重要性、受力情况和接头位置进行选择。A 级适用于房屋建筑和一般构筑物的混凝土结构中要求充分发挥钢筋强度或对接头延性要求较高的部位；B 级接头适用于上述结构中钢筋受力较小或对接头延性要求不高的部位。

1. 钢套筒

钢套筒的材料宜选用强度适中、延性好的优质钢材，其力学性能宜符合要求。

挤压接头所用套筒的尺寸与材料应与一定的挤压工艺配套，必须经生产厂型式检验认定。施工单位采用经过型式检验认定的套筒及挤压工艺进行施工，不要求对套筒原材料进行力学性能检验。

2. 挤压工艺

1）准备工作

（1）钢筋端头的锈、泥沙、油污等杂物应清理干净。

（2）钢筋与套筒应进行试套，如钢筋有马蹄、弯折或纵肋尺寸过大者，应预先矫正或用砂轮打磨。对不同直径钢筋套筒不得串用。

（3）钢筋端部应画出定位标记与检查标记。定位标记与钢筋头的距离为钢套筒长度的一半，检查标记与定位标记的距离一般为20mm。

（4）检查挤压设备情况，并进行试压，符合要求后方可作业。

2）挤压作业

钢筋挤压连接宜先在地面上挤压一端套筒，在施工作业区插入待接钢筋后再挤压另一端套筒。

压接钳就位时，应对正钢套筒压痕位置的标记，并应与钢筋轴线保持垂直。

压接钳施工顺序由钢套筒中部顺次向端部进行。每次施压时，主要控制压痕深度。

3）工艺参数

在合适材质和规格的钢套筒以及压接设备、压模后，接头性能主要取决于挤压变形量这一关键的工艺参数。挤压变形量包括压痕最小直径和压痕总宽度。

3. 检验

工程中应用带肋钢筋套筒挤压接头时，应由技术提供单位提交有效的型式检验报告与套筒出厂合格证。现场检验，一般只进行接头外观检查和单向拉伸试验。

1）取样数量

同批条件为：材料、等级、型式、规格、施工条件相同。批的数量为500个接头，不足此数时也作为一个验收批。

对每一验收批，应随机抽取10%的挤压接头作外观检查；抽取三个试样作单向拉伸试验。

在现场检验合格的基础上，连续10个验收批单向拉伸试验合格率为100%时，可以扩大验收批所代表的接头数量一倍。

2）外观检查

挤压接头的外观检查，应符合下列要求：

（1）挤压后套筒长度应为1.10～1.15倍原套筒长度，或压痕处套筒的外径为0.8～0.9倍原套筒的外径。

（2）挤压接头的压痕道数应符合型式检验确定的道数。

（3）接头处弯折不得大于4°。

（4）挤压后的套筒不得有肉眼可见的裂缝。

如外观检查质量合格数大于等于抽检数的90%，则该批为合格。如不合格数超过抽检数的10%，则应逐个进行复验。在外观不合格的接头中抽取6个试样作单向拉伸试验再判别。

3）单向拉伸试验

挤压接头试样的钢筋母材应进行抗拉强度试验。

三个接头试样的抗拉强度均应满足A级或B级抗拉强度的要求；对A级接头，试样抗拉强度尚应大于等于0.9倍钢筋母材的实际抗拉强度（计算实际抗拉强度时，应采用钢筋的实际横截面面积）。

如有一个试样的抗拉强度不符合要求，则要加倍抽样复验。

（五）锥螺纹套筒连接

锥螺纹套筒连接是将两根待接钢筋端头用套丝机做出锥形外丝，然后用带锥形内丝的套筒将钢筋两端拧紧的钢筋连接方法。如图 8-4-36 所示。

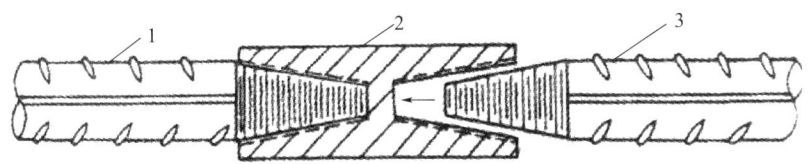

图 8-4-36　锥螺纹钢筋连接
1—已连接的钢筋；2—锥螺纹套筒；3—未连接的钢筋

这种接头方法具有接头可靠、操作简单、不用电源、全天候施工、对中性好、施工速度快等优点，可连接各种钢筋，不受钢筋种类、含碳量的限制，但所连接钢筋的直径之差不宜大于 9mm。

这种接头价格适中，成本低于冷挤压套筒连接，高于电渣压力焊和气压焊接头。

1. 机具设备

（1）钢筋套丝机

钢筋套丝机是加工钢筋连接端的锥螺纹用的一种专用设备。可套制加工 $\phi16\sim40$ HRB335 级、HRB400 级钢筋。

（2）扭力扳手

扭力扳手是保证钢筋连接质量的测力扳手。它可以按照钢筋直径大小规定的力矩值，把钢筋与连接套筒拧紧，并发出声响信号。

（3）量规

量规包括牙形规、卡规和锥螺纹塞规。

牙形规是用平检查钢筋连接端的锥螺纹牙形加工质量的量规。

卡规是用来检查钢筋连接端的锥螺纹小端直径的量规。

锥螺纹塞规是用来检查锥螺纹连接套加工质量的量规。

2. 锥螺纹套筒的加工与检验

锥螺纹套筒的材质：对 HRB335 级钢筋采用 30～40 号钢，对 HRB400 级钢筋采用 45 号钢。

锥螺纹套筒的尺寸，应与钢筋端头锥螺纹的牙形与牙数匹配，并应满足承载力略高于钢筋母材的要求。

锥螺纹套筒的加工，宜在专业工厂进行，以保证产品质量。各种套筒外表面，均有明显的钢筋级别及规格标记。套筒加工后，其两端锥孔必须用与其相应的塑料密封装盖封严。

螺纹套筒的验收，应检查：内螺纹圈数、螺距与齿高；螺纹有无破损、歪斜、不全、锈蚀等现象。其中套筒检验的重要一环是用锥螺纹塞规检查同规格套筒的加工质量，如图 8-4-37 所示。当套筒大端边缘在锥螺纹塞规大端缺口范围内时，套筒为合格。

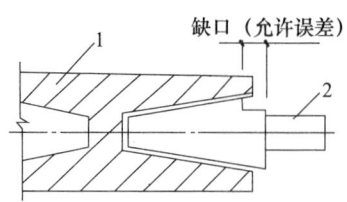

图 8-4-37 用锥螺纹塞规检查套筒
1—锥螺纹套筒；2—锥螺纹塞规

3. 钢筋锥螺纹的加工与检验

钢筋下料时应采用无齿锯切割。其端头截面应与钢筋轴线垂直，并不得翘曲。

将钢筋两端卡于套丝机上套丝。钢筋套丝机所需的完整牙数见表 8-4-20。套丝时要用水溶性切削冷却润滑液进行冷却润滑。对大直径钢筋要分次车削到规定的尺寸，以保证丝扣精度，避免损坏梳刀。

表 8-4-20 钢筋套丝完整牙数的规定值

钢筋直径（mm）	16～18	20～22	25～28	32	36	40
完整牙数	5	7	8	10	11	12

钢筋锥螺纹的检查：对已加工的丝扣端要用牙形规逐个进行自检，如图 8-4-38 所示。要求钢筋丝扣的牙形必须与牙形规吻合，小端直径不超过卡规的允许误差，丝扣完整牙数不得小于规定值。不合格的丝扣，要切掉后重新套丝。然后再由质检员按 3% 的比例抽检，如有一根不合格，要加倍抽检。

锥螺纹检查合格后，一端拧上塑料保护帽；另一端拧上钢套筒与塑料封盖，并用扭矩扳手将套筒拧至规定的力矩，以利保护与运输。

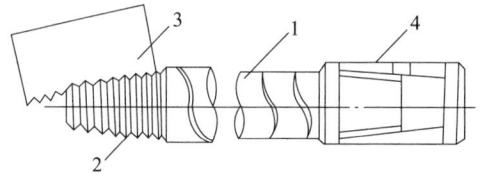

图 8-4-38 牙形规检查
1—钢筋；2—锥螺纹；3—牙形规；4—卡规

4. 锥螺纹钢筋的连接与保护

连接钢筋前，将下层钢筋上端的生料保护帽拧下来露出丝扣，并将丝扣上的水泥浆等污物清理干净。

连接钢筋时，将已拧套筒的上层钢筋拧到被连接的钢筋上，并用扭力扳手按表 8-4-21 规定的力矩值把钢筋接头拧紧，直至扭力扳手在调定的力矩值发出响声，并随手画上油漆标记，以防有的钢筋接头漏拧。力矩扳手每半年应核定一次。

表 8-4-21 连接钢筋拧紧力矩值

钢筋直径（mm）	16	18	20	22	25～28	32	36～40
扭紧力矩（N·m）	118	145	177	216	275	314	343

钢筋拧紧力矩的检查：首先目测已扣住的油漆标记的钢筋接头丝扣，如发现有一个完整的丝扣外露，应责令工人拧紧或进行加固处理。然后用质检用的扭力扳手对接头质量进行抽检。抽检数量对梁、柱构件为每根梁、柱一个接头；对板、墙、基础构件为3‰（但不少于3个）。抽检结果要求达到规定的力矩值。如有一种构件的一个接头达不到规定值，则该构件的全部接头必须重新拧到规定的力矩值。

钢筋接头强度的检查：在正式连接前，按每种规格钢筋接头每300个为一批，做3个接头试样作拉伸试验。当接头试样达到下列要求时，即为合格接头：

（1）屈服强度实测值不小于钢筋的屈服强度标准值；

（2）抗拉强度实测值与钢筋屈服强度标准值的比值不小于1.35倍，异径钢筋接头以小直径抗拉强度实测值为准。

当质检部门对钢筋接头的质量产生怀疑时，可以用非破损张拉设备作接头的非破损拉伸试验。

如有一个锥螺纹套筒接头不合格，则该批构件全部接头采用电弧贴角焊缝方法加以补强，焊缝高度不得小于5mm。

（六）直螺纹连接

直螺纹连接是在锥螺纹连接的基础上发展起来的一种钢筋连接形式，它与锥螺纹连接的施工工艺基本相似，但它克服了锥螺纹连接接头处钢筋断面削弱的缺点。

1. 施工工艺

直螺纹连接接头制作工艺分为三个阶段：

（1）钢筋端部墩粗。

（2）切削直螺纹。

（3）用连接套筒对接钢筋。

钢筋墩粗用的墩头机能自动实现对中、夹紧、墩头等工序。每次墩头所需时间为30～40s，每台班可墩500～600个，墩头操作十分方便简单。墩头机质量约380kg，便于运至现场加工。

直螺纹套丝也有专用机械，并能严格保持丝头直径和螺纹精度的稳定性，保证与套筒良好的配合和互换性。

现场连接钢筋，利用普通扳手拧紧即可，无须控制力矩，方便快捷。

2. 接头类型

直螺纹接头可分为6种，见表8-4-22。

表8-4-22　直螺纹接头型式与使用范围

序号	型式	使用场合
1	标准型	正常情况下连接钢筋
2	加长型	用于转运钢筋较困难的场合，通过转运套筒连接钢筋
3	扩口型	用于钢筋较难对中的场合
4	异径型	用于连接不同直径的钢筋
5	正反丝扣型	用于两端钢筋均不能转运而要求调节轴向长度的场合
6	加锁母型	钢筋完全不能转运，通过转运套筒连接钢筋，用锁母锁定套筒

标准型接头是最常用的。套筒长度均为2倍钢筋直径,以 φ25mm 钢筋为例,套筒长度为50mm,钢筋丝头长度25mm,套筒拧入一端钢筋,并用扳手拧紧后,丝头端面即在套筒中央,再将另一端钢筋丝头拧入并用普通扳手拧紧,利用两端丝头相互对顶力锁定套筒位置。标准型套筒规格尺寸见表8-4-23。

表8-4-23 标准型套筒规格尺寸

钢筋直径（mm）	套筒外径（mm）	套筒长度（mm）	螺纹规格（mm）
20	32	40	M25×2.5
22	34	44	M25×2.5
25	39	50	M29×3.0
28	43	56	M32×3.0
32	49	64	M36×3.0
36	55	72	M40×3.5
40	61	80	M45×3.5

扩口型接头是在连接套筒的一端增加5~6mm长的45°角的扩口段,以利钢筋对中入扣。为了充分发挥钢筋母材的强度,连接套筒的设计强度大于等于钢筋抗拉强度标准值的1.2倍。

四、钢筋绑扎与安装

(一) 钢筋绑扎的施工工艺

各种混凝土结构钢筋绑扎的施工操作程序分为准备、操作和检查三个阶段。

1. 准备工作

钢筋绑扎前应充分做好准备工作,才能保证质量和提高工效。一般应做好以下几项工作:

(1) 熟悉结构施工图和配筋图,明确各部位做法。施工图纸是钢筋绑扎、安装的依据。熟悉施工图上明确规定的钢筋安装位置、标高、形状、各细部尺寸及其他要求。

(2) 根据结构施工图和配筋图及配筋单,清理核对成型钢筋。要核对钢号、直径、形状、尺寸和数量,以及出厂合格证明、复验单,如有错漏,应纠正增补。

(3) 备好机具、材料。如扳手、绑扎钩、小掩棍,绑扎铅丝、画线尺、保护层垫块,临时加固支撑、拉筋,以及双层钢筋需用的支架、搭设操作架子等。

(4) 对形式复杂钢筋交错密集的结构部位,应先研究逐根钢筋穿插就位的先后顺序,同木工联系商定支模与钢筋绑扎的先后顺序,相互配合,以保证绑扎与安装的顺利进行,以免造成不必要的返工。

(5) 清扫与弹线。清扫绑扎地点,弹出构件中线或边线,在模板上弹出洞口线,必要时弹出钢筋位置线。

(6) 做好钢筋的除锈和运输工作。

(7) 做好互检、自检及交检工作,在钢筋绑扎安装前,应会同施工人员、木工等工种,共同检查模板尺寸、标高、预埋铁件、水、电、气管的预留工作。

2. 常用工具

（1）铅丝钩

绑扎钩是主要的钢筋绑扎工具，其基本形状见图8-4-39。它是用直径12～16mm，长度为160～200mm圆钢筋制作而成。根据需要可在其尾部加上套管，小板口形式的钩子。

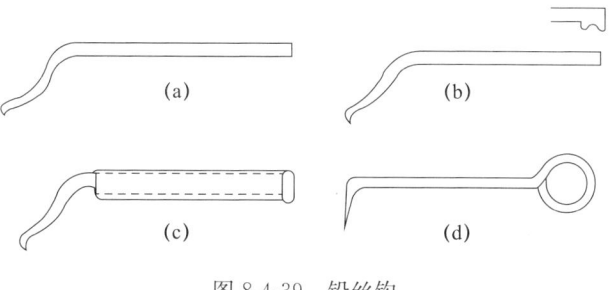

图8-4-39　铅丝钩

（2）小撬棍

是用来调整钢筋间距，矫直钢筋的部分弯曲，垫保护层垫块等，如图8-4-40所示。

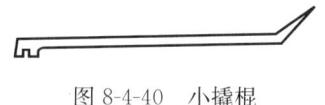

图8-4-40　小撬棍

（3）绑扎架

为了确保绑扎质量，绑扎钢筋骨架必须用钢筋绑扎架，根据绑扎骨架的轻重、形状，可选用如图8-4-41～图8-4-43所示的相应形式绑扎架。

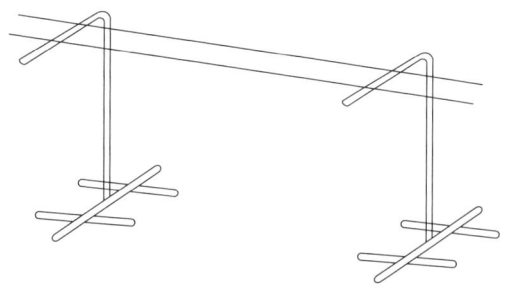

图8-4-41　轻型骨架绑扎架

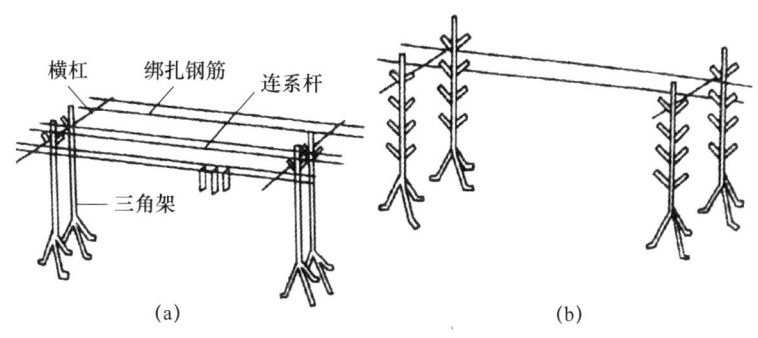

图8-4-42　重型骨架绑扎架

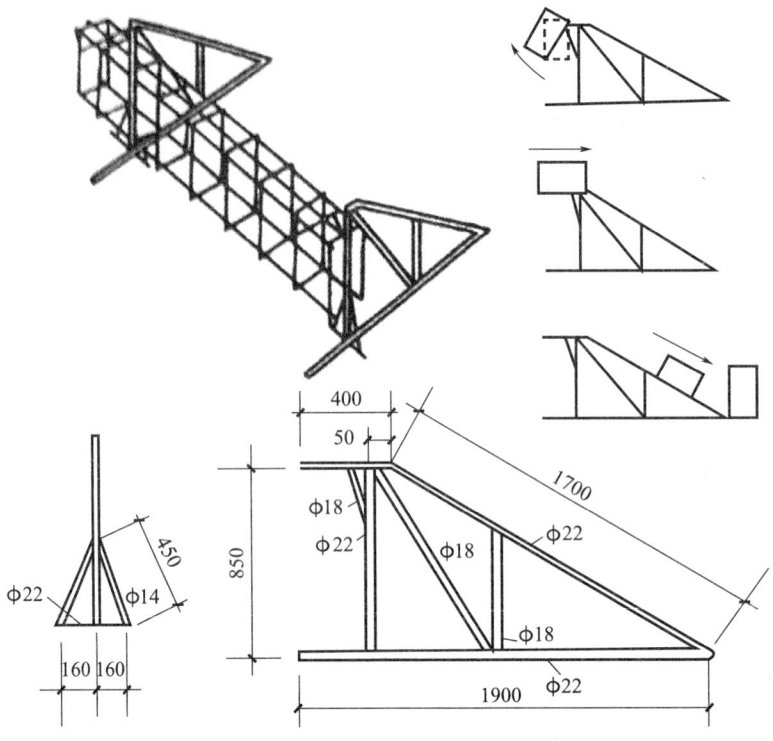

图 8-4-43 坡式骨架绑扎架（单位：mm）

3. 绑扎方法

1）常用绑扎方法

常用绑扎方法如图 8-4-44、图 8-4-45 所示。

图 8-4-44 钢筋一面顺扣绑扎法

(1) 一面顺口操作法，用于平面上扣很多的地方，如楼板等不易滑动的部位。
(2) 十字花口、兜口选用于平板钢筋网和箍筋处绑扎。
(3) 缠口主要适用于墙钢筋网和柱箍。
(4) 反十字花口、兜口加缠适用于梁骨架的箍筋和主筋的绑扎。
(5) 套扣用于梁的架立筋和箍筋的绑口处。

2）钢筋绑扎用铁丝

钢筋绑扎用铁丝主要使用规格为 20～22 号镀锌铁丝或绑扎钢筋专用的火烧丝。

一般绑扎直径 12mm 以下钢筋时，宜用 22 号铁丝；绑扎直径 12～25mm 钢筋时，宜用 20 号铁丝。

钢筋绑扎所需铁丝长可参考表 8-4-24。

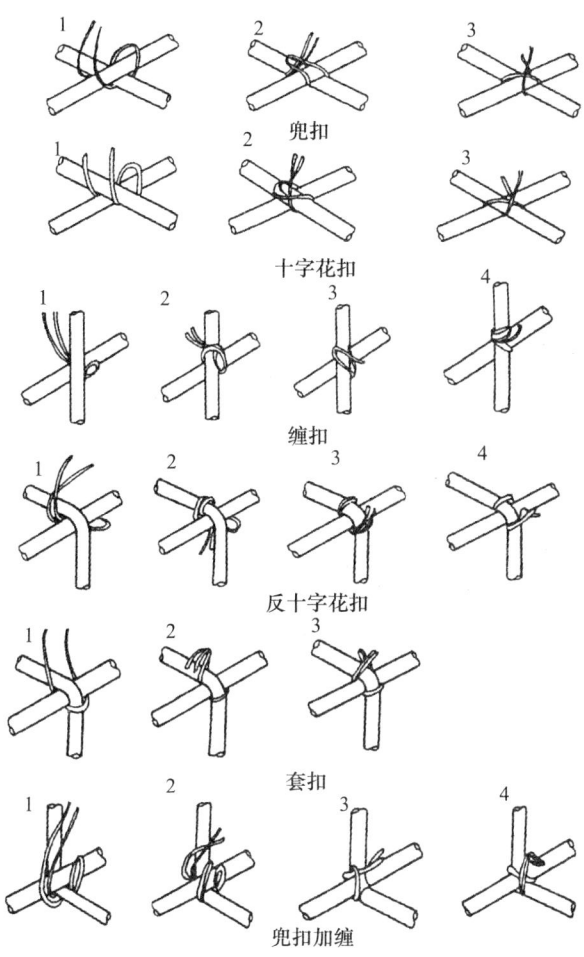

图 8-4-45 钢筋的其他绑扎方法

表 8-4-24 钢筋绑扎铁丝所需长度 （单位：cm）

钢筋直径（mm）	3~4	5	6	8	10	12	14	16	18	20	22	25	28	32
3~4	11	12	12	13	14	15	16	18	19					
5		12	13	13	14	16	17	18	20	21				
6			13	14	15	16	18	19	21	23	25	27	30	32
8				15	17	17	18	20	22	25	26	28	30	32
10					18	19	20	22	24	25	26	28	31	34
12						20	22	23	25	26	27	29	31	34
14							23	24	25	27	28	30	32	35
16								25	26	28	30	31	33	36
18									27	30	31	33	35	37
20										31	32	34	36	38
22											34	35	37	39

4. 绑扎的一般规定

1) 钢筋的交叉点应与铁丝扎牢。

2) 板和墙的钢筋网,除靠近外围两行钢筋的相交点全部扎牢外,中间部分交叉点可相隔交错扎牢,必须保证受力钢筋不产生位置偏移。双向受力的钢筋,必须全部扎牢。

3) 梁和柱的箍筋,除设计有特殊要求外,应与受力钢筋垂直设置,箍筋弯钩叠合处,应沿受力钢筋方向错开设置。

4) 钢筋的绑扎接头应符合下列规定。

(1) 搭接长度的末端距钢筋弯折处,不得小于钢筋直径的 10 倍。

(2) 受拉区域内,HPB235 级钢筋的末端应做成弯钩。

(3) 直径不大于 12mm 的受压 HPB235 级钢筋以及轴心受压构件中任意直径的受力钢筋的搭接长度不应小于钢筋直径的 35 倍。

(4) 钢筋搭接处,应在中心和两端扎牢。

(5) 受拉钢筋绑扎接头的搭接长度,应符合表 8-4-25 的规定;受压钢筋绑扎接头的搭接长度,应取受拉钢筋绑扎接头搭接长度的 0.7 倍。

表 8-4-25 受拉钢筋最小绑扎搭接长度

钢筋类型		混凝土强度等级			
		C15	C20~C25	C30~C35	C40
光圆钢筋	HPB235	45d	35d	30d	25d
带肋钢筋	HRB335	55d	45d	35d	30d
	HRB400 HRB500	——	55d	40d	35d

注:①表中为纵向受力钢筋的绑扎接头面积百分率≤25%时的最小搭接长度。

②两根直径不同钢筋的搭接长度,按较细钢筋的直径计算。

③当纵向受力钢筋的绑扎接头面积百分率>25%且≤50%时,其最小搭接长度应按本表数值乘以 1.2 取用;当接头面积百分率>50%时,应乘以 1.35 取用。

④当符合下列条件时,纵向受拉钢筋的最小搭接长度按上述规定取值后。应按下列规定进行修正:

a. 带肋钢筋的直径大于 25mm 时,乘以系数 1.1;

b. 环氧树脂涂层带肋钢筋,乘以系数 1.25;

c. 在混凝土凝固过程中受力钢筋易受干扰时,乘以系数 1.1;

d. 末端采用机械锚固措施的带肋钢筋,乘以系数 0.7;

e. 当带肋钢筋的混凝土保护层厚度大于搭接钢筋值的 3 倍且配有箍筋时,乘以系数 0.8;

f. 对有抗震设防要求的结构构件,其受力钢筋的最小搭接长度一、二级抗震等级应乘以系数 1.15,三级抗震等级乘以系数 1.05。

⑤在任何情况下,受拉钢筋的搭接长度不应小于 300mm。

⑥纵向受拉钢筋搭接时,其最小搭接长度应根据上述所有规定确定相应数值后,乘以系数 0.7 取用,在任何情况下,受压钢筋的搭接长度不应小于 200mm。

5) 绑扎和安装钢筋时,一定要保证主筋的混凝土保护层厚度。

6) 绑扎的钢筋网或钢筋骨架,不得有变形、松脱。

5. 钢筋绑扎的施工操作程序

各种结构的操作程序略有区别,下面介绍几种结构钢筋绑扎的施工操作程序。

1) 独立基础

(1) 操作程序

①画线。

②摆放钢筋。

③绑扎。

④放置垫块或撑脚。

(2) 操作要点

①绑扎基础钢筋网应遵守钢筋绑扎一般规定中的第2)项。

②相邻绑扎点的铁丝扣要成八字形,以免网片歪斜变形。

③基础底板采用双层钢筋网时,在上层钢筋网下应每隔80~100mm放置撑脚,以保证钢筋位置正确。如图8-4-46所示。

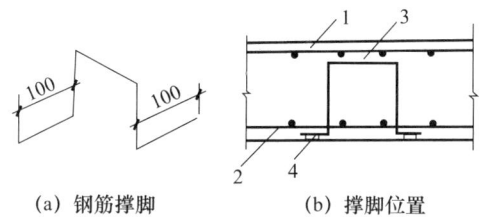

(a) 钢筋撑脚　　(b) 撑脚位置

图 8-4-46　钢筋撑脚(单位:mm)

1—上层钢筋网;2—下层钢筋网;3—撑脚;4—水泥垫块

④钢筋的弯钩应朝上,不要倒向一边;但双层钢筋网的上层钢的弯钩应朝下。

⑤独立柱基础钢筋一般短边的钢筋应放在长边的上面。

⑥现浇柱与基础连接用的插筋,其箍筋应比柱的箍筋缩小一个箍筋直径,以便连接。

2) 条形基础

(1) 操作程序

①绑扎底板网片。

②绑扎条形骨架。

(2) 操作要点

①绑扎时,一般在支模前就地进行,先用绑扎架架起上下纵筋。

②套入全部箍筋,从绑扎架上放下下部纵筋,拉开箍筋,按画线距离就位。

③将上下纵筋排列均匀,进行绑扎。

④绑扎成型后抽出绑扎架,把骨架放在底板网片上,进行绑扎,连成整体。

3) 现浇框架柱钢筋绑扎

(1) 对基础或下层伸出钢筋进行整理。如有锈皮、水泥浆和污垢清理干净,并进行理直,若发现伸出钢筋位置与设计要求位置出入大于允许偏差,应进行调整,其方法可参照大模板墙体。

(2) 按图纸要求计算好每根(段)柱子所要箍筋数量,按箍筋接头交错布置原则先理好,一次套在伸出筋上,然后立竖筋。竖筋和伸出筋的接头方法可采用绑扎搭接、绑条焊接、电渣焊接、气压焊接和挤压连接等。绑扎搭接绑扣不得少于三扣(应在接头中心和两端用铁丝扎牢），绑扣朝里，便于箍筋向上移动，若竖筋是圆钢，搭接时弯钩朝柱心，四角钢筋弯钩应与模板成 45°，中部竖筋的弯钩应与模板成 90°，不应向一侧歪斜。多边形柱角筋弯钩为模板内角的平分角。圆形柱钢筋弯钩应与模板切线垂直。小型截面柱，弯钩与模板的角度不得小于 15°。

（3）在立好的竖筋上用色笔画出箍筋间距，然后将套好的箍筋往上移动，由上往下绑扎，四角宜用缠扣。

（4）箍筋绑扎的几点注意事项。

①箍筋转角与主筋交点均要绑扎，主筋与箍筋非转角部分交点可用梅花式交错绑扎。箍筋的接头（即弯钩叠合处）应沿柱子竖向交错布置。如图 8-4-47 所示。

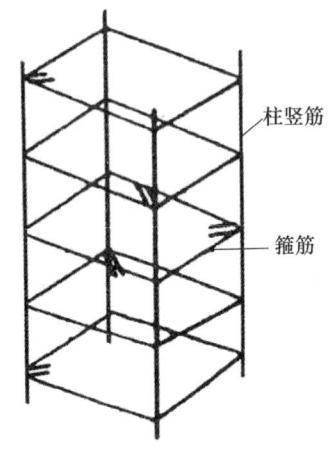

图 8-4-47　箍筋接头交错布置示意图

②有抗震要求的柱子，箍筋弯钩应弯成 135°，平直部分长度不小于 $10d$，如图 8-4-48 所示。

③箍筋采用 90°搭接时，搭接处应焊接，焊接长度，单面焊不小于 $10d$，如图 8-4-49 所示。

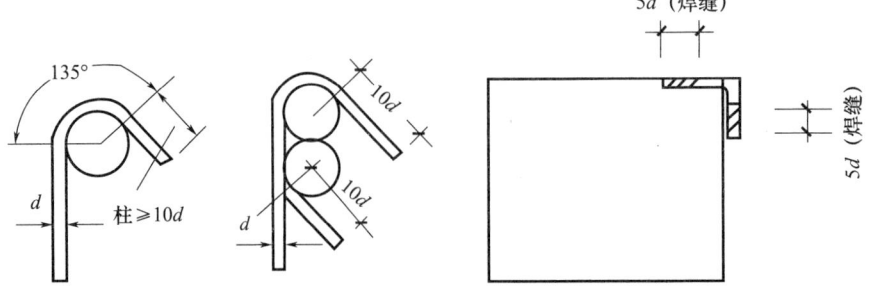

图 8-4-48　柱箍筋弯钩 135°示意图　　图 8-4-49　箍筋接头焊接示意图

④柱基、柱顶、梁柱交接处，箍筋间距应按设计要求加密。

（5）受力钢筋接头位置不宜位于最大弯矩处，并应互相错开。

在绑扎接头任一搭接长度区段内的受力钢筋截面面积占受力钢筋总截面面积百分率

应符合受拉区不得超过25%，受压区不得超过50%的规定。

（6）绑扎接头长度应符合设计要求。如设计无明确要求时，纵向受拉钢筋接头长度应按表8-4-25规定采用。受压钢筋绑扎接头的搭接长度应按表8-4-25规定数值的0.7倍采用。

（7）垫保护层：用砂浆垫块时，垫块应绑在竖筋外皮上，用塑料卡时应卡在外排钢筋上，间距一般1000mm左右，以保证主筋保护层厚度的正确。

（8）设计要求箍筋设拉筋时，拉筋应钩住箍筋，如图8-4-50所示。

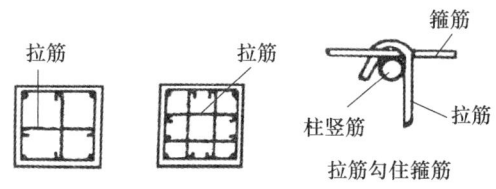

图8-4-50 柱拉筋示意图

（9）当柱截面尺寸有变化时，柱钢筋收缩位置、尺寸应符合设计要求，收缩时宽高比为1∶6。

（10）为保证柱伸出钢筋位置准确，应采取以下措施：

①外伸部分钢筋加1～2道临时箍筋，按图纸位置安好，然后用样板、铁卡或方木卡好固定。

②浇筑混凝土前再复查一遍，如发生移位，应立即校正。

③注意浇筑混凝土和振捣操作，尽量不碰撞钢筋，在混凝土浇捣过程中，应有专人随时检查，及时纠正。

（11）柱子钢筋也可先绑扎成骨架，整体安装。整体安装时，应保证起吊不使钢筋变形。

4）现浇楼盖钢筋绑扎

（1）施工准备工作

①准备工具、用具及所需材料。

②清扫模板上垃圾（如刨花、碎木块、电线管头等杂物）。

③弹线或用粉笔在模板上画好主筋和分布筋间距。

（2）绑扎操作要点：施工顺序如图8-4-51所示。

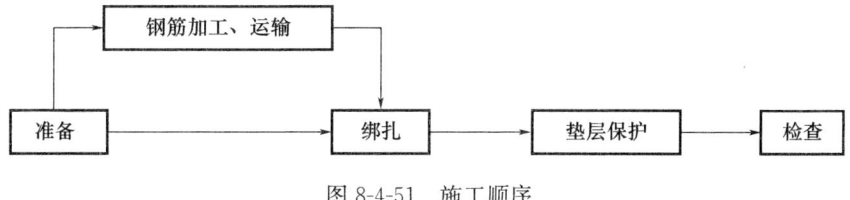

图8-4-51 施工顺序

①按画线间距摆放钢筋，先摆受力筋，后放分布筋。预埋件、线管、预留孔及时配合。

②绑扎。单向板外围两根钢筋的相交点，应全部绑扎，中间点可隔点交错绑扎；双

向板钢筋相应点应全部绑扎。绑扎一般用一顺扣或八字扣。

③双层钢筋的板先下层后上层，两层钢筋之间，须加钢筋支架，间距1mm左右，并和上下层钢筋连成整体，以保证上层钢筋的位置。

④负弯矩钢筋，要每个扣绑扎。

(3) 垫保护层：保护层砂浆垫块或塑料垫块，一般$1m^2$一个，垫在主筋下面。厚度应符合设计要求。

(4) 注意事项：钢筋弯钩，一般图纸画的底层钢筋都是朝上，若弯钩高度超过板面，则应将弯钩放斜，甚至放倒，以免造成露钩。

(二) 钢筋网的施工操作程序

钢筋网一般分为焊接网和绑扎网。焊接网多用点焊或弧焊，点焊多在车间进行，弧焊可在车间或现场加工场地进行。绑扎网大多数在加工现场进行成网，然后进行安装。

绑扎网一般多为形状规则，同规格数量多的基础、板、墙等构件的钢筋网。其操作程序与现场绑扎基本相同。为提高工效，保证质量应注意以下几点。

(1) 先做模具。可根据现场情况选料制作，一般多用木方，按设计要求的纵横钢筋间距在木方上开槽。

(2) 摆放钢筋。受力钢筋放在下面时，有弯钩、朝上。受力钢筋放在上面时，有弯钩、朝下。

(3) 绑扎。当钢筋网为单向受力和钢筋的构件时，只需将外围两行的交叉点绑扎。中间部分可梅花点绑扎；双向受力钢筋网，每个交点均应绑扎。用一面顺扣绑扎时，要交错方向绑扎。为防止松扣，可适当加一些十字花扣或缠扣。

(4) 为保证绑好的钢筋网在堆放、搬运、起吊和安装过程中不发生歪斜、扭曲，除增加绑扣外，可用钢筋斜向拉结临时固定，安装后拆除拉结筋。

(三) 预制绑扎骨架

形状比较规则、同类型号数量较多的梁、柱、桩、槽、板、杆件等预制构件及现浇构件，为加快施工进度，减少高空和现场绑扎作业，在起重运输条件允许的情况下，经常采用在加工场地预制钢筋骨架，然后安装。钢筋骨架的制作，应根据设计对钢筋骨架的具体要求合理划分骨架的预制和绑扎部位，考虑节点的预制程度，以便使骨架安装时合理穿插、拼接。

预制绑扎钢筋骨架的优点是绑扎操作条件理想，工效高，占主体施工期少。

第五节 混凝土施工技术

混凝土工程施工包括配料、搅拌、运输、浇筑、振捣和养护等施工过程。必须确保每个施工过程的施工质量，以保证混凝土结构的强度、刚度、密实性与整体性要求。

一、混凝土的配料

配料时一是称量要准确，二是要按砂、石骨料实际含水率的变化进行施工配合比的换算。

1. 投料的质量偏差不得超过以下数值：水泥、水、外加剂±2%；粗细骨料±5%。
2. 外加剂的掺量必须准确，并搅拌均匀。外加剂用量一般以水泥用量的百分率计算，粉剂可按比例先与水泥拌合均匀，或在搅拌时加入；溶液型可先按比例稀释，再按用水量加入。

二、混凝土的搅拌

为保证混凝土的搅拌质量，农房建设时应尽量采用机械搅拌，常用的自落式搅拌机、强制式搅拌机如图 8-5-1、8-5-2 所示。

图 8-5-1 混凝土自落式搅拌机　　　　　图 8-5-2 混凝土强制式搅拌机

搅拌操作人员应监督混凝土投料顺序、投料计量等环节，严禁超载。

混凝土的投料顺序应从提高搅拌质量，减少机械磨损和水泥飞扬，减少混凝土的粘罐现象，改善工作环境，降低能耗和提高劳动生产率等方面综合考虑确定。

（1）一次投料法：是在上料斗中先装石子，再加水泥和砂，然后一次投入搅拌筒中进行搅拌。对于自落式搅拌机要在搅拌筒内先加部分水，投料时砂压住水泥，然后陆续加水，使水泥不致飞扬、并且水泥先进入搅拌筒形成水混砂浆，可缩短水泥包裹石子的时间。

对于强制式搅拌机，因出料口在下部，不能先加水，应在投放干料的同时，缓慢均匀分散地加水。

（2）二次投料法：是先向搅拌机内投入水和水泥，待其搅拌 1min 后再投入石子和砂继续搅拌到规定时间。这种投料方法，能改善混凝土性能，提高了混凝土的强度，在保证规定的混凝土强度的前提下节约了水泥。目前常用的方法有两种：预拌水泥砂浆法和预拌水泥净浆法。

预拌水泥砂浆法是指先将水泥、砂和水加入搅拌筒内进行充分搅拌，成为均匀的水泥砂浆后，再加入石子搅拌成均匀的混凝土。

预拌水泥净浆法是先将水泥和水充分搅拌成均匀的水泥净浆后，再加入砂和石子搅拌成混凝土。

与一次投料法相比，二次投料法可使混凝土强度提高 10%～15%，节约水泥 15%～20%。

（3）水泥裹砂法：用这种方法拌制的混凝土称为造壳混凝土。它是分两次加水，两次搅拌。先将全部砂、石子和部分水倒入搅拌机拌合，使骨料湿润，称之为造壳搅拌。搅拌时间以 45~75s 为宜，再倒入全部水泥搅拌 20s，加入水和外加剂进行第二次搅拌，60s 左右完成，这种搅拌工艺称为水泥裹砂法。

搅拌前充分润湿搅拌筒，搅拌中应随时观察混凝土流动性，如感觉流动性不好，应告诉施工技术人员进行调整（简易方法是增加水泥浆量），严禁随意加减用水量。

混凝土搅拌时间指从全部材料投入搅拌筒算起，到开始卸料为止所经历的时间。搅拌时间过短，混凝土拌合不均匀，强度及和易性将下降；搅拌时间过长，不但降低搅拌的生产效率，同时和易性也会降低，从而影响混凝土的浇筑质量。混凝土搅拌的最短时间应满足表 8-5-1 规定。

表 8-5-1　混凝土搅拌的最短时间　　　　　　　　（单位：s）

混凝土坍落度	搅拌机规格	搅拌机出料量		
		<250L	250~500L	>500L
≤30mm	强制式	60	90	120
	自落式	90	120	150
>30mm	强制式	60	60	90
	自落式	90	90	120

注：掺有外加剂时，搅拌时间应适当延长。

三、混凝土浇筑入模

1. 浇筑前的准备工作

浇筑前的准备工作为了保证混凝土工程质量和混凝土工程施工的顺利进行，在浇筑前一定要充分做好准备工作。

（1）地基的检查与清理

①在地基上直接浇筑混凝土时（如基础、地面），应对其轴线位置及标高和各部分尺寸进行复核和检查，如有不符，应立即修正。

②清除地基底面上的杂物和淤泥浮土。地基面上凹凸不平处，应加以修理整平。

③对于干燥的非黏土地基，应洒水润湿，对于岩石地基或混凝土基础垫层，应用清水清洗，但不得留有积水。

④对于有地下水涌出或地表水流入地基时，应考虑排水，并应考虑混凝土浇筑后及硬化过程中的排入措施，以防冲刷新浇筑的混凝土。

（2）模板的检查

①检查模板的轴线位置、标高、截面尺寸以及预留孔洞和预埋件的位置，并应与之相一致。

②检查模板的支撑是否牢固，对于妨碍浇筑的支撑应加以调整，以免在浇筑过程中产生变形、位移，影响浇筑。

③模板安装时应认真涂制隔离剂，以利于脱模。模板内的泥土木屑等杂物应清除。

④木模应浇水充分，尚未胀密的缝隙应用纸筋灰或水泥袋纸嵌塞；对于缝隙较大处

应用木片等填塞,以防漏浆。金属模板的缝隙和孔洞也应堵塞。

(3) 钢筋检查

①钢筋及预埋件的规格、数量、安装位置应与设计相一致,绑扎与安装应牢固。

②清除钢筋上的油污、砂浆等,并按规定加垫好钢筋的混凝土保护层。

(4) 其他

做好浇筑期间的防雨、防冻、防暴晒的设施准备工作,以及浇筑完毕后的养护准备工作。

2. 混凝土浇筑

为确保混凝土工程质量,混凝土浇筑工作必须遵守下列规定:

(1) 混凝土的自由下落高度

浇筑混凝土时为避免发生离析现象,混凝土自高处下落自由高度(称为自由下落高度)不应超过 2m。自由下落高度较大时,应使用溜槽或串筒,以防混凝土产生离析。

(2) 混凝土分层浇筑及振捣

为了使混凝土能够振捣密实,浇筑时应分层浇灌、振捣,并在下层混凝土初凝之前,将混凝土浇灌并振捣完毕。如果在下层混凝土已经初凝以后,再浇筑上面一层混凝土,在振捣上层混凝土时,下层混凝土由于受振动,已凝结的混凝土结构就会遭到破坏。如表 8-5-2 所示。

表 8-5-2 混凝土浇筑层厚度

捣实混凝土的方法		浇筑层厚度(mm)
插入式振捣		振捣器作用部分长度的 1.25 倍
表面振捣		200
人工振捣	在基础、无筋混凝土或配筋稀疏的结构中	250
	在梁、墙板、柱结构中	200
	在配筋密列的结构中	150
轻骨料混凝土	插入式振捣	300
	表面振动(振动时需加荷)	200

混凝土拌合物浇筑后,需经振动密实才能达到设计要求的外形和强度。人工振捣是利用捣锤或插钎等工具的冲击力来使混凝土密实成型,其效率低、效果差;机械振捣是将振动器的振动力传给混凝土,使之发生强迫振动而密实成型,其效率高、质量好。常用振动器包括振动棒和平板振动器,前者用来振捣梁柱混凝土,后者用来振捣楼板混凝土。

梁、板混凝土浇筑时要分层进行,振捣密实。浇筑工作应尽可能连续作业,如必须间歇,其间歇时间应尽量缩短,并应在前层混凝土初凝前,将下层混凝土浇筑并振捣完毕。间歇的时间最长不应超过表 8-5-3 的规定,否则应留置施工缝。

表 8-5-3 混凝土从搅拌机中卸出后到浇筑完毕的延续时间 (单位:s)

混凝土强度等级	气温	
	≤25℃	>25℃
≤C30	120	90
>C30	90	60

（3）竖向结构混凝土浇筑

竖向构件（墙、柱等）浇筑混凝土前，底部应先填50～100mm厚与混凝土内砂浆成分相同的水泥砂浆。浇筑时不得发生离析现象。当浇筑高度超过3m时，应采用串筒、溜槽或振动串筒下落，如图8-5-3、8-5-4所示。

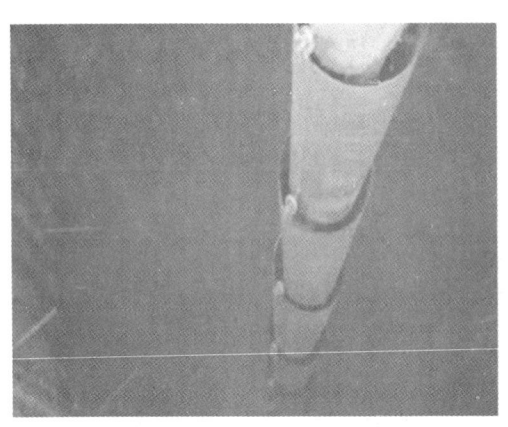 

图8-5-3 串筒　　　　　　　　　　图8-5-4 溜槽

（4）梁和板混凝土的浇筑

在一般情况下，梁和板的混凝土应同时浇筑。较大尺寸的梁（梁的高度大于1m）、拱和类似的结构，可单独浇筑。

在浇筑与柱和墙连成整体的梁和板时，应在柱和墙浇筑完毕后停歇1～1.5h，使其获得初步沉实后，再继续浇筑梁和板。

四、施工缝留设与处理

1. 混凝土施工缝的位置应留在结构受剪力较小且便于施工的部位。柱子的施工缝宜留在基础的顶面、梁的下面；单向板的施工缝，可留在平行于短边的任何位置处；对于有主次梁的楼板结构，混凝土宜顺着次梁方向浇筑，施工缝应留在次梁跨中1/3范围内。现浇楼梯板的施工缝可留设在斜板中部1/3范围。

2. 待浇筑混凝土的抗压强度不小于1.2MPa后，方可进行施工缝的处理，一般不少于24h。应先除去已浇筑混凝土表面松动的石子，并用水充分湿润和冲洗，但不得有积水。施工缝处宜先铺水泥浆（与混凝土成分相同的水泥砂浆）一层，以保证接缝的质量。继续浇筑混凝土过程应细致捣实，使新旧混凝土结合紧密。

五、混凝土的养护

混凝土拌合物能逐渐凝结硬化，主要是因为水泥水化作用的结果，而水化作用需要适当的湿度和温度。混凝土的养护就是在混凝土浇筑后，在硬化过程中进行湿度和温度的控制，以保证混凝土达到设计要求强度。

混凝土养护的方法很多,通常按其养护工艺分为自然养护和蒸汽养护两大类。而自然养护又分为浇水养护及喷膜养护,施工现场以浇水养护为主。

1. 浇水养护

浇水养护是指混凝土终凝后,日平均气温高于5℃的自然气候条件下,用草帘、草袋将混凝土表面覆盖并经常浇水,以保持覆盖物充分湿润。对于楼地面混凝土工程也可采用蓄水养护的办法加以解决。浇水养护时必须注意以下事项:

(1) 对于一般塑性混凝土,应在浇筑后12h内立即加以覆盖和浇水润湿,炎热的夏天养护时间可缩短至2~3h。而对于干硬性混凝土应在浇筑后1~2h内即可养护,使混凝土保持湿润状态。

(2) 在已浇筑的混凝土强度达到$1.2N/mm^2$以后,方可在其上允许操作人员行走和安装模板及支架等。

(3) 混凝土浇水养护日期视水泥品种而定,硅酸盐水泥和普通硅酸盐水泥、矿渣硅酸盐水泥拌制的混凝土,不得少于7d,掺用缓凝型外加剂或有抗渗要求的混凝土,不得少于14d,采用其他品种水泥时,混凝土的养护时间应根据水泥技术性能确定。

(4) 养护用水应与拌制用水相同,浇水的次数应以能保持混凝土具有足够的润湿状态为准。

(5) 在养护过程中,如发现因遮盖不好、浇水不足,致使混凝土表面泛白或出现干缩细小裂缝时,应立即仔细加以覆盖,充分浇水,加强养护,并延长浇水养护日期加以补救。

(6) 平均气温低于5℃时,不得浇水养护。

2. 喷膜养护

喷膜养护是将一定配合比的塑料溶液,用喷洒工具喷洒在混凝土表面,待溶液挥发后,塑料在混凝土表面结成一层薄膜,使混凝土表面与空气隔绝,封闭混凝土中水分蒸发,完成水泥的水化作用,达到养护的目的。喷膜养护适用于不易浇水养护的高构筑物和大面积混凝土的养护,也可用于表面积大的混凝土施工和缺水地区。喷膜养护剂的喷洒时间,一般待混凝土收水后,混凝土表面以手指轻按无指印时即可进行,施工温度100℃以上。

六、混凝土质量缺陷的处理

1. 表面抹浆修补

对于数量不多的细小裂缝、小蜂窝、麻面、露筋、露石的混凝土表面,主要是保护钢筋和混凝土不受侵蚀,可用1:2~1:2.5的水泥砂浆抹面修整。在抹砂浆前,用钢丝刷或加压力的水清洗润湿,抹浆初凝后要加强养护工作。

如构件开裂较大、较深时,应将裂缝附近的混凝土表面凿毛,或沿裂缝方向凿成深15~20mm、宽100~200mm的V形槽,扫净并洒水湿润后,先刷水泥净浆一层,然后用1:2~1:2.5的水泥砂浆分2~3层涂抹,总厚度控制在10~20mm之间,并压实抹光。

2. 细石混凝土填补

当蜂窝比较严重或露筋较深时,应除掉附近不密实的混凝土和突出的骨料颗粒,用清水洗刷干净并充分润湿后,再用比原强度等级高一级的细石混凝土填补并仔细捣实。对孔洞修补时,可将孔洞处疏松的混凝土和突出的石子剔凿掉,孔洞顶部要凿成斜面,然后用水刷洗干净、湿润后,用比原混凝土强度等级高一级的细石混凝土捣实。

第六节　防水施工技术

一、屋面防水工程施工

(一) 施工前的准备

1. 技术准备

1) 学习设计图纸

学习设计图纸目的是领会设计意图，熟悉房屋构造、细部节点构造、设防层次、采用的材料、规定的施工工艺和技术要求。在学习领会设计意图的基础上组织图纸会审，认真解决设计图中和施工图中可能出现的问题，使防水设计更加完善，更加切实可行。

2) 编制施工方案

防水工程施工方案应明确施工段的划分、施工顺序、施工方法、施工进度、施工工艺，提出操作要点，主要节点构造施工做法，保证质量的技术措施，质量标准，成品保护及安全注意事项等内容。

3) 确定施工中的检验程序

防水工程施工前，必须明确检验程序，定出哪几道工序完成后必须检验合格后才能继续施工，并提出相应的检验内容、方法、工具和记录。例如，防水施工之前，必须对找平层进行检验，合格后方可进行防水施工，基层处理剂涂刷后，进行增强附加层的铺贴（涂刷），完成后，应进行检验，合格后才能进行大面积铺贴（涂刷）。

防水工程的施工必须强调中间检验和工序检验，只有对质量缺陷在施工过程中及早发现，立即补救，消除隐患，才能保证整个防水层的质量。

4) 做好施工记录

防水工程施工过程中应详细记录施工全过程，以作为今后维修的依据和总结经验的参考，记录应包括下列内容，这些记录在完工后应立即归档。

(1) 工程基本情况。包括工程项目、地点、性质、结构、层数、建筑面积和防水面积、设计单位、防水部位、防水层构造层次、防水层用材及单价等。

(2) 施工状况。包括施工单位、负责人、施工日期、气候、环境条件、基层及相关层次质量、材料名称、材料厂家、材料质量、检验情况、材料用量及节点处理方法。

(3) 工程验收。包括中间验收、完工后的试水检验、质量等级评定、施工过程中出现的质量问题和解决方法。

(4) 经验教训、改进意见。

5) 技术交底

防水工程施工前，施工负责人应向班组进行技术交底，内容应包括：施工部位、施工顺序、施工工艺、构造层次、节点设防方法、增强部位及做法，工程质量标准，保证质量的技术措施，成品保护措施和安全注意事项等。

2. 物资、机具准备

物资准备包括防水材料的进场和抽检，配套材料准备，机具进场、试运转等。

防水工程负责人必须根据设计要求，按防水面积计算各种材料的总用量，并要运抵施工现场。根据规定抽样检验复测合格后才能使用。对于配套材料，如节点用的密封材料、固定用料等都要求一起备齐。机具要清洗干净，运到现场后进行试运转，保持良好的工作状态，如有损坏应及时修复，小型手工工具也要及时购置备足。

3.现场条件的准备

现场条件包括材料堆放场所，以及每天运到屋面的临时堆放场地，还有运输的机具准备以及现场工作面清理工作。

现场堆放场地必须选择能遮风雪、无热源的仓库，按材料品种分别堆放，对易燃的材料应挂牌标明，严禁烟火，准备必要的消防设备，同时要准备运至屋面临时堆放场所。这要结合工作面来选择临时堆放点。需明火加热的沥青熬制及热熔法施工应有用火申请批准书，并做好安全消防的器材准备。

（二）卷材防水屋面施工

1.卷材防水屋面的构造

卷材防水屋面一般是由结构层、找平层、隔汽层、保温层、找平层、防水层、保护层等组成，如图8-6-1所示。

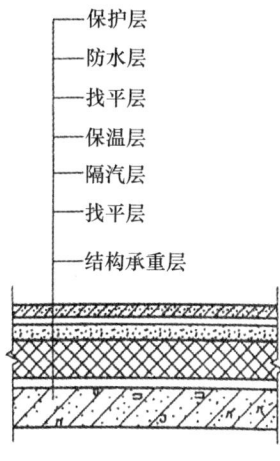

图8-6-1 屋面结构层次图

1）对隔汽层的要求

隔汽层应当是整体连续的，在屋面与垂直面连接的地方，隔汽层应延伸到保温层顶部并高出150mm，以便与防水层相连。隔汽层可采用气密性好的合成高分子卷材或防水涂料。

2）对保温层的要求

保温层宜选用吸水率低、密度和导热系数小，并有一定强度的保温材料。有板状材料保温层、纤维材料保温层及整体材料保温层等。

3）对防水层的要求

屋面防水层，应按设计要求，选择符合标准的防水材料。

4）对保护层的要求

施工完的防水层应进行雨后观察、淋水或蓄水试验，并应在合格后再进行保护层和隔离层的施工。保护层和隔离层施工前，防水层或保温层的表面应平整、干净；施工时，应避免损坏防水层或保温层。块体材料、水泥砂浆、细石混凝土保护层表面的坡度应符合设计要求，不得有积水现象。

5）对基层含水率的要求

为了防止卷材屋面防水层起鼓、开裂，要求做防水层以前，保温层应干燥。简单的测试方法是裁剪一块 1m×1m 的防水卷材，平铺在找平层上，过 3～4h 后揭开卷材，如找平层上没有明显的湿印，即可认为含水率合格；如有明显的湿印甚至有水珠出现，说明基层含水率太高，不宜铺设卷材。

在基层含水率高的情况下，为了赶工期，可以做排汽屋面。排汽屋面的做法如下：

在找平层上隔一定的距离（一般不大于 6m）留出或凿出排汽道。排气道的宽度 30～40mm，深度一直到结构层，排汽道要互相贯通。通常屋脊上有一道纵向排汽道，在纵横排汽道的交叉处放置排汽管。排汽管可用塑料管或钢管自制，直径 100mm 为宜。排汽管应高出找平层 100～150mm，埋入保温层的部分周围应钻眼，用钢管时可将埋入部分用三根支撑代替，以利于排汽。排气道内可用碎砖块、大块炉渣等充填，不能用粉末状材料填入。在排汽道上面干铺一层宽 150mm 的卷材，为防止移动，也可点粘在排汽道上。排汽道上应加防雨帽，架空隔热屋面可以不加，排汽管固定好就可以做卷材了。卷材与排汽管处的防水要做好，用防水涂料加玻纤布涂刷为宜，一般一年后即可拆掉排汽管，不上人屋面也可以不拆。

2. 卷材防水施工方法和适用范围

卷材防水目前常见的施工类别有热施工工艺、冷施工工艺、机械固定工艺三大类。每一种施工工艺又有若干不同的施工方法，各种不同的施工方法又各有其不同的适用范围。因此，施工时应根据不同的设计要求、材料情况、工程具体做法等选定合适的施工方法。卷材防水的施工方法和适用范围可参考表 8-6-1。

表 8-6-1 卷材防水施工方法和适用范围

工艺类别	名称	做法	适用范围
热施工工艺	热玛蹄脂粘贴法	传统施工方法，边浇热玛蹄脂边滚铺油毡，逐层铺贴	石油沥青油毡三毡四油（二毡三油）叠层铺贴
	热熔法	采用火焰加热器熔化热熔型防水卷材底部的热熔胶进行粘结的方法	有底层热熔胶的高聚物改性沥青防水卷材
	热风焊接法	采用热空气焊枪加热防水卷材搭接缝进行粘结的方法	合成高分子防水卷材搭接缝焊接
冷施工工艺	冷玛蹄脂粘贴法	采用工厂配置好的冷用沥青胶结材料，施工时不需加热，直接涂刮后粘贴油毡	石油沥青油毡三毡四油（二毡三油）叠层铺贴
	冷粘法	采用胶粘剂进行卷材与基层、卷材与卷材的粘结，而不需要加热的施工方法	合成高分子防水卷材、高聚物改性沥青防水卷材
	自粘法	采用带有自粘胶的防水卷材，不用热施工，也不需涂刷胶结材料，而直接进行粘结的方法	带有自粘胶的合成高分子防水卷材及高聚物改性沥青防水卷材
机械固定工艺	机械钉压法	采用镀锌钢钉或铜钉等固定卷材防水层的施工方法	多用于木基层上铺设高聚物改性沥青防水卷材
	压埋法	卷材与基层大部分不粘结，上面采用卵石等压埋，但搭接缝及周边要全粘	用于空铺法、倒置屋面

3. 卷材防水层的铺贴方法和技术要求

1) 卷材防水层的铺贴方法

卷材防水层的铺贴方法有满粘法、空铺法、点粘法和条粘法四种，其具体做法、优缺点和适用条件如下。

(1) 满粘法

满粘法又叫作全粘法，即在铺贴防水卷材时，卷材与基层采用全部粘结的施工方法。满粘法是传统的一种施工方法，如过去常用此种方法进行石油沥青防水卷材三毡四油叠层铺贴；热熔法、冷粘法、自粘法也常采用将卷材与基层全部粘结进行施工。

当为三毡四油时，由于每层均有一定厚度的玛蹄脂满粘，提高了防水性能；但若屋面变形较大或找平层潮湿时，防水层容易开裂、起鼓。因此，满粘法适用于屋面面积较小，屋面结构变形不大，找平层干燥的条件。

(2) 空铺法

空铺法是指铺贴防水卷材时，卷材与基层仅在四周一定宽度内粘贴，其余部分不粘结的施工方法。铺贴时，应在檐口、屋脊和屋面的转角处及凸出屋面的连接处，卷材与找平层应满涂玛蹄脂粘结，其粘结宽度不得小于800mm，卷材与卷材的搭接缝应满粘，叠层铺设时，卷材与卷材之间应满粘。

空铺法可使卷材与基层之间互不粘结，减少了基层变形对防水层的影响，有利于解决防水层开裂、起鼓等问题；但是对于叠层铺设的防水层由于减少了一油，降低了防水功能，如一旦渗漏，不容易找到漏点。

空铺法适用于基层湿度过大、找平层的水蒸气难以由排气道排入大气的屋面，或用于埋压法施工的屋面。在沿海大风地区应慎用，以防被大风掀起。

(3) 条粘法

条粘法是指铺贴卷材时，卷材与基层采用条状粘结的施工方法。每幅卷材与基层的粘结面不得少于两条，每条宽度不应少于150mm。每幅卷材与卷材的搭接缝应满粘，当采用叠层铺贴时，卷材与卷材间应满粘。

这种铺贴方法，由于卷材与基层在一定宽度内不粘结，增大了防水层适应基层变形的能力，有利于解决卷材屋面的开裂、起鼓，但这种铺贴方法，操作比较复杂，且部分地方减少了一油，降低了防水功能。

条粘法适用于采用留槽排气不能可靠地解决卷材防水层开裂和起鼓的无保温层屋面，或者温差较大，而基层又十分潮湿的排气屋面。

(4) 点粘法

点粘法是指铺贴防水卷材时，卷材与基层采用点状粘结的施工方法。要求每平方米面积内至少有5个粘结点，每点面积不小于100mm×100mm，卷材与卷材搭接缝应满粘。当第一层采用打孔卷材时，也属于点粘法。防水层周边一定范围内也应与基层满粘牢固。点粘的面积，必要时应根据当地风力大小经计算后确定。

点粘法铺贴，增大了防水层适应基层变形的能力，有利于解决防水层开裂、起鼓等问题，但操作比较复杂，当第一层采用打孔卷材时，施工虽然方便，但仅可用于石油沥青毡四油叠层铺贴工艺。

点粘法适用于采用留槽排气不能可靠地解决卷材防水层开裂和起鼓的无保温层屋面或者温差较大而基层又十分潮湿的排气屋面。

2）卷材施工顺序和铺贴方向

卷材防水层施工时，应先进行细部构造处理，然后由屋面最低标高向上铺贴；檐沟、天沟卷材施工时，宜顺檐沟、天沟方向铺贴，搭接缝应顺流水方向；卷材宜平行屋脊贴，上下层卷材不得相互垂直铺贴。

3）卷材搭接缝要求

平行屋脊的搭接缝应顺流水方向，搭接缝宽度应符合表 8-6-2 的要求；同一层相邻幅卷材短边搭接缝错开不应小于 500mm；上下层卷材长边搭接缝应错开，且不应小于宽的 1/3；叠层铺贴的各层卷材，在天沟与屋面的交接处，应采用叉接法搭接，搭接缝应错开；搭接缝宜留在屋面与天沟侧面，不宜留在沟底。

表 8-6-2　卷材搭接宽度

卷材类别		搭接宽度（mm）
合成高分子防水卷材	胶粘剂	80
	胶粘带	50
	单焊缝	60，有效焊接宽度不小于 25
	双焊缝	80，有效焊接宽度 10×2＋空腔宽
高聚物改性沥青防水卷材	胶粘剂	100
	自粘	80

4. 改性沥青防水卷材施工

改性沥青防水卷材的施工方法有热熔法、冷粘法、冷粘法加热熔法、热沥青粘结法等，目前使用较多的是热熔法。

1）热熔法施工

施工时在找平层上先刷一层基层处理剂，用改性沥青防水涂料稀释后涂刷较好，找平层表面全部要涂黑，以增强卷材与基层的粘结力。

基层处理剂干燥后，先弹出铺贴基准线，卷材的搭接宽度按表 8-6-2 执行。

改性沥青卷材屋面防水往往只做一层，所以施工时要特别细心。尤其是节点及复杂部位、卷材与卷材的连接处一定要做好，才能保证不渗漏。大面积铺贴前应先在水落口、管道根部、天沟部位做附加层，附加层可以用卷材剪成合适的形状贴入水落口或管道根部，也可以用改性沥青防水涂料加玻纤布处理这些部位。屋面上的天沟往往因雨较大或排水不畅造成积水，所以天沟是屋面防水中的薄弱处，铺贴在天沟中的卷材接头越少越好，可将整卷卷材顺天沟方向全部满粘，接头粘好后再裁 100mm 宽的卷材把接头加固。

热熔法施工时，火焰加热器的喷嘴距卷材面的距离应适中，幅宽内加热应均匀，应以卷材表面熔融至光亮黑色为度，不得过分加热卷材；厚度小于 3mm 的高聚物改性沥青防水卷材，严禁采用热熔法施工；卷材表面沥青热熔后应立即滚铺卷材，滚铺时应排除卷材下面的空气；搭接缝部位宜以溢出热熔的改性沥青胶结料为度，溢出的改性沥青胶结料宽度宜为8mm，并应均匀顺直；当接缝处的卷材上有矿物粒或片料时，应用火焰烘烤及清除干净后再进行热熔和接缝处理；铺贴卷材时应平整顺直，搭接尺寸应准确，不得扭曲。

热熔法铺贴卷材一般以三人为一组为宜：一人负责烘烤；一人向前推贴卷材；一人负责滚压和收边并负责移动液化气瓶。

2）冷粘法施工

改性沥青防水卷材在不能用火的地方以及卷材厚度小于3mm时，宜用冷粘法施工。

冷粘法施工质量的关键是胶粘剂的质量。胶粘剂材料要求与沥青相容，剥离强度要大于8N/10mm，耐热度大于85℃。不能用一般的改性沥青防水涂料作胶粘剂，施工前应先做粘结性能试验。冷粘法施工时对基层要求比热熔法更高，基层如不平整或起砂就粘不牢。

冷粘法施工时，应先将胶粘剂稀释后在基层上涂刷一层，干燥后即粘贴卷材，不可隔时过久，以免落上灰尘，影响粘贴效果。粘贴时同样先做附加层和复杂部位，然后再大面积粘贴。涂刷胶粘剂时要按卷材长度边涂边贴，涂好后稍晾一会儿让溶剂挥发掉一部分，然后将卷材贴上。溶剂过多卷材会起鼓。卷材与卷材粘结时更应让溶剂多挥发一些，边贴边用压辊将卷材下的空气排出去。要贴得平展，不能有皱折。有时卷材的边沿并不完全平整，粘贴后边沿会部分翘起来，此时可用重物把边沿压住，过一段时间待粘牢后再将重物去掉。

改性沥青防水卷材不管用以上哪种方法施工，施工后都要进行仔细检查，卷材与卷材的搭接处、卷材的收头处是检查的重点。屋面铺贴的地方如有起包，要割开排出空气再粘牢、在割开处要另补一块卷材满粘在上面。检验合格后有条件的屋面可做蓄水试验，没有蓄水条件的应做淋水试验。一般蓄水24h，水深100mm；淋水2h以上，无渗漏即可交工验收。

5. 合成高分子防水卷材施工

1）合成高分子防水卷材冷粘法施工

防水卷材冷粘法操作是指采用胶粘剂进行卷材与基层、卷材与卷材的粘结，而不需要加热施工的方法。

合成高分子防水卷材用冷粘法施工，不仅要求找平层干燥，施工过程中还要尽量减少灰尘的影响，所以卷材在有霜有雾时，也要等霜雾消失找平层干燥后再施工。卷材铺贴时遇雨、雪应停止施工，并及时将已铺贴的卷材周边用胶粘剂封口保护。夏季夜间施工时，当后半夜找平层上有露水时也不能施工。

(1) 工艺流程

清理基层→涂刷基层处理剂→附加层处理→卷材表面涂胶（晾胶）→基层表面涂胶（晾胶）→卷材的粘结→排气压实→卷材接头粘结（晾胶）→压实→卷材末端收头及封边处理→做保护层。

(2) 操作工艺

①涂刷基层处理剂：施工前将验收合格的基层重新清扫干净，以免影响卷材与基层的粘结。基层处理剂一般是用低黏度聚氨酯涂膜防水材料，其配合比为甲料：乙料：二甲苯=1：1.5：3，用电动搅拌器搅拌均匀，再用长把滚刷蘸满处理剂后均匀涂刷在基层表面，不得见白露底，待胶完全干燥后即可进行下一工序的施工。

②复杂部位增强处理：对于阴阳角、水落口、通气孔的根部等复杂部位，应先用聚氨酯涂膜防水材料或常温自硫化的丁基橡胶胶粘带进行增强处理。

③涂刷基层胶粘剂：先将氯丁橡胶系胶粘剂（或其他基层胶粘剂）的铁桶打开，用手持电动搅拌器搅拌均匀，即可进行涂刷基层胶粘剂。

a. 在卷材表面上涂刷

先将卷材展开摊铺在平整、干净的基层上（靠近铺贴位置），用长柄滚刷蘸满胶粘剂，均匀涂刷在卷材的背面，不要刷得太薄而露底，也不得涂刷过多而聚胶。还应注意，从搭接缝部位处不得涂刷胶粘剂，此部位留作涂刷接缝胶粘剂用。涂刷胶粘剂后，经静置10～20min，待指触基本不粘手时，即可将卷材用纸筒芯卷好，就可进行铺贴。打卷时，要防止砂粒、尘土等异物混入。

应该指出，有些卷材如LYX-603氯化聚乙烯防水卷材，在涂刷胶粘剂后立即可以铺贴卷材。因此，在施工前要认真阅读厂商的产品说明书。

b. 在基层表面上涂刷

a) 用长柄滚刷蘸满胶粘剂，均匀涂刷在基层处理剂已基本干燥和洁净的表面上。涂刷时要均匀，切忌在一处反复涂刷，以免将底胶"咬起"。涂刷后，经过干燥10～20min，指触基本不粘手时，即可铺贴卷材。

b) 铺贴卷材：操作时，几个人将刷好基层胶粘剂的卷材抬起，翻过来，将一端粘贴在预定部位，然后沿着基准线铺展卷材。铺展时，对卷材不要拉得过紧，而要在合适的状态下，每隔1m左右对准基准线粘贴一下，以此顺序对线铺贴卷材。平面与立面相连的卷材，应由下开始向上铺贴，并使卷材紧贴阴面压实。

c) 排除空气和滚压：每当铺完一卷卷材后，应立即用松软的长把滚刷从卷材的一端开始朝卷材的横向顺序用力滚压一遍，彻底排除卷材与基层间的空气。排除空气后，卷材平面部位可用外包橡胶的大压辊滚压，使其粘结牢固。滚压时，应从中间向两侧移动，做到排气彻底。如有不能排除的气泡，也不要割破卷材排气，可用注射用的针头，扎入气泡处，排除空气后，用密封胶将针眼封闭，以免影响整体防水效果和美观。

d) 卷材接缝粘结：搭接缝是卷材防水工程的薄弱环节，必须精心施工。施工时，首先在搭接部位的上表面，顺边每隔0.5～1m处涂刷少量接缝胶粘剂，待其基本干燥后，将搭接部位的卷材翻开，先做临时固定。然后将配置好的接缝胶粘剂用油漆刷均匀涂刷在翻开的卷材搭接缝的两个粘结面上，涂胶量一般以$0.5～0.8kg/m^2$为宜。干燥20～30min指触手感不粘时，即可进行粘贴。粘贴时应从一端开始，一边粘贴一边驱除空气，粘贴后要及时用手持压辊按顺序认真地滚压一遍，接缝处不允许有气泡或皱折存在。遇到三层重叠的接缝处，必须填充密封膏进行封闭，否则将成为渗水路线。

e) 卷材末端收头处理：为了防止卷材末端收头和搭接缝边缘的剥落或渗漏，该部位必须用单组分氯磺化聚乙烯或聚氨酯密封膏封闭严密，并在末端收头处用掺有水泥用量20%的108胶水泥砂浆进行压缝处理。常见的几种末端收头处理如图8-6-2所示。

防水层完工后应做蓄水试验，其方法与前述相同。合格后方可按设计要求进行保护层施工。

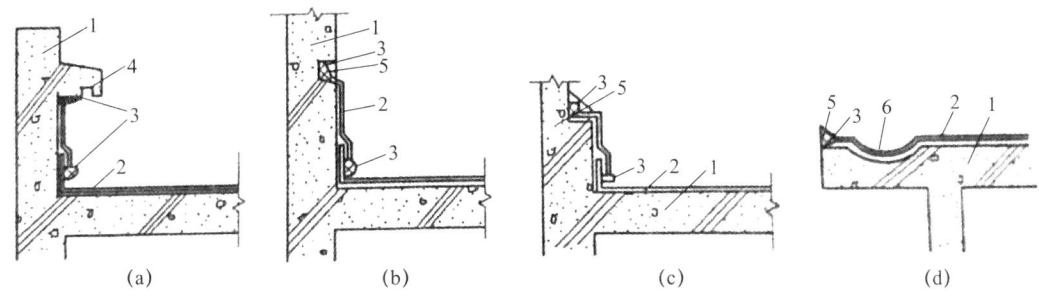

图 8-6-2 防水卷材末端收头处理
1—混凝土或水泥砂浆找平层；2—高分子防水卷材；3—密封膏嵌填；4—滴水槽；5—108 胶水泥砂浆；6—排水沟

2) 卷材自粘法施工

卷材自粘法是采用带有自粘胶的一种防水卷材，不需热加工，也不需涂刷胶粘剂，可直接实现防水卷材与基层粘结的一种操作工艺，实际上是冷粘法操作工艺的发展。由于自粘型卷材的胶粘剂与卷材同时在工厂生产成型，因此质量可靠，施工简便、安全；更因自粘型物材的粘结层较厚，有一定的徐变能力，适应基层变形的能力增强，且胶粘剂与卷材合二为一，同步老化，延长了使用寿命。

自粘法施工可采用满粘法或条粘法。若采用条粘法时，只需在基层上脱离部位上刷一层石灰水，或加铺一层裁剪下来的隔离纸，即可达到隔离的目的。

卷材自粘法施工的操作工艺中，清理基层、涂刷基层处理剂、节点密封等与冷粘法相同，这里仅就卷材铺贴方法作一介绍。

(1) 滚铺法

当铺贴大面积卷材时，隔离纸容易撕剥，此时宜采用滚铺法。滚铺法是撕剥隔离纸与铺贴卷材同时进行，施工时不要打开整卷卷材，用一根 $\phi 30mm \times 1500mm$ 的钢管穿过卷材中间的纸芯筒，然后由两人各持钢管一端，把卷材抬到待铺位置的开始端，并把卷材向前展开 500mm 左右，由一人把开始端的 500mm 卷材拉起来，另一人撕剥开此部分的隔离纸，将其折成条形（或撕断已剥部分的隔离纸），随后由另外两人各持钢管一端，把卷材抬起（不要太高），对准已弹好的粉线轻轻摆铺，同时注意长、短方向的搭接，再用手予以压实，待开始端的卷材固定后，撕剥端部隔离纸的工人把折好的隔离纸拉出（如撕断则重新剥开），卷到已用过的包装纸芯筒上，随即缓缓剥开隔离纸，并向前移动，而抬卷材的两人同时沿基准粉线向前滚铺卷材，见图 8-6-3 所示。

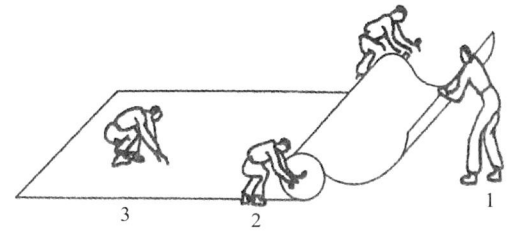

图 8-6-3 自粘型卷材滚铺法施工
1—撕剥隔离纸，并卷到用过的包装纸芯筒上；2—滚铺卷材；3—排气滚压

每铺完一幅卷材，即可用长柄滚刷从开始端起彻底排除卷材下面的空气，排完空气后，再用大压辊将卷材压实平整，确保粘结牢固。

（2）抬铺法

当待铺部位较复杂，如天沟、泛水、阴阳角或有凸出物的基面时，或由于屋面面积较小以及隔离纸不易撕剥（如温度过高、储存保管不好等）时就可采用抬铺法施工。

抬铺法是先将要铺贴的卷材剪好，反铺于屋面平面上，待剥去全部隔离纸后，再铺贴卷材。首先应根据屋面形状考虑卷材搭接长度剪裁卷材，其次要认真撕剥隔离纸。撕剥时，已剥开的隔离纸宜与粘结面保持 45°~60°的锐角，防止拉断隔离纸。另外，剥开的隔离纸要放在合适的地方，防止被风吹到已剥去隔离纸的卷材胶结面上。剥完隔离纸后，使卷材的粘结胶面朝外，把卷材沿长向对折。对折后，分别由两人从卷材的两端配合翻转卷材，翻转时，要一手拎住半幅卷材，另一手缓缓铺放另半幅卷材。在整个铺放过程中，各操作工人要用力均匀，配合默契。待卷材铺贴完成后，应与滚铺法一样，从中间向两边缘处排出空气后，再用压辊滚压，使其粘结牢固。

（3）搭接缝粘贴

自粘型卷材上表面有一层防粘层（聚乙烯薄膜或其他材料），在铺贴卷材前，应将卷材搭接部位的上表面防粘层先熔化掉，使搭接缝能粘结牢固。操作时用手持汽油喷灯沿搭接粉线熔烧搭接部位的防粘层。卷材搭接应在大面卷材排出空气并压实后进行。

粘结搭接缝时，应掀开搭接部位的卷材，用扁头热风枪加热搭接卷材底面的胶粘剂，并逐渐前移，另一人紧随其后，把加热后的搭接部位卷材马上用棉纱团从里向外予以排气，并抹压平整。最后一人则用手持压辊滚压搭接部位，使搭接缝密实。加热时应注意控制好加热程度，其标准是经过压实后，在搭接边的末端有胶粘剂稍稍外溢为度。

搭接缝粘贴密实后，所有搭接缝均应用密封材料封边，宽度不少于 10mm，其涂封量可参照材料说明书的有关规定。三层重叠部位的处理方法与卷材冷粘法操作相同。

3）卷材热风焊接法施工

热风焊接法是采用热空气焊枪进行合成高分子防水卷材搭接粘合的一种操作工艺。

目前 PVC 防水卷材的铺贴是采用空铺法，另加点式机械固定或点粘、条粘，细部构造则采用胶粘。

（1）施工用的主要机具

卷材热风焊接法施工应准备的主要机具有：热风焊接机、热风塑料焊枪和小压辊、冲击钻、钩针、油刷、刮板、胶桶、小铁锤等。

（2）操作要点

基层要求详见卷材防水屋面构造中的有关内容。

①细部构造：按屋面规范要求施工，附加层的卷材必须与基层粘结牢固。特殊部位如水落口、排气口、上人孔等均可提前预制成型或在现场制作，然后安装粘结牢固。

②大面铺贴卷材：将卷材垂直于屋脊方向由上至下铺贴平整，搭接部位要求尺寸准确，并应排除卷材下面的空气，不得有皱折现象。采用空铺法铺贴卷材时，在大面积上（每 $1m^2$ 有 5 个点采用胶粘剂与基层固定，每点胶粘面积约 $400cm^2$）以及檐口、屋脊和屋面的转角处及凸出屋面的连接处（宽度不小于 800mm）均应用胶粘剂将卷材与基层

固定。

③搭接缝焊接：卷材长短边搭接缝宽度均为50mm，可采用单道式或双道式焊接，如图8-6-4所示。焊接前应先将复合无纺布清除，必要时还需用溶剂擦洗；焊接时，焊枪喷出的温度应使卷材热熔后，小压辊能压出熔浆为准，为了保证焊接后卷材表面平整，应先焊长边搭接缝，后焊短边搭接缝。

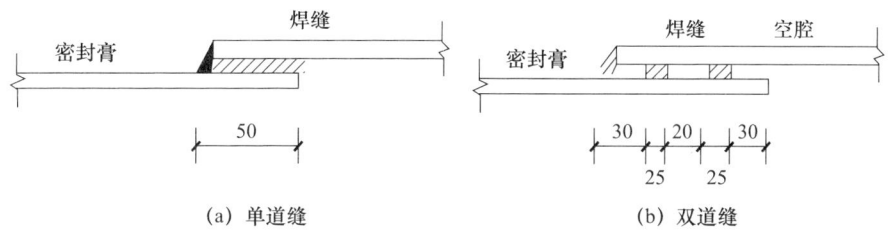

图8-6-4　卷材搭接缝焊接方法（单位：mm）

④焊缝检查：如采用双道焊缝，可用5号注射针与压力表相接，将钩针扎在两个焊缝的中间，再用打气筒进行充气。当压力表达到0.15MPa时应停止充气，如保持压力时间不少于1min，则说明焊接良好；如压力下降，说明有未焊好的地方。这时可用肥皂水涂在焊缝上，若有气泡出现，则应在该处重新用焊枪或电烙铁补焊直到检查不漏气为止。另外，每工作班每台热压焊接机均应取1处试样检查，以便改进操作。

⑤机械固定：如不采用胶粘剂固定卷材，则应采用机械固定法，机械固定需沿卷材之间的焊缝进行，间隔600～900mm用冲击钻将卷材与基层钻眼，埋入$\phi 60$的塑料影压塞，加垫片用自攻螺钉固定，然后在固定点上用$\phi 100$～$\phi 150$卷材焊接，并将该点密封，也可将上述固定点放在下层卷材的焊缝边，再在上层与下层卷材焊接时将固定点包焊在内部。

⑥卷材收头：卷材全部铺贴完毕经试水合格后，收头部位可用铝条（2.5mm×25mm）加钉固定，并用密封膏封闭。如有留槽部位，也可将卷材弯入槽内，加点固定后，再用密封膏封闭，最后用水泥砂浆抹平封死。

（三）涂膜防水屋面施工

1. 涂膜防水施工的准备工作

1）技术准备

涂膜防水的技术准备包括以下各项工作：

（1）熟悉和会审图纸，掌握和了解设计意图，收集有关该品种涂膜防水的资料；

（2）编制防水工程施工方案；

（3）向操作人员进行技术交底或培训；

（4）确定质量目标和检验要求；

（5）提出施工记录的内容要求。

2）材料准备

（1）进场、贮存

施工所用防水涂料、胎体增强材料及其他辅助材料均应按设计要求选购进场，并做好妥善保管、贮存。

(2) 抽样复检

为了保证涂膜防水层的质量,对进入施工现场的防水涂料和胎体增强材料应进行抽样复检。防水涂料应检验延伸(断裂伸长率)、固体含量、柔性、不透水性和耐热度。抽样的数量,根据防水面积每 1000m^2 所耗用的防水涂料和胎体增强材料的数量为一个抽检单位的原则,《屋面工程质量验收规范》(GB 50207—2012)规定:"同一规格品种的防水涂料每 10t 为一批,不足 10t 者按一批进行抽检;胎体增强材料每 3000m^2 为一批,不足 3000m^2 者按一批进行抽检。"

(3) 准备涂膜防水层使用的胶料

3) 施工机具的准备

涂膜防水施工前,应根据所采用涂料的种类、涂布方法,准备使用的计量器具、搅拌机具、涂布工具及运输工具等。

涂膜施工常用的施工机具见表 8-6-3。实际操作时,所需机具、工具的数量和品种可根据工程情况及施工组织情况进行调整。此外,为了清洗所用工具,还必须准备必要的清洗用具和溶剂。

表 8-6-3 涂膜防水施工机具及用途

名称	用途	备注
棕扫帚	清理基层	不掉毛
钢丝刷	清理基层、管道等	
磅秤、台秤等	配料、计量	
电动搅拌器	涂料搅拌	功率大转速较低
铁桶或塑料桶	盛装混合料	圆桶便于搅拌
开罐刀	开启涂料罐	
棕毛刷、圆辊刷	涂刷基层处理剂	
塑料刮板、胶皮刮板	涂布涂料	
喷涂机	喷涂基层处理剂、涂料	根据涂料黏度选用
裁剪刀	裁剪增强材料	
卷尺	量测检查	长 2~5m

4) 防水基层的准备

基层是防水层赖以存在的基础,与卷材防水层相比,涂膜防水对基层的要求更为严格。

(1) 坡度

屋面坡度过于平缓,或坡度不符合设计要求,则容易积水,成为渗漏的原因之一。屋面防水是一个完整的概念,必须防排结合,只有在屋面不积水的情况下,防水才具有可靠性和耐久性。基层施工时,必须保证坡度符合设计要求。

(2) 平整度与表面质量

基层的平整度是保证涂膜防水质量的主要条件。基层表面疏松和不清洁或强度太低、裂缝过大,都容易使涂膜与基层粘结不牢,在使用过程中,往往会造成防水层与基层的剥离，成为渗漏的主要原因之一。《屋面工程质量验收规范》(GB 50207—2012)要求涂膜防水层与基层应粘结牢固，表面平整，涂刷均匀，无流淌、皱折、鼓泡、露胎体和翘边等缺陷。

(3) 干燥程度

基层的干燥程度显著地影响涂膜防水层与基层的结合。如果基层不充分干燥，涂料渗透不进，施工后在水蒸气压力作用下，会使防水层剥离，发生鼓泡现象。

目前，国内实用、准确地测试基层表面干燥程度的仪器尚未问世，新规范中对防水层施工时基层干燥程度还未能作出具体的定量规定。一般而言，溶剂型防水涂料对基层干燥程度的要求比水乳型防水涂料严格；沥青基防水涂料多属水性厚质涂料，可在基层表干后涂布施工；高聚物改性沥青防水涂料和合成高分子防水涂料视其种类不同对基层干燥程度有不同的要求，但溶剂型防水涂料的涂布必须待基层干燥后方可进行涂布施工。

(4) 节点细部

屋面板侧壁缝及板端缝应清理干净，在这些板缝中浇筑的细石混凝土应浇捣密实，板端缝中嵌填的密封材料应粘结牢固，封闭严密。找平层上应事先留出分格缝并与板端缝上下对齐，均匀顺直。基层与凸出屋面结构（女儿墙、立墙、天窗壁、变形缝、烟囱等）的连接处，以及基层的转角处（水落口、檐口、天沟、檐沟、屋脊、管道）等，均应做成圆弧，其半径不应小于50mm。

5) 施工气候条件

气候条件影响涂膜防水层的质量和涂料的涂布操作。如果在雨天、雪天进行防水涂膜施工，一方面增加施工操作难度；另一方面对水乳型涂料会造成破乳或被雨水冲失而失去防水作用，对溶剂型涂料将会降低各涂层之间、涂层与基层间的粘结力，所以不论是何种防水涂料，雨天、雪天严禁施工。溶剂型涂料施工气温宜为-5℃~35℃，水乳型涂料施工气温宜为5℃~35℃。五级风时会影响涂布操作，难以保证防水层质量和人身安全，所以五级风及其以上时不得施工。

2. 薄质涂料施工工艺

所谓薄质涂料是指设计防水涂膜厚度在3mm以下的涂料，3mm以上一般称为厚质涂料。薄质涂料一般是水乳型或溶剂型的高聚物改性沥青防水涂料或合成高分子防水涂料。我国目前常用的薄质涂料有：再生橡胶沥青防水涂料、氯丁橡胶沥青防水涂料、聚氨酯防水涂料、硅橡胶防水涂料等。根据涂料性能不同，其涂刷遍数、涂刷的间隔时间也不同。涂刷的方法有涂刷法和刮涂法两种。

1) 施工机具准备

可参考表8-6-3。

2) 配料和搅拌

(1) 双组分涂料

采用双组分涂料时，每份涂料在配料前必须先搅拌。配料应根据材料生产厂家提供的配合比现场配置，严禁任意改变配合比。配料时要求计量准确（过秤），主剂和固化剂的混合偏差不得超过±5%。

涂料混合时，应先将主剂放入搅拌容器或电动搅拌器内，然后放入固化剂，并立即开始搅拌。搅拌筒应选用圆的铁桶或塑料桶，以便搅拌均匀。采用人工搅拌时，要注意将涂料上下、前后、左右及各个角落都充分搅拌均匀，搅拌时间一般在3~5min左右。采用电动搅拌器搅拌时，应选用功率大、旋转速度不太高、旋转力强的搅拌器。因为旋转速度太快就容易把空气裹进去，涂刷时涂膜就容易起泡。

搅拌的混合料以颜色均匀一致为标准。如涂料稠度太大，涂布困难时，可根据厂家提供的品种和数量掺加稀释剂，切忌任意使用稀释剂稀释，否则会影响涂料性能。

（2）单组分涂料

单组分涂料一般有铁桶或塑料桶密闭包装，打开桶盖后即可施工，但由于涂料桶装量大（一般为200kg）且防水涂料中均含有填充料，容易沉淀而产生不匀质现象，故使用前还应进行搅拌。

3）涂层厚度控制试验

涂膜防水施工前，必须根据设计要求的每平方米涂料用量、涂膜厚度及涂料材性事先试验确定每道涂料涂刷的厚度，以及每个涂层需要涂刷的遍数。

4）涂刷间隔时间试验

各种防水涂料都有不同的干燥时间，干燥有表干和实干之分。施工前要根据气候条件经试验确定每遍涂刷的涂料用量和间隔时间。薄质涂料每遍涂层表干时实际上已基本达到了实干，因此，可用表干时间来控制涂刷间隔时间。

5）涂刷基层处理剂

为了增强涂料与基层的粘结，在涂料涂布前，必须对基层进行处理，即先涂刷一道较稀的涂料作为基层处理剂。

基层处理剂的种类有以下三种：

（1）若使用水乳型防水涂料，可用掺0.2%~0.5%乳化剂的水溶液或软化水将涂料稀释。如无软水可用冷开水代替，切忌加入一般水（天然水或自来水）。

（2）若使用溶剂型防水涂料，由于其渗透能力比水乳型防水涂料强，可直接用涂料薄涂做基层处理。若涂料较稠，可用相应的溶剂稀释后使用。

（3）高聚物改性沥青防水涂料也可用沥青溶液（即冷底子油）作为基层处理剂，或在现场以煤油：30号石油沥青=60：40的比例配制而成的溶剂作为基层处理剂。

基层处理剂涂刷时，应用刷子用力薄涂，使涂料尽量刷进基层表面的毛细孔中，并将基层可能留下来的少量灰尘等无机杂质，像填充料一样混入基层处理剂中，使之与基层牢固结合。

有些防水涂料，如油膏稀释涂料，其浸润性和渗透性强，可不刷基层处理剂，直接在基层上涂刷第一道涂料。

6）特殊部位的增强处理

在大面积涂布涂料前，先要按设计要求做好特殊部位附加增强层。即在细部节点（水落口、地漏、檐沟、女儿墙根部、天窗根部、立管周围、阴阳角、变形缝、施工缝、穿墙管、后浇带等）加铺有胎体增强材料的附加层。一般先涂刷一道涂料，随即铺贴事先剪好的胎体增强材料，用软刷反复刷匀，贴实不皱折，干燥后再涂刷一道防水涂料。水落口、地漏、管道四周与基层交接处应先用密封材料密封，再加铺有两层胎体增强材料的附加层，附加层涂膜伸入水落口、地漏杯的深度不少于50mm。在板端缝处，应设置缓冲层，以增加防水层参加拉伸的长度。缓冲层用宽200～300mm的聚乙烯薄膜空铺在板端缝上，为了不使薄膜被风刮起或位移，可用涂料临时点粘固定，塑料薄膜上增铺有胎体增强材料的空铺附加层。

7) 涂料的涂刷

涂料涂刷可采用棕刷、长柄刷、胶皮刷、圆辊刷等进行人工涂布，也可采用机械喷涂。

用刷子涂刷一般采用蘸刷法，也可边倒涂料边用刷子刷匀。涂布时应先涂立面，后涂平面，涂布立面最好采用蘸刷法，涂刷应均匀一致。涂刷时不能将气泡裹进涂层中，如遇气泡应立即消除。涂刷遍数必须按事先试验确定的遍数进行。涂料涂布应分条按顺序进行，分条进行时，每条宽度应与胎体增强材料宽度相一致，以避免操作人员踩踏刚涂好的涂层。每次涂布前，应严格检查前遍涂层有否缺陷，如气泡、露底、漏刷、胎体增强材料皱折、翘边、杂物混入等现象，如发现上述问题，应先进行修补再涂布后遍涂层。

应当注意，涂料涂布时，涂刷致密是保证质量的关键。刷基层处理剂时要用薄涂，涂刷后续涂料时则应按规定的涂层厚度（控制材料用量）均匀、仔细地涂刷。各道涂层之间的涂刷方向应相互垂直，以提高防水层的整体性和均匀性。涂层间的接茬，在每遍涂刷时应退茬50～100mm，接茬时也应超过50～100mm，避免在搭接处发生渗漏。

8) 胎体增强材料的铺设

在涂料第二遍涂刷时，或第三遍涂刷前，即可加铺胎体增强材料。由于涂料与基层粘结力强，涂层又较薄，胎体增强材料不容易滑移，因此，胎体增强材料应尽量顺屋脊方向铺贴，以便施工，提高劳动效率。

胎体增强材料可采用湿铺法或干铺法铺贴。

湿铺法就是边倒料、边涂刷、边铺贴的操作方法。施工时，先在已干燥的涂层上，用刷子将涂料仔细刷匀，然后将成卷的胎体增强材料平放在屋面上，逐渐推滚铺贴于刚刷上涂料的屋面上，用滚刷滚压一遍，务必使全部布眼浸满涂料，使上下两层涂料能良好结合，确保其防水效果。

干铺法就是在上道涂层干燥后，边干铺胎体增强材料，边在已展开的表面上用橡皮刮板均匀满刮一道涂料。也可将胎体增强材料按要求在已干燥的涂层上展平后，先在边缘部位用涂料点粘固定，然后再在上面满刮一道涂料，使涂料浸入网眼渗透到已固化的涂膜上。由于干铺法施工时，上涂层是从胎体增强材料的网眼中渗透到已固化的涂膜上而形成整体，因此当渗透性较差的涂料与比较密实的胎体增强材料配套使用时不宜采用干铺法。

9) 收头处理

为防止收头部位出现翘边现象，所有收头均应用密封材料压边，压边宽度不得小于10mm。收头处的胎体增强材料应裁剪整齐，压入凹槽内，不得出现翘边、皱折、露白等现象。

3. 厚质涂料施工工艺

我国目前常用的厚质涂料有：石灰膏乳化沥青涂料、膨润土乳化沥青涂料、石棉乳化沥青涂料等。厚质涂料一般采用抹压法或刮涂法施工,主要以冷施工为主。厚质涂料的涂层厚度一般为4~8mm,有纯涂层,也有铺衬一层胎体增强材料。

1) 施工准备

厚质涂料施工准备工作与薄质涂料基本相同,并应注意以下几点:

(1) 要准备足够数量的抹灰用抹子,用以抹平压光厚质涂料,如采用热塑型涂料,应准备加热设备。

(2) 厚质防水涂料使用前应特别注意搅拌均匀,因为厚质涂料内有较多的填充料,如搅拌不均匀,不仅刮涂困难,而且未搅匀的颗粒杂质残留在涂层中,将成为隐患。

(3) 厚质涂料涂层厚度控制采用预先在刮板上固定铁丝(或木条)或在屋面上做好标志的方法,铁丝(木条)高度就是所要求的每遍涂层刮涂的厚度,一般需刮涂2~3遍,总厚度为4~8mm。

(4) 涂层间隔时间控制试验以涂层涂布后干燥并能上人操作为准。脚踩不粘脚、不下陷(或下陷能回弹)时即可进行上面一道涂层施工,一般干燥时间不少于12h。

(5) 基层处理的原则与薄质涂料相同,但因为厚质涂料涂层较厚,特殊部位的水落口、天沟、檐口、泛水及板端缝处等部位常采用涂料增厚处理,即刮涂一层2~3mm厚的涂料,宽度视部位而定。基层处理剂常用稀释涂料,但有些渗透力强的涂料,可不涂刷基层处理剂。

2) 操作工艺

(1) 涂布

厚质涂料的涂布方法视涂料的流平性能而定。流平性能差的涂料常采用刮板刮平后抹压施工,流平性能好的涂料常采用刮板刮涂施工。

涂布时,一般先将涂料直接分散到基层上,用胶皮刮板来回刮涂,使它厚薄均匀一致,不露底,不存气泡,表面平整,然后待其干燥,流平性差的涂料刮平后待表面收水尚未结膜时,用铁抹子进行压实抹光。

每层涂料刮涂前,必须严格检查下涂层表面是否有气泡、皱折不平、凹坑、刮痕等弊病,如有上述情况应立即修补后,才能进行上涂层的施工,第二遍的刮涂方向应与上一遍相垂直。

立面部位涂层应在平面涂刮前进行,视涂料流平性能好坏而确定涂布次数。流平性好的涂料应薄而多次进行,否则会产生流坠现象,使上部涂层变薄,下部涂层变厚,影响防水性能。

(2) 胎体增强材料的铺设

由于厚质涂料涂层较厚,因此尽管其黏性较好,但在重力作用下,在大坡面上还是有向下坠的趋势。所以,胎体增强材料铺设方向与薄质涂料有些区别。屋面坡度小于15°时,采用平行屋脊方向铺设胎体增强材料;屋脊坡度大于15°时,胎体增强材料应垂直于屋脊方向铺设,铺设时应从最低处向上操作。胎体增强材料铺设可采取湿铺法或干铺法施工。

(3) 收头处理

收头部位胎体增强材料应裁齐,防水层应做在凹槽内,并用密封材料封压立面收头,待墙面抹灰时用水泥砂浆压封严密,勿使露边。

(四) 刚性防水屋面施工

1. 材料要求

刚性防水层的细石混凝土及砂浆宜用普通硅酸盐水泥或硅酸盐水泥；当采用矿渣硅酸盐水泥时应加减水剂；水泥强度等级不应低于 42.5MPa，并不得使用火山灰质水泥，普通细石混凝土、补偿收缩混凝土的强度等级不应小于 C20，防水层内配制的钢筋宜采用冷拔低碳钢丝。

防水层的细石混凝土和砂浆中，粗骨料的最大粒径不宜大于 15mm，含泥量不应大于 1%；细骨料应采用中砂或粗砂，含泥量不应大于 2%；拌合用水应采用不含有害物质的洁净水。防水层细石混凝土使用的膨胀剂、减水剂、防水剂等外加剂，应根据不同的适用范围、技术要求进行选择。

水泥贮存时应防止受潮，存放期不得超过三个月。当超过存放期限时，应重新检验确定水泥强度等级。外加剂应分类保管，不得混杂，并应存放于阴凉、通风、干燥处。运输时应避免雨淋、日晒和受潮。

2. 细部构造

刚性防水层与天沟、檐沟的交接处应留凹槽，并应用密封材料封严。

刚性防水层与山墙、女儿墙、变形缝两侧墙体交接处应留宽度为 30mm 的缝，并应用密封材料嵌填；泛水处应铺设卷材或涂膜附加层；变形缝中应填充泡沫塑料或沥青麻丝，上面填充衬垫材料，然后用卷材封盖，顶部加扣混凝土盖板或金属盖板。

伸出屋面管道与刚性防水层交接处应留设缝隙，用密封材料嵌填，并加设柔性防水附加层；收头处固定密封。

3. 施工要求

混凝土水灰比不应大于 0.55；每立方米混凝土水泥用量不应少于 330kg；含砂率宜为 35%~40%；灰砂比应为 1:2.5~1:2。

刚性防水屋面的结构层宜为整体现浇的钢筋混凝土。当屋面结构层采用装配式钢筋混凝土板时，应用细石混凝土灌缝，其强度等级不应小于 C20，灌缝的细石混凝土宜掺微膨胀剂。当屋面板缝宽度大于 40mm 或上窄下宽时，板缝内应设置构造钢筋；板端缝应进行密封处理。

细石混凝土防水层的厚度不应小于 40mm，并应配制直径为 4~6mm、间距为 100~200mm 的双向钢筋网片。细石混凝土防水层中的钢筋网片，施工时应放置在混凝土中的上部，保护层厚度不应小于 10mm。分格缝截面宜做成上宽下窄。分格条安装位置应准确，起条时不得损坏分格缝处的混凝土。普通细石混凝土中掺入减水剂或防水剂时，应准确计量，投料顺序得当，搅拌均匀。混凝土搅拌时间不应少于 2min。混凝土运输过程中应防止漏浆和离析。

混凝土浇筑 12~24h 后应进行养护，养护时间不应少于 14d，养护初期屋面不得上人。

防水层的节点施工应符合设计要求。预留孔洞和预埋件位置应准确；安装管件后，其周围应按设计要求嵌填密实。

刚性防水层施工气温宜为 5~30℃，不得在负温和烈日暴晒下施工，也不宜在大风天气施工，使混凝土、砂浆受冻或失水。

4. 补偿收缩混凝土防水施工

补偿收缩混凝土的水灰比、每立方米混凝土水泥最小用量、含砂率和灰砂比应根据所使用的膨胀剂的不同，按厂家说明书的规定执行。用膨胀剂拌制补偿收缩混凝土时，应按配合比准确称量；搅拌投料时膨胀剂应与水泥同时加入。混凝土连续搅拌时间不应少于3min，细石混凝土和补偿收缩混凝土浇筑时，每个分格板块的混凝土应一次混筑完成，不得留施工缝；抹压时不得在表面洒水、加水泥浆或撒干水泥。混凝土收水后应进行二次压光，补偿收缩混凝土防水层的养护与细石混凝土相同。

除以上使用的细石混凝土和补偿收缩混凝土做刚性防水层外，近来发展的水泥基渗透结晶型防水材料用于刚性防水也很多。水泥基渗透结晶型防水材料，在与水作用后，材料中含有的活性化学物质通过载体向混凝土内部渗透，在混凝土中形成不溶于水的结晶体，填塞毛细孔道，从而使混凝土致密、起到防水的作用。《水泥基渗透结晶型防水材料》(GB 18445—2012)标准中将渗透结晶型防水材料按材料使用方法分为两种：一种为渗透结晶型防水涂料，使用时将水与粉状材料搅拌均匀后，涂刷或喷涂在水泥混凝土表面；另一种也称为渗透结晶型防水剂，是将粉状材料按一定掺量直接添加到混凝土中，起到防水的作用。丙烯酸弹性水泥防水涂料（俗称JS防水涂料）是常用的一种水泥基渗透结晶型防水材料。JS防水涂料是由高分子聚合物乳液（丙烯酸酯）与无机料（水泥）构成的双组分复合型防水涂料。当两个组分混合后形成高强坚韧的防水涂膜，有机材料弹性高、无机材料耐久性好的双重特点。这些材料施工时必须按说明书的要求精确称量原材料，严格按配合比拌料，并用搅拌器搅拌均匀，涂刮后4～8h即开始养护，夏季要避开中午气温高这段时间，以免失水过快，造成涂层粉化。

5. 刚性防水屋面的伸缩缝处理

目前用于屋面刚性防水的密封材料可分为改性沥青密封材料、合成高分子密封材料和其他密封材料三大类。密封材料嵌填在伸缩缝（或分格缝）中，密封材料应与缝的底面尤其是缝壁的两侧粘结严密牢固，才能保证不渗漏。这就要求缝壁要平整、密实、干净、干燥，所以预留分格缝时，分格条表面要平整，并且下窄上宽，振捣或刮压砂浆时，分格条两侧要拍实。抽取分格条要在砂浆初凝并有一定强度时，及时取出分格条，取得过早或过晚都会损坏分格缝的完整。屋面密封防水的接缝宽度不应大于40mm，且不应小于10mm。

改性沥青密封材料防水施工当采用热灌法施工时，应由下向上进行，尽量减少接头。垂直于屋脊的板缝宜先浇灌，同时在纵横交叉处宜沿平行于屋脊的两侧板缝各延伸浇灌150mm，并留成斜差，密封材料熬制及浇灌温度，应按不同材料要求严格控制。当采用冷嵌法施工时，应先将少量密封材料批刮在缝槽两侧，分次将密封材料嵌填在缝内，用力压嵌密实，并与缝壁粘结牢固，嵌填时，密封材料与缝壁不得留有空隙，并防止裹入空气，接头应采用斜槎。

合成高分子单组分密封材料可直接使用，多组分密封材料应根据规定的比例准确计量，拌合均匀。每次拌合量、拌合时间和拌合温度应按每种密封材料的不同要求严格控制。

密封材料可使用挤出枪或腻子刀嵌填，嵌填应饱满，防止形成气泡和孔洞。当采用挤出枪施工时，应根据接缝的宽度选用口径合适的挤出嘴，均匀挤出密封材料嵌填，并由底部逐渐充满整个接缝，一次嵌填或分次嵌填应根据密封材料的性质确定。密封材料嵌填后，应在表面干前用腻子刀进行修整。多组分密封材料拌合后应在规定的时间内用完；未混合的多组分密封材料和未用完的单组分密封材料应密封存放。

近年来，在刚性防水屋面上使用建筑拒水粉取得了较好的效果。和其他防水材料一样，使用拒水粉时首先产品的质量要有保证，二是施工要严格按有关的规范、规程去做。这里主要介绍拒水粉在刚性防水屋面上如何用于处理分格缝。

拒水粉处理分格缝，首先要把缝内清扫干净，清除残留的砂浆。分格缝壁如有松动部分应予铲除，分格缝内不能积水。然后将拒水粉填入缝内，距表面20mm处，上面覆一层塑料薄膜，用木棒在薄膜上将拒水粉压实，薄膜上用乳化沥青拌砂子将缝嵌平即可。这里要注意的是，不能让有机溶剂接触到拒水粉，也不能用水泥砂浆去压拒水粉。乳化沥青砂浆有一定的弹性并且不含溶剂，所以比较适合。

（五）轻钢金属屋面施工

轻钢金属屋面一般都是坡屋面，似乎防排水问题容易解决，但事实并非如此，影响防水工程质量的因素很多，如设计的屋面整体自防水能力、檩条间距的大小、螺钉垫圈、密封胶的选用和节点的构造、安装的标准和方法、施工人员的责任心和技术水平等，其中一个环节的差错或不慎，都会造成金属屋面的渗漏。防水施工作为其中最后也是最重要的一个环节，必须予以高度重视。

金属压型板屋面有许多配件和零部件，如屋脊板、屋脊托板、挡水板、封檐板、包角板、泛水板、导流板等，这些配件应由生产厂家按图纸配套供应。由于目前全国还没有一个统一的标准，不同厂家生产的配件不一定能通用，施工前应根据图纸及节点图清点配件的规格、型号、数量，并分别堆放。

金属压型板是在工厂生产的定型产品，在运输及安装过程中必须按要求用专用吊具吊装，以免其损坏和变形。损坏及变形严重的压型板不得使用。

用于压型板安装的紧固件有自攻螺钉、拉钾钉、膨胀螺栓等，这些紧固件应选用专业厂家生产的高质量的产品，以保证在屋面上使用时的耐久性。

螺钉的密封垫圈应选用三元乙丙橡胶（EPDM）制成。

压型板屋面的纵横向搭接、收边、泛水板搭接、屋脊盖板搭接、天沟板搭接以及板的开孔等处，都必须使用密封胶密封。密封胶的种类很多，用于压型板屋面的密封胶要有极好的耐紫外线能力和抗高低温的能力，与钢板有极强的粘合力。压型板屋面的坡度一般为16%～20%，压型板长向搭接时，两块板均应伸至支撑构件上。单层板的搭接长度为：当屋面坡度小于10%时，搭接250mm；大于等于10%时，搭接200mm。夹芯板的搭接长度为：屋面坡度小于10%时，搭接300mm；大于等于10%时，搭接250mm。

搭接部位也可使用密封条密封，密封条是一种带隔离纸的自粘性软质聚氨酯胶条。使用时将压型板搭接处的表面用汽油擦净晾干，将密封条的隔离纸撕去，粘贴在搭接部位。

压型板的侧面搭接方向也应注意，夏季风力及雨量都较大，如侧面搭接方向不正确，雨水随风斜射就有可能从搭接部位渗入室内。施工时应注意侧面搭接方向，应按逆夏季主导风向的方向铺设压型板。

施工时紧固自攻螺钉用力要适度。用力过小，螺孔周围挤压不严；用力过大，又会使密封垫圈挤出过多或变形，这两种情况都会造成密封不严而漏雨，应以密封垫圈稍被挤出而又未变形为宜。

压型板屋面的天沟是最容易发生渗漏的部位，因屋面的雨水全部汇入天沟，再从水落管排走，下暴雨时，天沟容纳不下的雨水会从天沟边翻溢出来，《屋面工程技术规范》(GB 50345—2012) 中规定一根水落管的屋面最大泄水面积宜小于 200m²，各地应根据当地的气候条件、历年最大集中降雨量的气象资料计算并确定水落管的集水面积和天沟的尺寸，以保证下暴雨时不溢水。天沟宜采用 10mm 厚的镀锌钢板，水落管宜用 ϕ100 钢管与天沟底部焊接，钢板及钢管应做防锈处理。天沟的坡度以 2‰～3‰ 为宜，如不考虑天沟下部的外观，可直接用天沟支架找坡，如要求下部平直，可在天沟内用轻质材料如沥青珍珠岩找坡，找坡后再做防水处理。防水材料可用涂膜或卷材。

压型板的连接方式有扣盖式、自扣式或咬合式，不同型号的压型板其连接方式也稍有不同，施工时要根据生产厂家提供的图纸和节点详图进行安装，压型板屋面尽量避免开洞，必须开洞时，应靠近屋脊部位开，以利用屋脊板覆盖洞口上坡的泛水板水平缝，防止雨水渗漏。

轻钢金属屋面使用的材料除金属压型板外，比较常用的还有金属彩瓦。这种金属彩瓦是用彩色涂层的热镀锌钢板为基材，一次冲压成型，外形仿黏土平瓦，其色彩有多种可供选择。金属彩瓦屋面的配件有脊瓦、包角瓦、泛水板、导流板及变形缝盖板等。连接件有自攻螺钉、拉铆钉、膨胀螺栓等。其他配套材料有密封膏和密封垫圈，要求与压型板一样。

金属彩瓦屋面施工时其侧向搭接方向同样应考虑当地的夏季主导风向，金属彩瓦与挂瓦条的连接，在瓦与瓦的连接处应有两个（三、四弧瓦）或三个（五弧瓦）自攻螺钉与挂瓦条固定。

脊瓦、包角瓦、泛水板、变形缝盖板等配件之间的搭接宜背主导风向，搭接长度≥150mm，中间用拉铆钉与屋面瓦连接，拉铆钉中距≤500mm，拉铆钉要避开彩瓦波谷。自攻螺钉所配的乙丙橡胶垫及压盖必须齐全且防水可靠；拉铆钉外露钉头上应涂敷密封膏。

金属压条与墙身连接时，砖墙采用水泥钉，混凝土墙应采用射钉。

（六）屋面防水工程质量通病与防治

1. 屋面防水工程质量要求

（1）防水层不得有渗漏和积水现象。
（2）使用的材料质量应符合设计要求和标准的规定。
（3）防水层坡度应正确，排水系统通畅。
（4）找平层应平整，不得有疏松、起砂、起皮现象。
（5）节点做法应符合设计要求，封固严密，不开裂。
（6）卷材铺贴方法和搭接顺序应符合要求，搭接宽度正确，接缝严密，不得有皱折、鼓泡和翘边现象。
（7）涂膜防水层厚度应符合设计要求，涂层不应有裂纹、皱折、流淌、鼓泡和露胎体现象。
（8）嵌缝密封材料应与两侧基层粘牢，密封部位光滑、平直，不开裂、不鼓泡、不下塌。
（9）刚性防水层厚度应符合设计要求，表面平整、压光、不起砂、不起皮和不开裂，分格缝位置正确，密封材料嵌填密实，粘结牢固，不开裂、不鼓泡、不下塌。

2. 卷材防水屋面常见质量问题与防治

卷材防水屋面常见质量通病有开裂、鼓泡、流淌、渗漏、破损、积水、防水层剥离等，其原因分析与预防方法见表 8-6-4。

表 8-6-4　卷材防水屋面常见质量问题与防治方法

项次	项目	原因分析	防治方法
A	屋面开裂	1. 产生有规则横向裂缝主要是由于温差变形，使屋面结构层产生胀缩，引起板端角变造成的。这种裂缝多数发生在延伸率较低的沥青防水卷材中	（1）在应力集中、基层变形较大的部位（如屋面板拼缝处等），先干铺一层卷材条作为缓冲层，使卷材能适应基层伸缩的变化； （2）在重要工程上，宜选用延伸率较大的高聚物改性沥青卷材或合成高分子防水卷材； （3）选用合格的卷材，腐朽、变质者应剔除不用
		2. 产生不规则裂缝主要是由水泥砂浆找平层不规则开裂造成的；此时找平层的裂缝，与卷材开裂的位置与大小相对应；另外，如找平层分格缝位置不当或处理不好，也会使卷材无规则裂缝	（1）确保找平层的配比计量、搅拌、振捣或辊压、抹光与养护等工序的质量，而洒水养护的时间不宜少于 7d，并视水泥品种而定； （2）找平层宜留分格缝，缝宽一般为 20mm，缝口设在预制板的拼缝处，当采用水泥砂浆或细石混凝土材料时，分格缝间距不宜大于 6m，采用沥青砂浆材料时，不宜大于 4m； （3）卷材铺贴与找平层的相隔时间宜控制在 7～10d 以上
		3. 外露单层的合成高分子防水卷材屋面中，如基层比较潮湿，且采用满粘法铺贴工艺或胶粘剂剥离强度过高时，在卷材搭接缝处也易产生断续裂缝	（1）卷材铺贴时，基层应达到平整、清洁、干燥的质量要求。如基层干燥有困难时，宜采用排汽屋面技术措施。另外，与合成高分子防水卷材配套的胶粘剂的剥离强度不宜过高。 （2）卷材搭接缝宽度应符合屋面规范要求。卷材铺贴后，不得有粘结不牢或翘边等缺陷
B	卷材鼓泡（起鼓）	1. 在卷材防水层中粘结不实的部位，窝有水分，当其受到太阳照射或人工热源影响后，内部体积膨胀，造成起鼓，形成大小不等的鼓泡。卷材起鼓一般在施工后不久产生，鼓泡由小到大逐渐发展，小的直径约数十毫米，大的可达 200～300mm。鼓泡内呈蜂窝状，内部有冷凝水珠	（1）找平层应平整、清洁、干燥，基层处理剂应涂刷均匀，这是防止卷材起鼓的主要技术措施。 （2）原材料在运输和贮存过程中，应避免水分侵入，尤其要防止卷材受潮。卷材铺贴应先高、后低，先远后近，分区段流水施工，并注意掌握天气预报，连续作业，一气呵成。 （3）不得在雨天、大雾、大风天施工，防止基层受潮。 （4）当屋面基层干燥有困难，而又急需铺贴卷材时，可采用排汽屋面做法；但在外露单层的防水卷材中，则不宜采用
		2. 在卷材防水层施工中，由于铺贴时压实不紧，残留的空气未全部赶出而形成鼓泡	（1）沥青防水卷材施工前，应先将卷材表面清刷干净；铺贴卷材时，玛蹄脂应涂抹均匀，并认真做好压实工作，以增强卷材与基层、卷材与卷材层之间的粘结力。 （2）高聚物改性沥青防水卷材施工时，火焰加热要均匀、充分、适度，在铺贴时要趁热向前推滚，并用压辊滚压，排除卷材下面的残留空气
		3. 合成高分子防水卷材施工时，胶粘剂未充分干燥就急于铺贴卷材，由于溶剂残留在卷材内部，当其挥发时就可形成鼓泡	合成高分子防水卷材采用冷粘法铺贴时，涂刷胶粘剂应做到均匀一致，待胶粘剂手感（指触）不粘结时，才能铺贴并压实卷材。特别要防止胶粘剂堆积过厚，干燥不足而造成卷材的起鼓

续表

项次	项目	原因分析	防治方法
C	屋面流淌	1. 多数发生在沥青防水卷材屋面上,主要原因是沥青玛琋脂耐热度偏低。此时严重流淌的屋面,卷材大多折皱成团,垂直面卷材拉开脱空,卷材横向搭接有严重错动	(1) 沥青玛琋脂的耐热度必须经过严格检验,其标号应按规范选用。垂直面用的耐热度还应提高5~10号; (2) 对于重要屋面防水工程,宜选用耐热性能较好的高聚物改性沥青防水卷材或合成高分子防水卷材; (3) 在沥青卷材防水屋面上,还可增加刚性保护层
		2. 卷材屋面施工时,沥青玛琋脂铺贴过厚	每层沥青玛琋脂厚度必须控制在1~1.5mm,确保卷材粘结牢固,长短边搭接宽度应符合规范要求
		3. 屋面坡度大于15%或屋面受震动时,沥青防水卷材错误采用平行屋脊方向铺贴;而采用垂直屋脊方向铺贴卷材,在半坡进行短边搭接	(1) 根据屋面坡度和有关条件,选择与卷材品种相适应的铺设方向,以及合理的卷材搭接方法; (2) 垂直面上,在铺贴完沥青防水卷材后,可铺筑细石混凝土作为保护层,这对立铺卷材的流淌和滑坡有一定的阻止作用
D	上墙、女儿墙推裂与渗漏	1. 结构层与女儿墙、山墙间未留空隙或嵌填松软材料,屋面结构在高温季节暴晒时,屋面结构膨胀产生推力,致使女儿墙、山墙出现横向裂缝,并使女儿墙、山墙向外位移,从而出现渗漏	屋面结构层与女儿墙、山墙间应留出大于20mm的空隙,并用低强度等级砂浆填塞找平
		2. 刚性防水层、刚性保护层、架空隔热板与女儿墙、山墙间未留空隙,受温度变形推裂女儿墙、山墙,并导致渗漏	刚性防水层与女儿墙、山墙间应留温度分格缝;刚性保护层和架空隔热板应距女儿墙、山墙至少50mm,或嵌填松散材料、密封材料
		3. 女儿墙、山墙的压顶如采用水泥砂浆抹面,由于温差和干缩变形,使压顶出现横向开裂,有时往往贯通,从而引起渗漏	为避免开裂,水泥砂浆找平层水灰比要小,并宜掺微膨胀剂;同时卷材收头可直接铺压在女儿墙的压顶下,而压顶应做防水处理
E	天沟漏水	1. 天沟纵向找坡太小(如小于5%),甚至有倒坡现象(雨水斗高于天沟面);天沟堵塞,排水不畅	天沟应按设计要求拉线找坡,纵向坡度不得小于5%,在水落口周围直径500mm范围内不应小于5%,并应用防水涂料或密封材料涂封,其厚度不应小于2mm。水落口杯与基层接触处应留20mm×20mm凹槽,嵌填密封材料
		2. 水落口杯(短管)没有紧贴基层	水落口杯应比天沟周围低20mm,安放时应紧贴于基层上,便于上部做附加防水层
		3. 水落口四周卷材粘贴不密实,密封不严,或附加防水层标准太低	水落口杯与基层接触部位,除用密封材料封严外,还应按设计要求增加涂膜道数或卷材附加层数,施工后应及时加设雨水罩予以保护,防止建筑垃圾及树叶等杂物堵塞

第八章 建筑施工技术

续表

项次	项目	原因分析	防治方法
F	檐口、檐头	檐口泛水处卷材与基层粘结不牢；檐口处收头密封不严	(1) 铺贴泛水处的卷材应采取满粘法工艺，确保卷材与基层粘结牢固。如基层潮湿又急需施工时，则宜用"喷火"法进行烘烤，及时将基层中多余潮气予以排除。 (2) 檐口处卷材密封固定的方法有两种：当为砖砌女儿墙时，卷材收头可直接铺压在女儿墙的压顶下，压顶应做防水处理；也可在砖墙上留凹槽，卷材收头压入槽内固定密封，凹槽距基层最低高度不应小于250mm，同时凹槽的上部也应做防水处理。另一种是混凝土女儿墙，此时卷材收头可用金属压条钉压，并用密封材料封固
G	卷材破损	1. 基层清扫不干净，残留砂粒或小石子	卷材防水层施工前应进行多次清扫，铺贴卷材前还应检查有否残存砂、石粒屑，遇五级以上大风应停止施工，防止脚手架上或上一层建筑物上刮下的灰砂
		2. 施工人员穿硬底鞋或带铁钉的鞋子	施工人员必须穿软底鞋，无关人员不准在铺好的防水层上任意行走踩踏
		3. 在防水层上做保护层时，运输小车(手推车)直接将砂浆或混凝土材料倾倒在防水层上	在防水层上做保护层时，运输材料的手推车必须包裹柔软的橡胶或麻布；在倾倒砂浆或混凝土材料时，其运输通道上必须铺设垫板，以防损坏卷材防水层
		4. 架空隔热板屋面施工时，直接在防水层上砌筑砖墩，沥青防水卷材在高温时变形被上部重量压破	在沥青卷材防水层铺砌砖墩时，应在砖墩下加垫一方块卷材，并均匀铺砌砖墩，安装隔热板
H	屋面积水	1. 屋面找坡不准，形成洼坑；水落口标高过高，雨水在天沟中无法排除	防水层施工前，对找平层坡度应作为主要项目进行检查，遇有低洼或坡度不足时，应经修补后，才可继续施工
		2. 大挑檐及中天沟反梁过水孔标高过高或过低，孔径过小，易堵塞造成长期积水	水落口标高必须考虑天沟排水坡度高差，周围加大的坡度尺寸和防水层施工后的厚度因素，施工时需经测量后确定，反梁过水孔标高亦应考虑排水坡度的高度，逐个实测确定
		3. 雨水管径过小，水落口排水不畅造成堵塞	设计时应根据年最大降雨量计算确定雨水口数量与管径，且排水距离不宜太长。同时应加强维修管理，经常清理垃圾及杂物，避免雨水口堵塞
I	防水层剥离	1. 找平层有起皮、起砂现象，施工前有灰尘和潮气	严格控制找平层表面质量，施工前应进行多次清扫，如有潮气和水分，宜用"喷火"法进行烘烤
		2. 沥青或自粘型卷材施工温度低，造成粘结不牢	适当提高沥青的加热温度，对于自粘型卷材，可在施工前对基层适当烘烤，以利于卷材与基层的粘结
		3. 在屋面转角处，因卷材拉伸过紧，或因材料收缩，使防水层与基层剥离	在大坡面和立面施工时，卷材一定要采取满粘法工艺，必要时还可采取压条钉压固定；另外在铺贴卷材时，要注意用手持辊筒滚压，尤其在立面和交界处更应注意，否则极易造成渗漏

3. 屋面涂膜防水工程常见质量问题与防治

涂膜防水屋面常见质量通病有屋面渗漏、粘结不牢、防水层出现裂纹、脱皮、流淌、鼓泡等，保护层材料脱落以及防水层破损等，其原因分析与预防措施见表 8-6-5。

表 8-6-5　涂膜防水屋面常见质量问题与防治方法

项次	项目	原因分析	防治方法
A	屋面渗漏	1. 屋面积水，屋面排水系统不畅	主要是设计问题。屋面应有合理的分水和排水措施，所有檐口、檐沟、天沟、水落口等应有一定排水坡度，并切实做到封口严密，排水通畅
		2. 设计涂层厚度不足，防水层结构不合理	应按屋面规范中防水等级选择涂料品种与防水层厚度，以及相适应的屋面构造与涂层结构
		3. 屋面基层结构变形较大，地基不均匀沉降引起防水层开裂	除提高屋面结构整体刚度外，在保温层上必须设置细石混凝土（配筋）刚性找平层，并宜与卷材防水层复合使用，形成多道防线
		4. 节点构造部位封固不严，有开缝、翘边现象	主要是施工原因。坚持涂嵌结合，并在操作中务必使基面清洁、干燥，涂刷仔细，密封严实，防止脱落
		5. 施工涂膜厚度不足，有露胎体、皱皮等情况	防水涂料应分层、分次涂布，胎体增强材料铺设时不宜拉伸过紧，但也不得过松，能使上下涂层粘结牢固为度
		6. 防水涂料含量不足，有关物理性能达不到质量要求	在防水层施工前必须抽样检查，复验合格后才可施工
		7. 双组分涂料施工时，配合比与计量不正确	严格按厂家提供的配合比施工，并应充分搅拌，搅拌后的涂料应及时用完
B	粘结不牢	1. 基层表面不平整、不清洁，有起皮、起灰等现象	（1）基层不平整如造成积水时，宜用涂料拌合水泥砂浆进行修补； （2）凡有起皮、起灰等缺陷时，要及时用钢丝刷清除，并修补完好； （3）防水层施工前，应及时将基层表面清扫，并洗刷干净
		2. 施工时基层过分潮湿	（1）应通过简易试验确定基层是否干燥，并选择晴朗天气进行施工； （2）可选择潮湿界面处理剂、基层处理剂等方法改善涂料与基层的粘结性能
		3. 涂料结膜不良	（1）涂料变质或超过保管期限； （2）涂料主剂及含固量不足； （3）涂料搅拌不均匀，有颗粒、杂质残留在涂层中间； （4）底层涂料未实干时，就进行后续涂膜施工，使底层中水分或溶剂不能及时挥发，而双组分涂料则未能充分固化形成不了完整防水膜
		4. 涂料成膜厚度不足	应按设计厚度和规定的材料用量分层、分遍涂刷
		5. 防水涂料施工时突遇大雨	掌握天气预报，并备置防雨设施
		6. 突击施工，工序之间无必要的间歇时间	根据涂层厚度与当地气候条件，试验确定合理的工序间歇时间

续表

项次	项目	原因分析	防治方法
C	涂膜出现裂缝、脱皮、流淌、鼓泡、漏胎体、皱折等缺陷	1. 基层刚度不足，抗变形能力差，找平层开裂	（1）在保温层上必须设置细石混凝土（配筋）刚性找平层； （2）提高屋面结构整体刚度，如在装配式板缝内确保灌缝密实，同时在找平层内应按规定留设温度分格缝； （3）找平层裂缝如大于0.3mm时，可先用密封材料嵌填密实，再用10～20mm宽的聚酯毡作隔离条，最后涂刮2mm厚涂料附加层； （4）找平层裂缝如小于0.3mm，也可按上述方法进行处理，但涂料附加层厚度为1mm
		2. 涂料施工时温度过高，或一次涂刷过厚，或在前遍涂料未实干前即涂刷后续涂料	（1）涂料应分层、分遍进行施工，并按事先试验的材料用量与间隔时间进行涂布； （2）若夏天气温在30℃以上时，应尽量避开炎热的中午施工，最好安排在早晚（尤其是上半夜）温度较低的时刻操作
		3. 基层表面有砂粒、杂物，涂料中有沉淀物质	涂料施工前应将基层表面清除干净；沥青基涂料中如有沉淀物（沥青颗粒），可用32目铁丝网过滤
		4. 基层表面未充分干燥，或在湿度较大的气候下操作	可选择晴朗天气下操作，或可选用潮湿界面处理剂、基层处理剂等材料，抑制涂膜中鼓泡的形成
		5. 基层表面不平，涂膜厚度不足，胎体增强材料铺贴不平整	（1）基层表面局部不平，可用涂料掺入水泥砂浆中先行修补平整，待干燥后即可施工； （2）铺贴胎体增强材料时，要边倒涂料、边推铺、边压实平整，铺贴最后一层胎体增强材料后，面层至少应再涂刷两遍涂料； （3）铺贴胎体增强材料时，应铺贴平整，松紧有度，同时在铺贴时，应先将布幅两边每隔1.5～2.0m间距各剪一个15mm的小口
		6. 涂膜流淌主要发生在耐热性较差的厚质涂料中	进场前应对原材料抽检复查，不符合质量要求的坚决不用；沥青基厚质涂料及塑料油膏更应注意此类问题
D	保护材料脱落	保护层材料（如蛭石粉、云母片或细砂等）未经辊压，与涂料粘结不牢	（1）保护层材料颗粒不宜过粗，使用前应筛去杂质、泥块，必要时还应冲洗和烘干； （2）在涂刷面层涂料时，应随刷随洒保护材料，然后用表面包胶皮的铁辊轻轻辗压，使材料嵌入面层涂料中
E	防水层破损	涂膜防水层较薄；在施工时若保护不好，容易遭到破损	（1）坚持按程序施工，待屋面上其他工程全部完工后，再施工涂膜防水层； （2）当找平层强度不足或者疏松、塌陷等现象时，应及时返工； （3）防水层施工后一周以内，严禁上人

4. 混凝土刚性防水屋面工程常见质量问题与防治

刚性防水屋面质量通病有屋面开裂、屋面渗漏和防水层起壳、起砂等，其原因分析和防治措施见表 8-6-6。

表 8-6-6　混凝土刚性防水屋面常见质量问题与防治方法

项次	项目	原因分析	防治方法
A	屋面开裂	1. 因结构变形（如支座的角变）、基础不均匀沉降等引起的结构裂缝。通常发生在屋面板的接缝或大梁的位置上，一般宽度较大，并穿过防水层而上下贯通	（1）细石混凝土刚性防水屋面应用于刚度较好的结构层上，不得用于有高温或有振动的建筑，也不适用于基础有较大不均匀下沉的建筑； （2）为减少结构变形对防水层的不利影响，在防水层下必须设置隔离层，可选用石灰黏土砂浆、石灰砂浆、纸筋麻刀灰或干铺细砂、干铺卷材等材料
		2. 由于大气温度、太阳辐射、雨、雪以及车间热源作用等的影响，若温度分格缝设置不合理，在施工中处理不当，都会产生温度裂缝。温度裂缝一般都是有规则的、通长的，裂缝分布与间距比较均匀	（1）防水层必须设置分格缝，分格缝应设在装配式结构的板端、现浇整体结构的支座处、屋面转折（屋脊）处、混凝土施工缝及凸出屋面构件交接部位。分格缝纵横间距不宜大于 6m。 （2）混凝土防水层厚度不宜小于 40mm，内配 $\phi4 \sim \phi6$ 间距为 $100 \sim 200mm$ 的双向钢筋网片，钢筋网片宜放置在防水层的中间或偏上，并应在分格缝处断开
		3. 混凝土配合比设计不当，施工时振捣不密实，压光收水不好以及早期干燥脱水、后期养护不当等，都会产生施工裂缝。施工裂缝通常是一些不规则的、长度不等的断续裂缝，也有一些是因水泥收缩而产生的龟裂	（1）防水层混凝土水泥用量不应少于 $330kg/m^3$，水灰比不宜大于 0.55，最好采用普通硅酸盐水泥，粗骨料最大粒径不应大于防水层厚度的 1/3，细骨料应用中砂或粗砂； （2）混凝土防水层的厚度应均匀一致，混凝土应采用机械搅拌、机械振捣，并认真做好压实、抹平工作，收水后应及时进行二次抹光； （3）应积极采用补偿收缩混凝土材料，但要准确控制膨胀剂掺量，以及各项施工技术要求； （4）混凝土养护时间一般宜控制在 14d 以上，视水泥品种和气候条件而定
B	屋面渗漏	1. 屋面结构层因结构变形不一致，容易在不同受力方向的连接处产生应力集中，造成开裂而导致渗漏	（1）在非承重山墙与屋面板连接处，先灌以细石混凝土，然后分两次嵌填密封材料。嵌填深 30mm、宽 $15 \sim 20mm$。在泛水部位，再按常规做法，增加卷材或涂膜防水附加层。 （2）在装配式结构层中，选择屋面板荷载级别时，应以板的刚度（而不以板的强度）作为主要依据
		2. 各种构件的连接缝，因接缝尺寸大小不一，材料收缩、温度变形不一致，使填缝的混凝土脱落	（1）为保证细石混凝土灌缝质量，板缝底部应吊木方或设置角钢作为底模，防止混凝土漏浆。同时应对接缝两侧的预制板缝，进行充分湿润，并涂刷界面处理剂，确保两者之间粘结力。 （2）灌缝的混凝土材料宜掺入微膨胀剂，同时加强浇水养护，提高混凝土抗变形能力

续表

项次	项目	原因分析	防治方法
B	屋面渗漏	3. 防水层混凝土分格缝与结构层板缝没有对齐，或在屋面十字花篮梁上，没有在两块预制板上分别设置分格缝，因而引起裂缝而造成渗漏	施工时需要将防水层分格缝和板缝对齐，且密封材料及施工质量均应符合有关规范、规程的要求
		4. 女儿墙、天沟、水落口、楼梯间、烟囱及各种凸出屋面的接缝或施工缝部位，因接缝混凝土（或砂浆）嵌填不严，或施工缝处理不当，形成缝隙而渗漏	女儿墙、天沟、水落口、楼梯间、烟囱及各种凸出屋面的接缝或施工缝部位，除了做好接缝处理以外，还应在泛水做好增加防水处理，如附加卷材或涂膜防水层。泛水处增加防水的高度，迎水面一般不宜小于250mm，背水面不宜小于200mm，烟囱或通气管处不宜小于150mm
		5. 在嵌填密封材料时，未将分格缝内清理干净或基面不干燥，致使密封材料与混凝土粘结不良、嵌填不实	嵌填密封材料的接缝，应规格整齐，无混凝土或灰浆残渣及垃圾等杂物，并要用压力水冲洗干净。施工时，接缝两侧应充分干燥（最好用喷灯烘烤），并在底部按设计要求放置背衬材料，确保密封材料嵌填密实，伸缩自如，不渗不漏
		6. 密封材料质量较差，尤其是粘结性、延伸性与抗老化能力等性能指标达不到规定指标	进入工地的密封材料，应进行抽样检验，发现不合格的产品，坚决剔除不用
C	防水层起壳、起砂	1. 混凝土防水层施工质量不好，特别是不注意压实、收光和养护不良	（1）切实做好清基、摊铺、碾压、收光、抹平和养护等工序。其中碾压工序，一般宜用石滚纵横来回滚压4～5遍，直至混凝土压出拉毛状的水泥浆为止，然后进行抹平。待一定时间后，再抹压第二、第三遍，务使混凝土表面达到平整光滑。 （2）宜采用补偿收缩混凝土材料，但水泥用量也不宜过高，细骨料应尽可能采用中砂或粗砂。如当地无中砂、粗砂时，宜采用水泥石屑面层。此时配合比为强度等级42.5水泥：粒径3～6mm石屑（或瓜米石）＝1：2.5，水灰比≤0.4。 （3）混凝土应避免在酷热、严寒气温下施工，也不要在风沙和雨天中施工
		2. 刚性屋面长期暴露于大气中，日晒雨淋，时间一长，混凝土面层会发生碳化现象	根据使用功能要求，在防水层上面可做绿化屋面、蓄水屋面等；也可做饰面保护层，或刷防水涂料（彩色或白色）予以保护

二、卫生间防水工程施工

（一）概述

卫生间的渗漏是目前较为普遍的问题。造成卫生间渗漏的原因有以下几个方面。

1. 设计方面

设计方面主要有选材不当，涂膜厚度不够，设防不到位及节点部位处理不合理的问题。

卫生间一般面积都不大，又要安装各种卫生洁具，同时暖气管、热水管、燃气管等都从卫生间内通过，而且都集中在墙角部位。在这样的情况下，单纯用卷材不可能把防水做好。有些设计单位还继续将卫生间防水设计为两毡三油，甚至一毡两油。施工单位在做这样的防水工程时，因管子多的部位上面无法铺油毡，只能在其上面浇上一层热沥青，这样做可能当时不漏，甚至做蓄水试验也合格，但过一个冬天，沥青冷脆后，必然发生渗漏，因此应明确规定卫生间必须使用涂膜防水；较大面积的卫生间使用卷材防水时，在节点及复杂部位也必须用涂膜做防水。

有些施工图中虽然设计了用涂膜做卫生间的防水，但只是注明用某种防水涂料几布几涂，如一布四涂、两布六涂等。没有具体要求成膜后的厚度。涂膜防水的缺点之一是不容易做到涂刷均匀，而且各种防水涂料的固含量又不一样。仅仅要求几布几涂，会给卫生间的防水造成很大的隐患。

设计中选材不当的还有用乳化沥青作浴厕间的防水材料。乳化沥青是沥青、乳化剂与水的悬浮液，当水蒸发后，沥青乳化剂形成防水膜。但有些乳化剂如膨润土、石灰乳、石棉等长期在水的浸泡下，会使涂膜再乳化，这时涂膜将失去防水功能并被水冲走。所以这类乳化沥青不宜做卫生间的防水材料。

与此相似的还有丙烯酸防水涂料，有些丙烯酸防水涂料在固化后遇水长期浸泡，也会丧失防水功能，目前使用的JS防水涂料有些就是丙烯酸类防水涂料加粉状防水材料拌合而成。

目前用于卫生间比较合适的防水涂料应该是聚氨酯及高聚物改性沥青防水涂料，"堵漏灵"等防水材料。

设防高度一般要求防水层做到距地面250mm的高度，浴缸上沿500mm的高度以及淋浴时做1500mm高等。实践证明这样有淋浴设备的卫生间防水层高度要做到1.8m以上，才能有效防止墙面渗漏。

节点部位处理不合理在平面布置方面，有的地方管道太密，离墙太近，几乎没有施工的空间，即使使用防水涂料，刷子都塞不进去，难以保证防水施工的质量。而施工图中只表示了管道大概的位置并不标注具体尺寸，管道安装时就可能造成离墙太近影响了防水施工。

平面布置方面还有一个经常出现的问题是地漏的位置。安装下水管时为了美观和安装方便，往往将地漏与浴缸下水连在一起，距墙较近，又夹在坐便器与浴缸之间。造成整个卫生间向一个方向排水，地漏如果堵塞也很难疏通。建议尽可能将地漏安放在卫生间的中间比较开阔的位置，卫生间的存水从四周向中间汇流，排水坡度容易得到保证而且便于疏通。从剖面图的标高方面，有些卫生间的设计没有做到"防排结合"。现在的施工图及标准中，只是标明地漏的上口比地面低多少，其实卫生间的防水层并不在地砖表面。一般情况下，是在结构层上做找平层后即做防水层。防水层与地砖表面因洁具及坡度的不同还有不小的距离，如用蹲便器，甚至还要垫高200mm才铺贴地砖，这样表面渗下去的水将在防水层上积聚，日积月累，对防水很不利。在新建住宅时要考虑这一点，将地漏口降低到与防水层同一平面，地漏盖可升高与地砖面平齐。旧的卫生间翻修时，改变地漏的高度比较困难，解决的办法是用电钻在地漏管的周围打几个孔，使积聚的水能从孔中排入下水道。

2. 材料方面

主要是在市场上假冒伪劣防水材料很多，防水涂料应在进场后进行抽检（表 8-6-7）。

表 8-6-7 现场复检防水涂料技术指标

项目	高聚物改性沥青防水涂料	合成高分子防水涂料	
		Ⅰ类（反应固化型）	Ⅱ类（挥发固化型）
延伸率	(20±2)℃拉伸 4.5mm	断裂延伸率≥350%	断裂延伸率≥300%
固体含量	≥43%	≥94%	≥65%
柔性	−10℃，3mm 厚，绕 ϕ20 圆棒，无裂纹	−30℃弯折无裂纹	−20℃弯折无裂纹
不透水性	压力≥0.1MPa，保持时间 30min 不渗透	压力≥0.3MPa，保持时间≥30min 不渗透	

卫生间的防水材料常用的还有密封膏。在许多标准图中的节点部位都要求用密封膏，比如地漏口、套管周围、浴缸与墙的连接处等。选用时应根据建筑物的等级，防水工程造价，对外观和颜色的要求等合理选用。

3. 施工方面

造成卫生间渗漏的施工因素，有涂膜涂刷得不均匀，用量太少防水膜太薄，节点部位没有处理好，基层含水率太高造成防水层起鼓脱落，以及成品保护不到位、后道工序将防水层损坏等。

（二）施工前的准备

1. 卫生间地面构造

1）结构层

卫生间地面结构层宜采用整体现浇钢筋混凝土板或预制整块开间钢筋混凝土板。若采用预制空心板，则板缝应用防水砂浆堵严，表面 20mm 深处宜嵌填沥青基密封材料；也可在板缝嵌填防水砂浆并抹平表面后，附加涂膜防水层，即铺贴 100mm 宽玻璃纤维布一层，涂刷两道沥青基涂膜防水层，其厚度不小于 2mm。

2）找坡层

地面应坡向地漏方向，地漏口标高应低于地面标高不小于 20mm，其排水坡度应为 2%，找坡层厚度小于 30mm 时，可用水泥混合砂浆（水泥：白灰：砂＝1:1.5:8）；厚度大于 30mm 时，宜用 1:6 水泥炉渣材料（炉渣粒径宜为 5～20mm，要严格过筛）。

3）找平层

一般为 1:2.5 的水泥砂浆找平层，要求抹平、压光。

4）防水层

地面防水层一般采用涂膜防水涂料。热水管、暖气管应加套管，套管应高出基层 20～40mm，并在做防水层前于套管处用密封材料嵌严。管道根部应用水泥砂浆或豆石混凝土填实，并用密封材料嵌严实，管道根部应高出地面 20mm。

5）面层

地面装饰层可采用 1:2.5 的水泥砂浆抹面，要抹平、压光，或根据设计要求铺贴地面砖等。

卫生间墙面防水可根据设计要求及隔墙材料考虑。

2. 对基层的要求

(1) 防水层施工前,所有管件、地漏等必须安装牢固、接缝严密。上水管、热水管、暖气管必须加套管,套管应高出地砖面。

(2) 地面坡度为 2%,向地漏处排水;地漏处的排水坡度,以地漏周围半径 50mm 之内排水坡度为 5%,地漏处一般低于地面 20mm。

(3) 水泥砂浆找平层应平整、坚实、抹光,无麻面、起砂松动及凹凸不平现象。

(4) 阴阳角、管道根部处应抹成半径为 100~150mm 的圆弧形。

(5) 穿地面的立管套管周围,应检查是否用水泥砂浆(缝隙较小时)或细石混凝土(缝隙较大时)填实。检查的方法是用錾子敲管道周围与楼板结合处,不应有空洞及松动处。

3. 施工注意事项

(1) 自然光线较差的卫生间,应准备足够的照明。通风较差时,应增设通风设备。

(2) 防水涂料的溶剂和稀释剂都是易燃烧和易挥发的物质,施工现场要严禁吸烟和动火,并准备好灭火器材以防万一。

(3) 不同的防水涂料最佳施工气温及最低施工温度不同,水乳型防水涂料应在 20℃以上的气温下施工,最佳施工气温为 28~30℃,低于 10℃时固化慢而且成膜不好。聚氨酯及溶剂型防水涂料可在 -10℃~-5℃的气温时施工,但气温越低,固化所需的时间就越长。

(4) 材料进场复检:防水涂料进场时应有产品合格证,并按要求抽样进行复检,复检项目为:固体含量、抗拉强度、延伸率、不透水性、低温柔性、耐高温性能以及涂膜干燥时间等。这些复检项目均应符合国家标准及有关规定的技术性能指标。

(三) 卫生间的防水施工

卫生间涂膜防水以聚氨酯防水涂料、氯丁胶乳沥青防水涂料(或 SBS 改性沥青防水涂料)使用较多,施工方法如下。

1. 聚氨酯防水涂料施工工艺

1) 操作顺序

清理基层→涂刷基层处理剂→涂刷附加层防水涂料→刮涂第一遍涂料→刮涂第二遍涂料→刮涂第三遍涂料→第一次蓄水试验→稀撒砂粒→质量验收→保护层施工→第二次蓄水试验。

2) 操作要点

(1) 清理基层。将基层清扫干净;基层应做到找坡正确,排水顺畅,表面平整、坚实,无起灰、起砂、起壳及开裂等现象。涂刷基层处理剂前,基层表面应达到干燥状态。

(2) 涂刷基层处理剂。基层处理剂为低黏度聚氨酯,可以起到隔离基层潮气,提高涂膜与基层粘结强度的作用。施涂前,将聚氨酯甲料与乙料及二甲苯按 1:1.5:1.5 的比例配料,搅拌均匀后,方可涂刷于基层上。先在阴阳角、管道根部均匀涂刷一遍,然后进行大面积涂刷。涂刷后应干燥 4h 以上,才能进行下道工序的施工。

(3) 涂刷附加层防水涂料。在地漏、阴阳角、管子根部等容易渗漏的部位，均匀涂刷一遍附加层防水涂料。配合比为甲料：乙料＝1：1.5。

(4) 涂刷第一遍涂料。将聚氨酯防水涂料按甲料：乙料＝1：1.5的比例混合，开动电动搅拌器，搅拌3～5min，用胶皮刮板均匀涂刷一遍。操作时要厚薄一致，用料量为$0.8～1.0kg/m^2$，立面涂刮高度不应小于150mm。

(5) 涂刮第二遍涂料。待第一遍涂料固化干燥后，要按上述方法涂刷第二遍涂料。涂刮方向应与第一遍相垂直，用料量与第一遍相同。

(6) 涂刮第三遍涂料。待第二遍涂料涂膜固化后，再按上述方法涂刷第三遍涂料。用料量为$0.4～0.5kg/m^2$。

(7) 第一次蓄水试验。待防水层完全干燥后，可进行第一次蓄水试验。蓄水试验24h后无渗漏时为合格。

(8) 稀撒砂粒。为了增加防水涂膜与粘结饰面层之间的粘结力，在防水层表面需边涂聚氨酯防水涂料，边稀撒砂粒（砂粒不得有棱角）。砂粒粘结固化后，即可进行保护层施工。未粘结的砂粒应清扫回收。

(9) 保护层施工。防水层蓄水试验不漏，质量检验合格后，即可进行保护层施工或粘铺地面砖、陶瓷锦砖等饰面层。施工时应注意成品保护，不得破坏防水层。

(10) 第二次蓄水试验。厕浴间装饰工程全部完成后，工程竣工前还要进行第二次蓄水试验，以检验防水层完工后是否被水电或其他装饰工程损坏。蓄水试验合格后，厕浴间的防水施工才算圆满完成。

2. 氯丁胶乳沥青防水涂料施工工艺（以二布六涂为例）

1) 操作顺序

清理基层→刮氯丁胶乳沥青水泥腻子→涂刷第一遍涂料（表干4h）→做细部构造附加层→铺贴玻纤网格布同时涂刷第二遍涂料→涂刷第三遍涂料→铺贴玻纤网格布同时涂刷第四遍涂料→涂刷第五遍涂料→涂刷第六遍涂料并及时撒砂粒→蓄水试验→保护层、饰面层施工→质量验收→第二次蓄水试验→防水层验收。

2) 操作要点

(1) 清理基层。卫生间防水施工前，应将基层浮浆、杂物、灰尘等清理干净。

(2) 刮氯丁胶乳沥青水泥腻子。在清理干净的基层上满刮一遍氯丁胶乳沥青水泥腻子。管道根部和转角处要厚刮并抹平整。腻子的配制方法是：将氯丁胶乳沥青防水涂料倒入水泥中，边倒边搅拌至稠浆状即可刮涂于基层，腻子厚度约2～3mm。

(3) 涂刷第一遍涂料。待上述腻子干燥后，满刷一遍防水涂料，涂刷不能过厚，不得刷漏，以表面均匀不流淌、不堆积为宜。立面刷至设计高度。

(4) 做细部构造附加层。在阴阳角、地漏、大便器蹲坑等细部构造处，应分别附加一布二涂附加防水层，其宽度不小于250mm。

(5) 铺贴玻纤网格布同时涂刷第二遍涂料。附加防水层做完并干燥后，就可大面铺贴玻纤网格布同时涂刷第二遍防水涂料。此时先将玻纤网格布剪成相应尺寸铺贴于基层上，然后在上面涂刷防水涂料，使涂料浸透布纹渗入基层中。玻纤网格布搭接宽度不宜小于100mm，并顺水接搓。玻纤网格布立面应贴至设计高度，平面与立面的搭接缝应留在平面处，距立面边宜大于200mm，收口处要压实贴牢。

(6) 刷第三遍涂料。待上遍涂料实干后（一般宜 24h 以上），再满刷第三遍涂料，涂刷要均匀。

(7) 铺贴玻纤网格布刷第四遍涂料。在上述涂料表干后（4h），铺贴第二层玻纤网格布同时满刷第四遍涂料。第二层玻纤网格布与第一层玻纤网格布接搓要错开，涂刷防水涂料时应均匀，将布展平无折皱。

(8) 待上述涂层实干后，满刷第五遍、第六遍防水涂料。

(9) 待整个防水层实干后，可做蓄水试验，蓄水时间不少于 24h，无渗漏为合格。然后做保护层或饰面层施工。在饰面层完工后，工程交付使用前应进行第二次蓄水试验，以确保卫生间防水工程质量。

3. 卫生间防水工程质量要求

(1) 卫生间经蓄水试验不得有渗漏现象。

(2) 涂膜防水材料进场复检后，应符合有关技术标准。

(3) 涂膜防水层必须达到规定的厚度（施工时可用材料用量控制，检查时可用针刺法），应做到表面平整，厚薄均匀。

(4) 胎体增强材料与基层及防水层之间应粘结牢固，不得有空鼓、翘边、折皱及封口不严等现象。

(5) 排水坡度应符合设计要求，不积水，排水系统畅通，地漏顶应为地面最低处。

(6) 地漏管根等细部防水做法应符合设计要求，管道畅通，无杂物堵塞。

4. 卫生间防水工程质量通病与防治

卫生间防水工程质量通病主要有地面汇水倒坡、墙面返潮和地面渗漏、地漏周围渗漏、立管四周渗漏等，其原因分析和预防措施见表 8-6-8。

表 8-6-8　卫生间防水工程质量通病与防治方法

项次	项目	原因分析	防治方法
A	地面汇水倒坡	地漏偏高，集水汇水性差，表面层不平有积水，坡度不顺或排水不通畅或倒流水	(1) 地面坡度要求距排水点最远距离处控制在 2%，且不大于 30mm，坡向准确； (2) 严格控制地漏标高，且应低于地面表面 5mm； (3) 卫生间地面应比走廊及其他室内地面低 20~30mm； (4) 地漏处的汇水口应呈喇叭口形，集水汇水性好，确保排水通畅，严禁地面有倒坡和积水现象
B	墙面返潮和地面渗漏	(1) 墙面防水层设计高度偏低，地面与墙面转角处成直角状； (2) 地漏、墙角、管道、门口等处结合不严密，造成渗漏； (3) 砌筑墙面的黏土砖含碱性和酸性物质	(1) 墙面上设有水器具时，其防水高度一般为 1500mm，淋浴处墙面防水高度应大于 1800mm； (2) 墙体根部与地面的转角处，其找平层应做成钝角； (3) 预留洞口、孔洞、埋设的预埋件位置必须准确、可靠，地漏、洞口、预埋件周边必须设有防渗漏的附加防水层措施； (4) 防水层施工时，应保持基层干净、干燥，确保涂膜防水层与基层粘结牢固； (5) 进场黏土砖应进行抽样检查，如发现有类似问题时，其墙面宜增加防潮措施

续表

项次	项目	原因分析	防治方法
C	地面周围渗漏	承口杯与基体及排水管接口结合不严密，防水处理过于简陋，密封不严	（1）安装地漏时，应严格控制标高，宁可稍低于地面，也决不可超高； （2）要以地漏为中心，向四周辐射找好坡度，坡向准确，确保地面排水迅速、通畅； （3）安装地漏时，先将承口杯牢固地粘结在承重结构上，再将浸涂好防水涂料的胎体增强材料铺贴于承口杯内，随后仔细地再涂刷一遍防水涂料，然后再插口压紧，最后在其四周再满涂防水涂料1～2遍，待涂膜干燥后，把漏勺放入承口内； （4）管口连接固定前，应先进行测量，复核地漏标高及位置正确后，方可对口连接、密封固定
D	立管四周渗漏	（1）穿楼板的立管和套管未设止水环； （2）立管或套管的周边采用普通水泥砂浆堵孔，套管和立管之间的环隙未填塞防水密封材料； （3）套管和地面相平，导致立管四周渗漏	（1）穿楼板的立管应按规定预埋套管，并在套管的埋深处设置止水环； （2）套管、立管的周边应用微膨胀细石混凝土堵塞严密，套管和立管的环隙应用密封材料堵塞严密； （3）套管高度应比设计地面高出80mm，套管周边应做同高度的细石混凝土防水护墩

注：凡热水管、暖气管等穿过楼板时需加套管。套管高出地面不少于20mm，加上楼板结构层、找坡层、找平层及面层的厚度，套管长度一般约110～120mm；套管内径要比立管外径大2～5mm。而止水环一般焊于套管的上端向下50mm处，在止水环周围应用密封材料封嵌密实。

三、地下工程防水施工

（一）施工前的准备

1. 图纸会审和施工方案

地下防水工程施工前，施工单位应对图纸进行会审，掌握工程主体及细部构造的防水技术要求。图纸会审是对图纸进行识读、领会掌握的过程，也是设计人员进行交底的过程，通过会审达到领会设计意图，掌握防水做法和质量要求的目的。

编制地下防水工程施工方案。施工方案是地下工程防水施工的依据、质量的保证，使施工在安全生产的前提下有条不紊地进行，取得质量、进度、效益的全面丰收。

2. 材料准备

材料包括防水材料和施工材料。防水材料包括主材和辅助材料，例如胶粘剂等。主材和辅助材料均应有符合国家产品标准的合格证和性能检测报告，进场的防水材料都必须经见证复检合格，妥善保管；数量满足正常连续施工要求。施工用材料，例如喷灯用汽油也应准备充足，保证正常施工需要。

3. 机具和劳动防护用品的准备

根据防水材料种类和施工方法准备各种施工机具。根据施工环境和安全操作规程的要求，进行安全设施、劳动保护用品的准备，例如安全帽、安全带、安全网、灭火器、通风机、手套等的准备。

4. 人力的准备

施工操作人员按施工工艺组成作业班组,每个班组均应合理安排一定数量的初级工、中级工和高级工。参加施工的人员应持证上岗,所有人员均应进行过安全教育和技术交底。施工操作人员按作业面展开情况,一个工程可以安排一个班组施工或多个班组施工。

5. 对上道工序的质量验收

防水工程是建筑工程的一部分,防水施工是建立在其他分项工程基础上的施工,例如防水层的施工是铺贴或涂抹在基层(找平层)上的,基层必须合格,否则防水层很难合格。所以防水工程施工前必须对前一道工序进行验收,验收合格后方可施工。

(二)地下防水混凝土施工

1. 防水混凝土的种类和用途

防水混凝土有普通防水混凝土和掺外加剂、掺合料防水混凝土,普通防水混凝土材料来源广泛,施工简便,广泛应用于一般工业与民用建筑的地下防水工程施工。掺外加剂、掺合料的防水混凝土,通过掺加不同性能的外加剂、掺合料,可以获得抗冻性好、拌合物流动性好、早期强度高、抗渗等级高或密实性好、抗裂性好等的混凝土,广泛应用于各种有不同要求的建筑工程和土木工程中。根据地下工程防水技术规范的规定,地下工程的钢筋混凝土结构应采用防水混凝土,并根据防水等级的要求采用其他措施。

2. 对防水混凝土的材料要求

1)对水泥的要求

防水混凝土使用的水泥,应符合下列要求:

(1)在不受侵蚀性介质和冻融作用时,宜采用普通硅酸盐水泥、硅酸盐水泥,采用其他水泥品种时应经试验确定。

(2)在受侵蚀性介质作用时,应按介质的性质选用相应的水泥品种。

(3)不得使用过期或受潮结块的水泥,并不得将不同品种或强度等级的水泥混合使用。

2)对砂、石的要求

防水混凝土所用砂、石应符合下列要求:

(1)宜选用坚固耐久、粒形良好的洁净石子;石子最大粒径不宜大于40mm,泵送时其最大粒径不应大于输送管径的1/4;吸水率不应大于1.5%;不得使用碱活性骨料;石子的质量要求应符合国家现行标准《普通混凝土用砂、石质量及检验方法标准》(JGJ 52)的有关规定。

(2)砂宜选用坚硬、抗风化性强、洁净的中粗砂,不宜采用海砂;砂的质量要求应符合国家现行标准《普通混凝土用砂、石质量及检验方法标准》(JGJ 52)的有关规定。

(3)拌制混凝土所用的水,应符合国家现行标准《混凝土用水标准》(JGJ 63)的有关规定。

(4)防水混凝土可根据工程需要掺入减水剂、膨胀剂、防水剂、密实剂、引气剂、复合型外加剂及水泥基渗透结晶型材料,其品种和用量应经试验确定,所用外加剂的技术性能应符合国家现行有关标准的质量要求。

(5) 防水混凝土可掺入一定数量的粉煤灰、磨细矿渣粉、硅粉等。粉煤灰的品质应符合现行国家标准《用于水泥和混凝土中的粉煤灰》（GB/T 1596）的规定，粉煤灰的级别不应低于Ⅱ级，掺量宜为胶凝材料总量的20%~30%，当水胶比小于0.45时，粉煤灰用量可适当提高；硅粉的品质应符合比表面积大于等于15000m^2/kg，二氧化硅含量大于等于85%，硅粉掺量宜为胶凝材料总量的2%~5%；粒化高炉矿渣粉的品质要求应符合现行国家标准《用于水泥、砂浆和混凝土中的粒化高炉矿渣粉》（GB/T 18046）的规定；使用复合掺合料时，其品种和用量应经过试验确定。

(6) 防水混凝土可根据工程抗裂需要掺入合成纤维或钢纤维，纤维的品种及掺量应通过试验确定。

(7) 每立方米防水混凝土中各类材料的总碱量（Na_2O当量）不得大于3kg；氯离子的含量不应超过胶凝材料总量的0.1%。

3. 防水混凝土施工

1）配合比

防水混凝土配合比应符合下列要求：

(1) 胶凝材料用量应根据混凝土的抗渗等级和强度等级等选用，其总用量不宜小于320kg/m^3；当强度要求较高或地下水有腐蚀性时，胶凝材料用量可通过试验调整。

(2) 在满足混凝土抗渗等级、强度等级和耐久性条件下，水泥用量不宜少于260kg/m^3。

(3) 砂率宜为35%~40%，泵送时可增至45%。

(4) 灰砂比宜为1:1.5~1:2.5。

(5) 水胶比不得大于0.50，有侵蚀性介质时水胶比不宜大于0.45。

(6) 普通防水混凝土坍落度不宜大于50mm。防水混凝土采用预拌混凝土时，入泵坍落度宜控制在120~160mm，入泵前坍落度每小时损失值不应大于20mm，坍落度总损失值不应大于40mm。

(7) 掺加引气剂或引气型减水剂时，混凝土含气量应控制在3%~5%。

(8) 防水混凝土采用预拌混凝土时，缓凝时间宜为6~8h。

混凝土在浇筑地点的坍落度每工作班至少检查两次。坍落度试验应符合现行国家标准《普通混凝土拌合物性能试验方法标准》（GB/T 50080）的规定。

2）配料称量

防水混凝土配料必须按配合比准确称量，每工作班检查不应少于两次，在每盘混凝土中，水泥、水、外加剂、掺合料的计量允许偏差不应大于±2%，砂、石为±3%。使用减水剂时，减水剂宜预溶成一定浓度的溶液。

3）混凝土搅拌

防水混凝土拌合物必须采用机械搅拌，搅拌时间不应小于2min。掺外加剂时，应根据外加剂的技术要求确定搅拌时间。

4）混凝土运输

防水混凝土拌合物在运输后如出现离析，必须进行二次搅拌，当坍落度损失后不能满足施工要求时，应加入原水胶比的水泥浆或二次掺加同品种的减水剂进行搅拌，严禁直接加水。

5）混凝土振捣

防水混凝土应采用机械振捣密实,避免漏振、欠振和超振。

6）混凝土浇筑

防水混凝土连续浇筑,宜少留施工缝。当留设施工缝时,应遵守下列规定:墙体水平施工缝不应留在剪力与弯矩最大处或底板与侧墙的交接处,应留在高出底板表面不小于300mm的墙体上。拱（板）墙结合的水平施工缝,宜留在拱（板）墙接缝线以下150～300mm处。墙体有预留孔洞时,施工缝距孔洞边缘不应小于300mm;垂直施工缝应避开地下水和裂隙水较多的地段,并宜与变形缝相结合。

7）施工缝防水的构造

如图8-6-5所示。施工缝的施工应符合下列要求:

（1）水平施工缝浇灌混凝土前,应将其表面浮浆和杂物清除,然后铺设净浆或涂刷混凝土界面处理剂、水泥基渗透结晶型防水涂料等材料,再铺30～50mm厚的1:1水泥砂浆,并应及时浇筑混凝土。

（2）垂直施工缝浇筑混凝土前,应将其表面清理干净,再涂刷混凝土界面处理剂或水泥基渗透结晶型防水涂料,并及时浇筑混凝土。

（3）选用的遇水膨胀止水条（胶）应具有缓胀性能,其7d的净膨胀率不宜大于最终膨胀率的60%,最终膨胀率宜大于220%。

（4）遇水膨胀止水条（胶）应牢固地安装在缝表面或预留槽内。

（5）采用中埋式止水带或预埋式注浆管时,应确保位置准确、固定牢靠。

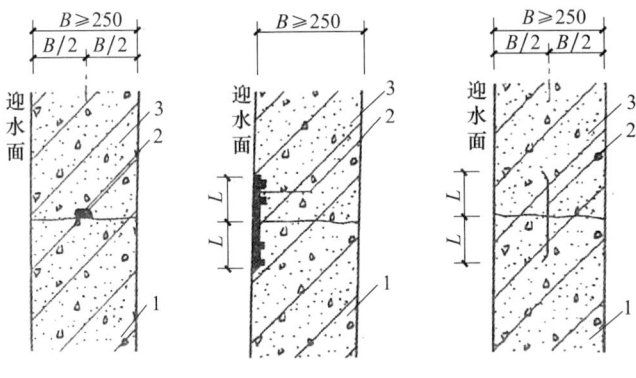

图8-6-5 施工缝防水构造

(a) 基本构造（一）　　　(b) 基本构造（二）　　　(c) 基本构造（三）

1—先浇混凝土;
2—遇水膨胀止水条;
3—后浇混凝土

外贴止水带 $L \geqslant 150$mm
外涂防水涂料 $L = 200$mm
外抹防水砂浆 $L = 200$mm
1—先浇混凝土;
2—外贴防水层;
3—后浇混凝土

钢板止水带 $L \geqslant 100$mm
橡胶止水带 $L \geqslant 125$mm
钢边橡胶止水带 $L \geqslant 120$mm
1—先浇混凝土;
2—中埋止水带;
3—后浇混凝土

8）大体积防水混凝土施工

大体积防水混凝土应符合以下规定:

（1）在设计许可的情况下,掺粉煤灰混凝土设计强度等级的龄期宜为60d或90d。

(2) 宜选用水化热低和凝结时间长的水泥。

(3) 宜掺入减水剂、缓凝剂等外加剂和粉煤灰、磨细矿渣粉等掺合料。

(4) 在炎热季节施工时，应采取降低原材料温度、减少混凝土运输时吸收外界热降温措施，入模温度不应大于30℃。

(5) 在混凝土内部预埋管道，宜进行水冷散热。

(6) 采取保温保湿养护。混凝土中心温度与表面温度的差值不应大于25℃，混凝土表面温度与大气温度的差值不应大于20℃，温降梯度不得大于3℃/d，养护时间不应小于14d。

9) 混凝土模板对拉螺栓处理

防水混凝土结构内部设置的各种钢筋或绑扎铁丝，不得接触模板。固定模板用的螺栓必须穿过混凝土结构时，可采用工具式螺栓或螺栓加堵头，螺栓上加焊方形止水环。拆模后应采取加强防水措施将留下的凹槽封堵密实，并应用聚合物水泥砂浆抹平，如图8-6-6所示。

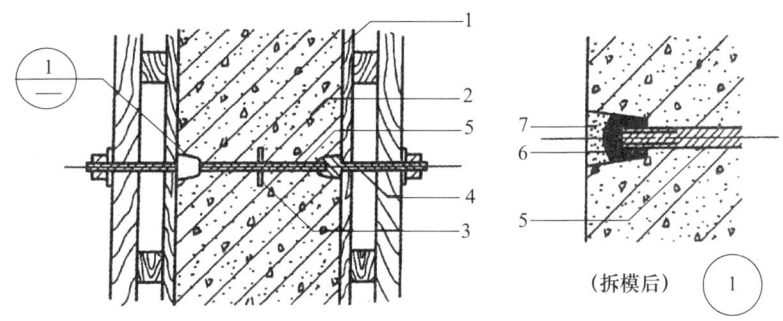

图 8-6-6 固定模板用螺栓的防水做法
1—模板；2—结构混凝土；3—止水环；4—工具式螺栓；5—固定模板用螺栓；
6—嵌缝材料；7—聚合物水泥砂浆

10) 混凝土养护

防水混凝土终凝后应立即进行养护，养护时间不得少于14d。

11) 防水混凝土的冬期施工

应符合下列规定：

(1) 混凝土入模温度不应低于5℃。

(2) 宜采用综合蓄热法、蓄热法、暖棚法、掺化学外加剂等养护方法，不得采用电热法或蒸汽直接加热法。

(3) 应采取保温保湿措施。

12) 混凝土试件

防水混凝土抗渗性能，应采用标准条件下养护混凝土抗渗试件的试验结果评定。试件应在浇筑地点制作。连续浇筑混凝土每500m³应留置一组抗渗试件（一组为6个抗渗试件），且每项工程不得少于两组。采用预拌混凝土的抗渗试件，留置组数应视结构的规模和要求而定。抗渗性能试验应符合现行国家标准《普通混凝土长期性能和耐久性能试验方法标准》（GB/T 50082）的有关规定，抗渗强度和抗渗压力必须符合设计要求。

4. 质量要求

防水混凝土的施工质量按混凝土外露面积每 100m² 抽查一处，每处 10m²，且不得少于 3 处；细部构造全数检查。防水混凝土结构表面应坚实、平整，不得有露筋、蜂窝等缺陷，表面裂缝宽度不得大于 0.2mm，并不得贯通，所有细部构造严禁有渗漏。

（三）水泥砂浆防水层施工

1. 水泥砂浆防水层的种类和用途

水泥砂浆防水层的种类有聚合物水泥防水砂浆、掺外加剂或掺合料防水砂浆等，可用于结构主体的迎水面防水，也可用于背水面防水，多采用抹压法施工。

2. 对材料的要求

1）水泥砂浆防水层所用的材料要求

（1）应采用普通硅酸盐水泥、硅酸盐水泥、特种水泥，严禁使用过期或受潮结块水泥。

（2）砂宜采用中砂，含泥量不大于 1%，硫化物和硫酸盐含量不大于 1%。

（3）拌制水泥砂浆所用的水，应符合国家现行标准《混凝土用水标准》（JGJ 63）的有关规定。

（4）聚合物乳液的外观：应为均匀液体，无杂质、无沉淀、不分层、聚合物乳液的质量要求应符合现行行业标准《建筑防水材料用聚合物乳液》（JC/T 1017）的有关规定。

（5）外加剂的技术性能应符合现行国家有关标准的质量要求。

2）防水砂浆性能

水泥砂浆防水层宜掺入外加剂、掺合料、聚合物等进行改性，改性后防水砂浆的性能应符合表 8-6-9 的要求。

表 8-6-9 防水砂浆主要性能要求

防水砂浆种类	粘结强度（MPa）	抗渗性（MPa）	抗折强度（MPa）	干缩率（%）	吸水率（%）	冻融循环（次）	耐碱性	耐水性（%）
掺外加剂、掺合料的防水砂浆	≥0.6	≥0.8	同一般砂浆	同一般砂浆	≤3	>50	10%NaOH 溶液浸泡 14d 无变化	—
聚合物水泥防水砂浆	≥1.2	≥1.5	≥8.0	≤0.15	≤4	>50	—	≥80

3. 水泥砂浆防水层施工

（1）水泥砂浆防水层的基层应平整、坚实、粗糙、清洁，并充分湿润；基层表面的孔洞、缝隙应用与防水层相同的防水砂浆堵塞抹平，施工前应将预埋件、穿墙管预留凹槽内嵌填密封材料后，再施工水泥砂浆防水层。

（2）防水砂浆的配合比和施工方法应符合所掺材料的规定，其中聚合物水泥防水砂浆的用水量应包括乳液中的含水量。

（3）水泥砂浆防水层施工，应分层铺抹或喷射，铺抹时应压实、抹平和表面压光；各层应紧密贴合，每层宜连续施工，必须留施工缝时应采用阶梯坡形搓，但离阴阳角处的距离不得小于 200mm。

(4) 水泥砂浆防水层终凝后应及时养护，养护温度不低于5℃，养护时间不少于14d。聚合物水泥砂浆防水层未达到硬化状态时，不得浇水养护或直接受雨水冲刷，硬化后应采用干湿交替的养护方法，在潮湿环境中可自然养护。

水泥砂浆防水层不宜在雨天及5级以上大风中施工。冬期施工时气温不应低于5℃，夏季施工时，不应在30℃以上或烈日照射下施工。

4. 水泥砂浆防水层的质量

水泥砂浆防水层的施工质量按施工面积每100m²抽查1处，每处10m²，且不得少于3处。水泥砂浆防水层表面应密实、平整，不得有裂纹、起砂、麻面等缺陷，留槎正确，接槎应按层次顺序操作，层层搭接紧密，水泥砂浆防水层各层之间必须结合牢固，无空鼓现象。水泥砂浆防水层的平均厚度应符合设计要求，最小厚度不得小于设计值的85%，水泥砂浆防水层表面平整度的允许偏差应为5mm。

(四) 卷材防水层施工

1. 卷材防水层的种类和用途

卷材防水层应选用高聚物改性沥青类或合成高分子类防水卷材，卷材防水层应铺设在混凝土结构主体的迎水面上；卷材防水层用在建筑物地下室时，应铺设在结构主体底板垫层至墙体顶端的基面上，在外围形成封闭的防水层。

2. 对材料的要求

卷材外观质量品种和主要物理力学性能应符合现行国家标准或行业标准；卷材及其胶粘剂应具有良好的耐水性、耐久性、耐穿刺性、耐腐蚀性和耐菌性；胶粘剂应与粘贴的卷材材性相容，高聚物改性沥青卷材间的粘结剥离强度不应小于8N/10mm，合成高分子卷材胶粘剂的粘结剥离强度不应小于15N/10mm，浸水168h后的粘结剥离强度保持率不应小于70%。

3. 卷材防水层施工

1) 卷材防水层的施工条件

(1) 卷材防水层的基面应平整牢固、清洁干燥。

(2) 铺贴卷材严禁在雨天，雪天施工；五级风及其以上时不得施工；冷粘法施工气温不宜低于5℃，热熔法施工气温不宜低于−10℃。

(3) 铺贴卷材前应在基面上涂刷基层处理剂，当基面较潮湿时，应涂刷湿固化型胶粘剂或潮湿界面隔离剂，基层处理剂应与卷材及胶粘剂的材性相容，基层处理剂可采用喷涂法或涂刷法施工，喷涂应均匀一致，不露底，待基层处理剂表面干燥后铺贴卷材。

2) 采用热熔法或冷粘法铺贴卷材时的要求

(1) 底板垫层混凝土平面部位的卷材宜采用空铺法或点粘法，其他与混凝土结构相接触的部位应采用满粘法。

(2) 采用热熔法施工高聚物改性沥青卷材时，幅宽内卷材底表面加热应均匀，不得过分加热或烧穿卷材，采用冷粘法施工合成高分子卷材时，必须采用与卷材材性相容的胶粘剂，并应涂刷均匀。

(3) 铺贴时应展平压实，卷材与基面和各层卷材间必须粘结紧密。

(4) 铺贴立面卷材防水层时，应采取防止卷材下滑的措施。

(5) 两幅卷材短边和长边的搭接宽度均不应小于100mm。采用合成树脂类的热塑性卷材时，搭接宽度宜为50mm，并采用焊接方式施工，焊缝有效焊接宽度不应小于30mm。采用双层卷材时，上下两层和相邻两幅卷材的接缝应错开1/3～1/2幅宽，且两层卷材不得相互垂直铺贴。

（6）卷材接缝必须粘贴封严。接缝口应用材性相容的密封材料封严，宽度不应小于10mm。

（7）在立面与平面的转角处，卷材的接缝应留在平面上，距立面不应小于600mm。

3）卷材防水层外防外贴法施工

外防外贴法是待钢筋混凝土外墙施工完成后，直接把卷材防水层粘贴在钢筋混凝土的外墙面上（即迎水面上），最后做卷材防水层的保护层的施工方法。

卷材外防外贴法的施工顺序是：混凝土垫层施工→砌永久性保护墙→内墙面抹灰→刷基层处理剂→转角处附加层施工→铺贴平面和立面卷材→浇筑钢筋混凝土底板和墙体→拆除临时保护墙→外墙面找平层施工→涂刷基层处理剂→铺贴外墙面卷材→卷材保护层施工→基坑回填土。

外防外贴法铺贴防水卷材施工的基本要求：

（1）铺贴卷材应先铺平面，后铺立面，交接处应交叉搭接。

（2）临时性保护墙用石灰砂浆砌筑，内表面应用石灰砂浆做找平层，并刷石灰浆。如用模板代替临时性保护墙时，应在其上涂刷隔离剂。

（3）从底面折向立面的卷材与永久性保护墙的接触部位，应采用空铺法施工。与临时性保护墙或围护结构模板接触的部位，应临时贴附在该墙上或模板上，卷材铺好后，其顶端应临时固定。

（4）当不设保护墙时，从底面折向立面的卷材的接茬部位应采取可靠的保护措施。

（5）主体结构完成后，铺贴立面卷材时，应先将接茬部位的各层卷材揭开，并将其表面清理干净，如卷材有局部损伤，应及时进行修补。卷材接茬的搭接长度，高聚物改性沥青卷材为150mm，合成高分子卷材为100mm。当使用两层卷材时，卷材应错茬接缝，上层卷材应盖过下层卷材。

卷材的甩茬、接茬做法如图8-6-7所示。

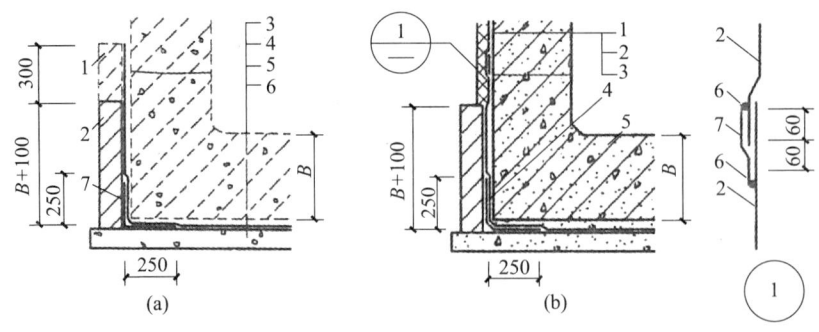

图8-6-7 卷材防水层甩茬、接茬做法（单位：mm）

(a) 甩茬　　　　　　　　　　　　(b) 接茬

1—临时保护墙；2—永久保护墙；　　　1—结构墙体；2—卷材防水层；
3—细石混凝土保护层；4—卷材防水层；　3—卷材保护层；4—卷材加强层；
5—水泥砂浆找平层；6—混凝土垫层；　　5—结构底板；6—密封材料；
7—卷材加强层　　　　　　　　　　　7—盖缝条

卷材防水层的保护层应符合下列规定：

①顶板卷材防水层上的细石混凝土保护层厚度不应小于70mm，防水层为单层卷材时，在防水层与保护层之间应设置隔离层。

②底板卷材防水层上的细石混凝土保护层厚度不应小于50mm。

③侧墙卷材防水层宜采用软保护或铺抹20mm厚的1：3水泥砂浆。

4）卷材防水层外防内贴法施工

当施工条件受到限制无法采用外防外贴法施工时，可采用外防内贴法施工，所谓外防内贴法卷材防水层施工是指：在结构外墙施工前先砌永久性保护墙，将卷材防水层粘贴在保护墙上，再浇筑钢筋混凝土的施工方法。外防内贴法施工顺序如下：混凝土垫层施工→外墙保护墙施工→平立面找平层施工→涂刷平立面基层处理剂→加强层施工→铺贴平面和立面卷材→卷材保护层施工→钢筋混凝土结构层施工。

外防内贴法卷材防水层施工，主体结构保护墙内表面水泥砂浆找平层配合比宜为1：3；卷材铺贴先铺立面后铺平面，铺贴立面时，先铺转角处，后铺大面。卷材防水层铺贴后应及时做保护层。

5）基层潮湿时铺贴方法

当铺贴卷材防水层的基面潮湿时，应涂刷湿固化型胶粘剂或潮湿界面隔离剂。平面卷材铺贴可以采用满粘法、条粘法、点粘法和空铺法；侧墙卷材防水层必须采取满粘法，卷材与基层、保护层与卷材的粘结应牢固。

4. 质量要求

卷材防水层的施工质量按铺贴面积每100m^{2}抽查1处，每处10m^2，且不得少于3处检查；搭接缝应粘（焊）结牢固，密封严密，不得有皱折、翘边和鼓泡等缺陷；转角处、变形缝、穿墙管道等细部做法符合设计要求。

（五）涂料防水层施工

1. 涂料防水层的种类和用途

涂料防水层的种类有无机防水涂料和有机防水涂料两大类。无机防水涂料包括水泥基防水涂料、水泥基渗透结晶型涂料，主要用于结构主体的背水面防水；有机防水涂料包括反应型、水乳型、聚合物水泥防水涂料，主要用于结构主体的迎水面防水。

2. 对材料的要求

涂料防水层所选用的涂料应具有良好的耐水性、耐久性、耐腐蚀性和耐菌性，无毒、难燃、低污染；无机涂料应具有良好的湿干粘结性、耐磨性和抗刺穿性。有机防水涂料应具有较好的延伸性及较大适应基层变形能力。

3. 涂料防水层施工

1）施工前准备

涂料防水层涂（喷）刷于基面上，对基面的要求更严格一些。基层表面的气孔、凹凸不平、蜂窝、缝隙、起砂等缺陷应修补，基面必须干净、无浮浆、无水珠、不渗水；阴阳角做成圆弧形，阴角直径宜大于50mm，阳角直径宜大于10mm；阴阳角、预埋件、穿墙管等部位应密封或加强处理完毕。

2）涂料防水层施工

其基本要点是：涂料的配制与施工，必须严格按涂料的技术要求进行，涂料防水层的总厚度应符合设计或表8-6-10的要求；涂料防水层涂刷或喷涂时，应薄涂多遍完成，待前一遍涂料实干后再进行后一遍涂料的施工；每遍涂刷时应交替改变涂层的涂刷方向，同层涂膜的先后搭茬宽度宜为30～50mm，涂层必须均匀，不得漏刷漏涂；施工缝的搭接宽度不应小于100mm；铺贴胎体增强材料时，涂料防水层中铺贴的胎体增强材料，同层相邻的搭接宽度应大于100mm，上下层接缝应错开1/3幅宽，应使胎体层充分浸透防水涂料，不得有白茬及褶皱。

表8-6-10 防水涂料厚度　　　　　　　　　　（单位：mm）

防水等级	设防道数	有机涂料			无机涂料	
		反应型	水乳型	聚合物水泥	水泥基	水泥基渗透结晶型
1级	三道或三道以上设防	1.2～2.0	1.2～1.5	1.5～2.0	1.5～2.0	≥0.8
2级	二道设防	1.2～2.0	1.2～1.5	1.5～2.0	1.5～2.0	≥0.8
3级	一道设防	—	—	≥2.0	≥2.0	—
	复合设防	—	—	≥1.5	≥1.5	—

3）保护层的施工

有机防水涂料施工后，应及时做好保护层，底板、顶板处的保护层应采用20mm厚1:2.5水泥砂浆层或40～50mm厚的细石混凝土保护，顶板防水层与保护层之间宜设隔离层；侧墙背水面应采用20mm厚1:2.5水泥砂浆保护，侧墙迎水面宜选用5～6mm厚的聚乙烯泡沫塑料片材、40mm厚聚苯乙烯泡沫塑料板等软保护层或20mm厚1:2.5水泥砂浆层保护，然后回填。

4.质量要求

涂料防水层的施工质量检验数量，应按涂层面积每100m²抽查1处，每处10m²，且不得少于3处检查；要求涂料防水层与基层粘结牢固，表面平整，涂刷均匀，不得有流淌、皱折、鼓泡、露胎体和翘边等质量缺陷；防水层的平均厚度应符合要求，最小厚度不得小于设计厚度的80%；侧墙防水层的保护层与防水层粘结牢固，结合紧密，厚度均匀一致；涂料防水层及其转角处、变形缝、穿墙管道等细部做法符合设计要求。

（六）塑料防水板防水层施工

1.塑料防水板的种类和用途

塑料防水板的种类有乙烯—醋酸乙烯共聚物（EVA）、乙烯—共聚物沥青（ECB）、聚氯乙烯（PVC）、高密度聚乙烯（HDPE）、低密度聚乙烯（LDPE）及其他塑料防水板，幅宽2～4m，厚度1～2mm，其物理力学性能见表8-6-11。用于初期支护与二次衬砌间的结构防水。

表8-6-11 塑料防水板物理力学性能

项目	拉伸强度（MPa）	断裂延伸率（%）	热处理时变化率（%）	低温弯折性	抗渗性
指标	≥12	≥200	≤2.5	−20℃无裂纹	0.2MPa 24h不透水

缓冲层选用导水性、化学稳定性、耐久性好和耐侵蚀的土工布，其单位面积质量不宜小于280g/m²，并且有一定厚度。

2.塑料防水板防水层施工

(1) 铺设防水板的基层应平整,无尖锐物。基层平整度应不大于 $D/L=1/10\sim1/6$,其中 D 为初期支护基层相邻两凸面间凹进去的深度,L 为初期支护基层相邻两凸面间的距离。

(2) 防水板的铺设应超前内衬混凝土施工 $5\sim20m$,并设临时挡板防止损伤塑料防水板。

(3) 铺设防水板前应先铺缓冲层,并用暗钉圈固定在基层上,如图 8-6-8 所示。

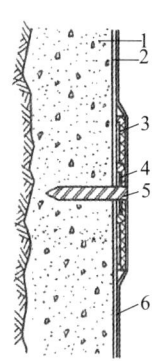

图 8-6-8 暗钉圈固定缓冲层
1—初期支护;2—缓冲层;3—热塑性圆垫圈;4—金属垫圈;5—射钉;6—防水板

(4) 铺设防水板时,由拱顶中心向两侧铺设,边铺边将其与暗钉圈焊接牢固。两幅防水板的搭接宽度应为 100mm,搭接缝应为双焊缝,单条焊缝的有效焊接宽度不应小于 10mm,焊接严密,不得焊焦焊穿。环向铺设时,先拱后墙,下部防水板应压住上部防水板。

(5) 内衬混凝土施工时振捣棒不得直接接触防水板,浇筑拱顶时应防止防水板绷紧。

3.质量要求

塑料防水层的施工质量检验,按铺设面积每 $100m^2$ 抽查 1 处,每处 $10m^2$,且不得少于 3 处;塑料板的铺设应平顺,与基层固定牢固,不得有下垂、绷紧和破损现象。焊缝的检验应按焊缝数量抽查 5%,每条焊缝为 1 处,但不少于 3 处。采用向双焊缝间空腔内充气的方法检查、不得有泄漏。

(七) 地下工程渗漏水治理

1.渗漏水治理原则

(1) 查明渗漏水情况。除去地下工程的表面装饰,清除污物查出渗漏部位,确定渗漏形式、渗漏水量和水压。

(2) 根据渗漏部位、渗漏形式、水量大小以及是否有水压,确定治理方案。

(3) 先排水后治理渗漏水。原则是"堵排结合,因地制宜,刚柔相济,综合治理"。

(4) 渗漏水治理施工时,应先顶(拱)后墙而后底板的顺序进行,尽量少破坏原有完好的防水层。

(5) 科学合理选材。治理过程中科学选择防水材料,尽量选用无毒、低污染的材料。衬砌内注浆宜选用超细水泥浆液、环氧树脂、聚氨酯等化学浆液。防水抹面材料宜选用掺各种外加剂、防水剂、聚合物乳液的水泥净浆、水泥砂浆、特种水泥砂浆等。防水涂料宜选用水泥基渗透结晶型类、聚氨酯类、硅橡胶类、水泥基类、聚合物水泥类、改性环氧树脂类、丙烯酸酯类、乙烯—醋酸乙烯共聚物类（EVA）等涂料。

（6）对于结构仍在变形、未稳定的渗漏水，需待结构稳定后再行处理。

2. 大面积的渗漏水和漏水点的治理

1）漏水点的查找

漏水量较大或比较明显的部位，可直接观察确定。慢渗或不明显的渗漏水，可将潮湿表面擦干，均匀撒一层干水泥粉，出现湿痕处即为渗水孔眼或缝隙。对于大面积慢渗，可用速凝胶浆在漏水处表面均匀涂一薄层，再撒一层干水泥粉，表面出现湿点或湿线处即为渗漏水位置。

2）治理方法

（1）大面积的一般渗漏水和漏水点是指漏水不十分明显，只有湿迹和少量滴水的渗漏，其治理方法一般是采用速凝材料直接封堵，也可对漏水点注浆堵漏，然后做防水砂浆抹面或涂抹柔性防水材料、水泥基渗透结晶型防水涂料等。当采用涂料防水时，防水层表面要采取保护措施。

（2）大面积严重渗漏水一般采用综合治理的方法，即刚柔结合多道防线。首先疏通漏水孔洞，引水泄压，在分散低压力渗水基面上涂抹速凝防水材料，然后涂抹刚柔性防水材料，最后封堵引水孔洞。并根据工程结构破坏程度和需要采用贴壁混凝土衬砌加强处理。其处理顺序是：大漏引水→小漏止水→涂抹快凝止水材料→柔性防水→刚性防水→注浆堵水→必要时贴壁混凝土衬砌加强。

3. 孔洞渗漏水治理

水压和孔洞较小时，可直接采用速凝材料堵塞法治理。方法是：将漏点剔凿成直径10～30mm，深20～50mm的小洞，洞壁与基面垂直，用水冲洗干净。洞壁涂混凝土界面剂后，将开始凝固的水泥胶浆塞入洞内（低于基面10mm），挤压密实，然后在其表面涂刷素水泥浆和砂浆各一层并扫毛，再做水泥砂浆保护层。

当孔洞较大时，可用"大洞变小洞，再堵小洞"的办法治理。方法是：将漏水孔洞剔凿扩大至混凝土密实，孔壁平整并垂直基面，用水冲洗干净。将待凝固的水泥胶浆包裹一根胶管一同填塞入孔洞中，挤压密实，使洞壁处不再漏水。待胶浆有一定强度后将管子抽出，按照堵小洞的办法将管孔堵住，即可将较大的漏水洞堵住。

当水压较大时，可先用木楔塞紧然后再填塞水泥胶浆的方法治理。

4. 裂缝渗漏水的治理

裂缝渗漏水一般根据漏水量和水压力来采取堵漏措施。水压较小的裂缝渗漏水治理方法是用速凝材料直接堵漏。方法是：沿裂缝剔凿出深度不小于30mm、宽度不小于15mm的沟槽，用水冲刷干净后，用水泥胶浆等速凝材料填塞，并略低于基面，挤压密实。经检查不再渗漏后，用素浆、砂浆沿沟槽抹平、扫毛，最后用掺外加剂的水泥砂浆做防水层。

对于水压和渗水量都较大的裂缝常采用注浆方法处理。注浆材料有环氧树脂、聚氨酯等，也可采用超细水泥浆液。具体做法是：

(1) 沿裂缝剔錾成 V 形沟槽，用水冲刷，清理干净。

(2) 布置注浆孔：注浆孔选择在裂缝的低端漏水旺盛处或裂缝交叉处，间距视注浆材料和注浆压力而定，一般 500～1000mm 设一注浆孔，将注浆嘴用速凝材料固定在注浆位置上。

(3) 封闭漏水部位，即将混凝土裂缝表面及注浆嘴周边用速凝材料封闭。

(4) 灌注浆液：确定注浆压力后（注浆压力应大于水压），开动注浆泵，浆液将沿裂缝通道到达裂缝的各处。当浆液注满裂缝并从高处注浆嘴流出时，停止灌浆。

(5) 封孔：注浆完毕，经检查无渗漏现象后，剔除注浆嘴，堵塞注浆孔，用防水砂浆做好防水面层。

5. 细部构造渗漏水的治理

(1) 施工缝、变形缝渗漏水处理

一般采用综合治理的措施，即注浆防水与嵌缝和抹面保护相结合，具体做法是将变形缝内的原嵌填材料清除，深度约 100mm，施工缝沿缝凿槽，清洗干净，漏水较大部位埋设引水管，把缝内主要漏水引出缝外，对其余较小的渗漏水用快凝材料封堵。然后嵌填密封防水材料，并抹水泥砂浆保护层或压上保护钢板，待这些工序做完后，注浆堵水。

(2) 穿墙管与预埋件的渗水处理

将穿墙管或预埋件四周的混凝土凿开，找出最大漏水点后，用快凝胶浆或注浆的方法堵水，然后涂刷防水涂料或嵌填密封防水材料，最后用掺外加剂水泥砂浆或聚合物水泥砂浆进行表面保护。

四、建筑外墙防水施工

(一) 建筑外墙墙体构造防水施工

建筑外墙墙体构造防水就是在装配式大板建筑和外板内浇建筑中，在墙板的外侧接缝处设置适当的线形构造，如挡水台、披水、滴水槽等，形成空腔，通过排水管将渗入墙体的雨水排出墙外，达到墙体防水的目的。

1. 建筑外墙墙体防水构造

1) 立缝

左右两块外墙板安装后形成的缝隙称为立缝，又叫作垂直缝。立缝内有防水槽 1～2 道，如图 8-6-9 所示。防水槽内放置聚氯乙烯塑料条，在柱外侧放置油毡和聚苯板，作用是防水、保温，同时也作为浇筑组合柱混凝土时的模板。聚氯乙烯塑料条与油毡-聚烯乙烯泡沫塑料板之间形成空腔，有一道防水槽形成一道立腔，称为单腔；有两道防水槽的则形成两道立腔，称为双腔。立腔腔壁要涂刷防水涂料，使进入腔内的雨水能顺畅地流下去，聚氯乙烯塑料条外侧要勾水泥砂浆。

2) 平缝

上、下外墙板之间所形成的缝隙称为平缝。外墙板的下部有挡水台和排水坡；上部有披水，在披水处放置油毡卷，外勾防水砂浆。油毡卷以内即形成水平空腔，如图 8-6-10 所示。进入墙内的雨水顺披水流下，由于挡水台的阻挡，顺排水坡和十字缝处的排水管排出。

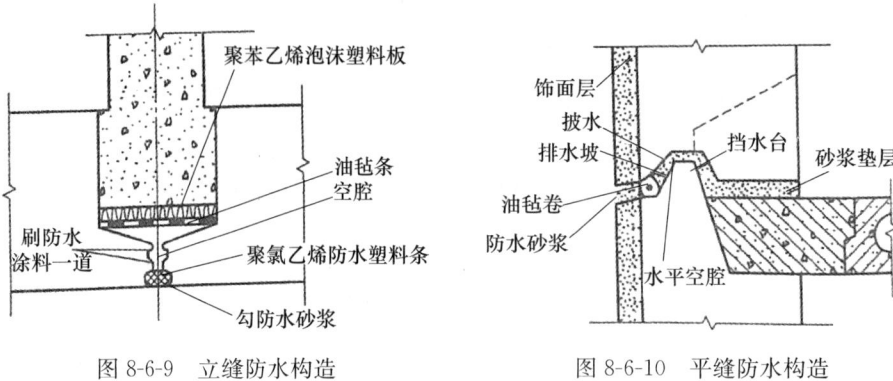

图 8-6-9 立缝防水构造　　　　图 8-6-10 平缝防水构造

3）十字缝

十字缝位于立缝、平缝相交处。在十字缝正中设置塑料排水管，使进入立缝和水平缝的雨水通过排水管排出，如图 8-6-11 所示。

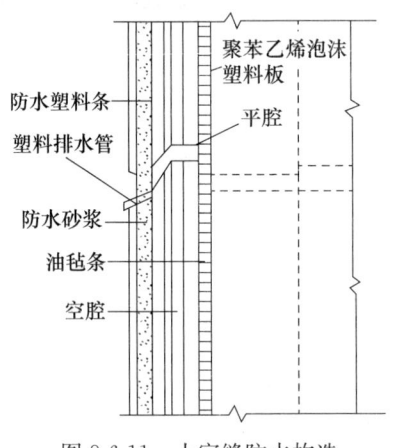

图 8-6-11 十字缝防水构造

从外墙板的防水构造可以看出，构造防水的质量取决于外墙板的防水构造的完整和外墙板的安装质量。外墙板的缝隙要大小均匀一致，挡水台、披水、滴水槽等必须完整无损，如有碰坏应及时修理。安装外墙板时要防止披水高于挡水台，防止企口缝向里错位太大，将平腔挤严。平腔或立腔内不得有砂浆和杂物，以免影响空腔排水或因毛细管作用影响防水效果。

4）阳台、雨篷的接缝构造

阳台、雨篷板平放在外墙板上，与墙板形成的接缝为平缝，无法采用构造防水，而只能采用材料防水。具体做法是：沿阳台、雨篷板的上平缝全长，下平缝两端向内 300mm，以及两侧立缝全用建筑密封材料嵌缝密封，如图 8-6-12 所示。

2. 施工工艺顺序

现制首层通长挡水台→检查修补缺损的防水部位→起吊安装外墙板→边柱外侧插油毡聚苯板条→边柱浇灌混凝土→键槽处施工→清除平、立缝杂物→平、立缝处理→修补披水、挡水台、安装塑料排水管→平、立缝砂浆勾缝→阳台、雨篷板的防水处理→女儿墙内立缝材料防水及压顶处理→嵌填穿墙孔→养护→淋水试验。

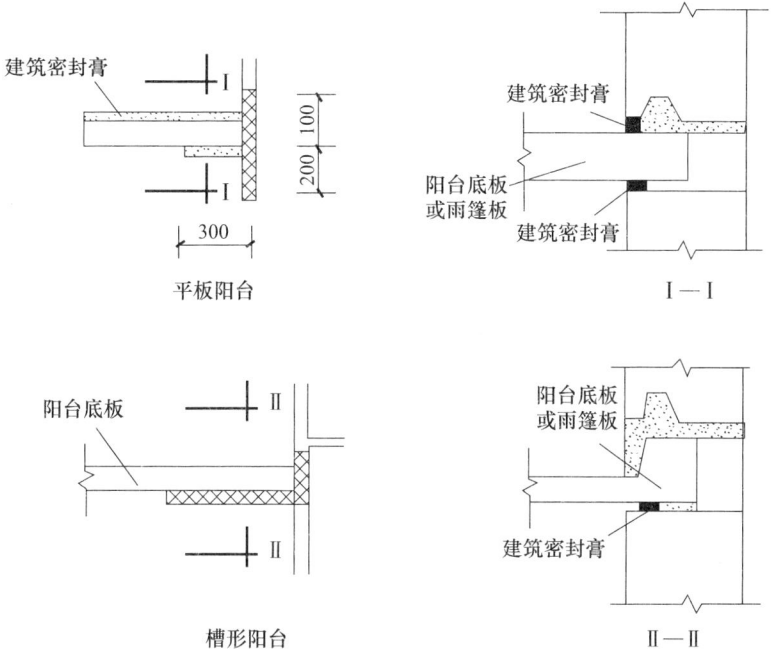

图 8-6-12 阳台、雨篷防水构造（单位：mm）

3. 操作要点

（1）现制首层通长挡水台：首层外墙板下端沿外墙做好混凝土现制通长挡水台，外侧做好排水坡。在地下室顶板圈梁中预埋钢筋，配纵向钢筋，支模板后浇灌细石混凝土，如图 8-6-13 所示。在安装外墙板之前，必须对这一部位认真进行养护和保护，防止施工中被破坏。

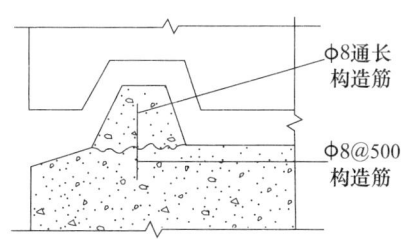

图 8-6-13 首层现制挡水台（单位：mm）

（2）检查修补外墙板缺损的防水部位：安装外墙板前应全面检查空腔防水构造、尺寸、形状应符合设计要求，横、竖防水腔均应完整无损，立腔腔壁的防水涂料涂刷均匀、平整，无流淌和堵塞空腔沟槽及漏刷的现象。在空腔的外部及准备勾砂浆的水平缝和立缝部位不得涂刷，发现破损要及时修补。

（3）起吊安装外墙板：吊装就位前必须再次检查首层挡水台是否完整，安装时应轻吊轻放，尽量一次就位准确，必要时可撬动墙板内侧进行调整，不准在披水、挡水台上撬动墙板。

要重视首层外墙板的安装质量，使之成为以上各层的基准。外墙板安装应以墙边线为基准,做好外墙板下口定位、对线,用靠尺板找平找正,做到外墙面顺平,墙身垂直,横竖缝隙均匀一致,不得出现因企口缝错位把平腔挤严的现象。外墙板标高正确,防止披水高于挡水台。板底的找平层灰浆密实。

(4) 边柱外侧插油毡聚苯板条:纵向防水空腔的油毡和聚苯板条,每层必须通长成条,宽度适宜,嵌插到底,周边严密,不得分段接插,不得鼓出或崩裂,以防止浇筑墙体节点混凝土时堵塞空腔。

(5) 边柱浇筑混凝土:在振捣边柱混凝土时,要注意不可将外侧的油毡聚苯板条挤破,防止混凝土外溢造成空腔堵塞。

(6) 键槽处施工:上下墙板间的连接键槽,在浇筑混凝土前要在外侧用油毡堵严,防止混凝土挤入水平空腔内,如图 8-6-14 所示。然后浇筑混凝土。

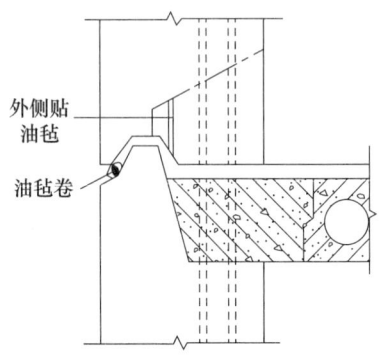

图 8-6-14 外墙板键槽防水示意

(7) 清除平、立缝杂物:混凝土浇筑前,应检查平、立腔是否畅通,如被漏浆或杂物等堵塞,应及时清理干净。

(8) 平、立缝处理:平缝内要嵌入油毡卷或低密度聚乙烯棒材,与披水及排水坡挤紧。立缝的防水塑料条宜选用厚度为 1.5~2.0mm,硬度适当的软质聚氯乙烯材料,其宽度为立缝宽度加 25mm、长度为层高加 100~150mm,以便封闭空腔上口。在塑料条外用高等级砂浆抹出挡水台,如图 8-6-15 所示。下端剪成圆弧形缺口,以便留排水孔。在结构施工时,防水塑料条必须随层从上往下按设计要求插入纵向空腔槽中,严禁结构吊装完毕后做装饰时才由缝前塞入。

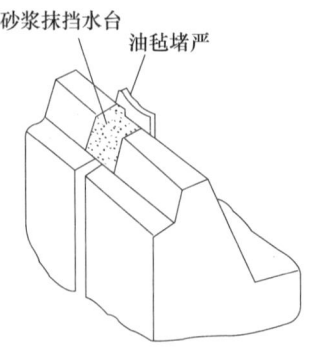

图 8-6-15 挡水台接缝处理

(9) 修补披水、挡水台、安装塑料排水管：十字缝处的防水处理好坏，是构造防水成败的关键。相邻外墙板挡水台和披水之间的缝隙要用砂浆填实，然后将下层塑料条搭放其上，交接应严密，在上下两塑料条之间放置排水管，外端伸出墙面10~15mm，内高外低，以便将雨水排出墙外。塑料排水管必须保持畅通。

(10) 平、立缝砂浆勾缝：在空腔外侧勾水泥砂浆前要将塑料条整理好，两侧与防水槽壁顶实。勾砂浆时用力要适中，防止将立缝的塑料条或平缝的油毡卷（或低密度聚乙烯）棒挤出错位而堵塞空腔，造成渗漏。勾缝宜用防水砂浆，勾缝应平实光滑，表面比墙面低1~2mm。

(11) 阳台、雨篷板的防水处理。此处缝隙采用材料防水施工，一般使用建筑密封膏进行密封。建筑密封膏的嵌缝有两种做法：一种是在吊装阳台板之前，将外侧接缝处清理干净，刷上冷底子油，然后将建筑密封膏搓成卷放在接缝处外侧，安装后膏体被压在板下，另一种做法是在阳台底板吊装后进行嵌缝。阳台板上下缝及两端相邻的立缝上下延伸200mm，均应嵌填建筑密封膏，外面再抹砂浆。两阳台底板连接处也必须嵌填建筑密封膏或贴防水卷材。十字缝处的排水孔不得堵塞，阳台的泛水要正确，排水管在使用期间要经常清理，以保持畅通。

(12) 女儿墙内立缝材料防水及压顶处理：屋面女儿墙现浇组合柱混凝土与预制女儿墙板之间容易产生裂缝，雨水顺缝隙流入室内，造成渗漏。因此，组合柱混凝土应采用干硬性混凝土或微膨胀混凝土。在防水施工时，沿组合柱外侧及女儿墙板的立缝用建筑密封膏填实，外面用水泥砂浆封闭保护。女儿墙板下部平缝处理同外墙板相应部位。内立缝建筑密封膏应与屋面防水卷材搭接，顶部用60mm厚的细石混凝土压顶，向内泛水。

(13) 嵌填穿墙孔：结构施工时留的孔洞在做外墙装修前要用防水砂浆填塞，在距表面20mm处嵌填建筑密封膏，外面再用砂浆抹平。防水砂浆应为干硬性砂浆，并要填塞密实。

(14) 养护：防水处理完成后，一般应养护7~14d，方能进行淋水试验。

(15) 淋水试验：用长为1m ϕ25 的水管，表面钻中 ϕ1 的孔若干个，将其放在外墙最上部。接通水源后，沿每条立缝进行喷淋，使水通过立缝、水平缝、十字缝以及阳台、雨篷等部位。喷淋时间无风天为2h，六级风时为0.5h。

（二）建筑外墙墙体接缝密封防水施工

建筑外墙除了装配式大板和外板内浇形式以外，全现浇结构体系、GRC外墙板、高强混凝土岩棉复合外墙板、金属墙板以及块体砌筑外墙，本身不具备防水构造，它们的防水可以借助接缝密封材料，使墙板或砌块之间连接成整体，实现墙体的气密、水密和防水保温作用。接缝密封防水又叫作材料防水。

1. 接缝的特性与密封

接缝平面可以是平面形、柱面形、搭接形、椎接形的。这些缝主要是适应建筑材料或构件尺寸的需要而产生的，有时是由于施工需要而设的施工缝，有时是为适应建筑结构需要而设的变形缝，这些缝需要封闭，否则就会使风尘雨雪通过，但又不能全部刚性固定密封，否则可能导致结构破坏。密封的主要作用就是封闭气体、液体通过接缝的通道，同时又必须保证接缝的自由位移，任何限制接缝位移或不能承受位移的结果，均会导致密封失败。

接缝密封的形式有两种：一种是现场成型密封，另一种是利用预制成型密封材料密封。所谓现场成型密封就是将不定型密封材料嵌填在接缝中，使结构或构件表面粘结并形成塑性或弹性密封体。这类接缝密封的密封材料有油灰、玛蹄脂、热塑材料和聚合物为基础的弹性密封膏。对于位移量微小的接缝，也可以用刚性密封材料，如膨胀水泥、聚合物水泥砂浆等。预制成型密封材料密封是将预制成型的密封材料衬垫以强力嵌入接缝，依靠密封材料自身的弹性恢复和压紧力封闭接缝通道。这类密封材料包括密封条、密封垫（片或圈）、止水带等。

2. 不定型密封材料的选择

1）对密封材料的要求

（1）粘结性能。密封材料与墙体材料粘结牢固，这是使墙体形成连续的防水层，使建筑物有良好的水密性和气密性所必需的基本特征。

（2）弹塑性。由温差的变化、干缩的原因和外力的作用，外墙体的接缝都会受到拉伸、压缩和剪切的作用，接缝密封材料必须具有良好的弹性和塑性，不至于因外力作用而破坏。

（3）耐老化性。外墙接缝密封材料必须有良好的耐候性、耐腐蚀性和抗疲劳性，能在所处环境中长期使用。

（4）施工性能好。建筑接缝密封防水对密封材料的性能要求是多方面的，除了上述的粘结性、弹塑性、耐老化性能要求外，还应具有贮存稳定性好、使用时调配简单、容易嵌入、不下垂、不流坠的性能。

2）接缝宽度的确定

接缝密封深度与宽度之比称为接缝形状系数，其最佳理论值为1/2。施工中应考虑密封材料在涂刷时形成和保持这种形状的能力。常用密封材料的接缝尺寸见表8-6-12。

表 8-6-12　密封材料接缝尺寸

密封材料种类	接缝尺寸（mm）	
	最大宽度×深度	最小宽度×深度
硅酮系	40×20	10×10（5×5）*
改性硅酮系	40×20	10×10（5×5）*
聚硫化物系	40×20	10×10（6×6）*
聚氨酯系	40×20	10×10
丙烯酸系	20×15	10×10
丁苯橡胶系	20×15	10×10
丁基橡胶系	20×15	10×10
油性系	20×15	10×10

注：* 表示括号内的值是装配玻璃时的尺寸。

3. 施工工艺顺序

施工准备→接缝与基层处理→嵌填衬垫材料→粘贴防污条→刷打底料→嵌填密封膏→表面修整→揭去防污条→养护。

4. 操作要点

1）施工前的准备

（1）材料准备：可根据设计要求准备密封材料。常用的有聚氨酯密封膏（双组分）、丙烯酸密封膏（单组分）、EVA密封膏（单组分）及衬垫材料、打底料等。

（2）工具准备：墙体接缝密封防水施工的工具见表8-6-13。

表8-6-13 施工工具

名称	用途	名称	用途
钢丝刷	清理基层用	油漆刷	涂刷打底料
小平铲（腻子刀）	清理基层或混合料配制用	挤压枪	嵌入密封膏
小镏子	用于密封材料的表面修整	容器（铁或塑料桶）	盛溶剂及打底料用
扫帚	清理基层用	嵌填工具	嵌填衬垫材料
皮老虎或空压机	清理基层用	电动搅拌器	搅拌双组分密封材料用

（3）脚手架的准备

2）接缝与基层处理

外墙板安装的缝隙应符合设计规定，如设计无规定时，一般不应超过20mm宽。缝隙过宽，容易使密封膏下垂，且用量太大；过窄则无法嵌填。缝隙过深，材料用量大；过浅则不易粘结密封。缝隙过大或过小均应进行修理，通过修理达到合理的形状系数。

密封膏施工的基层必须坚实、干燥、平整、无粉尘，如有油污应用丙酮等清洗剂清洗干净。

3）嵌填衬垫材料

衬垫材料应选用弹性好的聚乙烯、聚苯乙烯泡沫板，按略大于缝宽的尺寸裁好，也可以采用聚苯乙烯塑料圆棒或圆管，用嵌填工具或腻子刀塞严，沿板缝全部贯通，不得凹陷或凸出。通过嵌填衬垫材料以确定合理的宽厚比，防止密封膏断裂。

4）粘贴防污条

防污条可采用自粘性胶带或用墙地砖粘结胶，粘贴牛皮纸条贴在板缝两侧，在密封膏修整后再揭除，以防止刷打底料及嵌填密封膏时污染墙面，并使密封膏接缝边沿整齐美观。粘贴方法如图8-6-16所示。

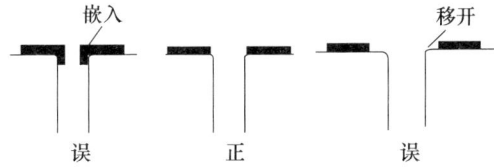

图8-6-16 防污条粘贴方法

5）涂基层处理剂

涂基层处理剂的目的在于提高密封膏与基层的粘结力，并可防止混凝土或砂浆中碱性成分的渗出。

基层处理剂一般采用密封膏和稀释剂调兑而成。依据密封膏的不同，基层处理剂的配制也不同。丙烯酸类可用清水将膏体稀释；氯磺化聚乙烯用二甲苯将膏体稀释；丁基橡胶类用120号汽油将膏体稀释；聚氨酯类用二甲苯稀释，将稀释好的基层处理剂用油漆刷沿接缝部位涂刷一遍。要均匀、盖底，不漏刷、不流坠、不得污染墙面。

6) 嵌填密封膏

密封膏施工有挤入法和压入法两种。

当采用双组分密封膏时，必须按配合比称料混合，经搅拌均匀后装入塑料小筒内，随用随配，防止浪费。

采用挤入法施工时，将密封膏筒放入挤压枪内，根据板缝的宽度将筒口剪成斜口，施工时斜面口接近嵌填部位底部，并要有一定的倾斜角度，扳动扳机，膏体徐徐注入板缝内，使膏体从底部充满整个板缝。

在交错部位，按图8-6-17所示方法嵌填，注意不要混入气泡。当接缝尺寸大或底部为圆形截面时，宜采取两次充填。注意，先嵌填的密封材料固化后，再进行二次嵌填。

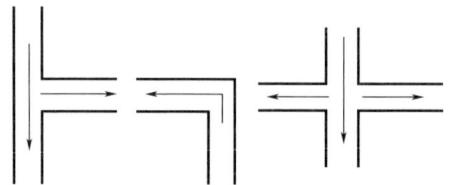

图8-6-17 交错部位嵌缝

压入法是将防水密封材料事先轧成片状，然后用腻子刀或小木条等将其压入板缝中。这种方法可以节约筒装密封材料的包装费及挤压枪损耗费，降低成本，提高工效。

7) 表面修整

一条板缝嵌好后，立即用特制的小馏子将密封膏表面压成半圆形，并仔细检查所嵌的部位，将其全部压实、馏平。

8) 揭掉防污条

密封膏修整完毕后，要及时揭掉防污条。如墙面粘上密封膏，可用与膏体配套的溶剂将其清理干净，所用工具也应及时清洗干净。

9) 养护

密封膏施工完后，应经过7~14d自然养护，在此期间要防止触碰及污染。

10) 淋水试验

淋水试验无渗漏为合格。

(三) 建筑外墙复合防水施工

1. 建筑外墙复合防水施工的定义

建筑外墙在构造防水基础上，将板缝外表面或外墙外表面再涂刷1~2遍防水涂料或防水剂，使其既具有防水层的防水作用，又具有结构防水作用的建筑外墙防水施工。

2. 操作工艺顺序

清理基层→刷第一遍防水涂料→刷第二遍防水涂料→养护→淋水试验。

3. 操作要点

1) 清理基层

将基层用钢丝刷刷干净，再用毛刷（油漆刷）除去浮土。基层要求平整、干燥、无松动，无浮土，无污物。不符合要求的应修整，有裂缝的基层应先处理裂缝，根据缝宽分别用防水涂料或密封材料填缝。

2) 刷第一遍防水涂料

在清理干净的基层上，刷第一遍防水涂料，要求涂刷均匀，不漏刷、不流淌。厚度根据材料要求决定。宽度要求在缝两侧各加宽10mm。

3) 刷第二遍防水涂料

第一遍防水涂料实干后，再涂刷第二遍防水涂料。

4) 养护

一般养护2～3d。

5) 淋水试验

试验无渗漏为合格。

五、构筑物防水施工

(一) 水池防水施工

1. 对材料的要求

1) 根据结构选材

对于平面尺寸较小的水池，结构变形小，一般采用刚性防水材料做防水层；对于贮量较大的水池，由于结构易产生变形开裂，一般选用延伸性较好的防水卷材或防水涂料做防水层。经常受强烈振动、冲击、磨损的地下水池工程，可采用金属防水层。

2) 根据用途选材

贮存或过滤沉淀生活用水、养殖用水以及种植用水的水池，防水材料应是无毒无害的；热水池选用耐热度高的防水材料；污水处理选用具有较高的耐酸碱、耐腐蚀性能好的防水材料。

下面仅以卷材防水来对水池的防水施工作一介绍。

2. 水池卷材防水施工

这里以三元乙丙-丁基橡胶卷材防水为例，介绍水池卷材防水的施工要点。

1) 材料准备

三元乙丙-丁基橡胶卷材、聚氨酯底胶、CX-404胶粘剂、丁基胶粘剂、聚氨酯嵌缝膏、二甲苯、乙酸乙酯。

2) 施工机具

手提式电动搅拌机、高压吹风机、平铲、钢丝刷、扫帚、铁桶、色粉袋、弹线、剪刀、滚刷、油漆刷、压辊、橡皮刮板、铁抹子、开罐刀、棉纱、皮卷尺、钢卷尺。

3) 施工工艺

基层处理→涂刷聚氨酯底胶→复杂部位增强处理→爬梯密封处理→排料弹线→铺贴卷材防水层→蓄水试验→保护层施工→检查验收。

4) 操作要点

(1) 基层处理：铲除基层表面的异物，用高压吹风机吹扫阴阳角、管根、排水口等部位，用溶剂清洗基层表面油污。

(2) 涂刷聚氨酯底胶：将聚氨酯涂膜防水材料按甲料：乙料＝1：3的比例（质量

比）配合，搅拌均匀即成底胶。将配好的底胶用毛刷在阴阳角、管根部涂刷，再用长把滚刷进行大面积涂布，厚薄要均匀一致，不得有漏刷、露底现象。

（3）复杂部位增强处理：在水池底板与立面交接处，立面转角处每边250mm处铺贴三元乙丙-丁基橡胶卷材加强层，供水管、泄水管穿墙体或底板部位应先密封，再铺贴加强层（圈），加强层应伸入泄水口内不少于50mm。

（4）爬梯密封处理：爬梯应埋设牢固，根部应进行密封处理；未处理时应剔錾20mm×20mm槽，清理冲洗干净，干燥后嵌填密封材料密封，并铺贴一层卷材加强层。

（5）排料弹线：测量池底宽度，根据卷材幅宽和纵向搭接宽度，计算排列卷材的铺贴位置，避免纵向搭接缝距平立面交接处太近（宜大于350mm），并在底板上弹出。

（6）铺贴卷材防水层：先铺平面再铺立面。平面铺贴卷材的顺序，可以从中间开始向两边推进，也可以从两边（或一边）开始向中间推进。铺贴卷材前，先在铺贴位置涂刷胶粘剂，涂刷均匀，不得漏涂，再在卷材上涂胶粘剂，待胶粘剂表干后，铺贴卷材，边铺边用小压辊压实，赶出粘结部位的空气。卷材与卷材的搭接长、短边均为80mm，短边接头应错开半幅卷材以上，不得形成十字缝。接头处理的做法是：将接头处翻开，每隔500～1000mm用CX-404胶临时固定，大面积卷材铺好后即粘贴接头。将丁基胶粘剂A∶B=1∶1（质量比）的比例配合搅拌均匀，用毛刷均匀涂刷在翻开接头的表面，干燥10～30min，从一端开始边压边挤出空气，粘贴好的接头不允许有皱褶、气泡等缺陷，然后用铁辊辊压一遍，卷材重叠三层的部位，用聚氨酯嵌缝膏密封。

（7）蓄水试验：卷材防水层完工后，做蓄水试验，无渗漏为合格。

（8）保护层施工：蓄水试验合格后，放水干燥，在防水层上薄涂一层聚氨酯涂膜防水材料，随刷随铺细砂。待该层涂料固化成膜后，在其上做刚性保护层。

水池卷材防水的构造做法如图8-6-18所示。

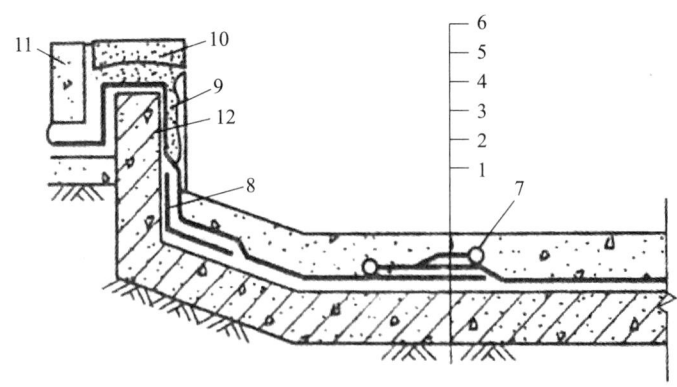

图8-6-18 水池卷材防水构造
1—素土夯实；2—水池底板；3—基层处理剂及胶粘剂；4—卷材防水层搭接缝；
5—卷材附加层；6—细石混凝土保护层；7—嵌缝密封膏；8—卷材附加补强层；
9—水泥砂浆粘结层；10—剁斧花岗岩块；11—混凝土压块；12—钢筋混凝土池壁

（二）水塔水箱防水施工

1. 水塔水箱构造

水塔是建筑群的主要配套构筑物，水塔水箱的防水施工是建筑防水施工的一个组成部分。水塔水箱有平底水箱和壳形底水箱。砖砌水箱或钢筋混凝土平底水箱一般容积为 $30\sim50m^3$，钢筋混凝土壳形底水箱一般容积为 $100\sim200m^3$。

水塔水箱是圆柱形或圆锥形封闭蓄水容器，内设进出水管、泄水管等。水箱顶设保温层、防水层，水箱壁外侧做砖护壁，内设防水层。水塔水箱的构造如图 8-6-19 所示。

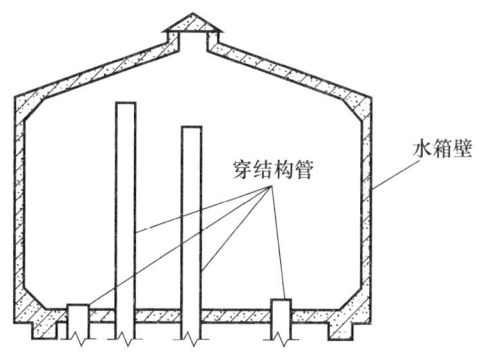

图 8-6-19 水塔水箱构造示意

由于水塔水箱的平面尺寸较小，直径一般小于 8m，其结构紧凑，不易产生变形、开裂，因此宜采用结构自防水和防水砂浆等刚性防水做法。也可选用无毒、挥发性小的防水涂料。饮用水水箱所用的防水涂料，必须符合国家饮用水检验标准。

2. 水泥砂浆防水层施工

1) 施工工艺顺序

施工准备→基层处理→涂抹防水层→养护。

2) 操作要点

(1) 施工准备：水泥采用强度等级不低于 42.5MPa 的普通硅酸盐水泥或硅酸盐水泥；砂为中砂，含泥量小于 1%，水为洁净水（自来水）。水泥砂浆防水层配合比见表 8-6-14。

表 8-6-14 水泥砂浆防水层配合比

名称	配合比（质量比）		水灰比	适用范围
	水泥	砂		
水泥浆	1		0.55～0.60	水泥砂浆防水层的第一层
水泥浆	1		0.37～0.40	水泥砂浆防水层的第三、五层
水泥砂浆	1	1.5～2.0	0.40～0.50	水泥砂浆防水层的第二、四层

工具与设备的准备中应有水泥砂浆搅拌设备、提升运输设备、灰斗、材料称量设备、抹灰工具、扫吊、基层清理工具以及必要的安全与防护用品。

(2) 基层处理：基层表面应平整、坚实、粗糙、清洁，基层表面的孔洞、缝隙用水泥砂浆堵塞抹平，方法是先清扫干净，洒水湿润，涂抹水泥浆厚 1~2mm，水泥砂浆堵塞并抹平，扫毛面。

(3) 涂抹防水层：①将穿墙（结构）管和预埋件预留凹槽用密封材料密封；②待抹灰基层洒水湿润；③按照先顶面—立面—底面的顺序抹灰；④按表 8-6-15 所列方法抹

灰，每层宜连续施工，如必须留茬时，采用阶段坡形茬，但离阴阳角的距离应大于200mm，接茬应依层次顺序操作，层层搭接紧密。

（4）养护：砂浆防水层终凝后进行养护，养护温度不低于5℃，养护时间不少于14d，养护期间保持湿润。

表 8-6-15 水泥砂浆防水层抹灰方法

分层做法	厚度（mm）	操作要点
第一层水泥浆	2	分两次抹压，头遍厚1mm结合层，用铁抹子反复用力抹压5~6遍，使素灰填实找平层孔隙，再均匀抹1mm厚素水泥浆找平，用毛刷轻轻将灰面拉成毛纹
第二层水泥砂浆层	4~6	第一层素水泥浆层初凝后，手指能按入1/2深时抹，抹压要轻，不破坏素浆层，但需与素浆层牢固地粘结在一起，在水泥砂浆初凝前用扫帚顺一个方向扫出横向纹路，避免来回扫，以防砂浆脱落
第三层水泥浆	2	隔24h抹，基层稍洒水湿润，操作同第一层，但按垂直方向刮抹素水泥浆，并上下往返刮抹4~5次
第四层水泥砂浆层	4~6	在第三层素水泥浆凝结前进行，抹法同前，抹后在砂浆初凝前用铁抹子分两次抹压4~5遍以增加密实度
第五层水泥浆	2	用毛刷依次均匀涂刷素水泥浆一遍，稍干，提浆，与第四层抹实压光

六、安全防护与劳动保护

（一）防火措施

1. 建筑防水工程施工必须遵守国务院颁布的《建筑安装工程安全技术规程》和《中华人民共和国消防法》，严格执行公安部关于建筑工地防火及其他有关安全防火的专门规定。

2. 对进场的职工进行消防安全知识教育，建立现场安全用火制度，在显著位置设防火标志。不经安全教育不准进场施工。

3. 用火前，必须取得现场用火证明，并将用火周围的易燃物品清理干净，设有专人看火。

4. 施工现场应备有泡沫灭火器和其他消防设备。

5. 沥青锅设置地点，应选择便于操作和运输的平坦场地，并应处于工地的下风头，沥青锅距建筑物和易燃物应在25m以上，距离电线在10m以上，周围严禁堆放易燃物品。

6. 沥青锅烧火口处，必须砌筑1m高的防火墙，锅边应高出地面30cm以上，相邻两个沥青锅的间距不得小于3m，沥青锅的上方宜设置可升降的吸烟罩。

7. 熬制沥青时，投放锅内的沥青数量应不超过锅全部容积的2/3，沥青如水分过多，需降低熬制温度，加热温度要严格控制，经常测试，不要超过沥青的闪点。

8. 调制冷底子油时，应严格控制沥青的配置温度，防止加入溶剂时发生火灾，同时调制地点应远离明火 10m 以外，操作人员不得吸烟。

9. 采用热熔法施工时，石油液化气罐、氧气瓶等应有技术检验合格证，使用时，要严格检查各种安全装置是否齐全有效，施工现场不得有其他明火作业，遇屋面有易燃设备时，应采取隔离防护措施。

10. 火焰喷枪或汽油喷灯应由专人保管和操作，点燃的火焰喷枪（或喷灯口）不准对着人员或堆放卷材处，以免烫伤或着火。

11. 喷枪使用前，应先检查液化气钢瓶开关及喷枪开关等各个环节的气密性，确认完好无损后才可点燃喷枪，喷枪点火时，喷枪开关不能旋到最大状态，应在点燃后缓缓调节。

12. 所有溶剂型材料均不得露天存放。

13. 五级以上大风及雨雪天暂停室外热熔防水施工。

（二）防毒措施

1. 挥发性溶剂，其蒸汽被人吸入会引起中毒，如在室内使用，要有局部排风装置。

2. 从事有毒原料施工的人员应根据需要穿戴防毒口罩、胶皮手套、防护眼镜、工作服、胶鞋等防护用品。

3. 如溶剂附着在皮肤上时，要立即用大量清水冲洗，乙二胺类物质对皮肤有强烈的腐蚀作用，如接触应立即用清水冲洗，然后再用酒精擦净。

4. 工人在操作中，当吸入有毒有害气体出现头晕、头痛、胸闷等不适症状，应立即离开操作地点，到通风凉爽的地方休息，并请医生诊治。

5. 溶剂等从容器中往外倾倒时，要注意避免溅出伤人。

6. 所有溶剂及有挥发性的防水材料，必须用密封容器包装。

7. 废弃的防水材料及垃圾要集中处理，不能污染环境。

8. 操作者工作完毕后，应洗脸洗手，不得不洗手吃东西和吸烟，最好要全身淋浴，以防中毒。

（三）防护措施

1. 从事高处作业人员要定期体检，凡患高血压、心脏病、贫血病、癫痫病以及其他不适合高处作业的疾病，不得从事高处作业。

2. 操作人员进入施工现场必须戴安全帽，从事高处作业的人员要挂好安全带，高处作业人员衣着要扎紧，禁止穿拖鞋、高跟鞋或赤脚进场作业。

3. 五级风以上或遇有雨雪等恶劣天气影响施工安全时，应停止作业。

4. 脚手架应按规程标准支搭，按照规定支设安全网；施工层脚手架要铺严扎牢，不准留单跳板、探头板；脚手板与建筑物的空隙不得大于 200mm。

5. 预留洞口、阳台口和屋面临边等应设防护措施，在距檐口 1.5m 范围内应侧身施工。

6. 使用吊篮施工，必须经过安全部门验收，吊篮防护必须严密，保险绳应牢固可靠。

7. 高处作业所用的材料要堆放平稳，工具或零星物料应放在工具袋内，上下传递物件禁止抛掷。

8. 使用高车井架或外用电梯时,各层应注意上下联系信号,操作前应预先检查过桥通道是否牢固,上料时,小车前后轮应加挡车横木,平台上人员不得向井内探头。

9. 在坑槽内施工时,应经常检查边壁土质稳固情况,发现异常,立即通知有关人员。

10. 闷热天在基坑槽内施工时,应定时轮换作业,以免发生危险。

11. 使用手持式电动工具必须装有漏电保护装置,操作时必须戴绝缘手套。

12. 作业的垂直下方不得有人,以防掉物伤人。

第七节　水暖工技术

一、建筑给水工程

(一) 室内给水系统的任务

就是将城市自来水管网(或自备水源)的水输送到装置在室内的各种配水龙头、生产机组和消防设备等用水点,并满足各用水点水量、水压的要求。

(二) 给水系统的分类

1. 生活给水系统—饮用水水质要求
2. 生产给水系统
3. 消防给水系统—水量水压要求

(三) 给水系统的组成

1. 引入管(进户管)
2. 水表节点
3. 管道系统(水平干管、立管、横支管)
4. 给水附件(控制附件和配水附件)
5. 升压和贮水设备(水泵、水箱、气压给水设备、水池)
6. 室内消防设备(消火栓或自动喷洒消防设备)

(四) 系统供水压力及供水方式

1. 给水系统的供水压力 H

基本概念:包含额定流量、沿程水头 H_1、局部水头 H_2、流出水头 H_3、最不利点 H_4、供水压力 H、服务水头 H_0。

$$H = H_1 + H_2 + H_3 + H_4 \tag{8-7-1}$$

(1) 当 $H_0 \geqslant H$:满足供水压力要求。

(2) 当 $H_0 < H$,增加管径,或设升压装置。

(3) 估计:一层 10m 水柱,二层 12m 水柱,三层及三层以上每增加一层增加 4m 水柱。

例如:城市自来水压力为 $2\sim3kg/cm^2$,即 $0.2\sim0.3MPa$,一般情况下可供六层楼生活用水,但夏季高峰季节有的只能供三层。

2. 供水方式

(1) 直接供水方式

(2) 设置水箱的供水方式

(3) 设置水泵的供水方式
(4) 水泵和水箱联合工作的供水方式
(5) 设气压供水装置的供水方式
(6) 分区供水方式

3. 管网布置方式

(1) 下行上给式
(2) 上行下给式
(3) 环状式

（五）室内管道的布置和敷设

1. 布置

引入管：设一条或两条（10个以上消火栓或不允许断水），由城市管网的不同管段引入。

2. 管道敷设（明装、暗装、固定、防腐、防冻、防露）

一般明装，有特殊要求时可暗装。

1) 给水管暗装时

(1) 横管：敷设在地下室、设备层、管沟及顶棚内。
(2) 立管：敷设在公用的管道井内；竖向管槽内，支管在墙槽内。
(3) 在管道上的阀门处应留有检修井，并保证维修方便。管沟应设置更换管道的出入口装置。

2) 给水管道与其他管道同沟时

(1) 给水管应在排水管上面，热水管下面。
(2) 给水管不得与易燃、可燃、有害液体和气体管道同沟。

3) 给水管埋地敷设时

(1) 覆土深一般不小于0.3m，地下室的地面下不得埋设给水管道，应设专门的管沟。
(2) 管道不得穿越设备基础，应避开可能重物压坏处。
(3) 给水管与排水管平行或交叉埋设时，管外壁的最小净距分别为0.5m和0.15m。
(4) 给水横管宜有0.002～0.005的坡度坡向泄水装置。
(5) 给水引入管应有不小于0.003的坡度坡向室外给水管网或阀门井。

4) 管道穿过建筑物的墙板应采取下列保护措施

(1) 穿过地下室外墙或地下构筑物墙壁时，应加设防水套管。
(2) 管道穿墙或楼板时，应预留孔洞。
(3) 给水管不得穿过配电间。
(4) 避免穿过沉降缝，如必须穿过伸缩缝、沉降缝时宜采用橡胶管、波纹管、补偿器等。
(5) 穿承重墙或基础处应预留孔洞，管顶净空一般不小于0.1m。
(6) 地下建筑物下面的管道宜加套管。
(7) 管道要做防腐、保温、防结露技术措施。

（六）管材及管件

1. 生活给水管：镀锌钢管或给水塑料管（≤150mm），给水铸铁管（＞150mm，或埋地敷设≥75mm）。

2. 生产和消火栓系统消防给水管：非镀锌钢管或给水铸铁管。

3. 生活给水管可采用铜管、聚丁烯管、铝塑复合管、涂塑钢管、钢塑复合管等。

二、建筑排水工程

（一）排水系统组成

1. 卫生器具或生产设备受水器

（1）洗沐器、洗涤器、排污器、冲洗设备（安装高度按设计或参考标准图集）。

（2）地漏（顶面标高低于地面5～10mm）。

（3）存水弯：水封深度50～100mm。

2. 排水管系统

1）组成

（1）器具排水管：包括存水弯；

（2）横支管：有一定的坡度坡向立管，按要求设清扫口；

（3）立管：设检查口。

2）排水管的连接

（1）卫生器具排水管与排水横直管可采用90°斜三通连接；

（2）排水管道的横管与横管、横管与立管的连接宜采用45°三通或45°四通；

（3）90°斜三通或90°斜四通连接，也可采用直角顺水三通或直角顺水四通等；

（4）排水立管与排出管端部的连接宜采用两个45°弯头或弯曲半径不小于4倍管径的90°弯头；

（5）排水管应避免轴线偏移，当受条件限制时，宜用乙字管或两个45°弯头连接。

3. 通气管系统

1）分类

（1）单立管系统—无通气管

①伸顶通气管；

②改进型单立管排水系统：安装特殊接头。

（2）专用通气管系统

①专用通气立管；

②环形通气管＋主通气立管或副通气立管；

③结合通气管：将专用通气管（每隔两层）或主通气立管（每隔8～10层）与排水立管连接。

2）通气管设置

（1）通气管高出屋面不得小于0.3m，且大于最大积雪厚度，顶端应设风帽式网罩；

（2）在通气管4m范围内有门窗时，通气管口应高出窗顶0.6m，或引向无窗一侧；

（3）经常有人停留的平屋面上，通气管口应高出屋面2m，并考虑防雷；

（4）通气管口不宜设在建筑物挑出部分（屋檐檐口、阳台、雨篷等）的下面；

（5）通气管不得与建筑物的通风管道或烟道连接。

3) 通气管与污水管的连接

(1) 器具通气管应设在存水弯出口端，环形通气管应在横支管上最始端的两个卫生器具间接出，并应在排水支管中心线以上与排水支管呈垂直或45°连接；

(2) 器具通气管、环形通气管应在卫生器具上边缘以上不少于0.15m处，按不小于0.01的上升坡度与通气立管连接；

(3) 专用通气立管和主通气立管的上端可在最高卫生器具上边缘或检查口以上与污水立管通气部分以斜三通连接，下端应在最低污水横支管以下与污水立管以斜三通连接；

(4) 结合通气管下端宜在污水横支管以下与污水立管以斜三通连接，上端可在卫生器具上边缘以上不少于0.15m处与通气立管以斜三通连接。

4. 清通设备

(1) 检查口：立管上间距不大于10m，建筑物最低层和坡顶建筑物最高层，乙字管上部，水流转角小于135°的横支管上，污水横管一定间距上；

(2) 清扫口：连接2个及2个以上大便器或3个及3个以上卫生器具的污水横管上，水流转角小于135°的横支管上，污水横管一定间距上；

(3) 检查井：生产废水管道转弯处、连接支管处、管径和坡度改变处、直线管段一定间距上（30m，20m），排出管与室外排水管道连接处，井中心距建筑物外墙的距离不小于3m。污水立管或排出管上的检查口至室外检查井中心的最大长度要求。

5. 抽升设备

6. 污水局部处理设备

（二）排水管布置、敷设及管材

1. 排水管布置

排水管道不得布置在遇水引起燃烧、爆炸或损坏原料、产品和设备的上面。

2. 排水管敷设

(1) 最低横支管与立管连接处至立管底部的最小垂直距离；

(2) 排水支管与排出管连接点距立管底部水平距离不小于3m；

(3) 架空管道不得敷设在生产工艺或卫生有特殊要求的生产厂房以及食品和贵重商品仓库、通风小室和变配电间的上边；

(4) 排水管道不得布置在食堂、饮食业的主副食操作间、烹调间的上方，当受条件限制不能避免时，应采取防护措施；

(5) 穿过承重墙或基础，采取防沉降措施，穿过地下室墙壁时，应设防水套管；

(6) 一般地下埋设或在地面上楼板下明设；

(7) 排水管道不得穿过沉降缝、烟道和风道、伸缩缝、设备基础；

(8) 生活污水立管不宜靠近与卧室相邻的内墙；

(9) 靠近排水立管底部的排水支管连接。

3. 排水管材

1) 生活污水管道：排水铸铁管、硬聚氯乙烯管、钢管（小于50mm）、陶土管（埋地管）

2) 铸铁排水管道按规定设柔性接口

3) 管道坡度：通用坡度（最小坡度）

4) 最小管径

(1) 公共食堂厨房管径放大一号,且干管管径不小于100mm,支管不小于75mm;

(2) 小便槽或连接3个及3个以上的小便器,支管不小于75mm;

(3) 连接大便器的支管,最小管径100mm;

(4) 医院洗涤池、污水池排水管不小于75mm;

(5) 生活排水立管的最大排水能力,管径不得小于横支管的管径。

4. 污水处理

化粪池:停留时间污水8~24h,污泥3~6月,距建筑物不小于5m。

5. 室内雨水系统

1) 雨水排水系统类型

(1) 外排水系统

①雨落管排水:间距8~12m,管径75~100mm;

②天沟外排水:坡度不小于0.003,流水长度不大于50m,设溢流口。

(2) 内排水系统

①组成:雨水斗、连接管、悬吊管、立管、排出管、检查井、埋地干管(宜采用单斗排水)

②布置与敷设

a. 雨水斗:多斗排水系统的雨水斗宜对立管对称布置,1根悬吊管上连接的雨水斗不得多于4个,且雨水斗不得设在立管顶端;

b. 连接管:一般与雨水斗同径,且不得小于100mm,应牢固地固定在建筑物承重结构上,采用45°三通与悬吊管连接;

c. 悬吊管:悬吊管上设置的雨水斗不得多于4个,管径不得小于连接管管径,且不大于300mm,采用45°三通、45°四通、90°斜三通、90°斜四通与立管连接,长度超过15m,宜在靠近墙柱处设检查口;

d. 立管:管径不小于悬吊管,连接的悬吊管不宜多于2根,距地面1m设检查口;

e. 埋地管:最小管径200mm,最大不超过600mm;

f. 雨水斗:设计泄流量不得大于屋面雨水斗最大泄流量;

g. 连接管:与雨水斗同径。

三、建筑采暖工程

(一) 采暖系统的组成与分类

1. 采暖系统的组成

(1) 热源:锅炉房、热电站等;

(2) 供暖管道:室内外供暖管道;

(3) 散热设备:散热器、暖风机等。

2. 供暖系统的分类

1) 热水供暖系统

(1) 自然循环系统(无循环水泵);

(2) 机械循环系统(有循环水泵);

2) 蒸汽供暖系统

3) 热风供暖系统

(二) 室内热水采暖系统的敷设形式

1. 自然循环上供下回式系统
2. 机械循环上供下回式系统
3. 机械循环下供下回式系统
4. 机械循环中供式系统
5. 高层建筑热水采暖系统的敷设方式
6. 水平式供暖系统

(三) 采暖系统管材、管件、阀门及采暖设备

1. 管材、管件：通常采用焊接钢管或无缝钢管，室内部分支管可以采用PP-R管材。
2. 阀门：常用阀门有截止阀、闸阀、蝶阀、止回阀和调节阀等。
3. 散热设备：散热器、暖风机和辐射板。

(四) 低温热水地板辐射供暖系统

目前是一种优点非常明显的供暖型式，在节约能源、舒适度、洁净度、室内美观、分户计量等各方面都较传统的供暖形式具有独特的优越性，但是其维修困难、供暖速度慢的缺点也很明显。

1. 系统的组成与形式

1) 分户独立热源采暖系统

组成：热源、供水管、过滤器、分水器、集水器、地板辐射管、循环水泵、膨胀水箱、回水管。

2) 集中热源的采暖系统

组成：供水支管、过滤器、热量表、分水器、集水器、地板辐射管、回水支管。

2. 加热管的材料与布管方式

可用于低温地板辐射采暖的管材：

(1) PE-X管具有力学性能好、耐高温和低温性能好等优点，缺点是该管材不能用热熔焊接的方法连接和修复，只能采用金属管件机械连接，存在一定的漏水几率问题，特别是地暖工程中须严格控制泄漏率，且不具备可维修性的情况下，采用该种材料的管道在铺设安装及地面装修中要格外小心。

(2) PE-RT耐热聚乙烯管不仅耐高温和低温性能好，同时具有热塑性能，可热熔连接、在地暖工程应用中具备可维修性，地面装修中一旦地暖管材打坏，可迅速修复。是具有安全性、环保性的产品。

(3) PB聚丁烯管具有承压高、耐温高和低温性能好的特点，PB管同样具有可回收性、不污染环境，具有较高的环保性，同时具有热塑性能，可热熔连接与修补，安全、可靠等优点。

3. 设计施工地暖环路中应注意的几个问题

(1) 设计时应特别注意的是环路合理划分，尽量做到一个房间一个环路，分室控制，同一分集水器上各个环路的长度不能相差太大，一般不超过10%。以免水力失调，

造成有的环路冷热不均。同时每个环路管长不大于120m,采用壁挂炉的系统每个环路管长不大于80m。管内流速不得小于0.25m/s,否则容易产生气塞现象。管材在地下铺设不应有接口。

(2) 加热盘管尽量杜绝"S"型与"U"型布置,宜采用回字形布置,以减少管道加热后的应力集中;且加热盘管宜在靠外墙处适当减小间距,房间中间处则适当加大间距,如图8-7-1所示。

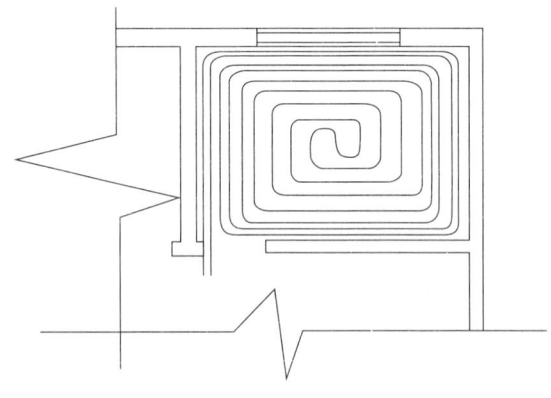

图 8-7-1 加热盘管的间距

(3) 地面加热盘管管间距一般控制在100~350mm,过密则地面容易开裂,且地面温度过高,影响舒适感,局部过密处在管上加设钢丝网;过稀则地面温度的均匀性无法保障。

(4) 尽量考虑将生活冷、热水管布置在地暖结构保温层以下,可以避免管线相互穿越。

(5) 不同地面材质,散热量不同,为保证室温要求,设计时应尽量按散热量较低的木地板考虑进行计算,用户即使选用其他类材料做地面,也不至于影响采暖效果。

(6) 虽然地板采暖不占用室内面积,但对层高会有一定影响,同时设计的时候需要先对建筑、结构、水电各专业有个协调的过程。建筑专业各楼层板面标高需降低100mm,以保证建筑设计时楼梯踏步、窗台高度等数据的正确。

(7) 由于楼板上增加100mm厚的C15豆石混凝土的荷载,结构专业在设计时需考虑这部分的荷载。

(8) 地板采暖对水专业影响不大,但是电气专业建议各种线路不要在地面敷设,而改为顶棚及墙面敷设。

4. 施工中存在的问题

地板辐射供暖系统中,施工也是不容忽视的环节,在地板辐射供暖系统施工中应特别注意以下几点:

1) 试压及排水

地暖管道在安装前必须先进行水压强度试验,试验压力不小于0.6MPa,保证管道无泄漏才可进行安装。安装完毕后对整个系统进行水压试验;合格后才能进行混凝土覆盖,覆盖时管道在加热盘管冲压0.6MPa的情况下进行;在冲压0.4MPa的情况下养护,养护期满后才可泄压。需要注意的是由于地板辐射供暖系统试压后无法将水完全排掉，而是有一部分水留在加热盘管中，冬季施工时，为了防止因无法排出的水结冰而冻坏整个加热盘管，因此在试压或冲洗后，应采用压缩空气将加热盘管中的水全部吹出，以保护管路。

2）地板预留伸缩缝

为了确保地面在供暖工程中正常工作，各房间靠墙根处、过门洞处、房间的跨度大于 6m 处、应均需设地面伸缩缝，缝宽以 5mm 为宜，且加热盘管穿越伸缩缝时，应设长度不小于 400mm 的柔性套管。

第八节 电工技术

一、常用低压电器

低压电器通常是指工作在交流 50Hz 或 60Hz、额定电压 1000V 及以下，或直流额定电压 1500V 及以下的电路中起通断、保护、控制或调节作用的电器。低压电器被广泛用于电源、电路、配电、用电设备等装置上，按照用途的不同，低压电器可分为低压配电器和低压控制电器两大类。低压配电器主要有刀开关、转换开关、熔断器、断路器等；低压控制电器主要有接触器、继电器、主令电器等。在施工现场常用的低压电器主要有开关电器、控制电器、保护电器、调节电器、主令电器、成套电器等。

（一）熔断器

熔断器是一种结构简单、使用方便、价格便宜的保护电器。熔断器的熔体都有两个参数：额定电流与熔断电流，所谓额定电流是指长时间通过熔体而不熔断的电流。熔断电流一般是额定电流的两倍。

这里必须指出的是，当熔断器熔丝烧断后，应在找出烧断原因后，更换相同规格的熔丝，严禁用其他的金属丝代替熔断丝。图 8-8-1 所示为螺旋式熔断器。

（二）断路器

低压空气断路器又称自动空气开关或者空气开关，当电路发生严重超载、短路等故障时，能够自动切断故障电路，有效保护串联在它后面的电气设备。通常可用于不频繁接通和断开的电路。断路器具有操作可靠、动作值可调整、能做成兼具短路保护和过载保护两种功能，分断能力较高以及动作过后不需要更换零部件等优点。图 8-8-2 所示为三相断路器。

图 8-8-1 螺旋式熔断器

图 8-8-2 三相断路器

(三) 交流接触器

交流接触器是用来频繁地接通或断开电路的切换控制电器。常用于电源电路自动控制系统和电动机的启动、停止和正反转控制。如图 8-8-3 所示。

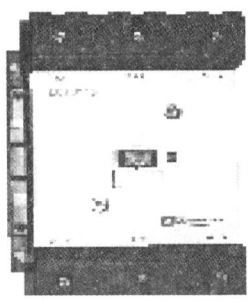

图 8-8-3　交流接触器

(四) 继电器

1. 时间继电器

时间继电器线圈接受到信号之后，其内部辅助触点会立即动作，但延时触点不会马上动作，而是要延长一段时间后才会动作的继电器。时间继电器可分为空气阻尼式、电磁式和电子式。电磁式时间继电器是在电磁式控制继电器上加装磁阻尼或机械阻尼装置构成。电子式时间继电器延时范围广、精度高、调节方便、返回时间短、功耗小、寿命长，因而使用越来越广泛，其输出可以是有触点，也可以是无触点式的。如图 8-8-4 所示。

2. 中间继电器

它的结构与接触器相同，由于它的接通电流小，无需灭弧装置。如图 8-8-5 所示。

图 8-8-4　时间继电器　　　　　　　图 8-8-5　中间继电器

3. 温度继电器

用来保护电动机，使之不因过热而烧坏的保护电器。温度继电器的传感元件被预埋在电动机的发热部位，直接反映该处的发热状况，当温度达到一定值时，切断电动机电源。

(五) 按钮

按钮通常是用来接通或断开小电流控制电路的手动开关。如图 8-8-6 所示，为几种常用的按钮。一般按钮的额定电压为交流 500V，直流 440V，触头额定电流为 5A，按钮钮帽颜色一般有红、黄、绿三种。按钮主要是根据所需要的触点数、使用的场合以及钮帽颜色来选择。

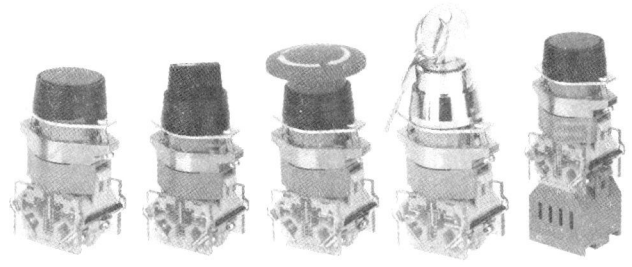

图 8-8-6　各种类型按钮

（六）刀开关

刀开关又称闸刀开关或隔离开关，它是手控电器中最简单而使用又较广泛的一种低压器，在电路中的作用是隔离电源和分断负载。图 8-8-7 所示为常用的带有熔断丝的刀开关。

图 8-8-7　带熔断器刀开关

（七）漏电保护器

漏电保护器又称漏电开关，是用于在电路或电器绝缘受损发生对地短路时防止人身触电和电气火灾的保护电器。

漏电保护器按其动作原理可分为电压动作型和电流动作型两大类；按其工作性质可分为漏电断路器和漏电继电器；按其漏电动作值又分为高灵敏度型、中灵敏度型和低灵敏度型三种；按其动作速度又分为高速型、延时型和反时限型三种；按其极数和电流回路数分为单极两线漏电保护器、两极漏电保护器、两极三线漏电保护器、三极漏电保护器、三极四线漏电保护器和四极漏电保护器。

（八）控制变压器

用来降低控制电路或辅助电路电压，满足一些电气元件的电压要求，保证控制电路的安全可靠。

二、常用导线

导线采用导电金属材料制作而成，导电金属中导电性能最好的是银，其次是铜、金、铝等。导线一般由上述这几种金属构成，由于银、金、铂等价格较贵，因此仅在一些特殊场合如精密仪表等中使用；而铜由于其良好的导电、导热性能，以及具有一定强度、易加工等特点，成为目前导线中最为常用的金属。铝也是较为常用的一种材料，其价格较低，但强度、焊接性能、耐腐蚀性均不如铜，现在运用比较少。根据其用途、结构等不同，导线分为很多类型，常见的导线有以下几种：

（一）裸导体

裸导体仅有导体而无任何绝缘层。它的一部分产品是提供给各种电线、电缆作导电缆芯用的，有圆单线、扁线、铜绞线、铝绞线等；另一部分用在电动机、变压器、电气元件等设备中作导电部件，如母线、梯排、异型排和软接线等。

裸导体按产品的形状与结构可分为4类，裸单线、绞线、型线及软接线。

1. 裸单线

裸单线指的是不同材料和尺寸的有色金属单线，可分为圆单线（铜、铝及其合金），扁线（铜、铝及其合金），有金属镀层（锡、银、镍）的单线和双金属线（铝包钢、铜包铝、铜包钢）等。此类产品大部分作为供给下一道制作电线电缆产品的材料使用。

2. 绞线

绞线是本大类产品中的主导产品，由于总是架设在电杆上，习惯上称为架空导线。架空导线本身不分电压等级，即从低压、中压、高压乃至超高压原则上都可以用同一系列的导线。但330～500kV级导线对外径大小及表面的粗糙度有特殊要求，以减少导线表面电晕（即电场使周围局部空气电游离，会增大线路损耗）。

架空导线结构虽然简单，但其作用却极为重要。在电力网络中，其线路长度占了总量的90%以上，特别是在110～500kV高压输、配电线路中更是占了绝大多数。

裸绞线从结构组成上可以分为3种。第一种是以单一金属材料的单线绞制而成，如铝绞线、铜绞线、铝合金绞线等；第二种是以钢绞线为芯线以增加承拉强度，外面绞上一层或几层铝线或铝合金线的钢芯铝绞线；第三种是以双金属单线绞制而成的绞线，如铝包钢绞线。

钢芯铝绞线是使用最广泛的品种，由于有了钢芯承受悬挂在电杆上的拉力，可以增大电杆间距以减少投资（特别是高压线路），并延长导线寿命、增强安全性。

敷设线路周围如有腐蚀气体（如海边的盐雾、化工厂地区），则应采用涂有防腐涂料的防腐型钢芯铝绞线。

3. 型线

导线产品的横截面形状各异，不是圆形的称为型线。按其用途可分为3种：

（1）作为大电流母线（又称汇流排）用的铜、铝排材。它大多是扁平状的，也有制成空心矩形和半弓子形的。用于电厂、变电站传输大容量电流，以及开关柜中。近年来，又发展了带有绝缘层的绝缘母线。

（2）接触网用导线。此类导线是电气化铁道、城市电车、隧道内电机车（如地铁、矿山地下坑道车）等用的架空导线。对接触线的技术要求除了导电性能好、有足够的抗拉强度和良好的耐气候腐蚀性外，优良的抗耐磨性也很重要，与使用寿命直接相关。

（3）异形排材。主要用于各类电动机中换向器元件，以及各种开关、闸刀开关的刀头电极，截面形状有梯形、单峰形、双峰形，材质为铜或铜合金。

4. 软接线

这是一类特殊用途的产品，品种不少但用量较少，如电动机械的电刷线、蓄电池的并联线、天线、接地线和屏蔽网套等。此类产品是采用细铜单线经束绞、复绞而成。蓄电池并联线一般制成扁形（俗称辫子线）。屏蔽网套系编制而成，套在要求屏蔽的导线外，形成屏蔽层。铜电刷线由多股铜线或镀锡铜线绞制成，具有良好的柔软性。裸铜天线由多股铜绞线绞成股状，再由股线复绞而成，通常分硬铜天线及软铜天线两种，用做通信架空天线用。

（二）电磁线

电磁线是用导电金属包覆绝缘层制成，用以制造电工产品中的线圈或绕组，又称绕组线。电流通过电磁线（线圈）产生磁场或电磁线（线圈）切割磁力线产生电流，从而实现电能与磁能的互相转换。

电磁线必须满足多种使用和制造工艺上的要求。使用包括其形状、规格、能短时和长期在高温下工作，以及承受某些场合中的强烈振动和高速下的离心力，高电压下的耐受电晕和击穿，特殊气氛下的耐化学腐蚀等；制造工艺包括绕制和嵌线时经受拉伸、弯曲和磨损的要求，以及浸渍和烘干过程中的溶胀、侵蚀作用等。电磁线所用的导电线芯多数为铜或铝，也有用高强度的铝合金或在高温下工作抗氧化性好的复合金属。

电磁线可以按其基本组成、导电线芯和电绝缘层分类。通常根据电绝缘层所用的绝缘材料和制造方式分为漆包线、绕包线、无机绝缘线和特种电磁线。

1. 漆包线

漆包线在导体外涂以相应的漆溶液，再经溶剂挥发和漆膜固化、冷却而制成。其特点是漆膜均匀、光滑，便于线圈绕制。漆膜较薄，有利于提高空间因数（线圈中导体总截面与该线圈的横截面之比）。漆包线广泛用于中小型及微型电工产品中。

2. 绕包线

绕包线是绕组线中的一个重要品种。早期用棉纱和丝，称为纱包线和丝包线，曾用于电动机、电气元件中。由于绝缘厚度大、耐热性低，多数已被漆包线所代替。目前仅用作高频绕组线。在大、中型规格的绕组线中，当耐热等级较高而力学强度较大时，也采用玻璃丝包线，而在制造时配以适当的胶黏漆。在绕包线中纸包线仍占有相当地位，主要用于油浸变压器中，这时形成的油纸绝缘具有优异的介电性能，且价格低廉、寿命长。纸包线是由无氧铜杆或电工圆铝杆经一定规格的模具挤压或拉拔后退火处理的导线，再在铜（铝）导体上绕包两层或两层以上绝缘纸（包括电话纸、电缆纸、高压电缆纸、匝间绝缘纸等）的绕组线，适用于油浸式变压器线圈及其他类似电器绕组用线。近年来，发展比较迅速的是薄膜绕包线，主要有聚酯薄膜和聚酰亚胺薄膜绕包线，还有用于风力发电的云母带包聚酯亚胺薄膜绕包铜扁线。

绕包线除少数种类外，其特点有绝缘层是组合绝缘，比漆包线的漆膜层要厚些，电性能较高，能较好地承受过负荷，一般应用于大、中型电工产品中。

3. 无机绝缘线

当耐热等级要求超出有机材料的限度时，通常采用无机绝缘漆涂敷的无机绝缘线。现有的无机绝缘线可进一步分为玻璃膜线、氧化膜线和陶瓷膜线等。无机绝缘电磁线的特点是耐高温、耐辐射，主要运用在高温或是有辐射的场合。

4. 特种电磁线

特种电磁线是以能够适应特殊场合使用要求的材料为绝缘层的电磁线，如在高温、超低温、高湿度、强磁场或高频辐射等场合。特种电磁线为了能在这些场合仍正常工作，在绝缘结构及机电性能上做了特殊的处理。特殊电磁线有换位导线、潜水电动机绕组导线等。

（三）绝缘电线

绝缘电线广泛运用于各种电气设备，其在导线外围均匀而密封地包裹一层不导电的材料，如树脂、塑料、硅橡胶、PVC等，形成绝缘层，防止导电体与外界接触造成漏电、短路、触电等事故发生。在工程项目中，常用的绝缘电线多为绝缘硬电线和绝缘软电线，一般固定敷设用的导线用硬线，作为移动使用的用软线。绝缘电线一般分通用绝缘电线和专用绝缘电线两大类。

1. 通用绝缘电线

通常，通用绝缘电线可分为3种，橡胶或塑料绝缘电线、橡胶或塑料绝缘软线和塑料绝缘屏蔽线。

（1）橡胶或塑料绝缘电线

橡胶或塑料绝缘电线用天然橡胶、丁苯橡胶和氯丁橡胶以及聚氯乙烯塑料等作为绝缘层，固定敷设的导电线芯采用铜线或铝线，软线一般采用铜线作为导电线芯。普通橡胶绝缘电线还常用棉纱、玻璃纤维或合成纤维包裹浸以沥青漆以用做机械保护。这种电线广泛用于交流500V以下和直流1000V以下的各种电工设备和动力、照明线路。目前，作为动力和照明线路用线，塑料绝缘电线已逐步取代橡胶绝缘电线。

（2）橡胶或塑料绝缘软线

橡胶或塑料绝缘软线线材柔软，可多次弯折，外径小而质量轻。用于各种交、直流移动式电气设备、电工仪表、电信设备及自动化装置，也用于常用电气元件和照明灯线路。导电线芯多采用铜导线，绝缘层用橡胶、塑料及复合物作为绝缘材料，护套有聚氯乙烯和橡胶两种。聚氯乙烯绝缘和护套软线可在野外一般环境下用做轻型的移动式电源线或信号控制线，在较恶劣的环境条件下应选用橡胶软线。塑料绝缘软线已逐步替代橡胶绝缘软线。

（3）塑料绝缘屏蔽线

塑料绝缘屏蔽线在绝缘电线或绝缘软线的绝缘外再包绕一层金属箔或编织一层金属丝构成屏蔽层，将屏蔽层连接某一固定电位就可以减少外界电磁波对电线内电流的干扰，同时也减少电线内电流产生的电磁场对外界的影响，它主要用于要求防止相互干扰的线路中。绝缘层多用聚氯乙烯，屏蔽层多用铜丝编织结构。因其生产率低、耗铜量大、且屏蔽接地不便，目前正研制用细铜丝单层绞制以代替编织，外面再挤压一层薄塑料以防散开，也有用金属化薄膜复合结构，如铝箔和聚酯薄膜的复合带纵包以起绝缘和屏蔽作用。

2. 专用绝缘电线

除上面介绍的通用绝缘电线外，还有各种适用于特种要求的绝缘电线，如汽车用低压电线、汽车用高压点火线、电动机、电气元件引接线、航空导线、补偿导线（热电偶连接线）等。对此可查阅相关电工手册，了解各种专用绝缘电线的型号、用途。

（四）低压电力电缆

低压电力电缆适用于35kV及以下的场合，用于在电力系统中传输或分配较大功率的电能。低压电力电缆主要有油浸纸绝缘电力电缆、橡胶绝缘电力电缆、聚氯乙烯绝缘电力电缆和聚乙烯及交联聚乙烯绝缘电力电缆。

1. 油浸纸绝缘电力电缆

油浸纸绝缘电力电缆是绝缘层为油浸纸的电力电缆。绝缘层以一定宽度的电缆纸螺旋状地包绕在导电线芯上,经过真空干燥处理后用浸渍剂浸渍而成。根据浸渍剂的黏度和加压方式。油浸纸绝缘电力电缆按绝缘方式分普通型、滴干型和不滴流型3种。油浸纸绝缘电力电缆其应用历史最长,具有安全可靠、使用寿命长、价格低廉的优点;主要缺点是敷设受落差限制。但自开发出不滴流浸纸绝缘后,解决了落差限制问题,使油浸纸绝缘电缆得以继续广泛应用,主要用作输配电网中。

2. 橡胶绝缘电力电缆

橡胶绝缘电力电缆的导电线芯有铜芯、铝芯两种,采用橡胶绝缘,内护层有铅包、聚氯乙烯及氯丁橡胶护套,有些还采用钢带铠装沥青浸渍麻被外护层。橡胶绝缘电力电缆广泛用于定期移动的场合,作为固定敷设之用。

3. 聚氯乙烯绝缘电力电缆

聚氯乙烯绝缘电力电缆的导电线芯有铜芯、铝芯两种,绝缘层采用聚氯乙烯电缆绝缘料热挤压而成。其护层一般有3种:一种是无铠装;另一种是有聚氯乙烯内护层,配以钢带或钢丝铠装,外用聚氯乙烯作为外护套;最后一种是仅有内护层和铠装层,而没有外护套的裸铠装。聚氯乙烯绝缘电力电缆主要用于交流6kV及以下的电力线路,作为固定辐射、传输电能的干线及支线电缆,没有敷设位差限制。

4. 交联聚乙烯绝缘电力电缆

交联聚乙烯绝缘电力电缆的绝缘层采用了交联聚乙烯,可使电缆的长期工作温度提高到90℃,瞬时短路温度可承受到170~250℃。除有较高的耐热性外,其还具有良好的耐寒性能。交联聚乙烯绝缘电力电缆的结构基本与聚氯乙烯绝缘电缆相同,广泛被用于交流电压的输配电网中,作传输电能用,可替代油浸纸绝缘电力电缆,并且没有敷设位差的限制,还可用于定期移动的固定敷设场合。

(五) 电气设备用电缆

电气设备用电缆常用橡胶绝缘和橡胶护层的橡套电缆,种类繁多,除一些通用的橡套电缆外,还包括电焊机用软电缆、机车车用电缆、无线电装置用电缆、摄影光源软电缆、防水橡套电缆和电梯电缆等。这里仅介绍一些通用橡套电缆和其主要用途。

通用橡套电缆的导电线芯采用软铜线束绞,结构柔软,大截面的导线表面采用纸包,以改善弯曲性能。绝缘一般采用天然丁苯橡胶,老化性能较好。护层采用同样材料。户外型产品采用全氯丁橡胶或以氯丁橡胶为主的混合橡胶,老化性能和力学性能都较好。该产品结构分轻、中及重型3类。一般轻型橡套电缆主要用于常用电气设备、小型电动设备,柔软轻巧,弯曲性能好。中型橡套电缆一般用于工农业各部门。重型橡套电缆则主要用于港口机械、探照灯、大型排灌站等场合。

三、电工常用工具与仪表

(一) 电工常用工具

1. 旋具

电工常用的螺钉旋具是一种用以拧紧或旋松各种尺寸的槽形机用的螺钉、木螺钉以及自攻螺钉的手工工具,俗称螺丝刀、旋凿、改锥。它的主体是韧性的钢制圆杆(旋杆),其一端装配有便于握持的手柄;另一端为镦锻成扁平形或十字尖形等各种形状的刀口,与螺钉的顶槽相啮合,施加扭力于手柄便可使螺钉转动。旋杆的刀口部分经过淬硬处理,耐磨性强。常见的螺钉旋具有 75mm、100mm、150mm、300mm 等长度规格,旋杆的直径和长度与刀口的厚薄和宽度成正比。手柄的材料为直纹木料、塑料或金属。

螺钉旋具一般按旋杆顶端的刀口形状分为一字形、十字形、六角形和花形等数种,分别旋拧带有相应螺钉头的螺纹紧固件。其中以一字形和十字形最为常用,如图 8-8-8 所示。

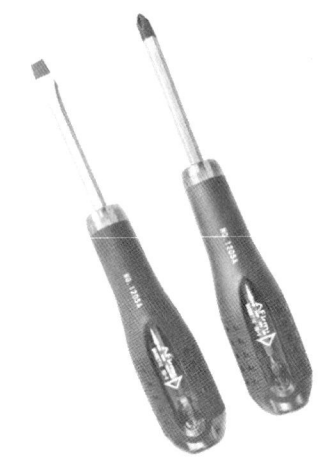

图 8-8-8　一字形和十字形螺钉旋具

螺钉旋具使用时的注意事项:
(1) 电工不可使用金属杆直通柄顶的螺钉旋具,以避免触电事故的发生。
(2) 用螺钉旋具拆卸或紧固带电螺栓时,手不得触及螺钉旋具的金属杆,以免发生触电事故。
(3) 为避免螺钉旋具的金属杆触及带电体时手指碰触金属杆,电工用螺钉旋具应在螺钉旋具金属杆上穿套绝缘管。

螺钉旋具使用时的握持方法如图 8-8-9 所示。

2. 扳手

扳手是一种用于拧紧或旋松螺栓、螺母等螺纹紧固件的装卸用手工工具。扳手通常由碳素结构钢或合金结构钢制成。它的一头或两头锻压成凹形开口或套圈,开口和套圈的大小随螺栓、螺母对边尺寸的大小而定。扳手头部具有规定的硬度,中间及手柄部分则具有弹性。当扳手超负荷使用时,柄部会在突然断裂之前出现弯曲变形。常用的扳手有活动扳手、呆扳手、梅花扳手、两用扳手、套筒扳手、扭力扳手和内六角扳手等。

(1) 活动扳手

活动扳手的外形及结构如图 8-8-10 所示,活动扳手由活动扳口、与手柄连成一体的固定扳口和调节蜗杆组成。蜗杆呈圆柱状,其轴向位置是固定的,只绕淬硬的销轴转动,用以调节夹持扳口的大小。

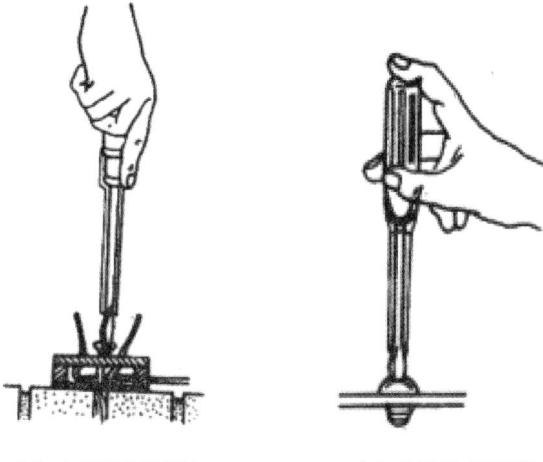

(a) 大型螺丝刀握法　　(b) 小型螺丝刀握法

图 8-8-9　螺钉旋具的握持方法

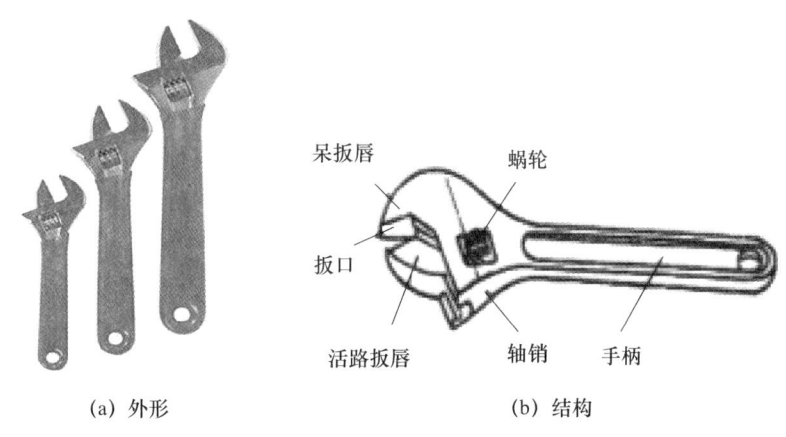

(a) 外形　　(b) 结构

图 8-8-10　活动扳手的外形及结构

（2）梅花扳手

梅花扳手适用于工作空间狭小、不能使用普通扳手的场合。梅花扳手的两端带有空心的圈状扳口，扳口内侧呈六角、十二角的梅花形纹，并且两端分别弯成一定角度。十二角形开口能以 12 个角度套住螺栓或螺帽。由于梅花扳手具有扳口壁薄和摆动角度小的特点，在工作空间窄狭或者螺帽密布的地方使用最为适宜。

（3）呆扳手

呆扳手一端或两端带有固定尺寸的开口。双头呆扳手两端的开口大小一般是根据标准螺帽相邻的两个尺寸而定。一把呆扳手最多只能拧动两种相邻规格的六角头或方头螺栓、螺母，故使用范围较活动扳手小。

（4）两用扳手

两用扳手是呆扳手与梅花扳手的合成形式，其两端分别为呆扳手和梅花扳手，故而兼有两者的优点。一把两用扳手只能拧转一种尺寸的螺栓或螺母。

（5）套筒扳手

套筒扳手的扳口是筒形，专门用于扳拧六角螺帽的螺纹紧固件。套筒扳手的套筒头是一个凹六角形的圆筒，用来套入六角螺帽。套筒扳手一般都附有一套各种规格的套筒头以及摆手柄、接杆、万向接头、旋具接头、弯头手柄等，如图8-8-11示。操作时，根据作业需要更换附件、接长或缩短手柄。有的套筒扳手还带有棘轮装置，当扳手顺时针方向转动时，棘轮上的止动牙带动套筒一起转动；当扳手沿逆时针方向转动时，止动牙便在棘轮的作用下除了省力以外，还使扳手不受摆动角度的限制。

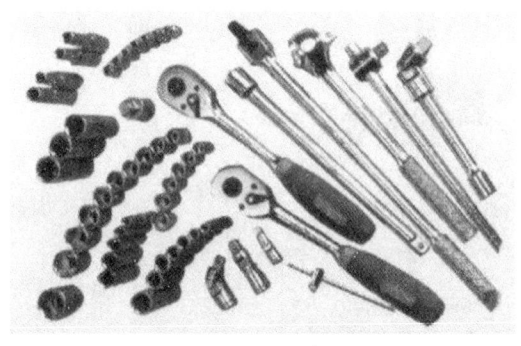

图8-8-11 套筒扳手

（6）扭力扳手

扭力扳手是依据梁的弯曲原理、扭杆的弯曲原理和螺旋弹簧的压缩原理而设计的，能测量出作用在螺帽上的力矩大小的扳手。扭力扳手又有平板型和刻度盘型两种。使用前，先将安装在扳手上的指示器调整到所需的力矩，然后扳动扳手，当达到该预定力矩时，指示器上的指针就会向销轴一方转动，最后指针与销轴碰撞，通过音响信号或传感信号告知操作者。扭力扳手通常用于需要有一定均布预置紧固力的螺母、螺栓等紧固件的最后安装，或者是建筑工程以及带有液压、气压装置的设备装配。

（7）内六角扳手

内六角扳手常见的为L型粗钢线，粗钢线的切面为正六角形，有各种不同大小，如图8-8-12所示。这类扳手适合于旋动六角形凹槽的螺钉和螺栓。

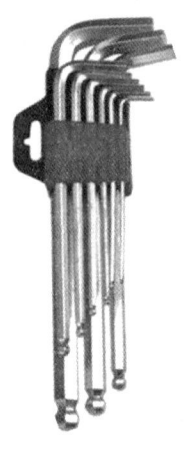

图8-8-12 内六角扳手

3. 电工刀

电工刀是一种切削工具，主要用来剖削和切割导线的绝缘层、削制木枕、切削木台或绳索等。电工刀有普通型和多用型两种，按刀片长度分为大号（112mm）和小号（88mm）两种规格。多用型电工刀除具有刀片外，还有可收式的锯片、锥针和旋具，可用来锯割电线槽板、胶木管、锥钻木螺钉的底孔。目前常用的规格只有100mm一种。如图8-8-13所示。

图 8-8-13　电工刀的结构

电工刀使用的注意事项：

（1）使用时，刀口应向外。剖削导线绝缘层时，应使刀面与导线成较小的锐角，以免损伤芯线。

（2）使用时避免伤手。

（3）电工刀用毕，应随时将刀身折进刀柄。

（4）电工刀的刀柄不是用绝缘材料制成，所以不能在带电导线或器材上剖削，以防触电。

4. 钳子

钳子这是一种用于夹持、固定加工工件或者扭转、弯曲、剪断金属丝线的手工工具。钳的外形呈V形，通常包括手柄、钳腮和钳嘴3个部分。由两片结构、造型互相对称的钳体，在钳腮部分重叠并经铆合固定而成，一般用碳素结构钢制造。钳的手柄依握持形式而设计成直柄、弯柄和弓柄3种式样。钳使用时常与电线之类的带电导体接触，故其手柄上一般都套有以聚氯乙烯等绝缘材料制成的护管，以确保操作者的安全。钳嘴的形式很多，常见的有尖嘴、平嘴、扁嘴、圆嘴、弯嘴等样式，可适应对不同形状工件的作业需要。按其主要功能和使用性质分类，钳可分夹持式、剪切式和夹持剪切式3种。此外还有一种特殊的钳——台虎钳。

1）钢丝钳

（1）钢丝钳的结构和用途

钢丝钳是电工应用最频繁的工具。常用的规格有150mm、175mm和200mm三种。电工用钢丝钳由钳头和钳柄两部分组成。钳头由钳口、齿口、刀口和铡口4部分组成。它的功能较多，钳口用来弯铰或钳夹导线线头，齿口可代替扳手用来旋紧或起松螺母，刀口用来剪切导线、剖切导线绝缘层或拔铁钉，铡口用来铡切电线线芯和钢丝、铝丝等。其结构和使用方法如图8-8-14所示。电工所用的钢丝钳，在钳柄上应套有耐压为500V以上的塑料绝缘套。

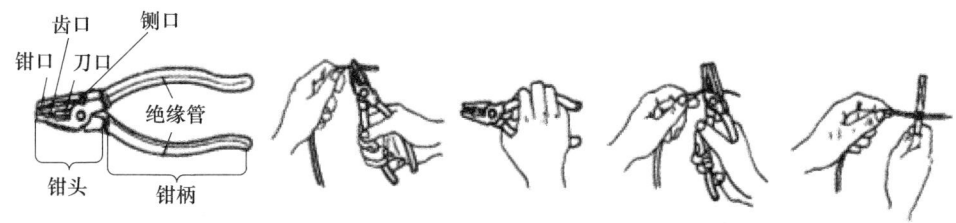

图 8-8-14　电工钢丝钳的结构和使用方法

(2) 使用钢丝钳时的注意事项

①带电作业前，检查钳把绝缘是否良好，以免触电。

②在带电剪切导线时，不得用刀口同时剪切两根线（如相线与零线、相线与相线等），以免发生短路事故。

2）尖嘴钳

尖嘴钳与钢丝钳最大的区别是其头部尖细，适用于在狭小的工作空间操作。尖嘴钳可用于夹持较小零件或导线等，可用于将单股导线弯成一定圆弧的接线鼻等，用带刃口的尖嘴钳能剪断细小的金属丝。一般尖嘴钳的绝缘柄耐压为 500V，其规格以全长表示，有 130mm、160mm、180mm 和 200mm 四种。其外形如图 8-8-15 所示。

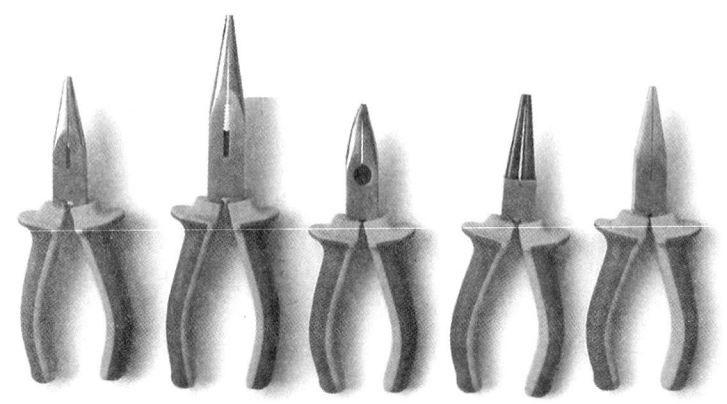

图 8-8-15　尖嘴钳

3）断线钳

断线钳又称斜口钳，钳柄有铁柄、管柄和绝缘柄 3 种型式，其中电工用的绝缘断线钳的外形如图 8-8-16 所示。一般绝缘柄耐压为 1000V。断线钳是专供剪断较粗的金属丝、线材及电线电缆等用。

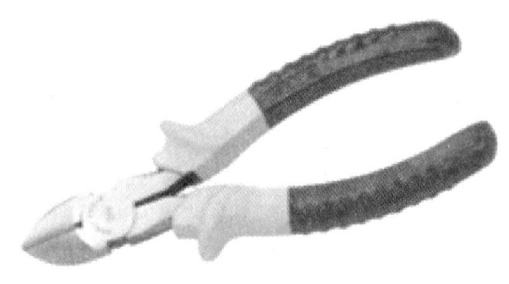

图 8-8-16　断线钳

4）剥线钳

剥线钳是用来剥削电线端部塑料线或橡胶绝缘的专用工具。它由钳头和手柄两部分组成。钳头部分由压线口和切口组成，拥有多个规格切口，以适应不同规格的线芯。使用时，电线必须放在略大于其线芯直径的切口上剥，否则会切伤线芯。剥线钳的外形如

图 8-8-17 所示。

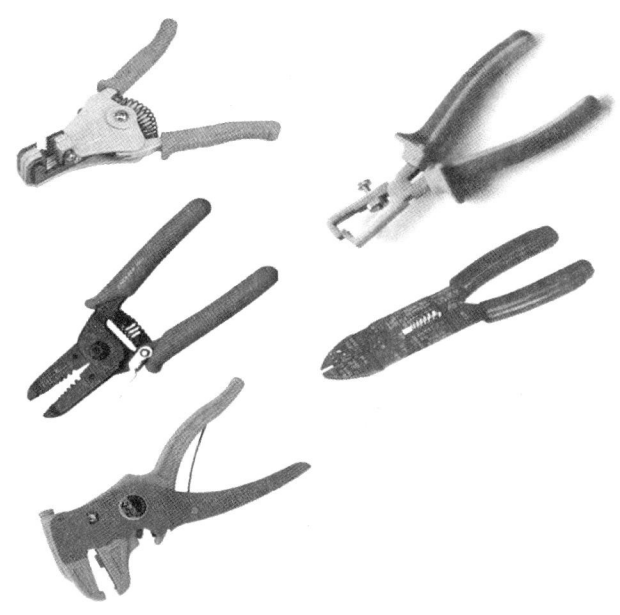

图 8-8-17 剥线钳

5．验电器

验电器能直观地确定设备、线路是否带电，是一种电工常用的工具。验电器分为高压和低压两种。

1）低压验电器

低压验电器又称试电笔，检测电压范围一般为 60～500V，常做成钢笔式或改锥式，如图 8-8-18 所示。

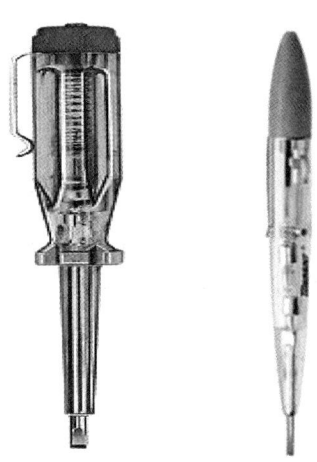

图 8-8-18　低压验电器

（1）低压验电笔的结构。低压验电器由工作触头、降压电阻、氖管、弹簧和笔身组成，如图 8-8-19 所示。

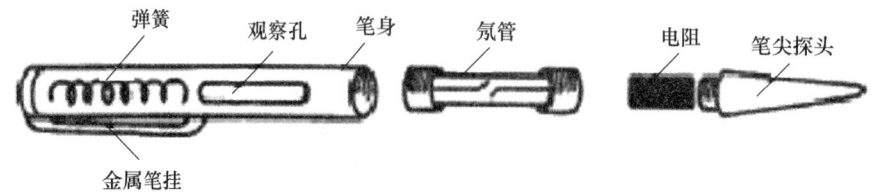

(a) 钢笔式低压验电器

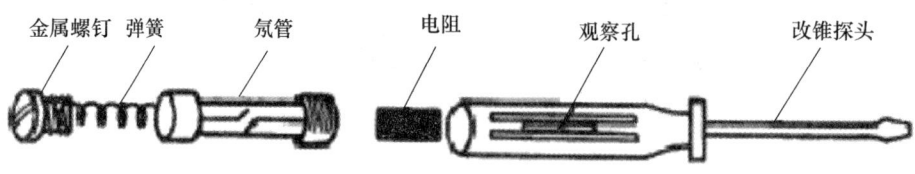

(b) 旋具式低压验电器

图 8-8-19　低压验电器结构示意图

(2) 低压验电器的使用方法和注意事项。

①氖泡小窗应朝向自己,以便于观察。

②测试带电体前,一定先要测试已知有电的电源,以检查电笔中的氖泡能否正常发光。

③在明亮的光线下测试时,往往不易看清氖泡的辉光,应当避光检测。

④验电笔的金属探头多制成一字型旋具形状,它只能承受很小的扭矩,使用时应特别注意,以防损坏。

⑤低压验电器可用来区分相线和零线,氖泡发亮的是相线,不亮的是零线。

⑥低压验电器可用来区分交流电和直流电,交流电通过氖泡时,两极附近都发亮;而直流电通过时,仅一个电极附近发亮。

⑦低压验电器可用来判断电压的高低,如氖泡发暗红,轻微亮,则电压低;如氖泡发黄红色,很亮,则电压高。

⑧低压验电器可用来识别相线接地故障。在三相四线制电路中,发生单相接地后,用验电笔测试中性线,氖泡会发亮;在三相三线制星形联结电路中,用验电笔测试 3 根相线,如果两相很亮,另一相不亮,则这相很可能有接地故障。

2) 高压验电器

高压验电器属于防护性用具,检测电压范围为 1000V 以上。高压验电器结构如图 8-8-20 所示。

高压验电器的使用方法和注意事项:

①必须戴上符合要求的绝缘手套。

②手握部位不得超过护环。

③测试时必须有人在旁监护。

④小心操作,以防发生相间或对地短路事故。

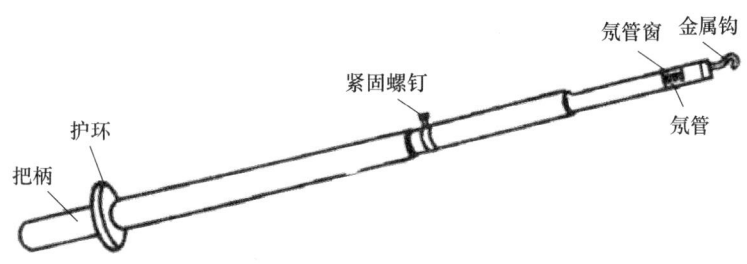

图 8-8-20 高压验电器结构示意图

⑤与带电体保持足够的安全间距（10kV 大于 0.7m）。

⑥室外在雨、雪、雾及湿度较大时，不宜进行操作，以免发生危险。

（二）电工常用仪表

在电工测量中，测量各种电量、磁量及电路参数的仪器仪表统称为电工仪表。电量指电流、电压、功率、电能、频率、电阻、电感、电容以及时间常数和介质损耗角等。磁量主要指磁场以及物质在磁场磁化下的各种磁特性，例如磁场强度、磁通、磁感应强度、磁势、磁导率、磁滞和涡流损耗等的测量。电测量和磁测量又可统称为电磁测量或电气测量。

1. 电工仪表的分类

电工仪表根据其在进行测量时得到被测量数值的方式不同分为：指示仪表、比较仪表和数字仪表三大类。

（1）指示仪表

指示仪表是先将被测量转换为可动部分的角位移，从而使指针发生偏转，通过指针偏转角度大小来确定待测量的大小，如各种指针式电流表、电压表等。

（2）比较式仪表

比较式仪表是指在进行测量时，通过被测量与同类标准量进行比较，然后根据比较结果确定被测量的大小。它包括直流比较式仪表和交流比较式仪表两类。如直流电桥、电位差计都是直流比较式仪表，而交流电桥属于交流比较式仪表。比较式仪器测量准确度比较高、但操作过程复杂、测量速度较慢。

（3）数字式仪表

数字式仪表，是指在显示器上能用数字直接显示被测量值的仪表。它采用大规模集成电路，把模拟信号转换为数字信号，并通过液晶屏显示测量结果。有速度快、准确度高、读数方便、容易实现自动测量等优点。

2. 电工仪表常用面板符号

不同类型的电工仪表，具有不同的技术特性。为了便于选择和使用仪表，通常把这些技术特性用不同的符号标示在仪表的刻度盘或面板上。根据国家标准的规定，每只仪表应有测量对象单位、准确度等级、工作原理系别、使用条件组别、工作位置、绝缘强度、试验电压和各类仪表的标志。使用仪表时，必须首先看清各种标记，以确定该仪表是否符合测量要求。常用的电工测量符号和仪表表面标志见表 8-8-1。

表 8-8-1　常用的电工测量符号和仪表表面标志

分类	符号	名称	被测量的种类
电流种类	—	直流电表	直流电流、电压
	～	交流电表	交流电流、电压、功率
	≃	交直流两用表	直流电量或交流电量
	≋ 或3～	三相交流电表	三相交流电流、电压、功率
测量对象	Ⓐ ⓜA ⓤA	安培表、毫安表、微安表	电流
	Ⓥ ⓚV	伏特表、千伏表	电压
	Ⓦ ⓚW	瓦特表、千瓦表	功率
	kW·h	千瓦时表	电能量
	Ⓕ	相位表	相位差
	Ⓕ	频率表	频率
	Ⓞ ⓜΩ	欧姆表、兆欧表	电阻、绝缘电阻
工作原理	⌂	磁电系仪表	电流、电压、电阻
	⋚	电磁系仪表	电流、电压
	▭	电动系仪表	电流、电压、电功率、功率因数、电能量
	⌂	整流系仪表	电流、电压
	⊙	感应系仪表	电功率、电能量
准确度等级	1.0	1.0级电表	以标尺量限的百分数表示
	①.5	1.5级电表	以指示值的百分数表示
绝缘等级	⚡2kV	绝缘强度试验电压	表示仪表绝缘经过2kV耐压试验
工作位置	⊓	仪表水平放置	
	⊥	仪表垂直放置	
	∠60°	仪表倾斜60°放置	
端钮	+	正端钮	
	—	负端钮	
	±或✳	公共端钮	
	⊥或⏚	接地端钮	

3. 电工常用仪表结构、原理

1）电流表

分为检测微小电流的检流计和测量较大电流的毫安表、安培表等。磁电系测量机构的指针偏转角与流过线圈的电流 I 成正比，所以它本身就是一个电流表，也就是我们通常所说的表头，表头只能作微安表或毫安表。要测量毫安以上电流时，需采用分流电阻扩大量程。分流电阻的作用是将被测电流分流，使大部分电流从并联电阻中分走。而测量机构中只流过其允许的电流。图 8-8-21 所示为电流表外形。

2）电压表

磁电系测量机构不仅可以构成电流表，还可以构成电压表。将测量机构的两端施加一允许电压，将有电流流过表头，当被测电压为 U，表头电阻为 R_c 时，通过表头的电流与电压的关系为 $U=IR_c$。磁电系测量机构的偏转角可以反映流过它的电流的大小，既然流过测量机构的电流与被测电压成正比，偏转角就可以反映被测电压的大小。标尺可以按电压刻度，这就成了一只简单的电压表。图 8-8-22 所示为电压表外形。

图 8-8-21　电流表

图 8-8-22　电压表

3）万用表

万用表是一种具有多用途、多量程的测量仪表，一般都具有测量交流电压、直流电压、直流电流以及电阻等功能，有的万用表还可以测量交流电流、电容和测量二极管及三极管的电流放大系数等。因此，万用表是维修电工最为常用的一种便携式仪表，在电气设备的安装、维修及调试等工作中应用十分广泛。万用表有指针式万用表和数字式万用表两种。下面主要介绍 MF500 型万用表。

(1) MF500 型万用表结构组成

是一种高灵敏度、多量程的便携式整流式仪表。能分别测量交、直流电压，直流电流，电阻及音频电平等，并具有较高的电压灵敏度。它主要由表头（测量机构）、测量线路和转换开关组成。如图 8-8-23 所示。

① 表头

通常采用灵敏度、准确度高的磁电式直流微安表，其满刻度电流为几微安到几百微安。

万用表表头上的刻度线，如图 8-8-24 所示：

第一条（从上到下）标有 R 或 Ω，指示的是电阻值，转换开关在欧姆挡时，即读此条刻度线。

第二条标有∼和 VA，指示的是交、直流电压和直流电流值，当转换开关在交、直流电压或直流电流挡，即读此条刻度线。

图 8-8-23　MF500 型万用表外形

第三条标有 10V，指示的是 10V 的交流电压值，当转换开关在交、直流电压挡，量程在交流 10V 时，即读此条刻度线。

第四条标有 dB，指示的是音频电平。

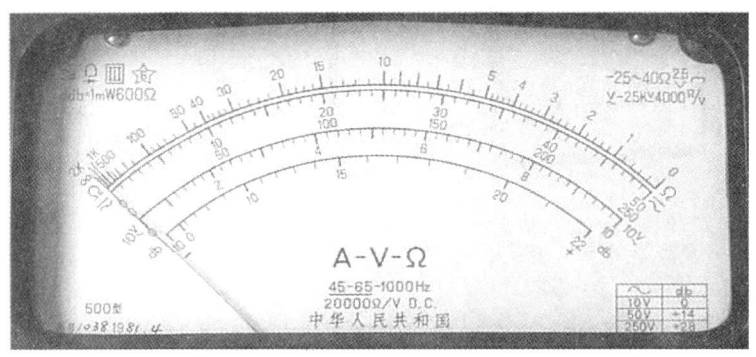

图 8-8-24　MF500 型万用表表头

②测量电路

用一只表头能测量多种电量，并且有多种量程，其关键是通过测量线路变换，把被测电量变成磁电系表头所能接受的微小直流电流。测量交流电压线路还有整流元件。

MF500 型万用表的量程挡位：

直流电压：2.5V、10V、50V、250V、500V 五个量程挡位。

交流电压：10V、50V、250V、500V 四个量程挡位。另设有一个 2500V 的插孔。

直流电流：1mA、10mA、100mA、100mA 四个常用挡位，及 50μA 扩展量程挡位。

电阻：×1、×10、×100、×1K、×10K 五个倍率挡位。

hFE：测量三极管直流放大倍数的专用挡位。

③转换开关

MF500 型万用表有两个转换开关，分别标有不同的挡位和量程。用来选择各种不同的测量要求。测量时根据需要把挡位放在相应的位置就可以进行交直流电流、电压、电阻测量了。如图 8-8-25 所示。

图 8-8-25　MF500 型万用表转换开关

（2）MF500 型万用表的使用

①使用前的准备工作

a. 接线柱（或插孔）选择

测量前检查表笔插接位置，红表笔一般插在标有"＋"插孔内，黑表笔插在"﹡"公共插孔内。

b. 测量种类选择

根据所测对象是交、直流电压，直流电流，电阻的种类转换开关旋至相应位置上。

c. 量程的选择

根据测量大致范围，将量程转换开关旋至适当量程上，若被测电量数值大小不清，应将转换开关旋至最大量程上，先测试，若读数太小，可逐步减小量程，绝对不允许带电转换量程，切不可使用电流挡或欧姆挡测电压，否则会损坏万用表。

②测量交流电压

a. 用交流电压挡。

b. 将两表笔并接线路两端，不分正负极。

c. 在相应量程标尺上读数。

d. 当交流电压小于 10V 时，应从专用表度尺读数。

e. 当被测电压大于 500V 时，红表笔应插在 2500V 交直流插孔内，必须戴绝缘手套。如图 8-8-26 所示。

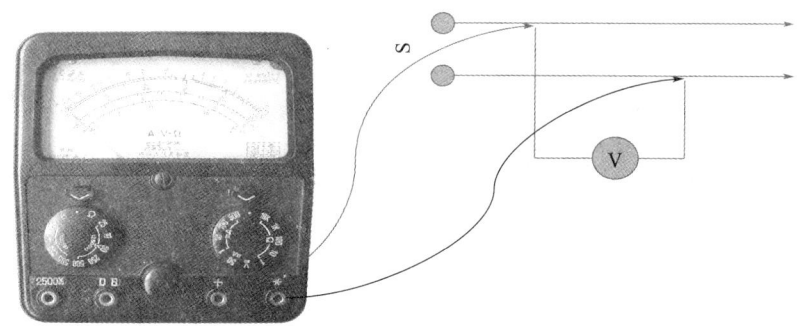

图 8-8-26　万用表测交流电压示意图

③测量直流电压

a. 用直流电压挡。

b. 红表笔接被测电压正极，黑表笔接被测电压负极，两表笔并在被测线路两端，如果不知极性，将转换开关置于直流电压最大处，然后将一根表笔接被测一端，另一表笔迅速碰一下另一端，观察指针偏转，若正偏，则接法正确；若反偏则应调换表笔接法。

c. 根据指针稳定时的位置及所选量程，正确读数。

如图 8-8-27 所示。

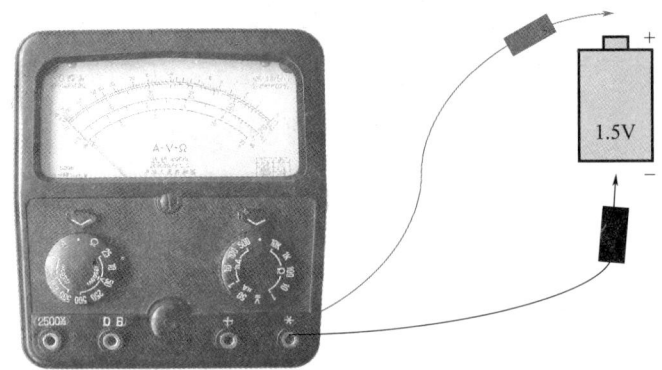

如图 8-8-27　万用表测直流电压示意图

④测量直流电流

a. 用万用表测直流时，用直流电流挡。量程 mA 或 μA 挡，两表笔串接于测量电路中。

b. 红表笔接电源正极，黑表笔接电源负极。如果极性不知，请把转换开关置于 mA 挡最大处，然后将一根表笔固定一端，另一表笔迅速碰一下另一端，观察指针偏转方向。若正偏，则接法正确；若反偏则应调换表笔接法。

c. 万用表量程为 mA 或 μA 挡，不能测大电流。

d. 根据指针稳定时的位置及所选量程，正确读数。

如图 8-8-28 所示。

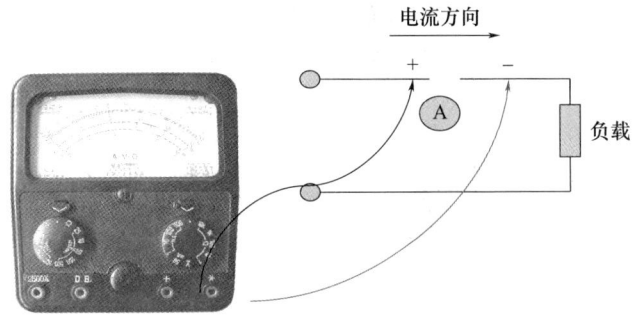

图 8-8-28　万用表测直流电流示意图

⑤测量电阻

a. 用万用表电阻挡测量电阻。

b. 测量前应将电路电源断开，有大电容必须充分放电，切不可带电测量。

c. 测量电阻前，先进行电阻调零。即将红黑两表笔短接，调节"Ω"旋钮，使指针对零。若指针调不到零，则表内电池不足需更换。每更换一次量程都要重复调零一次。

d. 测量低电阻时尽量减少接触电阻，测大电阻时，不要用手接触两表笔。以免人体电阻并入影响精度。

e. 从表头指针显示的读数乘以所选量程的倍率数即为所测电阻的阻值。

如图 8-8-29 所示。

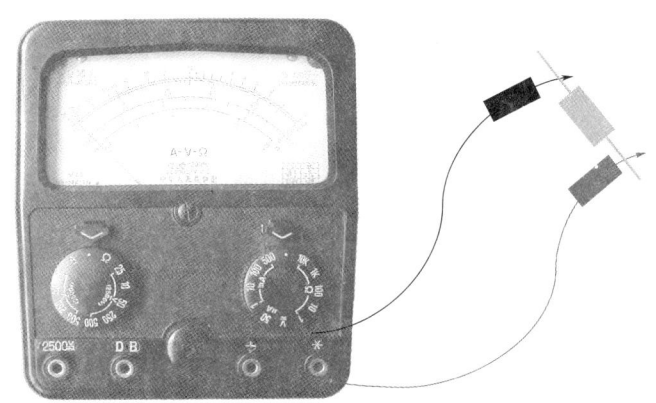

图 8-8-29　万用表测电阻示意图

（3）使用万用表的注意事项

①指针式万用表读取精度较差，但指针摆动的过程比较直观，其摆动速度幅度能比较客观地反映被测量的大小。指针式万用表内一般有两块电池，一块低电压的 1.5V，一块是高电压的 9V 或 15V，数字式万用表一般用 9V 的电池。

②使用万用表应熟悉表盘上各符号的意义及各个旋钮和选择开关的作用。选择好表笔插孔的位置。

③根据被测量的种类及大小，选择转换开关的挡位及量程，找出对应的刻度线，测量电流与电压不能旋错挡位。如果误将电阻挡或电流挡去测电压，就会烧坏电表。

④测量直流电压和直流电流时，注意"＋""－"极性，不要接错。如发现指针反转，应立即调换表棒，以免损坏指针及表头。如果不知道被测电压或电流的大小，应先用最高挡，而后再选用合适的挡位来测试，以免表针偏转过度而损坏表头。所选用的挡位越靠近被测值，测量的数值就越准确。

⑤在测电流、电压时，不能带电换量程。

⑥测量电阻时，先将两支表棒短接，调"零欧姆"旋钮至最大，指针仍然达不到 0 点，这种现象通常是表内电池电压不足造成的，应换上新电池方能准确测量。

⑦测量电阻时，不要用手触及元件的两端（或两支表棒的金属部分），以免人体电阻与被测电阻并联，使测量结果不准确。

⑧不能带电测量电阻，因为测量电阻时，万用表由内部电池供电，如果带电测量则相当于接入一个额外的电源，会损坏表头。

⑨万用表不用时，不要旋在电阻挡，因为内有电池，如不小心易使两根表棒相碰短路，不仅耗费电池，严重时甚至会损坏表头。要将挡位旋至交流电压最高挡或空位挡，避免因使用不当而损坏。

⑩长期不用的万用表应将电池取出，避免电池存放过久而变质，漏出电解液腐蚀电路。

第九章　主要工种实操实训案例

第一节　测量实操案例

一、实训项目：水准仪的操作与读数

（一）实训目的

（1）熟练掌握水准仪架设操作技能；
（2）熟练掌握水准仪读数技能。

（二）实训内容

（1）熟悉并掌握水准尺分划与注记；
（2）练习水准仪粗平、瞄准、调焦、消除视差、精平和读数等操作。

（三）实训仪器和工具

DS_3型水准仪一台，尺垫一只、双面水准尺一副，DS三脚架一副、记录板一块。

（四）预习和准备

了解水准仪的构造；掌握水准仪架设的基本操作程序和读数方法。

（五）实训要求及注意事项

（1）要求各位成员必须依次独立完成水准仪操作并读出红、黑面尺数字和扶尺子工作；
（2）读数前请注意消除视差和确保复合气泡影像左右吻合稳定（DZS显示窗中全绿色为佳）；
（3）记录者记录读数前必须复述一遍读数以资校核；
（4）严格遵守"仪器的正确使用和爱护"规则。

（六）实训步骤

（1）在测站上架设好三脚架；
（2）开箱，取出仪器并安置水准仪，完成整平工作；
（3）由扶尺子同学带好尺垫、水准尺从测站出发沿既定方向走100步，在此设置测点，注意将注记为零刻度的尺端朝下，扶直水准尺，将黑面对准测站；
（4）目镜调焦：转动望远镜照准部，粗略瞄准水准尺，制动并调整目镜使十字丝最清晰；
（5）物镜调焦：调整对光螺旋，使目标最清晰，同时眼睛微微上下移动至十字丝中丝处读数无变化为止；
（6）转动微动螺旋，使竖丝与水准尺错位刻划中线相切，若尺子未扶正，应指挥扶尺子同学进行调整；

(7) 精确整平：调整微倾螺旋，使复合气泡两侧的半圆吻合稳定；
(8) 准确、迅速读数并记录，本次实训读数时，估读的数统一取偶数；
(9) 打手势指挥扶尺子同学将红面尺对准测站，重复（6）、（7）、（8）操作；
(10) 操作完毕，将仪器入箱，按照观测者—扶尺者—记录者—观测者交换工作，重复以上操作，直到本次实训结束。

（七）实训报告：水准仪的操作与读数

(1) 真实地填写实训观察到的数据并进行相关计算；
(2) 分析实训记录数据的正确性与误差原因。

日　　期_____　班　组_____　仪器型号_____
观测者_____　记录者_____

表 9-1-1　水准仪测量数据记录表

测站	测点	后视读数	前视读数	高差	高差互差	高差平均值
	后					
	前					
	后					
	前					
	后					
	前					
	后					
	前					
	后					
	前					
	后					
	前					
	后					
	前					

二、实训项目：经纬仪的认识与使用

（一）实训目的

(1) 熟悉经纬仪的结构、各部件的功能；
(2) 熟悉经纬仪的检验项目、方法、标准；
(3) 掌握经纬仪的安置（对中、整平）的操作方法。

（二）实训内容

(1) 经纬仪的安置（对中、整平）；
(2) 经纬仪的操作：瞄准、调焦、采光、读数；

(3) 经纬仪的几何关系的检验。

(三) 仪器及工具

DJ$_6$ 型经纬仪一台、DJ 三脚架一副、遮阳伞一把、木桩一个、铁钉一枚、斧头一把、记录板一块。

(四) 预习和准备

了解经纬仪的构造，读数设备和读数方法。

(五) 实训注意事项

(1) 安置经纬仪前必须使 DJ 三脚架顶面基本持平；
(2) 经纬仪对中采用垂球对中法和光学对中器法；
(3) 操作时用力不能过大过猛，要平稳，同一方向旋转要适度不能过头；
(4) 检验时要认真操作并做好记录，出现不符合标准时应请示实训指导老师处理；
(5) 仪器入箱要确保放置位置正确。

(六) 实训步骤

(1) 打开 DJ 三脚架，挂上垂球，在测站处安置 DJ 三脚架，使垂球尖对准测站控制点，同时确保 DJ 三脚架顶面粗平；
(2) 开箱取出经纬仪安置在 DJ 架面上，拧紧后倒旋 2~3 圈后，严格对中后再拧紧；
(3) 进行经纬仪整平操作；
(4) 瞄准一目标，试操作制动螺旋、调焦螺旋、微动螺旋，目镜调整；
(5) 转动读数窗目镜、反光镜；
(6) 操作复测扳手或变换手轮，观测并记录变化；
(7) 检验经纬仪的十字丝、视准轴误差和水平轴关系，做好记录并判断；
(8) 交换，重复上述操作；
(9) 清点仪器、工具，安全归还。

(七) 实测报告：经纬仪的使用

日　期＿＿＿＿＿＿　班　组＿＿＿＿＿＿　仪器型号＿＿＿＿＿＿
观测者＿＿＿＿＿＿　记录者＿＿＿＿＿＿

表 9-1-2　水平角测量记录、计算表

测站	盘位	目标	水平度盘读数 (°′″)	半侧回角值 (°′″)	一侧回角值 (°′″)	方向略图

第二节 砌筑实操案例

教学建议：

项目教学时，按照建筑砌筑行业规范、标准要求、采用与工作岗位的环境、内容、时间基本一致的教学手段，帮助学生具备完成项目内容的基本条件，通过教学法的几个基本阶段实施教学。教师要善于引导学生从工作中发现问题，有针对性地展开讨论，提高解决问题的能力。

一、实训准备

1. 实训设备、工具及装备

实训需准备的常用机具及工具有：大铲、瓦刀、线锤、小白线、卷尺、水平尺、皮数杆、小水桶、灰槽、砖夹子、扫帚等，见图 9-2-1。主要安全劳防用品有安全帽、手套等。

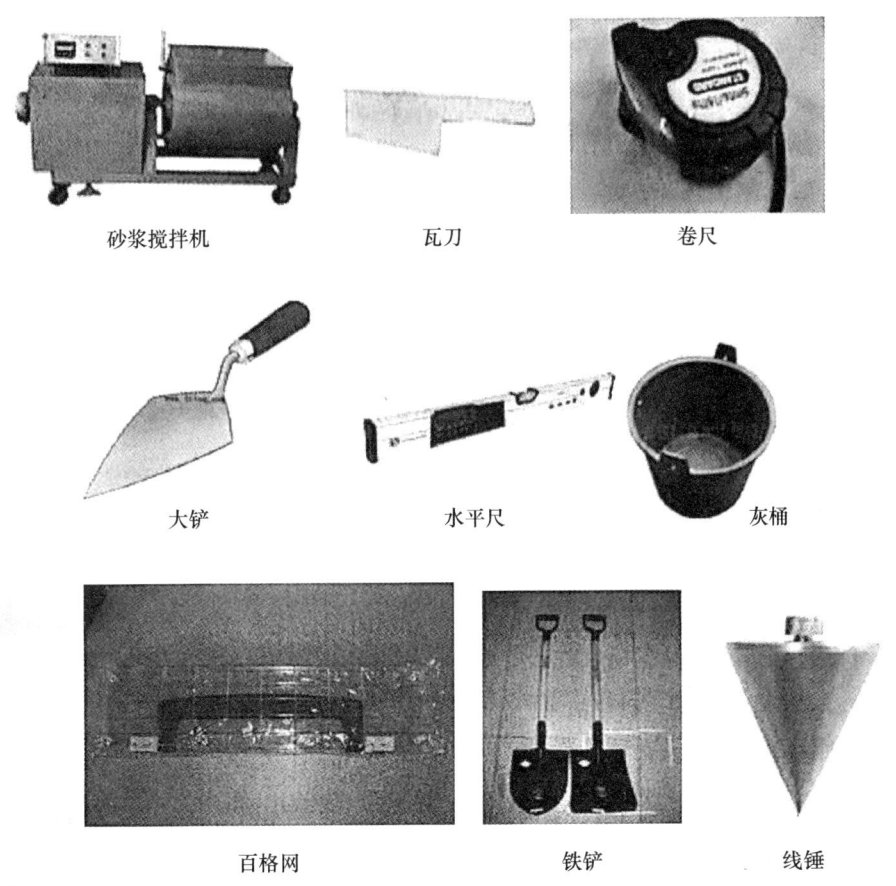

图 9-2-1 砌筑工实训部分设备工具

2. 实训材料准备

实训小组需用材料如表 9-2-1 所示。

表 9-2-1　砌筑实训材料

材料名称	规格	数量	备注
标准砖	240mm×115mm×53mm	450 块	
中粗砂	粒径＞0.35mm	200kg	含泥量＜3%
石灰膏	陈伏 7 天以上	75kg	
水泥	无杂质	75kg	代替水泥

3. 工具和材料使用注意事项

(1) 施工中应加强材料的管理，注意工具、机械的保养和维修。

(2) 砂子、砖等原材料质量要求要符合规范规定。

(3) 建筑材料的使用、运输、储存在施工过程中必须采取有效措施，防止损坏、变质和污染环境。

(4) 常用工具操作结束应清洗收好。

4. 施工操作一般注意事项

(1) 施工时应注意对定位标高的标准杆、尺、线的保护，不得触动、移位。

(2) 基层应按要求处理干净。

(3) 砂浆配合比应采用质量比，计量精度水泥为±2%，砂、灰膏控制在±5%以内。宜用机械搅拌，搅拌时间不少于 1.5min。

(4) 排砖摆底一般根据弹好的位置线，认真核对洞间墙、垛尺寸，使其长度符合排砖模数。

(5) 砖墙砌筑应横平竖直、砂浆饱满、上下错缝、内外搭砌、接槎牢固。

(6) 水平灰缝不饱满易使砖块折断，所以实心砖砌体水平灰缝的砂浆饱满度不得低于 80%。

(7) 灰缝厚度控制在 8~12mm。

(8) 应连续进行施工，尽快完成。

5. 学生操作纪律和安全注意事项

(1) 实训过程中，必须在了解操作程序和注意事项后才能操作。

(2) 在操作之前必须检查操作环境是否符合安全要求，机具是否完好牢固，安全设施和防护用品是否齐全。

(3) 在操作过程中，应戴手套、安全帽、身着工作服进行工作。

(4) 砍砖时应面向内打，注意碎砖弹出伤人。

(5) 不准站在墙顶上划线、刮缝和清扫墙面或检查大角垂直等工作。实训现场严禁大声喧哗，不可随意走动。

(6) 一个项目结束，经评定合格，方可进行下一个项目。

(7) 全部项目操作结束，经综合评定打分，方可拆除，并将现场清理干净。

二、知识准备

(一) 常用砌筑材料

1. 普通烧结砖

1) 砖墙砌体砌筑一般采用烧结普通黏土砖、烧结多孔砖、蒸压粉煤灰砖等。规格尺寸：

(1) 烧结普通黏土砖为 240mm×115mm×53mm。
(2) 烧结多孔砖为：P 型，240mm×115mm×90mm；M 型 90mm×190mm×90mm。
2) 强度等级：MU10、MU15、MU20、MU25、MU30 共 5 级，单位：MPa（N/mm²）。
3) 品级：优等品、一等品、合格品。（根据外观、尺寸、强度、耐久性等分类）。
4) 用途：若为基础、柱、墙等清水墙，外面不用装饰，要求砖边角整齐色泽均匀，用优等品砖。混水墙外面抹灰，用一等品、合格品砖。
5) 检查：品种、强度、外观、几何尺寸，出厂合格证书检查和性能检测报告，进场后应进行复验。
6) 施工前准备：使用前 1～2 天浇水润湿，以浸水深度 10～15mm 为宜。

2. 砌块

以混凝土或工业废料做原料制成比砖大的实心或空心的块材。

1) 特点

自重轻，施工速度快、效率高、方法简单。

2) 分类

(1) 按形状分：实心、空心砌块。
(2) 按制作原料分：粉煤灰、加气混凝土、混凝土、硅酸盐等数种。
(3) 按规格分：小型（高 115～380mm）、中型（高 380～980mm）、大型（高大于 980mm）。

3) 要求

长度应满足建筑模数的要求，力求型号少，厚度及空心率应根据结构的承载力、稳定性、构造与热工要求决定。

3. 砌筑砂浆

1) 组成

由胶结材料（石灰、水泥等）、细骨料（砂）及水组成的混合物。

2) 分类

(1) 石灰砂浆：砌筑干燥环境中以及强度要求不高的砌体。
(2) 水泥砂浆：潮湿环境和强度要求较高的砌体。
(3) 混合砂浆：地面以上强度要求较高的砌体。
(4) 其他砂浆：如防水砂浆、嵌缝砂浆等。

3) 强度等级

M15，M10，M7.5，M5 和 M2.5。

4) 要求

(1) 使用时砂浆必须满足设计要求的种类和强度等级，同时还须满足流动性和保水性的要求。
(2) 水泥进场使用前，应分批对其强度、安定性进行复验。
(3) 砌筑砂浆用砂宜用中砂，含泥量应满足下列要求。
①对水泥砂浆和强度等级不小于 M5 的水泥混合砂浆，含泥量不应超过 5%；
②对强度等级小于 M5 的水泥混合砂浆，含泥量不应超过 10%。
(4) 配制水泥石灰砂浆时，不得采用脱水硬化的石灰膏。

(5) 拌制砂浆用水，水质应符合国家现行标准规定。

(6) 砌筑砂浆应通过试配确定配合比。

(7) 砌筑砂浆应采用机械搅拌，自投料完算起，搅拌时间应符合下列规定：

①水泥砂浆和水泥混合砂浆不得少于 2min；

②水泥粉煤灰砂浆和掺用外加剂的砂浆不得少于 3min；

③掺用有机塑化剂的砂浆，应为 3~5min。

(8) 砂浆应随拌随用，水泥砂浆和水泥混合砂浆应分别在 3h 和 4h 内使用完毕；当施工期间最高气温超过 30℃时，应分别在拌成后 2h 和 3h 内使用完毕。

(二) 砖砌体的组砌形式

1. 组砌形式

砖墙组砌形式有一顺一丁、三顺一丁、梅花丁、全丁式等。

(1) 一顺一丁：一皮顺砖与一皮丁砖相互交替砌筑而成，上下皮间的竖缝相互错开 1/4 砖长，多用于一砖厚墙的砌筑。

(2) 三顺一丁：由三皮顺砖与一皮丁砖相互交替叠砌而成。上下皮顺砖搭接为 1/2 砖长，宜用于一砖半以上的墙体砌筑。

(3) 梅花丁：每皮中丁砌与顺砌相隔，上皮丁砖中坐于下皮顺砖，上下皮相互错开 1/4 砖长，用于砌筑清水墙或当砖规格不一致时。

(4) 全丁式：全部用丁砖砌筑，两皮间竖缝相互错开为 1/4 砖长，多用于圆形建筑物，如水塔、烟囱、水池，圆仓等。

2. 组砌厚度

砖墙厚度有半砖墙（120mm）、一砖墙（240mm）、一砖半墙（370mm）、两砖（490mm）等。

3. 组砌要求

(1) 上下错缝，内外搭接，以保证砌体的整体性（砌体最薄弱的部位是灰缝处）；

(2) 有规律，少砍砖，以提高砌筑效率，节约材料。

(三) 砖砌体的施工工艺流程

1. 抄平放线：砌筑前，底层用水泥砂浆找平，再以龙门板定出墙身轴线、边线。

2. 摆砖：在放线的基面上按选取定的组砌方式用砖试摆。

3. 立皮数杆：在皮数杆上划有每皮砖和砖缝厚度，以及门窗洞口、过梁、梁底、预埋件等标高位置。

4. 盘角、挂线："三皮一吊（垂直度）、五皮一靠（平整度）"，单面、双面挂线。

(1) 根据皮数杆先在墙角砌 4~5 皮砖，称为盘角；

(2) 根据皮数杆和已砌的墙角挂准线，作为砌筑中间墙体的依据，每砌一皮或两皮，准线向上移动一次，以保证墙面平整。

5. 砌筑：铺灰挤砌法和"三一砌砖法"。

(1) 铺灰挤砌法：盘铺灰浆，再用砖持平，后向灰缝挤浆。铺浆长度小于等于 750mm，温度大于 30°时铺浆长度小于等于 500mm。

(2) "三一砌砖法"：即"一铲灰、一块砖、一挤揉"，宜砌筑实心墙。

6. 勾缝：保护墙面并增加墙面美观，有平缝、斜缝、凹缝等。

7. 清理：落地灰。

三、实训项目1：一顺一丁墙体砌筑

1. 教师工作页参见表9-2-2。

表9-2-2　教师工作页：一顺一丁墙体砌筑

学习任务	墙体组砌形式	实训课时	6课时/项目
实训组织	建议3人一组		
实训目标	1. 学生能正确使用砌筑材料及常用工具。有能力合理使用有关技术手册和操作规定 2. 学生通过墙砌筑实训，掌握砌筑的施工工艺流程和常用的砖砌体组砌方法。学会保证砌体平整度、垂直度的砌筑方法与技巧 3. 学生能按照质量检验标准及检验方法进行自检和互检，能了解砌体的质量通病并分析其原因，并能提出防治措施		
	内容	教学建议	
技术准备	1. 砌筑工具准备	现场熟悉	
	2. 砌筑材料准备	在教师指导下查阅相关手册完成	
	3. 砌筑工艺流程及组砌方法	教师演示指导学习	
	4. 检验工具	现场熟悉	
技能要点	1. 放线、摆砖摆底	教师讲解、示范操作要领，并指导学生操作练习。工序完成后组织学生进行自检、互检、评议出现的质量问题，最后给出实训成绩	
	2. 立皮数杆、盘角挂线		
	3. 砌筑墙身		
	4. 对照相关规范进行质量检测		
知识要点	1. 组砌方法	教师指导学生查阅施工技术、砌筑工艺等相关资料	
	2. 砌体的组砌原则		
	3. 常用的砌筑材料要求		
	4. 质量验收标准及检验方法		
	教学重点	教学难点	
1. 组砌流程		1. 墙体平整度控制	
2. 组砌方法		2. 灰缝厚度的控制	
3. 安全操作及规范要求		3. 垂直度的控制	

2. 实训要求

1）尺寸要求：长度1365mm，宽度845mm，高度945mm（合15皮砖）的L形混水墙。底下两层均为"三七"墙，以上均为"二四"墙。摆砖分别如图9-2-2、图9-2-3。一顺一丁砌法一般采用外七分头调整砖缝，要求七分头跟顺砖走。

2）小组合作要求：三人一组。一人拌砂浆；一人搬砖、砍七分砖；一人摆砖、计算砖的数量。

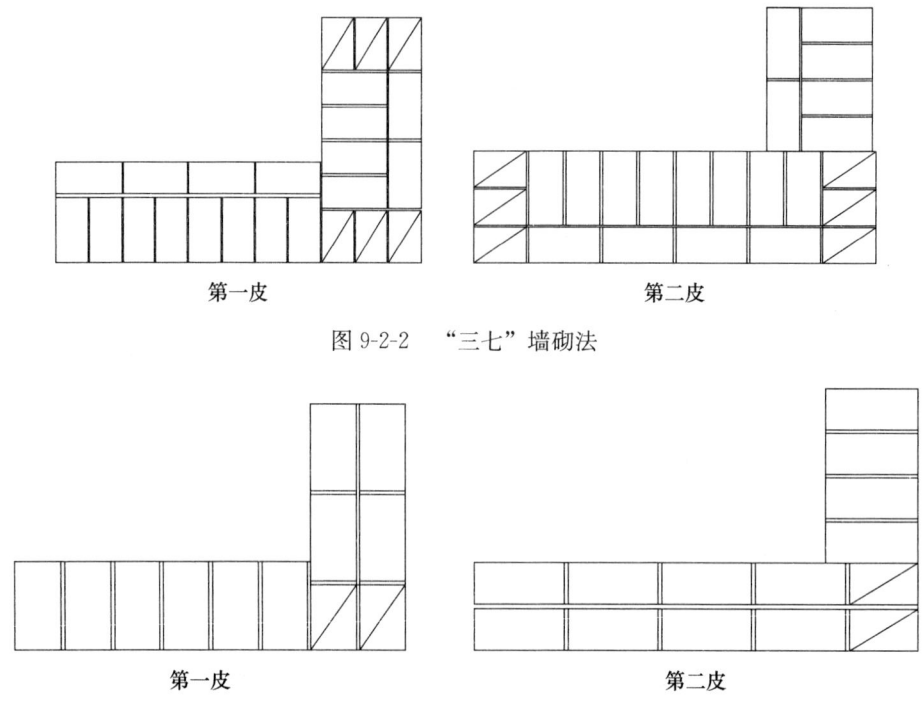

图 9-2-2 "三七"墙砌法

图 9-2-3 "二四"墙砌法

3）质量要求：

（1）砖砌体组砌方法应正确，上、下错缝，内外搭砌。

（2）砖砌体的灰缝应横平竖直、厚薄均匀。灰缝厚度宜为 10mm，但不应小于 8mm，也不应大于 12mm。

4）砌筑要求见表 9-2-3。

表 9-2-3 砌筑要求

材料要求	砖一般可提前 1~2 天浇水；砂子一定要过筛
工具要求	泥刀、泥桶、铁铲、托线板、线坠、塞尺、前尺、皮数杆等
安全要求	进入施工现场，必须戴安全帽。 砍砖时应面向内打，防止碎砖弹出伤人。 不准站在墙顶上划线、刮缝、清扫墙面及检查大角垂直。 严禁投掷物体，防止物体坠落伤人。 施工操作时要思想集中，不准嬉笑打闹。 严禁站在墙上工作或行走
清洁整理要求	工作完毕应将墙上和脚手架上多余的材料、工具清理干净。 工作完毕将砖、砂等材料堆放到原地并整理。 工作完毕将工具妥善放置

3. 学生工作页

学生工作页参见表 9-2-4。

表 9-2-4 学生工作页：一顺一丁墙体砌筑

姓名：	小组：	班级：	总成绩：

知识要点（评分权重15%）	成绩：
1. 普通烧结砖的规格是多少？	
2. 砌筑砂浆的技术要求有哪些？	
3. 什么叫十字缝？	
4. 什么叫骑马缝？	
5. 砌筑的工艺流程是什么？	

操作要点（评分权重15%）	成绩：
1. 记录砌筑用工具名称	
2. 上下皮灰缝错开距离	
3. 操作步骤	
4. 皮数杆的一般规格	
5. 挂线的步骤	
操作心得	

考核验收（评分权重60%）						成绩：
序号	项目	要求及允许偏差	检验方法	验收记录	配分	得分
1	工作态度	遵守纪律、态度端正	观察、检查		10	
2	水平灰缝砂浆饱满度	≥80%	百格网		10	
3	垂直度（每层）	≤5mm	线坠、托线板检查		10	
4	组砌方法	上下错缝，内外搭砌 上下二皮砖搭接长度 小于25mm的为通缝	观察、尺量		15	
5	水平灰缝厚度	8～12mm	量10皮砖砌体高度折算		15	
6	表面平整度	清水：5mm 混水：8mm	用2m靠尺和楔形塞尺检查		10	
7	水平灰缝平直度	10mm	拉线和尺栓检查		10	
8	安全	不出安全事故	巡查		10	
9	整洁	工具完好、作业面的清理	观察、检查		10	

质量检验记录及原因分析（评分权重10%）		成绩：
质量检验记录	质量问题分析	防治措施建议

四、实训项目 2：构造柱处墙体砌筑

1. 教师工作页参见表 9-2-2。
2. 实训要求
1）尺寸要求：见图 9-2-4，要求一端留马牙槎，一端留斜槎。

图 9-2-4 尺寸要求（单位：mm）

2）小组合作要求：建议 3～4 人一组。
3）质量要求
（1）构造柱处砖墙应砌成马牙槎，先退后进，进退 60mm；
（2）大马牙槎从每层柱脚开始，每一马牙槎沿高度方向尺寸不应超过 300mm（一般是 5 皮砖）；
（3）墙与柱应沿高度方向每 500mm（一般是 8 皮砖）设水平拉结筋，每边伸入墙内应小于 1000mm；
（4）上下错缝，竖缝厚度为 10mm 左右，但不小于 8mm，也不大于 12mm；
（5）斜槎水平长度不应小于墙体高度的 2/3。
4）砌筑要求见表 9-2-3。
3. 学生工作页
学生工作页参见表 9-2-5。

表 9-2-5 学生工作页：构造柱处墙体砌筑

姓名：	小组：	班级：	总成绩：
知识要点（评分权重 15%）			成绩：
1. 构造柱有什么作用？			
2. 构造柱与墙体之间的拉结筋要求是什么？			
3. 构造柱的最小截面尺寸是多少？			
4. 构造柱的最小主筋要求是多少？			
5. 构造柱箍筋最小要求是多少？			
操作要点（评分权重 15%）			成绩：
1. 构造柱侧的大马牙槎高度方向尺寸是多少？			

续表

2. 大马牙槎从柱脚开始应先退后进,还是先进后退?			
3. 大马牙槎的进退尺寸是多少?			
操作心得			

考核验收(评分权重60%)				成绩:	
序号	项目	要求及允许偏差(mm)	检验方法	验收记录	配分	得分
1	工作态度	遵守纪律、态度端正	观察、检查		10	
2	马牙槎及拉结筋	马牙槎高不大于300mm 拉结筋埋入墙内 500长间距@500	观察、尺量		10	
3	水平灰缝砂浆饱满度	≥80%	百格网		10	
4	垂直度(每层)	≤5mm	线坠、托线板检查		10	
5	组砌方法	上下错缝,内外搭砌 上下二皮砖搭接长度小于25mm的为通缝	观察、尺量		15	
6	水平灰缝厚度	8~12mm	量10皮砖砌体高度折算		15	
7	表面平整度	清水:5mm 混水:8mm	用2m靠尺和楔形塞尺检查		10	
8	水平灰缝平直度	10mm	拉线和尺栓检查		10	
9	安全	不出安全事故	巡查		10	
10	整洁	工具完好、作业面的清理	观察、检查		10	
质量检验记录及原因分析(评分权重10%)				成绩:	
质量检验记录		质量问题分析		防治措施建议	

第三节 镶贴实操案例

一、镶贴边工基本概念

(一)镶贴饰面的功能

在建筑装饰中,因建筑物性质及使用功能要求,常用烧成的陶瓷制品如瓷砖、面砖、陶瓷锦砖(陶瓷马赛克)等,天然石材如大理石、花岗石、青石板等,人造石材如人造大理石、人造花岗石及塑料板块制品等中高档建筑装饰材料来镶贴室内外墙、柱面及地面表面,达到完善建筑物的使用功能和丰富观感的目的。另外,还可以用烧结砖、文化石、玻璃砖甚至卵石为材料，用砌贴的方法来分隔室内空间和美化环境。

（二）镶贴施工方法

镶贴饰面的含义是指施工方法，一般有"镶"和"贴"两种。较大规格的石材上墙采用"挂贴"，较小规格的石材、陶瓷制品或装修地面采用"粘贴"的办法。

（三）工作范围与根本任务

（1）少镶贴工的工作范围包括室内外抹灰、饰面板（砖）镶贴以及非承重墙砌筑等。

（2）镶贴工艺操作的根本任务就是照图施工，即通过对相关设计文件和图纸的学习、理解、消化，采用合理的构造组合、材料选择、工艺技术手段，准确地拼图、精密地衔接，使缝格平顺以及收边和封口角位规矩、相互交圈、结合平整、牢固。

二、镶贴工施工安全基本知识

1. 首先将砖墙面的抹灰层剔平，将表面尘土、污垢清扫干净，浇水湿润。

2. 大墙面和四角、门窗口边弹线找规矩，必须由顶层到底一次进行，弹出垂直线，并决定面砖与墙尺寸，分层设点，做灰饼，横线则以楼层为水平基线交圈控制，竖向线则以四周大角和通天跺、柱子为基准线，控制每层打底时则以此灰饼为基准点进行冲筋，使基底层做到横平竖直，同时要注意找好突出檐口、腰线、窗台、雨篷等饰面的流水坡度。

3. 抹底层砂浆：先把墙面浇水湿润，用1∶3水泥砂浆搓底找平。

4. 饰面砖镶贴前，首先要用手排砖，在同一墙面上应从墙的一端向另一端或从墙的中部向两侧排砖，应横竖排列，均不得有一行以上的不整砖。

5. 外墙砖应根据设计图纸要求进行排砖，同一墙面的砖要色泽一致，灰缝要横平竖直。嵌缝密实、平直，宽度和深度应一致，粘贴牢固、无空鼓。

6. 排砖、弹线：在找平层上，用粉线弹出饰面砖分格线，一般竖向线间距为1m左右，横线一般根据砖规格尺寸每5~10块弹一水平线。

7. 选砖、浸砖：在面砖没镶贴前应预先设专人选砖，严格筛选，不同尺寸分别堆放，使用前应提前浸泡。

8. 镶贴标准：表面规方平整、洁净，色泽一致，无裂痕和缺损。

9. 镶贴方法：由下往上，从阳角开始逐一镶贴，镶贴砂浆采用1∶2水泥砂浆。

10. 嵌缝应用同色水泥擦缝，并将缝中的气孔和砂眼封闭密实，饰面砖表面污染严重的，可用稀盐酸清洗后用清水冲洗干净。

三、内墙瓷砖饰面

墙体是承载屋面结构重量、遮风挡雨、保温隔热、围护和分隔空间的构件。随着我国墙体革新的推进和节能要求的提高，建筑施工对墙体和屋面的热工与防水性能提出了更高要求。要求外墙与屋面应提高保温、隔热、防水等性能和装饰效果，内隔墙应满足隔声要求，厨房、卫生间应解决隔墙防潮、地面防水问题，各种墙体与屋面均宜减轻自重，耐久可靠，方便施工。

以内墙面（裙）为例，内墙瓷砖粘贴工艺，近年来随着建材业的发展，也有不同的变化。但由于操作者的习惯和地区不同，施工方法也各异。如就粘结层所用材料而言，就有混合砂浆、水泥砂浆、聚合物灰浆及建筑胶等。就排砖方法而言，也有比较传统的对称式和施工快捷、节省瓷砖的一边跑，以及以某重要显眼部位为核心的排砖方法等。

工艺流程：打底子→选砖、润砖→弹线找规矩→排砖撂底→粘贴瓷砖→找破活、勾缝→养护。

1. 打底子

（1）瓷砖在粘贴前要对结构进行检查。墙面上如有穿线管等，要把管头用纸塞堵好，以免施工中落入灰浆。有消防栓、配电箱盖等的背面钢板网要钉牢，并先用混合麻刀灰浆抹粘结层后，用小砂子灰刮勒入底子灰中，与墙面基层一同打底。

（2）打底的做灰饼、挂线、充筋、装档刮平等程序可参照水泥砂浆抹墙面的打底部分。打底后要在底子灰上划毛以增强与面层的粘结力。打底的要求应按高级抹灰要求，偏差值要极小。

2. 选砖、润砖

（1）瓷砖贴前要对不同颜色和尺寸的砖进行筛选，选砖的方法可以用肉眼与借助选砖样框和米尺共同挑选。

（2）瓷砖在使用前要进行润砖。润砖是一个需要很强经验的过程。润砖，可以用大灰槽或大桶等容器盛水，把瓷砖浸泡在内，一般要 1h 左右方可捞出，然后单片竖向摆开阴晾至底面抹上灰浆时，能吸收一部分灰浆中的水分，而又不致把灰浆吸干时使用。在实际工作中，这个问题很关键，其对整个粘贴质量有着极大的影响。如果浸泡时间不足，砖面吸水力较强，抹上灰浆后，灰浆中的水分很快被砖吸走，造成砂浆早期失水，产生粘贴困难或空鼓现象；如果浸泡时间过长，阴凉不足时，灰浆抹在砖上后，砂浆不能及时凝结，粘贴后易产生流坠现象，影响施工进度，而且灰浆与面砖间有水膜隔离层，在砂浆凝固后造成空鼓。所以掌握瓷砖的最佳含水率是保证质量的前提。

有经验的工人，往往可以根据浸、晾的时间，环境，季节，气温等多种复杂的综合因素，比较准确地估计出瓷砖最佳含水率。由于这是一个比较复杂、含综合因素的问题，所以不能单从浸泡时间或阴干时间来判定，在工作中多动脑，多观察，积累一定的经验，往往可以通过手感、质量、颜色等表象，而产生一种直觉和比较准确的判断。浸砖、晾砖的过程要在粘贴前进行，不然可能对工期有影响。

3. 弹线找规矩

弹线时首先要依给定的标高，或自定的标高在房间内四周墙上，弹一圈封闭的水平线，作为整个房间若干水平控制线的依据。

4. 排砖撂底

（1）依砖块的尺寸和所留缝隙的大小，从设计粘贴的最高点，向下排砖，半砖（破活）放在最下边。再依排砖，在最下边一行砖（半条砖或可能是整砖）的上口，依水平线反出一圈最下一行砖的上口水平线。竖向排砖完成后可以进行横向排砖。

（2）如果采用对称方式时，要横向用米尺找出每面墙的中点（要在弹好的最下一皮砖上口水平线上画好中点位置），从中点按砖块尺寸和留缝向两边阴（阳）角排砖。

（3）如果采用的是一边跑的排砖法，则不需找中点，要从墙一边（明处）向另一边阴角（不显眼处）排去。排砖也可以通过计算的方法进行。

(4) 如竖向排砖时，以总高度除以砖高加缝隙所得的商，为竖向要粘贴整砖的行数，余数为边条尺寸。如横向排砖时一面跑排砖，则以墙的总长除以砖宽加缝隙，所得的商为横向要粘贴的整砖块数，余数为边条尺寸。

(5) 依规范要求，小于3cm的边条不准许使用，所以在排砖后阴角处如果出现小于3cm边条时，要把与边条邻近的整砖尺寸加上边条尺寸的和，再除以2得出的商数，作为两块竖列大半砖的宽度尺寸。按此宽度尺寸切割两块大半砖，粘贴在阴角附近（即把一块整砖和一块小条砖，改为两块大半砖）。

(6) 在排砖中，如果设计采用阴阳角条、压顶条等配件砖，在找规矩排砖时要综合考虑。计算虽然稍微复杂些，但也不是很难。有门窗口的墙，有时为了门窗口的美观，排砖时要从门窗口的中心考虑，使门窗口的阳角外侧的排砖两边对称。一面墙上有几个门窗口及其他的洞口时，需要综合考虑，尽量做到合理安排，不可随意乱排。

依上所述，在横、竖向均排完砖并弹完最下一行砖的上口水平控制线后，再在横向阴角边上一列砖的里口竖向弹上垂直线。每一面墙上这两垂一平的三条线，是瓷砖粘贴施工中的基本控制线，是必不可少的。另外在墙上竖向或横向以某行或某列砖的灰缝位置弹出若干控制线也是必要的，以防在粘贴时产生歪斜现象。所弹的若干水平或垂直控制线的数量，要依墙的面积、操作人员的工作经验、技术水平而决定，一般墙的面积大，要多弹，墙面积小，可少弹。操作人员经验丰富、技术水平高可以不用弹或少弹，否则需要多弹。弹完控制线后，要依最下一行砖上口的水平线而铺垫一根靠尺或大杠，使之水平，且与水平线平行，下部用砂或木板垫平。

5. 粘贴瓷砖

粘贴用料种类较多，这里以采用素水泥中掺入水质量30％的108胶配制而成的聚合物灰浆为例。

(1) 粘贴时用左手取浸润阴干后的瓷砖，右手拿鸭嘴之类的工具，取灰浆在砖背面抹3～5cm厚，要抹平，然后把抹过灰浆的瓷砖粘贴在相应的位置上，左手五指叉开，五角形按住砖面的中部，轻轻揉压至平整，灰浆饱满为止。

(2) 要先粘垫铺靠尺上边的一行，高低方向以坐在靠尺上为准，左右方向以排砖位置为准，逐块把最下一行粘完。横向可用靠尺靠平，或拉小线找平。

(3) 然后在两边的垂直控制线外把裁好的条砖或整砖，在2m左右高度，依控制线粘上一块砖，用托线板把垂直控制线外上边和下边两块砖挂垂直，作为竖直方向的标筋。这时可以依标筋的上下两块砖一次把标筋先粘贴好，或把标筋先粘出一定高度，作为中间粘大面的依据。

(4) 大面的粘贴可依两边的标筋从下向上逐行粘贴而成。每行砖的高低要在同一水平线上；每行砖的平整要在同一直线上；相邻两砖的接缝高低要平整；竖向留缝要在一条线上。水平缝用专用的垫缝工具或用两股小线拧成的线绳垫起。线绳有弹性可以调整高低。

(5) 如果有某块砖高起时，只要轻压上边棱，就可降下。如有过低者，可以把线绳放松，弯曲或叠折压在缝隙内，以解决水平方向的平直问题。如有过于突出的砖块用手揉不下时，可以用鸭嘴把敲振平实，然后调正位置。

(6) 大面粘贴到一定高度，下几行砖的灰浆已经凝固时，可拉出小线捋去灰浆备用。一面墙粘贴到顶或一定高度，下边已凝结时可拆除下边的垫尺，把下边的砖补上。

且每贴到与某控制线相当高度时,要依控制线检验,及时发现问题及时解决,以免造成问题过大,不好修整。

(7) 内墙瓷砖在粘贴的过程中有时面积比较大,施工时间比较长要对拌合好的灰浆经常搅动,使其保持良好的和易性,以免影响施工进度和质量。经浸泡和阴干的砖,也要视其含水率的变化而采取相应的措施。杜绝较干的砖上墙,以免造成施工困难和空鼓事故。要始终让所用的砖和灰浆,保持在最佳含水率和良好的和易性及理想稠度状态下进行粘贴,才能保证质量。

6. 找破活、勾缝

(1) 待一面墙或一个房间全部整活粘贴完后应及时将破活补上(也可随整砖一同镶)。第二天用喷浆泵喷水养护。

(2) 3天后,可以勾缝。勾缝可以采用粘结层灰浆或勾缝剂,也可以减少108胶的使用或只用素水泥浆。但稠度值不要过大,以免灰浆收缩后有缝隙不严和毛糙的感觉。勾缝时要用柳叶一类的小工具,把缝隙内填满塞严,然后持光。一般多勾凹入缝,勾完缝后要把缝隙边上的余浆刮干净,用干净布把砖面擦干净。最好在擦完砖面后,用柳叶再把缝隙灰浆持一遍光。

7. 养护

第二天用湿布擦抹养护,每天最少2~3次。

第四节 钢筋实操案例

一、项目1:简支梁配筋操作

(一) 项目任务

在规定时间内完成图9-4-1所示简支梁的配筋操作。

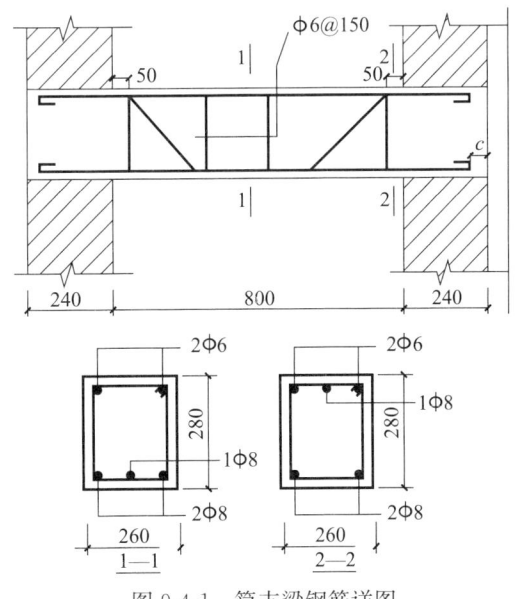

图 9-4-1 简支梁钢筋详图

1. 钢筋下料计算并填写下料单。
2. 依据下料单进行钢筋加工操作。
3. 遵守施工工艺流程完成钢筋笼的绑扎。
4. 学会钢筋质量验收方法,并填写评判结果表。

(二)理论准备

1. 技术准备

主筋下料长度=构件长-混凝土保护层×2+弯折长度×2;

弯起钢筋下料长度=构件长-混凝土保护层×2+0.414×(梁高-2×混凝土保护层)×2+弯折长度×2;

箍筋下料长度=(梁宽-保护层×2)×2+(梁高-保护层×2)×2+钢筋直径×8+max(10d,75mm)×2。

2. 知识准备

直锚:当构件较大时,能满足直的钢筋锚固长度,钢筋不用弯曲。比如连续梁中间跨部位,直锚钢筋可以伸到邻梁中。

弯锚:当构件较小、直埋长度超出构件时,钢筋就必须弯曲90°,以满足钢筋的锚固长度,如边跨梁。如果弯曲90°,弯曲部分至少达15d且伸入柱中平直段应不小于0.4l_{aE},且总长不得小于l_{aE}且不得小于250mm,即锚固长度=max(250mm,0.4l_{aE}+15d,l_{aE},$b-c+15d$)(b为构件宽,c为混凝土保护层)。

3. 安全准备

遵守文明施工制度和安全管理制度,遵守施工现场"十不准"和"四不伤害"原则。

(三)操作准备

根据项目要求填写表9-4-1。

表9-4-1 操作准备表

工具与设备			材料准备			人员安排		
序号	名称	数量	序号	名称	数量	序号	姓名	工作内容
1			1			1		
2			2			2		
3			3			3		
4			4			4		
5			5			5		

(四)操作步骤、实施与保障

1. 操作步骤及要点

操作步骤:识图→钢筋下料计算→切料→弯曲→架立筋与箍筋定位→穿越所有钢筋→绑扎定位箍筋和起步筋→绑扎下部钢筋→场清→质量验收。

操作要点:识图准确;计算正确;工量具完好,弯曲到位,起步筋和定位箍筋位置准确,主次梁节点处技术符合规范要求,绑扎牢固。

2. 安全与保障措施

（1）场地要平整，工作台要稳固。

（2）弯曲时，用力均匀且钢筋保持在水平面内弯曲旋转。钢筋旋转半径内不得有人或其他物品。

（3）钢筋弯曲时，右手紧握扳手端部，并把钢筋压在扳手内侧，左手轻扶钢筋另一端，以防钢筋弯曲时意外弹出伤人。

（4）钢筋绑扎宜采用双丝十字扣绑扎法，绑扎牢固。不得人为破坏成品和半成品。

（5）钢筋原料、成品、半成品等应按规格、品种分别堆放整齐。

3. 根据项目图下料计算并填写表 9-4-2

表 9-4-2　钢筋下料单

构件名称	钢筋编号	简图及计算公式	直径	计算长度	根数	总根数	总长度	总质量

（五）时间分配

时间分配表见 9-4-3。

表 9-4-3　时间分配表

序号	项目		所需时间（min）	实际完成情况
1	项目目标与训练复习		20	
2	任务介绍		15	
3	理论与安全技术交底		45	
4	操作准备		10	
5	实施	识图与计算	60	
6		切料与弯曲	75	
7		梁上部筋与箍筋定位绑扎	75	360
8		梁下部筋定位与绑扎	75	
9		弯起钢筋定位绑扎	30	
10		场清与机动	45	
11	质量评价		45	
12	项目小结（教师点评）		45	
	合计		540	

(六) 质量评价与验收

1. 评价方式_____（学员自评、学员互评、教师点评）。
2. 根据项目要求填写表 9-4-4。

表 9-4-4 质量评价与验收表

序号	检查项目		质量标准	检查方法	标准分	评价
1	工艺流程（主控项目）		按照工艺流程操作，违法 1 次，本项不得分；违法 2 次，整个项目视为不合格	观察法	15	
2	项目小组运作		各负其责且按时保质保量完成，为满分；有 1 人未完成，扣本项的 1/4	分工合作法	10	
3	计算	下料长度计算	方法准确，会填写下料单	观察法	10	
4		下料	方法准确，±10mm	尺量法	5	
5	加工	角度弯曲	±2°	尺量法	10	
6		起步箍筋	绑扎牢固，位置准确。误差±10mm	尺量法	10	
7		主筋排距	±10mm	尺量法	10	
8		钢筋绑扎	方法得当，扎丝长度及根数应用合理，绑扎牢固。松缺口率≤10%	观察法	10	
9		外观质量	钢筋端部对齐，箍筋与主筋垂直等	观察法	10	
10	文明施工		无安全隐患和事故，场清好	观察法	10	

评定结果：

签字　　　　　年　月　日

二、项目 2：梁梁组合配筋操作

(一) 项目任务

在规定时间内完成图 9-4-2 中所示主梁与次梁节点的配筋操作，主梁 c 均取 30mm。

1. 钢筋下料计算并填写下料单。
2. 依据下料单进行钢筋加工操作。
3. 按施工工艺流程完成钢筋笼的绑扎。
4. 学会钢筋质量验收方法，并填写评判结果。

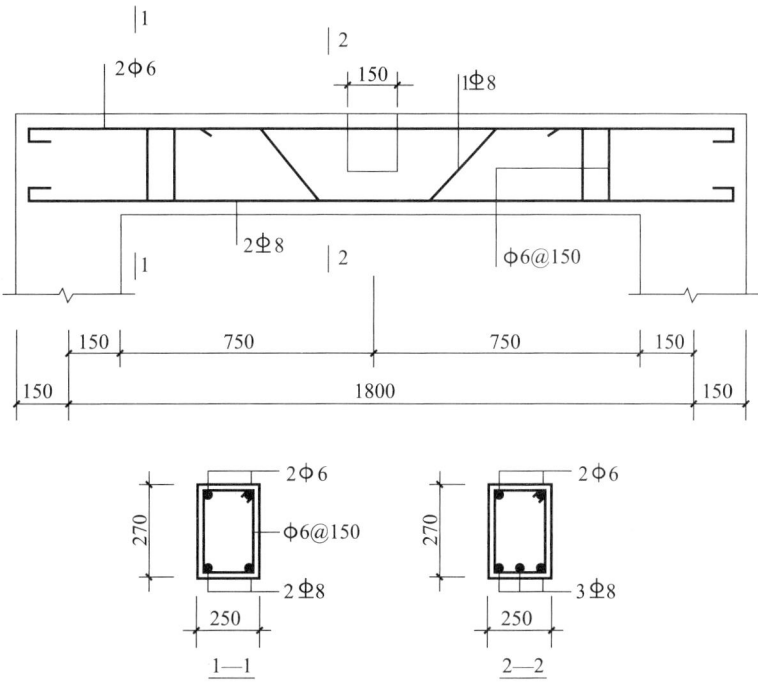

图 9-4-2 主次梁节点详图

(二) 理论准备

1. 技术准备

主梁主筋下料长度＝净跨长＋锚固长度×2＋6.25d×2（HPB300 级钢筋）；

吊筋下料长度＝净梁宽＋50×2＋［斜段长＋20d＋6.25d（HPB300 级钢筋）］×2。

2. 知识准备

主次梁节点处主梁上除正常的箍筋配置外，在设计时还会附加箍筋，附加箍筋与附加吊筋构造见图 9-4-3 和图 9-4-4。

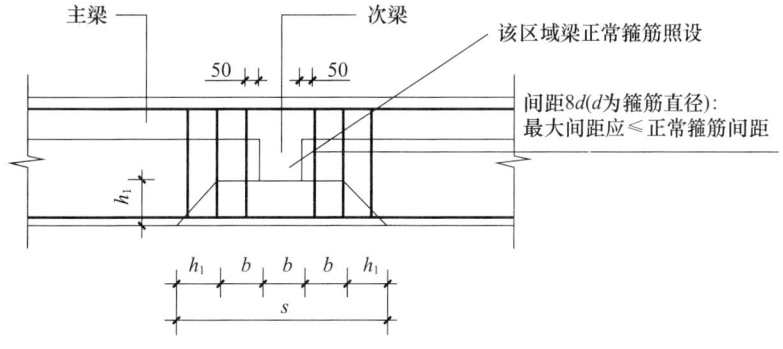

图 9-4-3 附加吊筋构造

当箍筋为多肢复合箍时，应采用大箍套小箍的形式。

h_w≥450mm 时，在梁的两个侧面应沿高度配置纵向构造钢筋；纵向构造钢筋间距 a≤200mm。

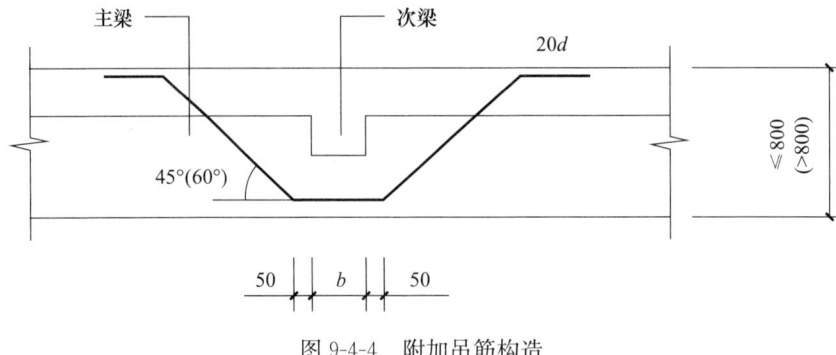

图 9-4-4 附加吊筋构造

梁侧面构造纵筋锚固长度为 $15d$ 和受扭纵筋的锚固长度计算，等同于受拉主筋的计算。当梁宽不大于 350mm 时，拉筋直径为 6mm；梁宽大于 350mm 时，拉筋直径为 8mm。拉筋间距为非加密区箍筋间距的两倍。当设有多排拉筋时，上下两排拉筋竖向错开设置。

3. 安全准备

遵守文明施工制度和安全管理制度，遵守施工现场"十不准"和"四不伤害"原则。

（三）操作准备

根据项目要求填写表 9-4-5。

表 9-4-5 操作准备表

工具与设备			材料准备			人员安排		
序号	名称	数量	序号	名称	数量	序号	姓名	工作内容
1			1			1		
2			2			2		
3			3			3		
4			4			4		
5			5			5		

（四）操作步骤、实施与保障

1. 操作步骤及施工要点

操作步骤：

搭设支架→摆放梁上铁→画箍筋间距、套箍筋→穿下皮钢筋、腰筋→抬起下铁→按间距绑扎上铁→调整放下→绑扎下铁→验收。

施工要点：

（1）上铁或下铁各有两排钢筋时，在两排铁绑扎时垫纵向同直径钢筋头，箍筋的开口在梁上部相互错开，角部主筋应紧贴箍筋角，绑扎牢固，采用套扣绑扎。

（2）框架梁底部保护层使用塑料垫块。

（3）当梁和柱边平齐时，梁主筋应放置在柱主筋内侧。

(4) 框架梁箍筋间距一般为 200mm，加密区的箍筋间距为 100mm，梁两端第一个箍筋离柱边 50mm，在梁受集中荷载（主次梁交叉点，梁上柱生根）弯起的吊筋处，每边另加两道附加箍筋，见图 9-4-3，直径及肢数与梁箍筋相同。在主、次梁所有接头末端与钢筋弯折处的距离，不得小于钢筋直径的 10 倍。接头不宜位于构件最大弯矩处，受拉区域内 HPB300 级钢筋绑扎接头的末端应做弯钩（HRB335 级钢筋可不做弯钩），搭接处必须有三个绑扎扣，应在中心和两端扎牢。接头位置应相互错开。当采用绑扎搭接接头时，在规定搭接长度的任一区段内有接头的受力钢筋截面面积占受力钢筋总截面面积的百分率，受拉区不大于 25%。

(5) 梁与柱交接部位，梁主筋放于柱内侧，柱子箍筋按每 100mm 一道配置，梁箍筋离柱边 50mm 起步。

2. 安全与保障措施

(1) 场地要平整，工作台要稳固。

(2) 弯曲时，用力均匀且钢筋保持在水平面内弯曲旋转。钢筋旋转半径内不得有人或其他物品。

(3) 钢筋弯曲时，右手紧握扳手端部，并把钢筋压在扳手内侧，左手轻扶钢筋另一端，以防钢筋弯曲时意外弹出伤人。

(4) 钢筋绑扎宜采用双丝十字扣绑扎法，绑扎牢固。不得人为破坏成品和半成品。

(5) 钢筋原料、成品、半成品等应按规格、品种分别堆放整齐。

3. 根据项目图下料计算并填写表 9-4-6

表 9-4-6 钢筋下料单

构件名称	钢筋编号	简图及计算公式	直径	计算长度	根数	总根数	总长度	总质量

（五）时间分配

时间分配见表 9-4-7。

表 9-4-7　时间分配表

序号	项目		所需时间（min）	实际完成情况
1	项目目标与训练复习		20	
2	任务介绍		15	
3	理论与安全技术交底		45	
4	操作准备		10	
5	实施	识图与计算	60	
6		切料与弯曲	75	
7		梁上部筋与箍筋定位绑扎	75	360
8		梁下部筋定位与绑扎	75	
9		弯起钢筋定位绑扎	30	
10		场清与机动	45	
11	质量评价		45	
12	项目小结（教师点评）		45	
合计			540	

（六）质量评价与验收

1. 评价方式＿＿＿＿＿＿＿（学员自评、学员互评、教师点评等）。
2. 根据项目要求填写表 9-4-8。

表 9-4-8　质量评价与验收表

序号	检查项目		质量标准	检查方法	标准分	评价
1	工艺流程（主控项目）		按照工艺流程操作，违法 1 次，本项不得分；违法 2 次，整个项目视为不合格	观察法	15	
2	项目小组运作		各负其责且按时保质保量完成，为满分；有 1 人未完成，扣本项的 1/4	分工合作法	10	
3	计算	下料长度计算	方法准确，会填写下料单	观察法	10	
4		下料	方法准确，±10mm	尺量法	5	
5	加工	角度弯曲	±2°	尺量法	10	
6		起步箍筋	绑扎牢固，位置准确。误差±10mm	尺量法	10	
7		主筋排距	±10mm	尺量法	10	
8		钢筋绑扎	方法得当，扎丝长度及根数应用合理，绑扎牢固。松缺口率≤10%	观察法	10	
9		外观质量	钢筋端部对齐，箍筋与主筋垂直等	观察法	10	
10	文明施工		无安全隐患和事故，场清好	观察法	10	

评定结果：

签字　　　　　年　　月　　日

第五节 防水实操案例

一、项目1：屋面高聚物改性沥青卷材冷粘法操作

(一) 学习目标

通过本项目的学习，对冷粘高聚物改性沥青卷材的施工方法有一个综合的认识，对其操作的顺序，具体的做法等有一个比较全面的掌握。

(二) 操作步骤

1. 冷粘法的主要施工顺序

高聚物改性沥青防水卷材冷粘法的主要施工顺序：基层检查、清理和修整→冷刷基层处理剂→节点密封处理→卷材反面涂胶→基层涂胶→卷材粘贴滚压→搭接面清理→搭接缝涂胶→搭接缝粘合滚压→搭接缝口密封→收头固定密封→清理、修整、验收。

2. 冷粘法的施工操作方法

(1) 胶粘剂的涂刷

在基层处理剂干燥后（一般沥青型基层处理剂 4h 左右），构造复杂的部位做好了增强处理，即可涂刷胶粘剂准备铺贴。

(2) 卷材的铺贴

卷材铺贴时一定要掌握好胶粘剂的干燥程度，不可过早过迟，胶粘剂干燥速度与胶粘剂的种类和气候条件有关，一般为 10~30min，可凭经验来掌握，如用手指轻按不粘时，即可进行铺贴。

卷材铺贴一般采用滚铺法，滚铺法操作过程分为成卷、抬卷、对粉线、展卷铺贴几个步骤。

(三) 完成填表任务（见表9-5-1）。

表9-5-1 考核项目及评分标准

序号	测定项目	评分标准	满分	检测点					得分
				1	2	3	4	5	
1	操作工艺	铺贴顺序、方法、方向、搭接应符合规范	6						
2	基层处理	涂刷均匀，适时进行下道工序	10						
3	大面平整	2m靠尺检查不大于5mm	10						
4	坡度	符合规范、流畅	10						
5	接缝	严密不翘边	10						
6	空鼓	不允许，视处理情况	7						
7	保护层	涂刷均匀	10						
8	文明施工	工完场清不浪费	7						
9	安全	重大事故不合格，小事故适当扣分	10						
10	功效	根据项目，按照劳动定额进行，低于定额90%本项无分，在90%~100%之间酌情扣分，超过定额酌情加1~3分	10						

二、项目 2：屋面合成高分子防水卷材冷粘法操作

(一) 学习目标

通过本项目的学习,应达到对合成高分子防水卷材冷粘法施工的工艺程序、施工要点和所需要的工器具、施工操作方法及注意事项等有一个基本的认识,并能够在实际操作中得以运用。

(二) 操作步骤

1. 冷粘法的主要施工程序

合成高分子防水卷材冷粘法施工的主要工艺程序为:基层检查、清扫→涂刷基层处理剂→节点密封处理→定位、弹基准线→卷材反面涂胶粘剂→基层涂胶粘剂→粘贴卷材→滚压排气→搭接面清理、清洗→搭接缝涂胶→搭接缝粘合滚压→搭接缝口密封→收头固定密封→清理、检查、修整。

2. 冷粘法的施工方法

合成高分子防水卷材铺贴的施工方法可用抬铺法或滚铺法,其具体的操作过程,人员配合及操作要求,与高聚物改性沥青防水卷材相同。

3. 冷粘法施工用工器具

采用卷材防水冷贴法铺贴施工用具。

(三) 完成任务（按要求填写表 9-5-2）

表 9-5-2 考核项目及评分标准

序号	测定项目	评分标准	满分	检测点					得分
				1	2	3	4	5	
1	操作工艺	铺贴顺序、方法、方向、搭接应符合规范	6						
2	基层处理	涂刷均匀,适时进行下道工序	10						
3	大面平整	2m 靠尺检查不大于 5mm	10						
4	坡度	符合规范、流畅	10						
5	接缝	严密不翘边	10						
6	空鼓	不允许,视处理情况	7						
7	保护层	涂刷均匀	10						
8	文明施工	工完场清不浪费	7						
9	安全	重大事故不合格,小事故适当扣分	10						
10	功效	根据项目,按照劳动定额进行,低于定额 90%本项无分,在 90%～100%之间酌情扣分,超过定额酌情加 1～3 分	10						

第六节 电工实操实例

一、项目1：三相异步电动机接触器联锁正反转控制线路

（一）实操目的

1. 了解按钮、中间继电器、接触器的结构、工作原理及使用方法；
2. 熟悉电气控制实验装置的结构及元器件分布；
3. 掌握三相异步电动机正反转控制的工作原理和接线方法；
4. 掌握电气控制线路的故障分析及排除方法。

（二）实操内容

安装接触器联锁正反转控制线路，见图9-6-1。

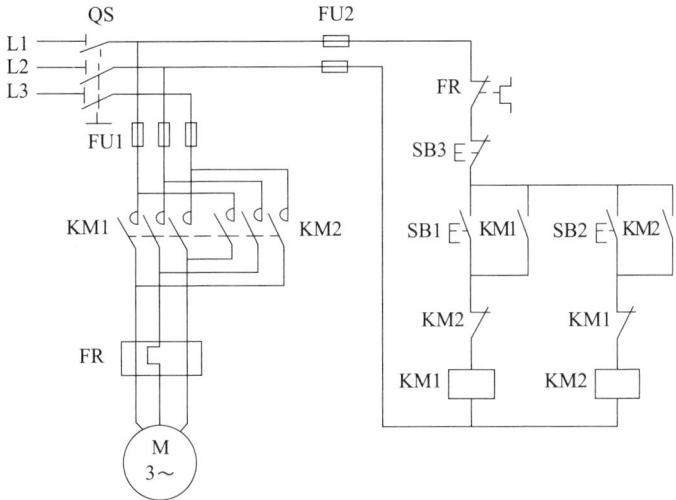

图9-6-1 三相异步电动机接触器联锁正反转控制电路图

（三）实操工具与材料准备（见表9-6-1）

表9-6-1 实训工具与备料表

序号	名称	型号	单位	数量
1	熔断器	RL1-60/25	只	3
2	熔断器	RL1-15/2	只	2
3	交流接触器	CJ10-20	个	2
4	热继电器	14-12A	个	1
5	按钮	LA10-3H	组	1
6	接线端子排	JX2-1015	个	1
7	导线	BV2.5mm^2	米	5
8	导线	BV1.5mm^2	米	5
9	导线	BVR0.75mm^2	米	5

（四）实操过程

1. 根据电路图和现场元器件，准确选择元器件。
2. 在安装板上合理布局并固定相关器件。
3. 根据接触器联锁正反转控制线路图进行布线。
（1）主电路用 BV2.5mm^2，控制电路用 BV1.5mm^2，按钮接线用 BVR0.75mm^2；
（2）导线应紧贴安装面板布线。
4. 安装完成后应自行进行检查，通电试车。

二、项目2：常用电工工具的使用及导线的连接

（一）实操目的

1. 了解和掌握常用电工工具的使用方法；
2. 学会各种导线的一般连接方法。

（二）实操内容

1. 常用电工工具的使用；
2. 绝缘导线的剥削；
3. 一般中小导线的连接。

（三）实操设备与材料

验电笔、钢丝钳、螺丝刀、活络扳手、电工刀、剥线钳、手电钻、冲击钻、电烙铁、绝缘导线若干。

（四）实操过程

1. 常用电工工具的使用
1）验电笔
（1）高压验电器的使用。
（2）低压测电笔。
①如何测出带电体：正常情况下，氖管发亮时，说明带电体带电。
②判定火线、零线：正常情况下，氖管发亮时测试的是相线，不亮的是零线。
③辨别交流电和直流电：当氖管里两个极同时发亮时，测试的是交流电；当氖管里只有一个极发亮时，测试的是直流电。
2）钢丝钳（胶钳）：主要钳夹、剪切、弯绞导线或旋转小螺母。
3）螺丝刀（又称改锥、起子等）：分平口和十字口，是拧紧或旋松螺钉的工具。
4）活络扳手：是扳拧较大螺钉或螺母的工具。
5）电工刀：切削导线绝缘或木楔等。
6）剥线钳：剥切 1.5mm^2 以下绝缘导线的绝缘塑料用。
7）手电钻：对一般金属和木头钻孔用。
8）冲击钻：对建筑物墙壁钻孔用。
9）电烙铁：焊接铜导线或铜导体用。

2. 导线的连接

1）单股芯线直线连接和 T 型分支连接

（1）单股铝芯线的直线连接（X 连接）

基本的操作步骤：

剖削绝缘层——把两线头的线芯 X 形相交——扳直两线头——缠绕线头——剪平线头末端。

（2）单股铝芯线的分支连接（T 连接）

基本的操作步骤：

剖削绝缘层——把两线头的线芯十字形相交——缠绕线头——剪平线头末端。

2）七股芯线直线连接和 T 型分支连接

（1）七股铝芯导线的直线连接（X 连接）

基本的操作步骤：

剖削绝缘层——散开芯线——对叉伞形芯线头——分组缠绕线头——剪平线头末端。

（2）七股铝芯导线的分支连接（T 连接）

基本的操作步骤：

剖削绝缘层——绞紧并把支线成排插入缝隙——缠绕线头绕——剪平线头末端。

第七节 架子工实操案例

（一）项目任务

在安全操作的基础上，在规定时间范围内完成图 9-7-1 所示全部内容的脚手架任务分析。按项目小组的分工，依据施工工艺流程要求进行脚手架施工操作，完成相应的工程。

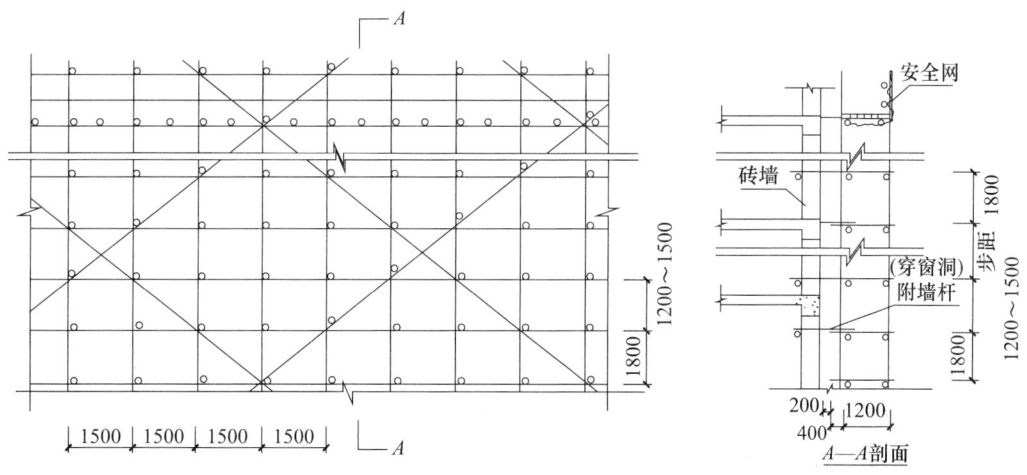

图 9-7-1 脚手架任务分析（单位：mm）

(二) 理论准备

1. 技术准备

脚手架搭设高度在25m以下时,上面铺设垫板,并设底座,立杆纵向间距不大于2m。纵向水平杆底层步距不得大于2m,其他不宜大于1.8m。主节点处必须设置一根横向水平杆。用直角扣件扣接,且严禁拆除。主节点处两个直角扣件的中心距不应大于150mm。在双排脚手架中,靠墙一端的外伸长度 a 不应大于0.4l,且不应大于500mm。

纵向扫地杆应采用直角扣件固定在距底座上皮不大于200mm处的立杆上。横向扫地杆采用直角扣件固定在紧靠纵向扫地杆下方的立杆上。每道剪刀撑宽度不小于4跨,且不小于6m,斜杆与地面的倾角应在 $45°\sim60°$,各底层斜杆均应支撑在垫块儿或垫板上。

2. 知识准备

(1) 常用扣件形式:回转扣件、对接扣件、直角扣件。

回转扣件是用于平行或斜交杆件间连接的扣件。

对接扣件是用于杆件对接连接的扣件。

直角扣件是用于垂直交叉杆件间连接的扣件。

(2) 多立杆式脚手架分双排式和单排式。

双排式沿墙外侧设两排立杆,小横杆两端支撑在大横杆上再将荷载传给立杆。

单排式沿墙外侧仅设一排立杆,其小横杆一端与大横杆相接,另一端支撑在墙上,仅适用于荷载较小、高度较低、墙体有一定强度的多层房屋。

3. 安全准备

遵守文明施工和安全管理制度,遵守施工现场"十不准"和"三不伤害"原则。

(三) 操作准备

根据项目要求填写表9-7-1。

表9-7-1 操作准备表

工具与设备			材料准备			人员安排		
序号	名称	数量	序号	名称	数量	序号	名称	数量
1			1			1		
2			2			2		
3			3			3		
4			4			4		
5			5			5		
6			6			6		

(四) 操作步骤、实施与保障

1. 操作步骤及要点

操作步骤:底座检查、发现定位→铺设垫表板式垫木→安放并固定底座→立第一节立杆→安装扫地大横杆（贴地大横杆）→安装扫地小横杆→安装第二步大横杆→安装第二步小横杆→设临时抛撑（每隔六个立杆设一道，待安装连墙杆后拆除）→安装第三步大横杆→安装第三部小横杆→设临时连墙杆→拆除临时抛撑；接立杆→连续安装大横杆、小横杆等→架高七步以上时，加设剪刀撑→在操作层设脚手板。

操作要点：

(1) 准备工作，构配件按品种、规格分类堆放整齐；工具到位。

(2) 定位放线，铺垫板，设置底座。

(3) 搭设应从一端开始并向另一端延伸搭设。

(4) 每搭设完一部脚手架后，应当校正步距、纵距、横距和立杆垂直度。

(5) 在操作层上铺脚手板，安装防护栏和挡脚杆，挂失安全网。

2. 安全与保障措施

(1) 搭设脚手架人员必须戴安全帽、系安全带、穿防滑鞋。

(2) 作业层上的施工荷载应符合设计要求，不得超载。

(3) 当有六级及六级以上大风和雾、雨、雪天气时，应停止脚手架搭设与拆除作业。雨、雪后上架作业，应有防滑措施，并应扫除积雪。

(4) 搭拆脚手架，使地面应设围栏和警戒标志，并派专人看守，严禁非操作人员入内。

（五）时间分配

时间分配见表 9-7-2。

表 9-7-2　时间分配表

序号	项目		所需时间（min）	实际完成情况
1	项目目标与训练复习		20	
2	任务介绍		14	
3	理论与安全技术交底		45	
4	操作准备		40	
5	实施	定位放线	50	
6		立杆与横向扫地杆	100	
7		纵向扫地杆	100	510
8		横向水平杆	100	
9		纵向水平杆	100	
10		场清与机动	60	
11	质量评价		45	
12	项目小结（教师点评）		45	
	合计		720	

（六）质量评价与验收

1. 评价方式＿＿＿＿＿＿＿＿＿＿（学生自评、学生互评、教师点评等）。

2. 根据项目要求填写表 9-7-3。

表 9-7-3 质量评价与验收表

序号	检查项目	质量标准	检查方法	标准分	评价
1	垫木和底座	未设置垫木的扣5分；设置不正确的每处扣1分；未设置底座的每处扣1分	观察法	6	
2	立杆	杆件间距尺寸偏差超过规定值的，每处扣1分；立杆垂直度偏差超过规定值的，每处扣2分；连接不正确的，每处扣2分	尺量法	6	
3	扫地杆	未设置扫地杆的，扣5分；设置不正确的，每处扣2分	观察法	6	
4	纵向水平杆	杆件间距尺寸偏差超过规定值的，每处扣1分；设置不正确的，每处扣2分	尺量法	6	
5	横向水平杆	未设置横向水平杆的，每处扣2分，设置不正确的，每处扣1分	观察法	6	
6	连墙杆	连墙件数量不足的，每缺少一处扣四分，设置位置错误的每处扣2分，设置方法错误的每处扣2分	观察法	8	
7	剪刀撑	未设置剪刀撑的扣5分，设置不正确的每处扣1分	观察法	6	
8	扣件拧紧扭力矩	随机抽查五个扣件的拧紧，扭力矩达不到规定扭力矩的每处扣1分	观察法	4	
9	操作层防护	未设置挡脚板的扣3分，设置不正确的每处扣1分。未设置防护栏杆的扣3分，设置不正确的每处扣1分。未设置交手板的扣8分，而为铺满的扣2~5分。未按规定进行对接或搭接的，每处扣2分，出现探头板的，扣8分	观察法	8	
10	安全网	未设置首层平面网的扣3分。未设置随层平网的扣3分，未设置密目式安全网的扣3分，安全网设置不符合要求的扣1分	观察法	8	
11	个人安全防护用品使用	未设置垫木的扣5分，设置不正确的，每处扣1分，未设置底座的，每处扣1分	观察法	8	
12	扭力扳手的使用	间距偏差超过规定值的，每处扣1分，立杆垂直度偏差超过规定值的，每处扣2分，连接不正确的每处扣2分	尺量法	8	
13	检查	未设置扫地杆的扣5分，设置不正确的每处扣2分	观察法	10	
14	工效	杆件间距尺寸偏差超过规定值的，每处扣1分，设置不正确的，每处扣2分	观察法	10	

评定结果：

签字： 年 月 日

参考文献

[1] 黄爱清,王生.建筑工程专业工种实训[M].北京:北京理工大学出版社,2013.